iCourse·教材

浙江省普通高校“十三五”新形态教材

国家级精品课程配套教材

高等学校会计学、财务管理教材

会计学

Accounting

第二版

罗金明 主编

高等教育出版社·北京

内容简介

本教材主要面向非会计类专业本科和MBA教学，目的是使非会计类的学生具备阅读、使用和分析会计这一门“国际通用的商业语言”的能力。教材内容主要包括三部分：第一部分为会计基础理论，讲述会计学的基本概念、会计假设、会计原则、复式记账、会计循环等；第二部分为会计要素的确认、计量和记录，以财务报表会计要素为主线介绍企业典型经济业务的会计核算理论和方法；第三部分为财务报表与分析，主要介绍财务报表各项目的含义、财务报表结构、财务报表阅读与分析等。

本教材是罗金明教授课程团队主讲的中国大学MOOC、国家级精品资源共享课和浙江省精品在线开放课程“会计学”的配套教材，也是浙江省新形态教材。教材编写注重教学互动，强调理论与实践结合，每章都有配套的思考题、本章知识应用、即测即评题和进一步学习指南，能帮助学生加深对教材内容的理解、掌握和应用。通过爱课程网站、中国大学MOOC，课程团队为本教材提供了包括全程教学视频、课件在内的丰富的教学资源，方便读者通过网络自主学习教材内容。

图书在版编目(CIP)数据

会计学 / 罗金明主编. --2版. --北京：高等教育出版社，2020.3 (2021.1重印)
ISBN 978-7-04-053429-0

Ⅰ. ①会… Ⅱ. ①罗… Ⅲ. ①会计学-高等学校-教材 Ⅳ. ①F230

中国版本图书馆CIP数据核字(2020)第015400号

KUAIJIXUE

策划编辑 雷 雪　责任编辑 雷 雪　封面设计 张志奇　版式设计 杨 树
插图绘制 于 博　责任校对 刘丽娴　责任印制 朱 琦

出版发行	高等教育出版社	网　址	http://www.hep.edu.cn
社　址	北京市西城区德外大街4号		http://www.hep.com.cn
邮政编码	100120	网上订购	http://www.hepmall.com.cn
印　刷	北京市联华印刷厂		http://www.hepmall.com
开　本	787mm×1092mm 1/16		http://www.hepmall.cn
印　张	18.75	版　次	2017年1月第1版
字　数	460千字		2020年3月第2版
购书热线	010-58581118	印　次	2021年1月第2次印刷
咨询电话	400-810-0598	定　价	39.90元

物 料 号 53429-00

第二版前言

“经济越发展,会计越重要”,会计信息对经济管理的决策和控制作用日益显著。会计作为“国际通用的商业语言”,所有准备从事经济、管理工作乃至所有准备参与市场经济竞争的学生都应该掌握会计的基本理论、基本方法和基本技能。非会计专业学生毕业后不一定会从事会计实务工作,学习会计学课程的目的是掌握会计这一“国际通用的商业语言”,改进和完善自己的经济、管理乃至工程技术工作。

本教材主要适用于经济类、管理类等非会计类专业本科和 MBA 教学,在教材内容选择时注重少而精,不求细而全,用较少的篇幅,将会计学的基础知识、会计要素的确认与计量、财务会计报告阅读与分析等内容有机地融为一体。本教材内容主要包括三部分:第一部分为会计基础理论,讲述会计学的基本概念、会计假设、会计原则、复式记账、会计循环等;第二部分为会计要素的确认、计量和记录,以财务报表中会计要素为主线介绍企业典型经济业务的会计核算理论和方法;第三部分为财务报表与分析,主要介绍财务报表各项目的含义、财务报表结构、财务报表阅读与分析等。

为便于非会计类专业本科学生和 MBA 学生学习,我们尽量做到理论阐述与实例分析结合,语言表述通俗易懂、言简意赅,既能加深对教材内容的理解和应用,又有利于提高会计判断能力、树立正确的价值观。每章后都有与教材内容配套的思考题和本章知识应用,案例与实际联系紧密,能加深对教材内容的理解和应用。各章都建立了配套题库,完成各章的学习后可以扫二维码进行“即测即评”,能够及时了解对各章内容的理解和掌握程度。同时,教材各章都有进一步学习指南,引导非会计类专业学生深入学习会计知识,为感兴趣的学生继续学习相关会计知识提供帮助。

本教材是浙江工商大学会计学课程教学团队根据十多年来的教学实践编写形成的,课程负责人罗金明教授担任主编。教材编写分工如下:第一、三、五章由罗金明教授编写,第二、六章由苏芝副教授编写,第四、七章由胡霞副教授编写,第八、九章由裘益政教授编写。

“会计学”在线开放课程

本教材是浙江工商大学申报的国家级精品课程、国家级精品资源共享课、浙江省精品在线开放课程“会计学”的配套教材,是基于“互联网+”的“纸质教材+数字化资源”的新形态教材,是中国大学 MOOC(爱课程)网“会计学”在线开放课程的配套教材,支持在线开放教学和线上线下混合式教学。读者可以通过中国大学 MOOC 网或爱课程网在线学习课程内容。课程团队在课程网站中,按教材章节顺序以知识点为教学单元提供了 15 分钟左右的教学视频、课件、财务会计报告、教学案例、释疑解惑精选等教学资源,便于读者利用碎片化的时间,通过手机随时学习课程内容;每章提供在线测试、在线作业;课程团队教师经常参与网络论坛互动和在线答疑。

教材第二版根据我国企业会计准则、税收法规的变化及时进行了修订。为尽量吸收会计理论和教学的新成果,本教材在编写过程中参考了大量的国内外会计学教材及著作,我们向这些文献的作者表示诚挚的感谢。

由于作者水平有限,书中难免有疏漏和不足,期望得到本书读者尤其是使用本书作教材的广大教师和同学们的批评指正。

罗金明

2019 年 12 月 26 日

第一版前言

“经济越发展,会计越重要”,会计信息对经济管理决策和控制的作用日益显著。会计作为“国际通用的商业语言”,所有准备从事经济、管理工作乃至所有准备参与市场经济竞争的学生都应该掌握会计的基本理论、基本方法和基本技能。非会计专业学生毕业后不一定会从事会计实务工作,学习会计学课程的目的是掌握会计这一“国际通用的商业语言”,改进和完善自己的经济、管理乃至工程技术工作。

本教材主要用于非会计类专业本科和MBA教学,在教材内容选择时注重少而精,不求细而全,用较少的篇幅,将会计学的基础知识、会计要素的确认与计量、财务会计报告阅读与分析等内容有机地融为一体。本教材内容主要包括三部分:第一部分为会计基础理论,讲述会计学的基本概念、会计假设、会计原则、复式记账、会计循环等;第二部分为会计要素的确认、计量和记录,以财务报表中会计要素为主线介绍企业典型经济业务的会计核算理论和方法;第三部分为财务报表与分析,主要介绍财务报表各项目的含义、财务报表结构、财务报表阅读与分析等。

为便于非会计类专业本科学生和MBA学生学习,我们尽量做到理论阐述与实例分析结合,语言表述通俗易懂、言简意赅。每章后都有与教材内容配套的思考题和案例分析题,案例与实际联系紧密,能加深对教材内容的理解和应用。同时,教材各章都有“进一步学习指南”,引导非会计类专业学生深入学习会计知识,为感兴趣的学生继续学习相关会计知识提供帮助。

本教材是浙江工商大学会计学课程教学团队根据十多年来的教学实践编写形成的,课程负责人罗金明教授担任主编。教材编写分工如下:第一、三、五章由罗金明编写,第二章由苏芝副教授编写,第四、七章由胡霞副教授编写,第六章由颜淑姬副教授编写,第八、九章由裘益政副教授编写。

本教材是浙江工商大学的国家级精品资源共享课“会计学”的配套教材,也是浙江省高等教育重点建设教材。本教材的章节内容与中国大学资源共享课网站内容一致,能方便学生使用中国大学资源共享课的教学资源,为学生自主学习提供了强大的资源支持。该课程网站中提供的教学资源主要包括如下类别:一是培养兴趣方面的资源,如国内外会计大师介绍、各章的教学案例、上市公司财务报告等;二是规划学习方面的资源,如课程大纲、教学日历、学习指南、各章的学习目标及进一步学习指南;三是辅助学习方面的资源,如各章节的教学视频、教学课件、配套作业、重难点例题、常见问题,凭证账表素材等;四是能力拓展方面的资源,如经典文献、专家讲座、媒体素材等;五是学习评估方面的资源,如课程考评方式与标准、模拟试卷、优秀示范作品等。读者可以通过爱课程网登录本课程页面免费使用全部教学资源。

本教材支持在线开放教学和翻转课程教学,是浙江省首批省级精品在线开放立项建设课程“会计学”的配套教材。通过浙江省高等学校精品在线开放课程共享平台,课程组建设了课程网站，对教材章节内容以知识点为教学单元提供了15分钟左右的教学视频、课件、拓展资源、教学案例等教学资源，便于学生利用零散时间，通过网络随时学习课程内容；每章提供在线测试；课程组教师可以便利地参与网络论坛互动。

为尽量吸收会计理论和会计教学的新成果，本教材在编写过程中参考了大量国内外会计学教材及著作，我们向这些文献的作者表示诚挚的感谢。

由于作者水平有限，书中难免有许多疏漏和不足，期望得到本书读者尤其是使用本书作教材的广大教师和同学们的批评指正。

罗金明

2016年6月18日

目　录

第一章　总　论

【学习目标】

1. 了解会计的产生与发展。
2. 理解会计的含义、职能和目标。
3. 理解会计基本前提和会计信息质量要求。
4. 重点掌握会计要素及会计等式。
5. 理解会计要素的确认和计量。
6. 了解会计规范。

现代社会要求各类人才掌握必要的会计知识。例如,每一个单位或机构都会有涉及会计和财务的事务,每个项目的管理都始终贯穿着成本效益问题,个人投资、理财、贷款、缴税等也需要会计知识的支持。因此,会计已经被人们称为“国际通用的商业语言”。对这门商业语言理解和掌握得越好,企业或个人的财务活动管理也会越成功。为此,我们首先需要理解会计的基本概念、理论、原则与方法。

第一节　会计概述

一、会计的产生与发展

会计是为了适应人类社会生产实践和经营管理的客观需要而产生和发展起来的。物质资料的生产是人类社会赖以生存和发展的物质基础。人类在生产活动中,一方面创造出物质财富,取得一定的劳动成果;另一方面又发生各种劳动耗费,消耗一定的人力、物力。为了提高生产效率,以尽可能少的劳动耗费取得尽可能多的劳动成果,需要不断改进生产技术,加强生产管理。基于这种客观要求,人类在进行生产活动的同时,需要对劳动耗费和生产成果进行记录和计算,并将二者进行比较,以便了解和控制生产活动过程,于是就产生了会计。

会计的产生可以追溯到原始社会后期。会计作为一种计算、记录和考核收支的工具,无论是在中国还是在外国都是很早以前就存在了。在原始社会后期,人们只是凭借一些最原始的形式记录生产活动,如“结绳记事”“刻木记事”等,这种形式的记录很难称为会计,但会计的萌芽却蕴含其中。随着文字的出现,人们开始用文字和数字对物质资料的生产和耗费进行专门的记录,这就是最初的会计。由于当时的生产力水平低下，生产规模小，剩余产品少，因此，人们用来记录生产活动的会计也极为简单。它只是生产职能的附带部分，由生产者在工作之余，附带地把收入和支出记录下来。随着生产力的发展和生产规模的扩大，出现了社会分工，会计才逐步从生产职能中分离出来，成为一种独立的、由专人从事的工作。

从我国来看，“会计”一词最早出现于西周。据《周礼·天官》记载：“会计，以参互考日成，以月要考月成，以岁会考岁成。”其中：“日成”是指十日成事之文书，相当于现在的旬报；“月要”是一个月成事之文书，相当于现在的月报；“岁会”则是一年成事之文书，相当于现在的年报。西周政府还设置了会计官职——司会和单独的会计部门，掌管周王朝的钱粮和财务收支，定期对王朝的收入和支出进行“月计”“岁会”，并实施会计监督。宋朝时出现了被称为“四柱清册”的记账方法。“四柱”，是指把账簿分成“旧管”（期初结存）、“新收”（本期增加）、“开除”（本期减少）、“实在”（期末结存）四个部分，这四个部分的关系是“旧管+新收-开除=实在”。根据这个平衡关系，可以全面、系统地反映经济活动，还可以检查账簿记录是否正确。四柱清册法奠定了中式簿记的理论基础，并把中式簿记提高到一个较高的层次。明清时期，中国的商业和手工业有了较大发展，并且产生了资本主义萌芽。为了适应当时生产管理的需要，会计工作者又设计出了“龙门账”和“天地合账”，这两种记账方法已经具备了复式簿记的雏形，说明中国的会计技术取得了较大的发展。其中，“龙门账”将经济业务分为“进”（收入）、“缴”（费用）、“存”（资产）、“该”（负债及业主权益）四大类，其关系是“进-缴=存-该”，并以此作为试算平衡公式，当该公式相等时称为合龙门。在此基础上，又创立了“天地合账”，对每一笔经济业务都从“来源”和“去向”两个方面加以登记，以全面反映经济业务的内容和来龙去脉。“四柱清册”“龙门账”及“天地合账”显示了我国历史上几个时期传统中式簿记的特色。

从世界范围看，会计的发展源远流长。早在印度原始公社时期就已经出现了记账员，负责登记与农业生产相关的事项。在奴隶和封建社会时期，商品经济尚不发达，会计主要被政府部门用来记录、计算和考核钱物出纳等财政收支。中世纪的地中海沿岸城市（如威尼斯、热那亚、佛罗伦萨等）的商业和金融业比较繁荣，从而诞生了科学的复式记账法。1494 年，意大利数学家卢卡·帕乔利（Luca Pacioli）出版的《算术、几何、比及比例概要》一书系统地介绍了借贷记账法，该书的出版、推广及流传在会计发展史上具有里程碑意义，是近代会计开始的标志。18 世纪末至 19 世纪英国爆发了工业革命，工厂制度得以确立并出现了股份公司。经济活动日益复杂化，促使会计不仅在技术上而且在理论上均取得了较大的进步，使会计从一门应用技术发展成为一门独立学科。同时，由于股份公司的所有权与经营权相分离，广大股东迫切要求掌握公司的真实财务信息，由此产生了在经济活动和财务活动方面起“公证人”作用的、以“自由职责”身份出现的注册会计师或特许会计师。1854 年第一个会计师协会——爱丁堡会计师协会的成立，是会计发展史上的又一个里程碑。19 世纪末 20 世纪初，随着股份有限公司资产所有权与经营权的不断分离，为了进一步规范会计工作，提高会计报告的真实性和可比性，美国等国家的会计师协会开始制定公开会计信息的基本规范——公认会计原则，促进了财务会计核算理论、方法的不断完善。伴随着经济的迅猛发展，市场竞争日益激烈，企业规模不断扩大，不仅会计信息的需求对象日益增加，而且需求内容也不断增加，现代会计逐渐分成了对内报告会计（管理会计）和对外报告会计（财务会计）两大领域，会计标准和会计规范逐渐完善。此外，随着信息论、控制论、系统论、现代数学、行为科学和计算机技术等理论和技术的引入，会计学科体系也逐渐完善，涌现了成本会计、电算化会计、人力资源会计、社会责任会计、国际会计、税务会计和审计等会计分支。

综上所述,会计是由于经济管理的客观需要而产生和发展起来的。随着社会生产力的发展,会计也经历了一个从简单到复杂、从低级到高级的发展过程,会计的重要性逐渐为人们所认识。会计发展的历史证明:经济越发展,会计越重要。正如马克思指出,生产过程越是按社会的规模进行,越是失去纯粹个人的性质,作为对过程的控制和观念总结的簿记就越是必要。

视频资源

二、会计的含义

会计的含义是对会计本质的总结。我国会计理论界对会计的含义有“管理活动论”“信息系统论”“控制系统论”和“管理工具论”等不同的理解,而最具代表性的会计含义主要有如下两种。

(一) 会计是一项经济管理活动

会计经济管理活动论认为,会计是以货币作为主要计量单位,综合反映和监督一个单位经济活动的一种经济管理活动。经济管理活动论认为会计的本质是一种经济管理活动,会计人员通过收集、处理和利用经济信息参与企业的管理工作。会计的作用是加强经济管理、提高经济效益、维护国家财经方针政策。会计工作是企业管理的重要组成部分。

(二) 会计是一个经济信息系统

会计经济信息系统论认为,会计是旨在提高企业和各单位经济效益,为加强经济管理而建立的一个以提供财务信息为主的经济信息系统。经济信息系统论认为会计的本质是一个经济信息系统,会计要依照会计准则对经济活动的原始数据进行收集、整理、分类、加工和汇总等会计处理,最后形成财务会计报告。财务会计报告是企业单位的利益相关者和各管理人员运用会计语言传输信息的手段。会计提供的信息有据可查,翔实可靠,其真实性可以予以复核。总之,会计应围绕提供会计信息这个中心,开展信息输入、信息加工、信息输出等各项工作。

实际上会计既是一个经济信息系统,也是一项经济管理活动。一方面,它通过开展确认、计量、记录、报告和分析等一系列工作,为企业或单位管理人员和利益相关者作出趋利避害决策提供所需的会计信息;另一方面,它也利用会计信息参与到企业单位的计划、组织、实施和控制等各个环节的管理工作之中。因此,将经济信息系统论和经济管理活动论两种观点结合起来看,会计是以货币作为主要计量单位,运用专门方法,连续、系统、全面地核算和监督一个企业或单位的经济活动,提供经济管理信息,使人们讲求经济效益、加强经济管理,使企业或单位经济活动顺利进行的一种管理活动。

三、会计的基本职能

会计职能是指会计在经济管理工作中能够发挥的功能。会计的职能是会计本质的体现,它不以人们的意志为转移,是客观上所能产生的固有功用。会计的职能有很多,但概括起来,会计的基本职能是核算与监督。

(一) 核算职能

会计的核算职能,也称为反映职能,是通过价值量对经济活动进行确认、计量、记录,并进行公正报告的职能。会计的核算职能是会计最基本的职能,是会计其他职能的基础。会计的核算职能的主要特点如下:

第一,会计核算主要以货币为主要计量单位,从价值量上反映各单位的经济活动状况。虽然会计可以采用货币量度、实物量度、劳动量度三种量度,从数量上反映各单位的经济活动状况,但是在市场经济条件下,因为货币是商品交换的一般等价物,具有价值尺度的功能,具有综合性的特点,所以会计主要以货币量度为主,通过价值量反映经济活动的过程和结果。实物量度、劳动量度则在会计核算中处于辅助地位。

第二,会计核算具有完整性、连续性和系统性。完整性,是指对所有的会计对象都要进行计量、记录和报告,不能有遗漏;连续性,是指对各种经济业务应当按照发生的时间顺序依次进行登记,不能有中断;系统性,是指会计提供的数据资料必须在科学分类的基础上形成相互联系的、系统的、有序的整体,不能杂乱无章。只有依据完整、连续和系统的数据资料,才能全面、系统地反映各单位的经济活动情况。

第三,会计核算要贯穿于各单位经济活动的全过程。会计核算包括事前核算、事中核算和事后核算。事前核算主要提供有关预测未来经济活动的数据资料,用来编制财务计划,以便对经济管理做出调整和采取新的政策;事中核算主要是利用价值数据、指标等对单位经济活动进行控制和调节;事后核算是会计核算的主要内容,其通过算账和报账,提供能综合反映经济活动现状和结果的核算指标。传统的会计核算要以凭证为依据,对已经发生和完成的经济业务进行确认、计量、记录和报告,以保证会计信息的真实性和客观性。随着社会经济活动的日趋复杂和企业竞争的加剧,为了有效防范风险,以未来可能发生的经济情况为背景的会计预测活动越来越受到重视。然而,尽管会计核算范围已经扩大到未来的经济活动,但对外发布的财务会计报告仍然面向过去,反映已经发生的经济活动。

(二)监督职能

会计的监督职能是指会计在核算经济活动的同时,对经济活动的合理性、合法性进行审查,促使经济活动按照规定的要求运行,以达到预期的目的。会计监督是会计的另一个基本职能,与会计的核算职能相辅相成。会计监督具有以下特点:

第一,会计监督主要通过价值指标来进行。企业单位发生的经济活动会伴随着价值运动,表现为价值量的增减和价值形态的转化。因此,会计通过以会计核算提供的价值指标为核心依据进行监督,可以全面、及时、有效地控制各个企业单位的经济活动。

第二,会计监督要对经济活动进行全过程监督。会计监督不仅体现在已经发生或已经完成的业务方面,还体现在业务尚未发生之前及发生过程中,包括事前监督、事中监督和事后监督。事前监督是指会计部门在参与编制各种计划和预算时,依据有关政策、法律和制度,对计划的可行性、合法性和合理性进行审核,从而对未来经济活动进行控制;事中监督是指在日常会计核算过程中,对正在发生的经济活动中已出现的问题提出解决的办法和措施,促使有关部门纠正偏差及失误,从而发挥控制经济管理进程的作用;事后监督是指以事先制定的目标、标准和要求为依据,通过对会计信息的分析研究,对已经发生的经济活动的合理性、合法性进行客观的分析、评价和考核。会计监督的目的是保证经济活动的合法性和合理性。

第三,会计的核算职能与监督职能密不可分且相辅相成。核算职能是监督职能的基础,没有核算职能提供的会计信息,会计监督就没有客观依据,也就无法进行会计监督。同时会计的监督职能寓于会计的核算职能之中,是在核算过程中的监督;而会计监督职能又是核算职能的保证,没有监督职能提供有力的保证,就不可能保证会计核算所提供的会计信息的质量。

四、会计的目标

视频资源

会计目标是指会计工作所要达到的终极目的。从会计的本质来看,会计既是一个经济信息系统,也是一项经济管理活动。与其他管理不同,会计管理的最大特点在于其管理作用的发挥要借助于会计信息。离开了会计信息,会计管理也就无据可依。因此,会计的基本目标是为会计信息使用者提供经济决策有用的会计信息。我国《企业会计准则——基本准则》第四条明确指出:“财务会计报告的目标是向财务会计报告使用者提供与企业财务状况、经营成果和现金流量等有关的会计信息,反映企业管理层受托责任履行情况,有助于财务会计报告使用者作出经济决策。”会计信息的使用者包括投资者、债权人、政府及其有关部门、管理者、雇员、供应商、顾客和社会公众,他们利用会计提供的企业财务状况、经营成果和现金流量等有关会计信息来满足不同的经济决策需要。例如,投资者可以利用会计信息评估管理层的受托责任履行情况,然后作出是持有还是出售其投资,是续聘还是更换管理者等决策。

会计是整个经济管理的重要组成部分,因此会计目标还必须满足经济管理总目标的要求。在社会主义市场经济条件下,经济管理的总目标是提高经济效益,作为经济管理的重要组成部分的会计管理工作,应该以提高经济效益作为目标。

第二节　会计信息质量要求

一、会计核算的基本前提

会计核算的基本前提又称会计假设,是指为了保证会计工作正常进行和会计信息的质量,对会计核算所处时间和空间环境等所做的合理假定,并在此基础上建立会计原则。只有企业面临的现实环境与这些基本前提相符,会计准则中规定的方法才可以被采用。如果企业面临的现实情况和约定的基本前提不相符,会计准则中规定的方法就不适用,而应该采用其他程序和方法来进行核算。企业会计核算的基本前提包括会计主体、持续经营、会计分期和货币计量。

(一)会计主体

视频资源

会计主体,是指会计核算服务的特定单位,它明确了会计核算的立场及空间范围。企业应当对其本身发生的交易或者事项进行确认、计量和报告,反映企业本身所从事的各项生产经营活动。组织核算工作首先应明确为谁核算的问题,划定会计所要处理的各项交易或事项的范围,要将该会计主体与其他会计主体、会计主体的所有者、内部职工之间的交易或事项严格区分开来。会计主体是从空间上对会计核算范围进行有效界定,会计只记录本会计主体的账,只核算和监督本会计主体所发生的经济业务。明确会计主体,有利于正确地反映一个会计主体所拥有的财产和承担的债务,计算其经营收益或可能遭受的损失,以提供准确的财务信息。

应该注意的是,会计主体作为一个经济实体,与企业法人不是一个概念。当然,一个法人的经营和财务必然是独立的，应该建立独立的财务会计系统，独立反映其财务状况、经营成果和现金流量，因而一个法人必然是一个会计主体。但是构成会计主体的并不一定都是法人。例如，会计主体可以是法人主体之下的分公司，也可以是多个法人主体组成的企业集团。

视频资源

（二）持续经营

持续经营，是指企业在可以预见的将来，不会面临破产和清算，企业将会持续不断地按照当前的规模和状态继续经营下去，企业既不打算也没有必要实行清算或大大缩小经营规模。持续经营这一基本前提明确了会计核算的时间范围。《企业会计准则——基本准则》第六条明确规定：“企业会计确认、计量和报告应当以持续经营为前提。”核算主体是持续不断地经营的，也就是假设它将按照既定用途使用资产，也将按照既定的合约条件清偿债务。企业只有在持续经营这一基本前提下，才可能使会计方法和程序建立在非清算的基础上，而不是采用合并、破产清算等处理方法。这样才能保持会计信息处理的一致性和稳定性，才有必要进行会计分期，从而为采用权责发生制奠定基础，也为固定资产、无形资产等按历史成本进行计量、在其预期的受益期分期摊销提供依据。

当然，持续经营作为基本前提并不意味着企业将永久存在，更不排除企业因经营不善等原因而出现破产或清算的可能。在有充分证据表明企业无法持续正常经营的情况下，财务会计报告就不能按照建立在持续经营基本前提下的会计准则来编制，而应采用合并、破产清算等特殊会计程序和方法来组织核算。

（三）会计分期

会计分期，是指会计把持续不断的经营过程划分成若干连续的、长短相同的期间，以便定期为使用者提供会计信息。会计分期是由持续经营和按期提供会计信息的要求决定的。有了会计分期，才产生了本期与非本期的区别，才出现了收入、费用是按权责发生制还是按收付实现制为基础进行确认和计量的区别，进而出现了应收、应付、折旧、摊销等会计处理方法。

我国《企业会计准则——基本准则》第七条明确规定：“企业应当划分会计期间，分期结算账目和编制财务会计报告。会计期间分为年度和中期。”其中，中期是指短于一个完整的会计年度的报告期间，一般包括半年、季度、月份等会计期间。同时，我国会计期间是按日历年度划分的，会计法明确规定，会计年度自公历1月1日起至12月31日止。

（四）货币计量

货币计量，是指会计核算采用货币作为主要计量单位，记录、反映企业的经营情况。会计计量是会计核算的关键环节，是会计记录和会计报告的前提。货币计量基本前提包括两个含义：一是会计以货币作为主要的计量单位（记账本位币）；二是假定作为计量单位的货币的价值稳定或相对稳定的。

我国《企业会计准则第19号——外币折算》规定：“记账本位币，是指企业经营所处的主要经济环境中的货币。企业通常应选择人民币作为记账本位币。”同时，对业务收支以人民币以外的货币为主的企业，允许选用某种外币作为记账本位币，但是，编报财务报表时应当折算为人民币。

在运用货币作为计量单位时，必须以假定货币本身的价值稳定或相对稳定为前提，只有这样，会计核算才可能对不同时期的经济业务作出一致的记录和比较。当然，如果发生通货膨胀或通货紧缩，单位货币所包含的价值将随着现行价格的波动而变化，基于货币稳定假设条件的货币计量就不能真实地反映财务状况和经营成果，这时就应该改用特殊的物价变动会计程序和方法来组织核算。

当然，采用货币进行计量也有一定的缺陷。某些影响企业财务状况和经营成果的因素，如企业研发能力、市场竞争力等，对于信息使用者进行决策也很重要，但难以用货币进行计量。这时，会计人员应该在财务会计报告中补充披露相关非会计信息以弥补这个缺陷。

二、会计基础

视频资源

在企业经济活动中，交易或会计事项的发生时间往往与相关货币的收支时间不一致，因此就产生了在何时记录和报告的问题。权责发生制与收付实现制是为解决何时记录和报告问题而产生的两种不同的确认基础。

权责发生制，又称应计制，是指会计核算应当以交易或事项是否发生为标准来确认收入、费用的归属期间，而不考虑相关的款项是否收到或支付。具体来说，凡是属于本期已经实现的收入，不论其款项是否收到，均应作为本期的收入来确认；凡是属于本期应负担的费用，不论其款项是否支付，均应作为本期的费用来确认。反之，凡不该属于本期的收入、费用，即使其款项已收到或付出，也不得作为本期的收入或费用来确认。权责发生制是一种记账基础，建立在该记账基础之上的会计模式可以正确地将收入与费用相配比，以正确地计算损益。由上可知，实行权责发生制，收入和费用应该在应归属期间予以确认，而不是依据收支时间。收入和费用的应归属期间，是指应获得收入的会计期间和应负担费用的会计期间。权责发生制有利于正确地反映各期间的经营成果，因而它主要应用于营利组织的会计核算。

收付实现制，又称现金制，是以款项实际收付的日期为标准来确认收入、费用归属期的一种确认基础。具体来说，收到现金时反映收入增加，付出现金时反映费用增加。这种确认基础比较简便，同时由于收入与费用的确认时间与现金的收支时间一致，核算的经营成果与支付能力一致，便于会计信息使用者理解。但是，当期收到的现金可能是上期经营的成果，而当期付出的现金又可能要在以后期间才能带来成果，因此按照现金的实际收支时间确定的损益不能代表当期的真实经营成果。收付实现制主要应用于非营利组织的会计核算。

权责发生制原本主要用于解决收入和费用的确认时间问题，但根据会计等式和复式记账原理，确认一项收入必然同时确认一项资产的增加或负债的减少，确认一项费用必然同时确认一项资产的减少或负债的增加，所以权责发生制可应用于所有会计要素的确认，作为所有会计要素的确认基础。我国《企业会计准则——基本准则》第九条规定：“企业应当以权责发生制为基础进行会计确认、计量和报告。”因此，我国企业会计应以权责发生制原则作为会计确认、计量和报告的基础。

三、会计信息质量要求

视频资源

要实现会计信息决策有用性的目的，就必须保证会计提供的信息符合一定的质量标准，满足一定的质量要求。会计信息质量要求是对企业会计信息质量的基本要求，是财务会计报告中所提供的会计信息对使用者决策有用而应具备的基本特征。根据《企业会计准则——基本准则》的规定，我国会计信息质量要求主要包括八项：可靠性、相关性、可理解性、可比性、实质重于形式、重要性、谨慎性和及时性。

（一）可靠性

可靠性又称为客观性，是指会计核算应当以实际发生的交易或者事项为依据进行确认、计量和报告，如实反映符合确认和计量要求的各项会计要素及其他相关信息，保证会计信息真实可靠、内容完整。

会计信息要有用，必须以可靠为基础，因而可靠性是会计信息最基本的质量要求，是有用会计信息的核心特征之一。如果会计信息不能客观地反映企业经济活动的真实情况，不仅不能发挥应有的作用，而且将导致错误的决策。可靠性要求在会计核算的各个阶段必须符合会计真实客观的要求：会计确认必须以实际经济活动为依据；计量、记录的对象必须是真实的经济业务；财务会计报告必须如实反映实际情况，具有可验证性和中立性。

（二）相关性

相关性要求企业提供的会计信息应当与信息使用者的经济决策需求相关，有助于信息使用者对企业过去、现在和未来的情况作出评价或者预测。相关性是会计信息的主要特征之一。

一项信息是否具有相关性取决于预测价值和反馈价值。一般来说，当会计信息能通过帮助信息使用者评估过去、现在或未来的事项，或者通过确证、纠正信息使用者过去的评价，影响信息使用者的经济决策时，信息就具有反馈价值或预测价值，从而具有相关性。相关性要求企业应全面、准确地提供对使用者决策有用的信息，而对决策无用的信息可以不提供。例如，财务会计报告区分收入和利得、费用和损失，就是为了提高财务会计报告信息的预测价值，进而提升会计信息的相关性。

（三）可理解性

可理解性又称为明晰性，是指会计信息应当清晰明了，便于信息使用者理解和使用。会计信息的主要作用是为信息使用者进行决策提供帮助，而会计信息的可理解性是有效使用的前提条件，因而可理解性是有用会计信息的主要特征之一。

当然，会计信息毕竟是一种专业性很强的信息产品，可理解性一方面要求会计人员（信息的提供者）提供的会计信息简洁、易懂，能清晰明了地反映企业的财务状况和经营成果，容易被信息使用者理解；另一方面要求信息使用者也应设法提高理解会计信息的能力。国际财务报告准则《编报财务报表的框架》提出："财务报表中所提供信息的基本质量特征之一，就是便于使用者理解。为此目的，人们假定使用者具有一定的工商经济活动和会计方面的知识，并且愿意相当努力地去研究信息。"因此，对会计信息使用者来说，掌握一定的会计基本知识和会计信息的分析方法是必要的。

但是，可理解性并不意味着企业可以不披露将影响信息使用者决策的复杂会计信息。对于某些复杂的信息，例如交易本身复杂或者会计处理复杂，但其与信息使用者的经济决策相关，企业就应该在财务会计报告中予以充分披露。

（四）可比性

可比性是指一个企业与其他企业的同类会计信息、同一企业不同时期的会计信息应尽量做到口径一致，相互可比。因为会计信息的使用者通常是在比较不同企业或同一企业不同时期的财务状况、经营成果和现金流量变动情况后再进行决策的，因此，信息的可比性是有用会计信息的主要特征之一。

可比性有两层含义：一是横向可比，即不同企业相同会计期间信息应该可比。为了评估不同会计主体相对应的财务状况、经营成果和现金流量变动，信息使用者必须能够比较不同会计主体的会计信息。这就要求不同企业在发生相同或者相似的交易或者事项时，应当采用规定的会计政策，确保会计信息口径一致、相互可比。在不损害会计信息可靠性的基础上，不同企业应尽可能按照规定的会计政策进行会计核算，采用规定的会计指标编报财务会计报告。二是纵向可比，即同一企业不同会计期间信息应该可比。为了明确会计主体财务状况和经营成果的变化趋势，会计信息使用者必须能够比较该会计主体不同时期的会计信息。同一企业不同时期发生的相同或者相似的交易或者事项，应当采用一致的会计政策，不得随意变更。因此，对会计主体不同时点以及对不同会计主体而言，同类交易或事项的计量和列报，都必须采用一致的方法。

不能把可比性等同于单纯的统一性，更不应当允许其成为引入经过改进的会计准则的障碍。由于经济环境的变化，企业为了提供更相关、客观的会计信息，企业可以变更会计政策。为了使信息使用者能够辨别同一会计主体在不同时期以及不同会计主体对相同的交易或事项采用会计政策的差别，应当将编制财务会计报告所采用的会计政策，以及这些政策的变动和变动的影响予以适当的披露。

（五）实质重于形式

视频资源

实质重于形式是指会计核算应当按照交易或事项的经济实质进行确认、计量和报告，不应仅以交易或者事项的法律形式为依据。如果要保证会计信息的可靠性，如实反映企业的经济业务真相，就必须根据它们的实质和经济现实，而不应仅仅根据它们的法律形式进行核算。

由于企业经营业务的复杂性和会计核算的多样性，有些经济业务的实质与其法律形式或人为形式的明显外表可能不一致。例如，某企业将一项资产处置给另一企业，可以在文件中声称将该资产的法律所有权转移给另一企业，但又存在为确保企业急需而享有该项资产中所包含的未来经济利益的协议。这时，将其作为一项销售来报告就不能真实反映所达成的这项经济业务。

（六）重要性

重要性是指应该根据会计信息对于使用者决策的影响程度来决定会计核算的精确程度及会计报表内容的详略程度。按重要性原则要求进行会计核算有利于确保会计信息的相关性。

对于那些预期可能对企业财务状况和经营成果有较大影响的，并可能影响会计信息使用者作出正确决策的重要会计事项，应分别核算、分项反映、力求准确，并在财务会计报告中重点说明。对于次要的会计事项，在不影响会计信息的真实性和不误导会计信息使用者的前提下，可适当简化会计核算程序，采取简便的会计处理方法进行处理，并在财务会计报告中合并反映。

某项会计事项是否具有重要性，应当根据企业所处环境，从项目的性质和金额大小两方面予以判断。如果信息的省略或误报会影响使用者根据财务报告作出的经济决策，信息就具有重要性。重要性取决于须作出判断的项目的大小或在出现省略或发生误报的特定情况下，所导致差错的大小。例如，我国上市公司要求对外提供季度财务会计报告，考虑到季度财务会计报告披露的时间较短，从成本效益原则考虑，季度财务会计报告没有必要像年度财务会计报告那样披露详细的附注信息。

相同的经济业务，在不同的企业，其重要程度是不一样的。判断信息是否重要的标准通常有两个方面：从性质方面看，如果提供的会计信息对信息使用者的决策有影响，则该信息具有重要性；从数量方面看，如果某一交易或事项达到一定的数量时对信息使用者的决策有影响，就具有重要性。

(七)谨慎性

谨慎性,亦称稳健性或审慎性,指在存在不确定因素的情况下作出估计时,应保持一定的谨慎,以便不虚计资产或收益,也不少计负债或费用。按谨慎性原则要求进行会计核算有利于提高会计信息的可靠性。

市场经济环境下,企业的生产经营活动中存在着许多风险和不确定性,例如有疑问的应收账款的可收回程度、厂房和设备大概的使用年限、售出存货可能发生的退货或者保修等。当会计人员在处理具有不确定性的某一会计事项时有多种不同的处理方法可供选择,谨慎性原则要求其选择一种不高估资产或收益、不低估负债或费用的方法,以免损害企业的财务实力,并防止信息使用者对企业的财务状况与经营成果持盲目乐观的态度。

谨慎性原则在我国会计实务中有多种表现,例如对应收账款提取坏账准备、期末存货按成本与可变现净值孰低法计价、固定资产按加速折旧法提取折旧、确认或有负债等。然而,谨慎性原则的运用并不允许诸如设立秘密储备、过分地提取准备、故意压低资产或收益和故意抬高负债或费用等行为。否则,企业实际的财务状况将被扭曲,将对信息使用者的决策产生误导,严重影响会计信息的可靠性。

(八)及时性

及时性是指企业的会计核算应当及时进行,不得提前或延后。会计信息不仅要求真实相关,而且要及时提供给信息使用者。否则,信息提供过晚,导致决策者在作出决策时无法使用该信息,必将使信息的决策有用性大打折扣甚至完全丧失。

我国《企业会计准则——基本准则》第十九条规定:"企业对于已经发生的交易或者事项,应当及时进行会计确认、计量和报告,不得提前或者延后。"从中可以看出,及时性原则包括两个方面:一是及时记录,就是要求企业及时对其经济业务进行确认和计量。本期的经济业务应当在本期进行处理,不能延迟至下一个会计期间或提前到上一个会计期间。二是及时报告,就是指财务会计报告应该在会计期间结束后规定的日期内呈报给会计信息的使用者。

关于会计报告的报送期限,我国规定,月度财务会计报告应于月份终了后 6 天内(节假日顺延,下同)对外提供;季度财务会计报告应于季度终了后 15 天内对外提供;半年财务会计报告应于年度中期结束后 60 天内对外提供;年度财务会计报告应于年度终了后 4 个月内对外提供。随着市场经济的深入发展,市场条件瞬息万变,企业竞争日趋激烈,各方面对会计信息的及时性要求越来越高。

在实务中,企业可能需要在及时报告与提供可靠信息之间进行权衡。为了及时地提供信息,有时在全面了解某一交易或事项之前,就可能有必要作出报告,这就会影响可靠性。相反,如果推迟到全面了解之后再报告,信息可能极为可靠,但是对于必须在事中决策的信息使用者,信息的价值可能很小。如何在相关性和可靠性之间达到平衡,取决于如何最佳地满足信息使用者的经济决策需要。

在实务中,为了达到会计信息质量要求之间的适当平衡,常常需要进行权衡或取舍,以便满足提供有用会计信息的需要。会计信息质量要求在不同情况下的相对重要性,需要会计人员以为信息使用者提供决策有用的信息为目标作出合理的职业判断。

第三节　会计要素及其确认与计量

会计要素也称为财务会计报告要素,是对会计对象最基本的分类,也是财务会计报告的具体内容。我国《企业会计准则——基本准则》将会计要素分为资产、负债、所有者权益、收入、费用和利润。其中,资产、负债和所有者权益是反映财务状况的会计要素,在资产负债表中披露;收入、费用和利润是反映经营成果的要素,在利润表中披露。会计要素的确认是指将符合会计要素定义和标准的项目正式加以记录和纳入财务会计报告的过程;会计要素的计量是列示各个会计要素并确定其金额的过程。会计要素的确认和计量是会计核算的核心。因此,理解会计要素及其确认与计量是学习会计方法、阅读和使用会计信息的基础。

一、会计要素与会计等式

(一) 会计要素

1. 资产

资产是企业过去的交易或事项所形成的、由企业拥有或控制的、预期会给企业带来经济利益的资源。具体来说,资产具有如下特征:

视频资源

第一,资产是一种预期能给企业带来经济利益的资源。预期会给企业带来经济利益,是指直接或者间接导致现金和现金等价物流入企业的潜力。通过对资产的有效使用,能直接或间接导致现金和现金等价物流入企业。预期不能带来经济利益的资源就不能确认为企业的资产。因此,这一特征使资产的内涵比财产大得多。例如,企业未来能够收取款项的权利(各种应收款项)、能为企业带来超额利益的独占权利(专利权、商标权等)都属于企业的资产。

第二,资产由企业拥有或控制,即企业享有某项资源的所有权,或者虽然不享有某项资源的所有权,但该资源能被企业所控制。通常情况下,企业要将一项资源作为资产确认的前提是企业要拥有其所有权。但对于一些特殊方式形成的资产,如融资租入的固定资产,虽然企业不享有其所有权,但与资产所有权相关的风险与报酬能被企业实际控制,根据实质重于形式原则,也应当将其确认为企业的资产。

第三,资产是由过去的交易或事项所形成的。至于预期在未来发生的交易或事项,如计划购买的存货,现在不得作为资产确认。

资产按其流动性可分为流动资产和非流动资产。凡在一年内或超过一年的一个营业周期内变现、出售或耗用的资产称为流动资产,主要包括现金、银行存款、交易性金融资产、应收票据、应收账款、预付账款和存货等;凡在一年或超过一年的一个营业周期以上变现或耗用的资产称为非流动资产,主要包括长期股权投资、固定资产和无形资产等。

视频资源

2. 负债

负债也称为债权人权益,是指企业过去的交易或事项所形成的、预期会导致经济利益流出企业的现时义务。负债具有如下特征:

第一，负债是由过去的交易或事项形成的现时义务。现时义务是企业在现行条件下已承担的义务。如由于企业的过去或现在赊购商品或接受劳务而形成的应付账款，应确认为负债；再如，企业销售时承诺实行包修或保修，由于过去的销售而产生的未来修理费，也应确认为负债。但是，由未来发生的交易或事项形成的义务，如企业管理层决定今后购买资产，其本身并不产生现时义务，不应当确认为负债。

第二，负债将预期导致经济利益流出企业。无论负债以何种形式出现，最终负债的履行预期将导致经济利益流出企业。具体可表现为支付现金或转让其他资产、提供劳务或将该项义务转换为股权等。

负债按其偿还期限的长短可分为流动负债和非流动负债。凡将在一年内或超过一年的一个营业周期内偿还的债务称为流动负债，包括短期借款、应付票据、应付账款、预收账款、应付职工薪酬和应交税费等；凡将在一年或超过一年的一个营业周期以上偿还的债务称为非流动负债，包括长期借款、应付债券和长期应付款等。

视频资源

3. 所有者权益

所有者权益，即企业资产扣除负债后由所有者享有的剩余权益。股份制企业的所有者权益又称为股东权益。所有者权益是所有者对企业净资产的要求权，所有者权益表明了企业的产权关系，即企业归谁所有。

所有者权益的来源包括所有者投入的资本、直接计入所有者权益的利得和损失（其他综合收益）、留存收益等。具体来说，所有者权益的构成项目包括实收资本（或股本）、资本公积、其他综合收益、盈余公积和未分配利润，这些项目应在资产负债表所有者权益下单独列示披露。

应当强调，企业的所有者权益所反映的产权关系只是整体意义的产权关系，它与企业特定的、具体的资产并无直接关系，即并不与企业任何具体的资产项目发生对应关系。虽然企业所有者是以货币资金、存货、固定资产或无形资产等具体形式的资产对企业进行投资的，但只要这些资产投资进入企业，根据会计主体这一会计核算基本前提，便成为受资企业这个特定会计主体的资产，而不再是企业所有者的资产。特别是在企业有多个所有者的情况下，明确这一点尤为重要。

视频资源

4. 收入

收入是指企业在日常活动中形成的、会导致所有者权益增加的、与所有者投入资本无关的经济利益的总流入。与收入相区别的概念是利得。利得是指由企业非日常活动形成的、会导致所有者权益增加的、与所有者投入资本无关的经济利益的总流入。收入具有如下特征：

第一，收入来自企业的日常经营活动，而利得来自偶发的交易或事项等非日常经营活动。企业为完成经营目标而从事销售商品、提供劳务等各种日常活动所产生的经济利益的流入属于收入。收入均计入当期损益。而非日常活动带来的利得应根据其实际情况计入当期损益或计入所有者权益之中的其他综合收益项目。

第二，收入将导致资产增加或负债减少，从而引起所有者权益的增加。收入为企业带来经济利益的形式多种多样，可能直接表现为资产的增加（如销售收到银行存款），也可能直接表现为负债的清偿（如销售商品抵销原来的预收账款），还可能既增加资产又减少债务（如销售商品既收到部分银行存款也抵销原来的预收账款)。同时,收入引起这些经济利益流入企业,最终会导致所有者权益增加。当然,所有者投入资本也会引起资产增加或负债减少,并引起所有者权益增加,但所有者投入资本不是收入,而应确认为所有者权益。

企业可以从以下三方面取得收入:一是销售商品;二是提供劳务;三是让渡资产使用权。根据这些收入在企业经营中的主次程度,收入可以分为主营业务收入和其他业务收入。主营业务收入是指企业为完成其经营目标而从事的主要经营活动所取得的收入,如工业企业销售产品、自制半成品、提供工业性劳务等取得的收入;其他业务收入是指企业主要经营活动以外的其他日常经营活动所取得的收入,如工业企业销售材料、固定资产出租、提供运输等非工业性劳务等取得的收入。

5. 费用

视频资源

费用是指企业在日常活动中发生的、会导致所有者权益减少的、与向所有者分配利润无关的经济利益的总流出。费用具有如下特征:

第一,费用是企业在日常活动中发生的经济利益流出。损失是非日常活动所发生的、会导致所有者权益减少的、与向所有者分配利润无关的经济利益的总流出。因此,费用与损失不同,费用是日常活动所发生的,而损失是非日常活动所发生的。

第二,费用表现为资产的减少或负债的增加,会导致所有者权益的减少。费用的发生表现为资产的减少或负债的增加或两者兼而有之,并最终引起所有者权益的减少。如购买办公用品表现为现金的减少,月末分配工资费用则表现为应付工资的增加。

费用按其与收入的关系,可分为营业成本、税金及附加和期间费用。营业成本是指已销售商品的产品成本或已提供劳务的劳务成本,分为主营业务成本和其他业务成本。税金及附加是指企业经营活动应负担的相关税费,包括消费税、城市维护建设税、教育费附加、房产税、车船税、印花税等。期间费用是指与产品生产无直接关系,属于某一时期耗用的费用,包括管理费用、销售费用和财务费用。管理费用是企业行政管理部门为组织和管理生产经营活动发生的各项费用;销售费用是企业为销售商品及专设销售机构而发生的各项费用;财务费用是企业筹集生产经营所需资金而发生的费用。

6. 利润

利润是指企业在一定会计期间的经营成果。利润往往是评价企业管理层业绩的一项重要指标,也是信息使用者进行决策的重要参考。

利润包括收入减去费用后的净额、直接计入当期利润的利得和损失等。收入减去费用的净额就是人们常说的营业利润,反映的是企业日常经营活动的业绩。直接计入当期利润的利得和损失,是指应当计入当期损益、会导致所有者权益发生增减变动的、与所有者投入资本或与所有者分配利润无关的利得或者损失。例如,非流动资产毁损报废利得或损失,债务重组利得或损失,盘盈利得或盘亏损失,接受捐赠利得等。企业应该严格区分收入与利得、费用与损失,以提高会计信息的相关性。

(二) 会计等式

任何一个企业要开展生产经营活动都必须投入一定数额的资金,而企业投入的资金都有其不同的存在形态和来源渠道。从资金的存在形态看,企业资金的存在形态就是资产;从资金的来源渠道看,企业的资金无非来源于企业所有者和债权人。其中,归属于债权人的权益是债权人权益，归属于所有者的权益是所有者权益。一个企业拥有的资产和权益，是同一资金的两个不同的侧面，是从两个不同的角度观察和分析的结果。因此，从数量上看，一个企业的资产总额与权益总额必定相等，有一定数额的资产，就必定有对等数额的权益；反之，有一定数额的权益，也必定有对等数额的资产。两者之间的关系用数学公式表示如下：

资产＝权益

＝债权人权益＋所有者权益

＝负债＋所有者权益

企业的生产经营活动是以营利为目的的。企业开展生产经营活动取得收入，同时，企业为了取得这些收入也将发生各种各样的耗费，这些耗费的货币表现就是费用。将取得的收入与相应的费用进行配比，全部收入减去全部费用的差额就是企业的利润。因此，企业在生产经营过程中又形成了一定期间经营成果的平衡关系：

收入－费用＝利润

由于企业取得收入将会引起资产增加或负债减少，所有者权益随之增加。而费用会导致资产减少或负债增加，所有者权益随之减少。因此，如果将上述两个公式结合起来，则可以得到如下反映资产、负债、所有者权益、收入、费用和利润各会计要素之间相互关系的会计恒等式：

资产＝负债＋所有者权益＋（收入－费用）

资产＝负债＋所有者权益＋利润

在会计期末，企业利润按照法定程序经过分配后，会计恒等式又恢复到最基本的形式，即：

资产＝负债＋所有者权益

企业生产经营过程中发生的、能够引起会计要素增减变化的事项，会计上通常称为经济业务（或称会计事项）。企业发生的经济业务虽然复杂繁多，但就其对企业资产和权益的影响来看，不外乎下述四种类型：

第一，经济业务的发生，引起企业资产和权益同时等额增加。

第二，经济业务的发生，引起企业资产和权益同时等额减少。

第三，经济业务的发生，引起企业资产内部相关项目此增彼减，增减金额相等。

第四，经济业务的发生，引起企业权益内部相关项目此增彼减，增减金额相等。

任何经济业务的发生，都不会超出上述四种类型。不管属于哪种类型，这些经济业务发生后都不会破坏会计等式的平衡关系。会计等式的这种平衡关系，是会计设置账户、复式记账和编制财务报表的理论基础。正确地理解和运用这种平衡关系，对于正确地进行会计核算具有重要的意义。

二、会计要素的确认

会计要素的确认是指将符合会计要素定义和确认标准的项目纳入财务报表的过程。某一项目一旦被确认，就要以文字和数据加以记录，其金额就应包括在财务报表之中。会计要素确认主要解决三个问题：一是某会计事项是否应该确认；二是该会计事项应在何时确认；三是该会计事项应确认为哪个会计要素。

当同时符合下列三个标准时，就应该确认为该会计要素：一是应予确认为某一要素的项目应符合该要素的定义；二是与该项目有关的未来经济利益很可能流入或流出企业；三是对该项目的成本或价值能够可靠地加以计量。例如,对符合资产定义的经济资源,当与该资源有关的经济利益很可能流入企业、该资源的成本或者价值能够可靠地计量时,该资源就应该确认为资产;对符合负债定义的义务,当与该义务有关的经济利益很可能流出企业、未来流出的经济利益的金额能够可靠地计量时,该义务就应该确认为负债。

由于会计要素之间存在相互依存关系,当一个项目符合某个要素的定义和确认标准时,就会自动要求确认另一个会计要素。例如,企业赊购存货,在确认存货这一资产的同时,要确认应付账款这一负债。

三、会计要素的计量

视频资源

会计要素的计量是指为了在财务报表内确认和列示各个会计要素而确定其金额的过程。由于会计主要以货币为主要计量单位,从价值量角度反映企业的经济活动状况,因此,会计要素的计量是会计核算的核心问题。

会计要素的计量主要包括计量单位(计量尺度)和计量属性(计量基础)两方面内容。就计量单位来说,当前世界绝大多数国家的物价是稳定或基本稳定的,根据货币计量这一会计核算基本前提,会计计量所使用的计量单位主要是企业所在国家(地区)的名义货币。就计量属性来说,存在着可用于会计要素计量的多种属性。目前世界各国会计常用的计量属性有:历史成本、重置成本、可变现净值、现值和公允价值等。

(一)历史成本

历史成本又称为实际成本。历史成本要求一切经济业务和事项,一律以原始成本为入账的标准,要求资产和权益应以经济业务发生时实际投入和实际付出的金额计价。具体说来,在历史成本计量下,资产按照购置时支付的现金或者现金等价物的金额,或者按照购置资产时所付出对价的公允价值计量;负债按照因承担现时义务而实际收到的款项或者资产的金额,或者承担义务的合同金额,或者按照日常活动中为偿还负债需要支付的现金或者现金等价物的金额计量。会计选择历史成本计价的原因主要有:①历史成本是在交易时确定的,能够比较客观地反映经济业务;②以历史成本核算时有可查核的原始凭证,具有较强的可验证性;③历史成本的资料容易取得。因此,会计一般采用历史成本计量属性进行计量。然而,按历史成本计价也存在固有的缺点:①资产的历史成本是在取得时确定的,一旦入账后不再变化。但该资产对企业的"价值"可能随时间延续而变化,时间长了历史成本不能真实反映其经济价值。例如,某些早期的厂房账面价值很低,而实际的经济价值并非如此。②不同时期取得的相同资产,其历史成本并不相同,而财务报表却将它们加在一起,难以作出合理解释。③在计算利润时,收入水平是现时的货币价值而成本是历史成本,两者不能合理配比。财务报表使用者应当注意历史成本计价的局限性,合理使用报表中的数据。

(二)重置成本

重置成本又称为现行成本,是指按照当前市场条件,重新取得同样一项资产而须支付的现金或现金等价物的金额。在重置成本计量下,资产按照现在购买相同或者相似资产所需支付的现金或者现金等价物的金额计量;负债按照现在偿付该项债务所需支付的现金或者现金等价物的金额计量。重置成本是现在时点下市场价格的表现。在原始交易日,重置成本与历史成本都等于当时资产的交易价格,但由于市场物价的变动、技术的进步等原因,原始交易日后重置成本与历史成本往往出现偏差。

重置成本计量属性的优点主要有:①可以避免在物价上涨时虚计收益,能准确反映企业维护再生产能力所需生产耗费的补偿;②期末财务报表提供的是以现行成本为基础的现时信息,而非过去的历史信息;③以现行成本与现行收入相配比计算利润,具有逻辑上的一致性;④便于区分企业的经营收益与持有收益,有助于正确评价管理当局的经营业绩。重置成本计量属性存在的缺点主要体现在:①确定重置成本的难度较大;②如果将持有收益反映于利润表,便不能保证已消耗的生产能力得到补偿和更新,无法解决资本保全问题。

(三) 可变现净值

可变现净值又称预期脱手价值,资产按照其正常对外销售所能收到现金或者现金等价物的金额扣减该资产至完工时估计将要发生的成本、销售费用及相关税费后的金额计量。例如,存货的可变现净值是存货的估计售价减去至完工时估计将要发生的成本、销售费用以及相关税费后的金额。一般来说,存货应当以历史成本计量属性计量,但当企业存货发生减值损失,使存货的可变现净值低于成本时,根据谨慎性原则的要求,企业应当按其可变现净值而不再采用成本对存货进行计量。企业确定资产的可变现净值,应当以取得的确凿证据为基础,以保证会计信息真实、可靠。

(四) 现值

现值是未来现金流量现值的简称,是指在正常经营中未来现金流量的现时折现价值。在采用现值计量属性时,资产按照预计从其持续使用和最终处置中所产生的未来净现金流入量的折现金额计量;负债按照预计期限需要偿还的未来净现金流出量的折现金额计量。例如,在企业租入固定资产时,在租赁开始日,承租人应当按照尚未支付租赁付款额的现值对租赁负债进行计量。现值以资产预期未来经济利益作为依据,考虑了现金流量的时间分布以及货币的时间价值等因素,在理论上较全面。但现值的未来现金流入量与流出量的确定较难,且计算过程较为烦琐。

视频资源

(五) 公允价值

公允价值是指市场参与者在计量日发生的有序交易中,出售一项资产所能收到或者转移一项负债所需支付的价格。企业以公允价值计量相关资产或负债,应当假定计量日出售资产或转移负债的有序交易发生在主要市场(或者在不存在主要市场情况下的最有利市场)中,并且使用在当前情况下适用且有足够可利用数据和其他信息支持的估值技术(如市场法、收益法和成本法等)。例如,企业购入交易性金融资产应采用公允价值进行计量。采用公允价值计量应当优先使用计量日相同资产或负债在活跃市场上未经调整的公开报价(即第一层次输入值);其次,使用活跃市场中类似资产或负债的报价等进行必要调整(即第二层次输入值);最后,当企业相关资产或负债不存在市场活动或市场活动很少时,以其他市场参与者在对资产或负债定价时所使用的参数为依据确定公允价值(即第三层次输入值)。

在这五种计量属性中,历史成本通常反映的是资产或负债过去的价值,而重置成本等其他四种计量属性通常反映的是资产或负债的现时成本或现时价值,是与历史成本相对应的计量属性。当然,这种关系也并不是绝对的。例如,许多历史成本就是根据交易时资产或负债的公允价值确定;应用公允价值时,当相关资产或负债不存在活跃市场的报价或者不存在同类或类似资产的活跃市场报价时,需要采用包括现值法在内的估值技术来确定公允价值。

第四节 会计规范

为保证企业会计工作的规范性和会计信息的可比性,各单位必须遵守统一的会计法规组织会计工作。我国指导企业会计工作的规范主要由会计法律、会计行政法规、会计部门规章构成。

一、会计法律

会计法律,是指由全国人民代表大会及其常务委员会经过一定立法程序制定的、调整我国经济生活中会计行为关系的法律规范的总称。

《中华人民共和国会计法》(简称《会计法》)是会计工作的根本大法,我国境内的所有企业、行政事业单位和其他组织都必须依照《会计法》的规定来办理会计事务。《会计法》是会计法律制度中层次最高的法律规范,各种会计规范都是在《会计法》的基础上制定的。

我国第一部《会计法》于1985年1月21日颁布,1985年5月1日起施行。1993年12月29日,第八届全国人民代表大会常务委员会第五次会议通过了《关于修改〈中华人民共和国会计法〉的决定》。1999年10月31日,第九届全国人民代表大会常务委员会第十二次会议对《会计法》进行修订,自2000年7月1日起施行。2017年11月4日第十二届全国人民代表大会常务委员会第三十次会议通过《关于修改〈中华人民共和国会计法〉等十一部法律的决定》,再次对《会计法》进行修正。修正后的《会计法》共52条,分为以下7章:总则;会计核算;公司、企业会计核算的特别规定;会计监督;会计机构和会计人员;法律责任;附则。

我国另一部会计法律是《中华人民共和国注册会计师法》(简称《注册会计师法》),第八届全国人民代表大会常务委员会第四次会议于1993年10月31日通过,自1994年1月1日起施行。《注册会计师法》由7章构成,包括总则、考试和注册、业务范围和规则、会计师事务所、注册会计师协会、法律责任、附则。

二、会计行政法规

会计行政法规是指由国务院制定并发布,或者国务院有关部门拟订并经国务院批准发布,调整经济生活中某些方面会计关系的法律规范。它是根据《会计法》制定的,是对会计法律的具体化或某个方面的补充。如《企业财务会计报告条例》《总会计师条例》。

《企业财务会计报告条例》由国务院2000年6月发布,自2001年1月1日起施行。条例共分为6章46条,包括总则、财务会计报告的构成、财务会计报告的编制、财务会计报告的对外提供、法律责任、附则。

《总会计师条例》由国务院1990年12月31日发布并施行,2011年1月8日修订。条例共分为5章23条,包括总则、总会计师的职责、总会计师的权限、任免与奖惩、附则。

三、会计部门规章

会计部门规章是指由主管全国会计工作的行政部门——财政部就会计工作中某些方面内容

所制定的规范性文件。国务院有关部门根据其职责制定的会计方面的规范性文件,如实施国家统一的会计制度的具体办法等,也属于会计规章,但必须报财政部审核批准。会计规章依据会计法律和会计行政法规制定,如财政部发布的《企业会计准则》《小企业会计准则》《政府会计准则》《会计基础工作规范》等,以及财政部与国家档案局联合发布的《会计档案管理办法》等。

会计准则是对会计行为的规范,是对经济交易和事项进行会计处理的准绳,是评价会计工作质量的标准。也就是说,会计准则是会计人员对会计要素进行确认、计量、记录、报告必须遵循的行为规范。在我国,会计准则分为企业会计准则、小企业会计准则、事业单位会计准则和政府会计准则。

会计准则根据内涵和层次不同可分为基本准则和具体准则。基本准则的适用范围广,对会计工作有普遍的指导意义,也是制定具体准则的依据。具体准则是对会计工作的具体规定,体现了基本准则的要求,基本准则和具体准则必须保持协调一致。

在国外,会计准则产生于经济大萧条的20世纪30年代。经济大萧条引起了经济学家的思考,人们都在研究和分析产生经济危机的原因。会计学家认为,会计核算的不规范和会计报告的严重失实是导致经济危机的重要原因之一。人们意识到会计必须有一套具体的核算规范,以保证会计信息的真实性。于是,各国开始研究和制定会计准则。至20世纪50年代以后,美国、日本等国家相继颁布了会计准则。

在我国,会计准则包括企业会计准则和政府会计准则。会计准则的研究工作始于20世纪80年代末。经过几年的理论探索与实践论证,1992年12月3日,我国财政部发布了《企业会计准则》,该准则属于基本准则,于1993年7月1日起在全国所有企业施行。其后,我国陆续颁布了42项企业会计具体准则。2015年10月,财政部发布了《政府会计准则——基本准则》,此后又陆续发布了9项具体准则,政府会计准则在全国各级各类行政事业单位全面施行。

进入21世纪后,我国市场经济已经发展到一个新的阶段,经济全球化已经进入一个新的时期。2006年财政部发布了一整套与我国经济发展进程相适应的、与国际财务报告准则趋同的新企业会计准则体系。目前,我国企业会计准则体系由1项基本准则、42项具体准则及其配套应用指南、12项会计准则解释构成,具体包括四个层次:第一层次为基本准则;第二层次为具体准则;第三层次为具体准则的应用指南;第四层次是会计准则解释。基本准则在整个准则体系中起统驭作用,主要规范会计目标、会计基本假设、会计基本原则、会计要素的确认和计量等。具体准则又分为一般业务准则、特殊行业的特定业务准则和报告准则三类。而具体准则的应用指南主要对会计科目的设置、会计分录的编制和报表的填报等操作层面的内容做出示范性指导。一般业务准则主要规范各类企业普遍适用的一般经济业务的确认和计量,如存货、固定资产、长期股权投资、无形资产、资产减值、借款费用、收入、外币折算等准则。特殊行业的特定业务准则主要规范特殊行业中特定业务的确认和计量,如石油天然气、生物资产、金融工具确认和计量及保险合同等准则。报告准则主要规范各类企业通用的报告类的准则,如财务会计报告的列报、现金流量表、合并财务报表、中期财务会计报告、资产负债表日后事项、分部报告、金融工具列报等准则。

企业会计准则体系自2007年1月1日起在所有上市公司、部分非上市金融企业和中央大型国有企业实施,并逐步扩大实施范围,目前已扩大到所有大中型企业。在中国内地会计准则实现国际趋同并有效实施后,2007年12月6日,中国内地与中国香港签署了会计准则等效联合声明,确认两地会计准则等效互认。2008 年 12 月 12 日,欧盟委员会就第三国会计准则等效问题发布规则,决定自 2009 年起至 2011 年年底的过渡期内,允许中国企业进入欧盟境内市场时采用中国企业会计准则编制财务会计报告。2012 年 4 月 11 日,欧盟委员会发表声明,宣布自 2012 年 1 月 1 日起认定中国企业会计准则与欧盟认可的国际财务报告准则等效。中国企业会计准则实现了与国际财务报告准则的趋同和等效,也意味着中国企业会计准则的实施显著提升了中国企业财务会计报告的质量及其透明度。企业会计准则的实施极大地提高了中国境内财务会计报告的质量及其与国际财务报告的一致性,中国市场信用程度得到提高,为我国带来更多的跨境投资和更高效的资本配置。

同时,各省、自治区、直辖市人民代表大会及其常委会在依照宪法和会计法律、行政法规制定发布的地方会计规范性文件,也是我国会计法律法规体系的重要组成部分。

【进一步学习指南】

本章简要地介绍了会计的基本概念、本质和职能等会计基本理论,主要介绍了会计核算基本前提、会计信息质量要求、会计要素、会计等式和会计要素的确认与计量等会计基本知识。本章内容的理解与掌握能为会计学课程的学习奠定良好的基础。但是,由于篇幅有限,本章对会计信息的各项质量要求之间的关系、各项会计要素计量属性的优点及其局限分析不够深入,学有余力的同学可以继续深入探究。

【本章知识应用】

情景案例一

张蔚,某公司的业务主管,2019 年恰逢他 30 岁。为了了解自己的财务状况,他对自己的收支及拥有的资产、负债进行了记录:

(1) 1 月 1 日,张蔚拥有的财产及债务情况,如表 1-1 所示。

表 1-1 2019 年 1 月 1 日张蔚的资产及负债一览表

序号	有关项目	金额/元	备注
1	1 套自住商品房	1 080 000	原始成本 1 200 000 元,磨损 120 000 元,同类市场价 1 800 000 元
2	1 辆已用了 1 年的小汽车	150 000	原始成本 180 000 元,磨损 30 000 元,同类市场价 140 000 元
3	各类银行存款	130 000	
4	股票与国库券	120 000	持有 A 股上市公司股票 1 万股,原买入价 120 000 元,市场价 170 000 元
5	欠银行及亲朋好友款项	500 000	

(2) 12 月 31 日,张蔚汇总了他一年来所发生的收支情况,如表 1-2 所示。

表 1-2 张蔚 2019 年的收支情况一览表

序号	有关项目	金额/元	备注
1	全年的工资奖金	230 000	实际得到的税后工资奖金
2	1 年住房公积金收入	24 000	
3	归还欠款及利息	55 000	其中利息支出 25 000 元
4	日常生活开支	60 000	
5	汽车日常费用	15 000	
6	外出旅游费用	18 000	

(3) 12 月 31 日,张蔚再次对他拥有的财产及债务情况进行汇总,如表 1-3 所示。

表 1-3 2019 年 12 月 31 日张蔚的资产及负债一览表

序号	有关项目	金额/元	备注
1	1 套自住商品房	1 056 000	原始成本 1 200 000 元,磨损 144 000 元,同类市场价 1 950 000 元
2	1 辆已用了 2 年的小汽车	120 000	原始成本 180 000 元,磨损 60 000 元,同类市场价 108 000 元
3	各类银行存款	236 000	
4	股票与国库券	120 000	持有 A 股上市公司股票 1 万股,原买入价 120 000 元,市场价 210 000 元
5	欠银行及亲朋好友款项	470 000	

要求:

1. 请对张蔚 2019 年 1 月 1 日及 12 月 31 日的资产、负债进行确认。你认为张蔚所拥有的商品房、小汽车及股票与国库券应按哪种计量属性计量?为什么?

2. 请采用权责发生制原则对张蔚 2019 年度的收入、费用进行确认和计量,采用收付实现制原则对张蔚 2019 年现金净流量(即现金流入量与现金流出量的差额)进行计算。

3. 2019 年年末张蔚的总财富是多少,他财富增加或减少的原因是什么?

情景案例二

公司利润任务的完成与否将直接影响公司全体人员的业绩考核及奖励。为完成集团公司规定的利润任务,2019 年 12 月 1 日,公司总经理参照其他公司年末"会计游戏"做法,要求财务部部长按如下要求进行会计处理:

(1) 将固定资产折旧方法从以前的加速折旧法改为平均年限法,折旧费用因此将减少 150 万元。

(2) 将计划在 12 月进行的、预算为 10 万元的办公用品采购计划推迟到明年 1 月份进行。

(3) 12 月签订了一份 100 万元的销售合同,合同规定 12 月预收款 60 万元,商品拟于明年 3 月发出。要求在 12 月收款时开出销售发票并确认收入 60 万元。

(4) 要求在 12 月 10 日发出通知,由于要进行年终决算,还没有来报销的差旅费和办公费到明年1月20日再开始报销。没来得及报销的上述费用约为12万元。

(5) 要求对应收账款按1%估计坏账损失。公司近年来实际坏账率为8%。

要求:

1. 请代财务部部长向公司总经理分析上述安排是否可行?
2. 上述安排是否符合会计基础和会计信息质量要求?

【思考题】

1. 会计的基本职能是什么?它们分别有什么特点?
2. 会计核算的基本前提包括哪些?它们之间有什么联系?
3. 对会计信息质量有哪些要求?其具体内涵是什么?
4. 会计要素包括哪些内容?各有什么特征?
5. 会计要素的计量属性有哪些?

【即测即评】

请扫描二维码,进行即测即评。

第二章　会计核算方法

【学习目标】

1. 明确会计科目和账户的含义及其关系。
2. 掌握会计科目种类,重点掌握常用的总分类会计科目。
3. 掌握复式记账的含义、特点。
4. 重点掌握借贷记账法的各项具体内容。
5. 了解会计凭证的种类和填制方法。
6. 了解会计账簿的种类和登记方法。
7. 了解财产清查的内容、种类、方法,以及财产清查结果的处理。
8. 了解会计核算程序和账务处理程序的含义、种类及其特点。

会计核算是会计的最基本职能,在发挥会计核算职能的过程中,不仅需要运用一系列会计核算的专门方法,还需要经历多道会计核算程序,并对具体的核算程序进行科学组织。会计核算方法是会计的基本方法,包括设置会计科目和账户、复式记账、填制和审核会计凭证、登记会计账簿、成本计算、财产清查和编制会计报表等一系列方法。其中,成本计算方法单列为“成本会计”课程;会计报表编制方法在第八章展开。会计核算过程也正是会计核算方法的依次运用过程:首先在会计期初设置会计科目和账户;然后日常采用复式记账方法根据会计凭证将经济业务登记账户;会计期末进行账项调整和财产清查,确保账面记录真实正确;最后根据核对无误的账簿记录编制会计报表。本章内容依次包括设置会计科目和账户、复式记账、填制和审核会计凭证、登记会计账簿、财产清查方法、会计核算程序。

第一节　会计科目和会计账户

视频资源

一、会计科目

(一) 会计科目的概念和分类

会计科目是对会计要素的具体内容进一步划分而成的项目。会计要素是对会计对象的具体内容按照经济特征不同所划分的基本项目,但由于会计核算不仅要分别对各个会计要素项目进行总括提供会计主体资金运动的过程及结果的数据,还要提供更加详细、具体的项目数据以有助于信息使用者进行经济决策，因此，在会计核算过程中既要根据会计要素对会计对象具体内容进行初次划分，还需要运用会计科目对会计要素具体内容进一步分类。会计科目在会计核算中发挥着重要的作用，它是设置账户的依据，也是填制记账凭证和编制会计报表的基础。

会计科目按其所反映的经济内容详细程度及其统驭关系不同，分为总分类科目和明细分类科目。总分类科目是对会计要素具体内容进行总括分类、提供总括信息的会计科目，如“应收账款”“应付账款”“原材料”等。明细分类科目简称细目，是对总分类科目具体内容再做进一步分类，提供更详细、更具体的会计信息的科目。例如，“原材料”科目按原料及材料的种类、规格等设置明细科目，反映原材料的种类及其具体构成；“应收账款”科目按债务人名称设置明细科目，反映应收账款的具体对象；“应付账款”科目按债权人名称设置明细科目，反映应付账款的具体对象。对于明细科目较多的总分类科目，可在总分类科目与明细科目之间设置二级或多级科目，总分类科目因而又叫一级科目。

会计科目按其所反映的经济内容属性（即会计要素）不同分类，可分为资产类、负债类、所有者权益类、成本类、损益类等。资产要素的一级科目常用的有库存现金、银行存款、原材料、库存商品、固定资产等；负债要素的一级科目常用的有短期借款、应付账款、应交税费、预收账款、长期借款、长期应付款、应付债券等；所有者权益要素的一级科目常用的有实收资本、资本公积、盈余公积和本年利润等；成本类的一级科目常用的有生产成本、制造费用等；损益类的一级科目常用的有主营业务收入、其他业务收入、主营业务成本、其他业务成本、管理费用、财务费用、销售费用等。

（二）会计科目的设置

1. 会计科目的设置原则

会计科目是为投资者、债权人、管理者等提供会计信息的重要手段，其设置应合规、科学、适用，并满足下列原则：

（1）必须结合会计对象的特点。结合会计对象的特点，就是结合不同单位经济业务的特点，结合这些经济业务所涉及的会计要素的特点。在考虑会计对象特点时首先应考虑其行业特点，并在此基础上考虑各自企业规模的特点，选择执行《企业会计准则》或《小企业会计准则》。

（2）必须符合经济管理的需要。符合经济管理的需要是指，会计核算资料应能满足各方面的需要，包括满足政府部门加强宏观调控、制定方针政策的需要；满足投资人、债权人及有关方面对会计主体经营和财务状况作出准确判断的需要；满足内部加强经营管理的需要。因此，在设置会计科目时要兼顾对外报告信息和内部经营管理的需要，并根据数据详细程度的需要分设总分类科目和明细分类科目。

（3）保持会计科目的相对稳定。会计科目的设置要适应社会经济环境的变化和本单位业务发展的需要。但是，会计科目的设置应保持相对稳定，以便在一定范围内综合汇总和在不同时期对比分析其所包含的核算指标。

（4）将统一性与灵活性结合起来。统一性，指在设置会计科目时，应根据提供会计信息的要求，按照会计准则，对一些主要会计科目的设置及其核算内容进行统一的规定，以保证会计核算指标在一个部门，乃至全国范围内可以被综合汇总，分析利用。灵活性，指在保证提供统一核算指标的前提下，各单位可以根据本单位的具体情况和经济管理要求，结合统一规定的会计科目做必要的增补、分拆或简并。

(5) 会计科目的名称要简单明确、字义相符、通俗易懂。作为分类核算的标志,会计科目的命名要求简单明确,即根据经济业务的特点尽可能简洁明了地规定科目名称;字义相符是指按照中文习惯,能够望文生义,不至于产生误解;通俗易懂则是指尽量避免选用晦涩难懂的文字,应尽量采用人们经济生活中的习惯性名称。

2. 企业会计科目

根据我国会计准则,总分类科目通常由国家财政部门统一制定。其中,执行《小企业会计准则》的企业总分类会计科目有 66 个。执行《企业会计准则》的企业常用总分类会计科目(见表 2-1)。明细科目则大多由企业自主设置,如财产物资的明细科目通常按财产物资的品名、规格设置;应收账款、应付账款的明细科目则按往来单位名称设置。并非所有的总分类科目都要设置明细科目,若某个总分类科目无详细情况需要反映就不必设置明细科目,如“所得税费用”。

表 2-1 执行《企业会计准则》的企业常用会计科目表

顺序号	编号	会计科目名称
	一、资产类	
1	1001	库存现金
2	1002	银行存款
3	1012	其他货币资金
4	1101	交易性金融资产
5	1121	应收票据
6	1122	应收账款
7	1123	预付账款
8	1131	应收股利
9	1132	应收利息
10	1164	合同资产
11	1165	合同资产减值准备
12	1221	其他应收款
13	1231	坏账准备
14	1401	材料采购
15	1402	在途物资
16	1403	原材料
17	1404	材料成本差异
18	1405	库存商品
19	1406	发出商品
20	1407	商品进销差价
21	1408	委托加工物资

续表

顺序号	编号	会计科目名称
22	1411	周转材料
23	1421	消耗性生物资产
24	1471	存货跌价准备
25	1481	持有待售资产
26	1482	持有待售资产减值准备
27	1505	债权投资
28	1507	其他债权投资
29	1511	长期股权投资
30	1512	长期股权投资减值准备
31	1521	投资性房地产
32	1528	其他权益工具投资
33	1531	长期应收款
34	1532	未实现融资收益
35	1601	固定资产
36	1602	累计折旧
37	1603	固定资产减值准备
38	1604	在建工程
39	1605	工程物资
40	1606	固定资产清理
41	1611	未担保余值
42	1621	生产性生物资产
43	1622	生产性生物资产累计折旧
44	1623	公益性生物资产
45	1701	无形资产
46	1702	累计摊销
47	1703	无形资产减值准备
48	1711	商誉
49	1801	长期待摊费用
50	1811	递延所得税资产
51	1901	待处理财产损溢
二、负债类		
52	2001	短期借款
53	2101	交易性金融负债

续表

顺序号	编号	会计科目名称
54	2201	应付票据
55	2202	应付账款
56	2203	预收账款
57	2204	合同负债
58	2211	应付职工薪酬
59	2221	应交税费
60	2231	应付利息
61	2232	应付股利
62	2241	其他应付款
63	2245	持有待售负债
64	2501	长期借款
65	2502	应付债券
66	2701	长期应付款
67	2702	未确认融资费用
68	2711	专项应付款
69	2801	预计负债
70	2901	递延所得税负债
三、共同类		
71	3101	衍生工具
72	3201	套期工具
73	3202	被套期项目
四、所有者权益类		
74	4001	实收资本(股本)
75	4002	资本公积
76	4102	其他综合收益
77	4101	盈余公积
78	4103	本年利润
79	4104	利润分配
80	4201	库存股
81	4301	专项储备
五、成本类		
82	5001	生产成本
83	5101	制造费用

续表

顺序号	编号	会计科目名称
84	5201	劳务成本
85	5301	研发支出
	六、损益类	
86	6001	主营业务收入
87	6051	其他业务收入
88	6101	公允价值变动损益
89	6111	投资收益
90	6115	资产处置收益
91	6117	其他收益
92	6301	营业外收入
93	6401	主营业务成本
94	6402	其他业务成本
95	6403	税金及附加
96	6601	销售费用
97	6602	管理费用
98	6603	财务费用
99	6701	资产减值损失
100	6702	信用减值损失
101	6711	营业外支出
102	6801	所得税费用
103	6901	以前年度损益调整

会计科目编号供企业填制会计凭证、登记会计账簿、查阅会计账目、采用会计软件系统参考，企业可结合具体实际情况自行确定会计科目编号。

二、会计账户

（一）会计账户的概念和种类

会计账户简称账户，是根据会计科目开设的，具有一定格式和结构，用来分类、连续、系统记录各会计要素具体内容增减变动情况及结果的载体。简而言之，会计账户就是用来分类、连续、系统登记资金运动的表格。

设置账户是会计核算的重要方法之一，它能够经常提供有关会计要素具体内容变动情况和结果的数据，是编制会计报表的依据，因此必须全面、系统地设置账户。划分账户种类的方法有多种，可以根据设置账户的会计科目级次划分，即根据总分类科目设置的账户为总分类账户，根据明细科目设置的账户为明细分类账户。因此，总分类科目又称为总账科目，明细分类科目又称为明细账科目。根据设置账户的会计科目属性,账户分为资产类账户、负债类账户、所有者权益类账户、成本类账户、损益类账户等。

账户与会计科目是两个既有联系又有区别的概念。它们的联系在于:账户是根据会计科目设置的,会计科目是账户的名称,账户则是会计科目的具体运用,会计科目与账户都是对会计对象具体内容的科学分类,两者所反映的经济内容口径一致、性质相同。没有会计科目,账户便失去了设置依据;没有账户,就无法发挥会计科目的作用。两者的区别表现在:会计科目是对会计要素具体内容进行分类的项目,仅仅是账户的名称,本身没有结构;而账户则具有一定的格式和结构,能够具体地记录经济业务的增减变动及其结果。

(二)账户的结构

1. 实务中账户的具体结构

在会计实务中,账户的格式主要有三栏式、多栏式、数量金额式三种(具体格式参见本章第四节)。总分类账户提供总括经济信息,只用货币计量,因而常用三栏式;明细账户提供详细经济信息,除用货币量度外,有的还要用实物量度(件、吨等)和劳动量度(工时、工作日)进行辅助计量,因而还需要设置若干辅助栏目,用以登记反映经济业务详细情况的其他内容,会用到三栏式、多栏式、数量金额式账户。实务中,账户需要依附于簿籍即账簿而存在,每一个账户表现为账簿中的一页账页或多页账页。

我国会计实际工作中最常用的账户格式是三栏式,具体结构参见图 2-1。所有格式的账户一般都包括五项基本构成项目:①账户名称,即会计科目,规定账户所记录的经济业务内容;②日期栏,记录经济业务的时间;③凭证栏,登记账户的依据;④摘要栏,简要说明经济业务的内容;⑤金额栏,记录增加金额、减少金额和余额。

账户名称

年		凭证号数	摘要	借方	贷方	借或贷	余额
月	日						

图 2-1 三栏式账户

2. 账户的简化结构

首先,任何一个账户都要有一个名称,账户的名称即会计科目,它决定了账户所记录的经济业务的内容。其次,任何一项经济业务的发生都会引起会计要素及其具体项目的变动,而这种变动不外乎两种情况:增加或减少。与此相适应,账户在结构上也应划分为左右两方,共两个栏目:一方用于登记增加额;另一方用于登记减少额。账户名称和金额就构成了两栏式账户的基本项目,其格式如图 2-2 所示。

这种格式形状像英文大写字母"T",或中文的"丁"字,所以称之为"T"形账户或"丁"字形账户。它具有简单、直观的优势,用于会计理论教学和会计实务工作底稿。至于哪一方记录增加,

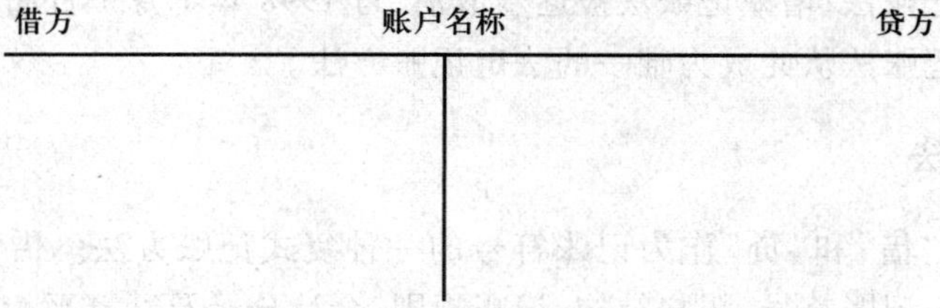

图 2-2　“T”形账户

哪一方记录减少，则取决于账户性质和所采用的记账方法。在借贷记账法下，所有账户左方为“借方”，右方为“贷方”。

（三）账户中的金额构成及其关系

账户中记录的金额包括期初余额、本期增加发生额、本期减少发生额和期末余额。本期增加发生额是指一定期间内在账户中记录的增加金额；本期减少发生额是指一定期间内在账户中记录的减少金额；余额按其时点不同，分为期初余额和期末余额，本期的期末余额转入下期，就是下期的期初余额。这四项金额的关系为：本期期末余额＝本期期初余额+本期增加发生额-本期减少发生额。

第二节　借贷记账法

一、复式记账法概述

视频资源

记账方法就是将经济业务登记到账户中的方法，主要包括单式记账法和复式记账法两种。单式记账法，是对发生的每一项经济业务只在一个账户中进行单方面记录的一种方法。如“用存款 45 000 元购入原材料”业务，在单式记账法下只在“银行存款”账户登记存款减少 45 000 元，原材料增减不记账，即不设置“原材料”账户。

复式记账法是指对发生的每一项经济业务，都以相等的金额同时在相互联系的两个或两个以上的账户中进行登记的一种记账方法。如上例“用存款 45 000 元购入原材料”的业务，在复式记账法下，既要在“银行存款”账户登记存款减少 45 000 元，也要对原材料增减记账，即同时设置“原材料”账户，在该账户中登记原材料增加 45 000 元。

单式记账法的特征为只对货币资金、往来款项设置账户进行登记，账户设置不全面；单式记账法较为简单；账户的设置不完整，也不能全面、系统地反映经济业务的来龙去脉；不能运用会计等式检查记账的正确性。复式记账法的特征为账户设置系统、全面，设置了资产类、负债类、所有者权益类、成本类、损益类等所有账户；可以反映每一项经济业务引起的资金的来龙去脉；可以运用会计等式检查账户记录的正确性。

总之，复式记账法虽然复杂，但它以会计等式为理论基础，克服了单式记账法的重大缺陷，具有自我平衡、自我检查等优势，因此被全球会计界公认为科学的记账方法。在我国曾同时运用过收付记账法、增减记账法、借贷记账法三种复式记账法。20 世纪末，随着经济全球化、会计国际化趋势的加强，收付记账法、增减记账法被逐步取消，自 1998 年 1 月 1 日起全国各行业都只能应用借贷记账法，借贷记账法从此成为唯一的法定记账方法。

二、借贷记账法

借贷记账法是以“借”和“贷”作为记账符号的一种复式记账方法。借贷记账法的具体内容主要包括其理论基础、记账符号、账户结构、记账规则、会计分录及试算平衡等。

（一）借贷记账法的理论基础

借贷记账法的理论基础是会计等式。在借贷记账法中，不论是科目和账户设置，还是会计业务的分析、会计业务记录及其正确性的检查、会计报表的编制都要运用会计等式的平衡原理，会计等式运用于整个会计核算过程，成为借贷记账法的理论基础。

（二）借贷记账法的记账符号

借贷记账法以“借”和“贷”作为记账符号。在借贷记账法中，“借”和“贷”纯粹是记账符号，它与字面的含义没有任何联系。“借”和“贷”记账符号包含的经济意义主要有下述三个方面：

首先，“借”和“贷”记账符号划分了账户的基本结构，即所有账户左方为“借方”，右方为“贷方”。

其次，“借”和“贷”记账符号在不同性质的账户中表示不同的经济内容。

最后，“借”和“贷”记账符号所体现的余额可以表明账户的性质。

（三）账户结构

在借贷记账法中，账户的简化结构分为左右两方，左方为“借方”，右方为“贷方”。但究竟哪一方登记增加的金额，哪一方登记减少的金额，则要根据账户所反映的经济内容及其性质来决定。账户按结构不同可分为资产类，负债、所有者权益类，成本费用类，收入、利润类四类。

1. 资产类账户

资产的增加登记在资产账户的借方，资产的减少登记在资产账户的贷方，余额一般在借方，表示资产的结余数。其账户结构如图 2-3 所示。

借方　　资产类账户　　贷方

期初余额	×××		
本期增加额	×××	本期减少额	×××
…		…	
本期发生额	×××	本期发生额	×××
期末余额	×××		

图 2-3　资产类账户结构

资产类账户期末余额的计算公式：

$$期末余额=期初余额+本期借方发生额-本期贷方发生额$$

2. 负债、所有者权益类账户

负债类账户、所有者权益类账户的结构一致，可统称为权益类账户。负债、所有者权益的增加登记在账户的贷方，负债、所有者权益的减少登记在账户的借方，余额一般在贷方，表示负债、所有者权益的结余数。其账户结构如图 2-4 所示。

权益类账户

借方			贷方
		期初余额	×××
本期减少额		本期增加额	×××
…		…	
本期发生额	×××	本期发生额	×××
		期末余额	×××

图 2-4　负债、所有者权益类账户结构

负债、所有者权益类账户期末余额的计算公式：

期末余额=期初余额-本期借方发生额+本期贷方发生额

3. 成本费用类账户

成本费用的增加数登记在成本费用类账户的借方，成本费用的减少数登记在贷方。会计期末，应将费用类账户的借方与贷方的差额（称为转销额）转入“本年利润”账户，结转后费用类账户期末无余额。成本类账户大多无余额；如果成本类账户有余额就表示在产品。其账户结构如图 2-5 所示。

成本费用类账户

借方			贷方
本期增加额	×××	本期减少额	×××
…		…	
		本期转销额	×××
本期发生额	×××	本期发生额	×××

图 2-5　成本费用类账户结构

4. 收入、利润类账户

从账户结构来讲，收入类账户、利润类账户均与权益类账户结构相似。收入的增加登记在收入类账户的贷方，收入的减少登记在收入类账户的借方，会计期末，应将收入类账户的借方与贷方的差额（称为转销额）转入“本年利润”账户，结转后收入类账户期末无余额。其账户结构如图 2-6 所示。

收入类账户

借方			贷方
本期减少额	×××	本期增加额	×××
…		…	
本期转销额	×××		
本期发生额	×××	本期发生额	×××

图 2-6　收入类账户结构

利润类账户的结构：利润的增加数（本期收入转入额）登记在贷方，利润的减少数（本期费用转入额）登记在借方，会计年末，应将账户的借方与贷方的差额（称为转销额）转入“利润分配”账户，结转后期末无余额。其账户结构如图 2-7 所示。

借方		利润类账户	贷方
期初余额(年度内亏损)	×××	期初余额(年度内盈利)	×××
本期费用转入额	×××	本期收入转入额	×××
本期发生额	×××	本期发生额	×××
期末余额(年度内亏损)		期末余额(年度内盈利)	

图 2-7　利润类账户结构

综上所述，以“资产+费用=负债+所有者权益+收入”会计等式为基础，规定“借”“贷”两个记账符号对各种账户所表示的经济内容为：

“借”表示资产、费用成本的增加，权益的减少和收入的转销。

“贷”表示资产的减少，费用成本的转销，权益、收入的增加。

借贷作为记账符号，指示着账户记录的方向是左方还是右方。一般地说，各类账户的期末余额与记录增加额的一方都在同一方向，即资产类账户的期末余额一般在借方，权益类账户的期末余额一般在贷方，因此一般可以根据账户余额所在的方向来判定账户性质。但在借贷记账法下，还可以根据企业经营管理的需要设置一些“双重性质账户”，即具有资产和负债双重性质的账户。该类账户的余额可能在借方，也可能在贷方，但不可能同时出现借方余额和贷方余额。一般根据双重性质账户期末余额的方向来确定账户的性质，如果余额在借方，就是资产类账户；如果余额在贷方，就是负债类账户。

视频资源

（四）记账规则和记账过程

1. 记账规则

记账规则也叫记账规律，借贷记账法的记账规则概括为：有借必有贷，借贷必相等。

借贷记账法的记账规则是根据以下两个理论来确定的：一是复式记账理论，对任何一项经济业务，都必须以相等的金额在两个或两个以上的相互联系的账户中进行登记；二是借贷记账法账户结构理论。

根据“资产=权益”恒等式推导出经济业务不外乎以下四种类型：

(1) 资产与权益同时增加，总额增加；

(2) 资产与权益同时减少，总额减少；

(3) 资产内部有增有减，总额不变；

(4) 权益内部有增有减，总额不变。

对这四种类型经济业务采用借贷记账法记账，结果都是以相等的金额记入有关账户的借方，同时记入其他有关账户的贷方。据此归纳出借贷记账法的记账规则“有借必有贷，借贷必相等”。这四种类型经济业务具体可参见例 2-1、例 2-2 的有关内容。

运用借贷记账法记账时，在有关账户之间都会形成应借、应贷的相互关系，这种关系叫作账户的对应关系。发生对应关系的账户叫对应账户。

为了保证账户对应关系和记账的正确性，将经济业务登记账户前应先确定经济业务所涉及账户名称及借贷方向和金额，编成会计分录，然后根据会计分录登记账户。会计分录编写和账户登记都体现着记账规则，是记账规则的应用。

2. 会计分录

会计分录是指确定每笔经济业务应借记、应贷记的账户名称及金额的一种记录，简称分录。其通常具体包含三组内容：一组相互联系的账户名称、一组相对应的记账符号、一组相等的金额。即会计分录包含三项要素：记账名称、记账方向、记账金额。编制分录时必须按照“先借后贷、借贷错开、借贷方各自对齐”的格式来进行编写，它是一种规范的表达式。

【例2-1】 编写杭州百思达科技有限公司2020年1月份各项会计业务的分录（总分类核算）：

（1）1月2日，职工丁学勤填借款单1张预借差旅费10 000元，财会人员开具1张现金支票给付。

会计分录①：

借：其他应收款　　10 000

　贷：银行存款　　10 000

分录读作：借记“其他应收款”账户10 000元，贷记“银行存款”账户10 000元。

（2）1月3日，公司向客户完成办公软件开发设计咨询服务，开出销售发票1张收取服务费500 000元，并于当日收到开户银行收款凭证1张。

会计分录②：

借：银行存款　　500 000

　贷：主营业务收入　　500 000

（3）1月4日，收到银行凭证，通知王静投资款10万元收到。

会计分录③：

借：银行存款　　100 000

　贷：实收资本　　100 000

（4）1月5日，财会部门开出1张转账支票45 000元支付购入材料款，同时收到供应单位开来的发票4张，本公司材料保管员填制的收料单3张。

会计分录④：

借：原材料　　45 000

　贷：银行存款　　45 000

（5）1月15日，财会部门开出3张转账支票共10 000元支付公司水电费700元和招待费9 300元，同时收到供应单位开来的发票4张。

会计分录⑤：

借：管理费用　　10 000

　贷：银行存款　　10 000

（6）1月30日，银行凭证通知收到高原归还借款8 000元，并填制收款收据1张。

会计分录⑥：

借:银行存款 8 000

　　贷:其他应收款 8 000

(7) 1月30日,将闲置的1间办公房转租给杭州蓝图设计有限公司半年,合同规定预收半年租金6 000元,收款的银行凭证通知已收到。

会计分录⑦:

借:银行存款 6 000

　　贷:合同负债 6 000

(8) 1月30日,财会部门开出1张转账支票33 600元支付两年办公用房租赁费,同时收到杭州南方高新科技园有限公司开来的发票1张。

会计分录⑧:

借:长期待摊费用 33 600

　　贷:银行存款 33 600

(9) 1月31日,预收客户6个月(包括本月)的房屋租金6 000元,合同规定每月1 000元,确认1月份租金收入1 000元。

会计分录⑨:

借:合同负债 1 000

　　贷:其他业务收入 1 000

(10) 1月31日,该公司预付今明两年办公用房租赁费33 600元,则1月份分摊1 400元。

会计分录⑩:

借:管理费用 1 400

　　贷:长期待摊费用 1 400

(11) 该公司上年度末借入6个月银行贷款1 000 000元,年利率6%,根据合同规定,利息费用和本金6月30日一次偿付。1月31日计提1月份利息费用5 000元。

会计分录⑪:

借:财务费用 5 000

　　贷:应付利息 5 000

(12) 1月31日编制本月损益项目转销分录。

会计分录⑫:

借:主营业务收入 500 000

　　其他业务收入 1 000

　　贷:本年利润 501 000

会计分录⑬:

借:本年利润 16 400

　　贷:管理费用 11 400

　　　　财务费用 5 000

会计分录按涉及账户的多少分为简单会计分录和复合会计分录。简单会计分录是指只涉及两个账户的会计分录,即一借一贷的会计分录。复合会计分录是指涉及两个以上账户的会计分录,进一步分为一借多贷、多借一贷或多借多贷三种复合会计分录。

【例 2-2】 杭州蓝图设计有限公司 2020 年 2 月 15 日偿还到期的银行承兑汇票款 300 000 元，以银行存款支付 180 000 元，其余 120 000 元转作短期借款。

借：应付票据　300 000
　贷：银行存款　180 000
　　短期借款　120 000

每一笔复合会计分录都可以分解成多笔简单会计分录，视作多笔简单会计分录的合并。上述复合会计分录可拆分成如下两笔简单会计分录：

借：应付票据　180 000
　贷：银行存款　180 000
借：应付票据　120 000
　贷：短期借款　120 000

编制复合会计分录可以集中反映经济业务的全面情况，简化核算。需要说明的是，会计分录是经济业务本质的会计反映，一项经济业务需要编制的是简单会计分录还是复合会计分录，完全取决于这项经济业务本身。既不要人为地把多项经济业务合并成复合会计分录，也不要人为地把一项经济业务分离成若干笔简单会计分录。在编制会计分录时，为了保持清晰的账户对应关系，应尽力避免编制多借多贷的会计分录，除非这是经济业务所必需的。

编制会计分录是会计核算过程中的一项重要工作。在会计实务工作中，它是根据反映经济业务的原始凭证，在记账凭证上编制。确定了会计分录以后，再根据会计分录记入有关账户（这个过程称为过账），采用这样的记录程序有利于减少记账差错。所以，为了保证账户记录真实和正确，就必须先确保会计分录正确。

3. 登记账户

根据经济业务记账的过程，也是复式记账法的运用过程，总括分为两个步骤：首先根据经济业务编成会计分录，然后根据会计分录登记账户，会计分录因此也叫记账公式。正确的分录和记账结果都遵守和体现着记账规则。本章设置“T”形账户简明介绍记账方法，包括根据分录记账、期末结账方法。

【例 2-3】 杭州百思达科技有限公司 2020 年 1 月各账户期初余额如表 2-2 所示。

表 2-2　账户期初余额

账户名称	期初余额	
	借方	贷方
银行存款	1 200 000	
其他应收款	8 000	
短期借款		1 000 000
实收资本		208 000
合计	1 208 000	1 208 000

其中，其他应收款总账所属的高原明细账期初借方余额为 8 000 元；实收资本总账所属的高原明细账期初贷方余额 108 000 元，实收资本总账所属的丁学勤明细账期初贷方余额 100 000 元。

根据上述资料开设“T”形账户总账，过入期初余额，然后根据上述共计 13 笔分录依次记账，最后在期末结账，如图 2-8 至图 2-20 所示。

借方	银行存款		贷方
期初余额	1 200 000		
②	500 000	①	10 000
③	100 000	④	45 000
⑥	8 000	⑤	10 000
⑦	6 000	⑧	33 600
本期发生额	614 000	本期发生额	98 600
期末余额	1 715 400		

图 2-8　银行存款总账

借方	其他应收款		贷方
期初余额	8 000		
①	10 000	⑥	8 000
本期发生额	10 000	本期发生额	8 000
期末余额	10 000		

图 2-9　其他应收款总账

借方	原材料		贷方
④	45 000		
本期发生额	45 000	本期发生额	
期末余额	45 000		

图 2-10　原材料总账

借方	长期待摊费用		贷方
⑧	33 600	⑩	1 400
本期发生额	33 600	本期发生额	1 400
期末余额	32 200		

图 2-11　长期待摊费用总账

借方	短期借款		贷方
		期初余额	1 000 000
		期末余额	1 000 000

图 2-12 短期借款总账

借方	合同负债		贷方
⑨	1 000	⑦	6 000
本期发生额	1 000	本期发生额	6 000
		期末余额	5 000

图 2-13 合同负债总账

借方	应付利息		贷方
		⑪	5 000
		本期发生额	5 000
		期末余额	5 000

图 2-14 应付利息总账

借方	实收资本		贷方
		期初余额	208 000
		③	100 000
		本期发生额	100 000
		期末余额	308 000

图 2-15 实收资本总账

借方	主营业务收入		贷方
⑫	500 000	②	500 000
本期发生额	500 000	本期发生额	500 000

图 2-16 主营业务收入总账

借方	其他业务收入		贷方
⑫	1 000	⑨	1 000
本期发生额	1 000	本期发生额	1 000

图 2-17 其他业务收入总账

借方	管理费用		贷方
⑤	10 000	⑬	11 400
⑩	1 400		
本期发生额	11 400	本期发生额	11 400

图 2-18 管理费用总账

借方	财务费用		贷方
⑪	5 000	⑬	5 000
本期发生额	5 000	本期发生额	5 000

图 2-19 财务费用总账

借方	本年利润		贷方
⑬	16 400	⑫	501 000
本期发生额	16 400	本期发生额	501 000
		期末余额	484 600

图 2-20 本年利润总账

（五）试算平衡

视频资源

记账后，记账正确性有待检查。检查记账正确与否的方法包括账证核对法、账账核对法。账证核对法在这里就是指通过将账户记录与分录对比来检查记账正确性；账账核对中，有关总账正确性的检查可以运用借贷记账法的记账原理来进行检查，即运用试算平衡来检查。试算平衡，就是利用账户本期发生额和余额各自存在的等量关系，来检查和验证账户记录是否正确的一种方法。试算平衡法主要包括“发生额试算平衡公式”和“余额试算平衡公式”两个公式。

发生额试算平衡公式：

全部账户本期借方发生额合计=全部账户本期贷方发生额合计

余额试算平衡公式：

全部账户借方余额合计=全部账户贷方余额合计

具体包括：

全部账户期初借方余额合计=全部账户期初贷方余额合计

全部账户期末借方余额合计=全部账户期末贷方余额合计

借贷记账法的记账是根据“有借必有贷，借贷必相等”的记账规则进行登记的，如果对每一笔经济业务编制的会计分录和过账都正确，那么一个会计期间的全部分录过入账户后，全部账户的借方发生额合计与全部账户的贷方发生额合计必然相等，这就是发生额试算平衡公式。根据会计等式“资产=负债+所有者权益”，在任何时点，全部资产账户的借方余额合计必然等于全部负债类、所有者权益类账户的贷方余额合计，由于资产类账户的余额通常在借方，负债类、所有者权益类账户的余额通常在贷方，于是上述会计等式转化为“全部账户借方余额合计=全部账户贷方余额合计”，即余额试算平衡公式。

试算平衡在具体的实际工作中通过编制总分类账户发生额及余额试算平衡表（简称试算平衡表）进行，如表2-3所示。

表2-3　试算平衡表

账户名称	期初余额		本期发生额		期末余额	
	借方	贷方	借方	贷方	借方	贷方
银行存款	1 200 000		614 000	98 600	1 715 400	
其他应收款	8 000		10 000	8 000	10 000	
原材料			45 000		45 000	
长期待摊费用			33 600	1 400	32 200	
短期借款		1 000 000				1 000 000
合同负债			1 000	6 000		5 000
应付利息				5 000		5 000
实收资本		208 000		100 000		308 000
本年利润			16 400	501 000		484 600
主营业务收入			500 000	500 000		
其他业务收入			1 000	1 000		

续表

账户名称	期初余额		本期发生额		期末余额	
	借方	贷方	借方	贷方	借方	贷方
管理费用			11 400	11 400		
财务费用			5 000	5 000		
合计	1 208 000	1 208 000	1 237 400	1 237 400	1 802 600	1 802 600

在上述试算平衡表中,如果借贷方发生额合计数或借贷方余额这三对数据没有全部分别相等,就说明总账登记存在错误;如果借贷方发生额合计数或借贷方余额均分别相等,说明记账工作基本正确,但并不能确保完全正确。因为有些记账错误不影响借贷平衡,比如:漏记账;重复记账;过入错误的账户;记账金额差错正好相互抵销的错账;记账方向颠倒的错账。这五种错账都不会破坏借贷平衡关系。

(六)总账与明细账的关系及平行登记

1. 总账与明细账的关系

总账是总分类账的简称,是根据总分类科目开设的账户,其对总账科目的经济内容进行总括的核算,提供总括性信息。明细账是明细分类账的简称,是根据明细科目开设的账户,其对总分类科目的经济内容进行明细分类核算,提供具体详细的核算资料。总账和明细账既有内在联系,又有区别。两者的联系主要是:①二者所反映的经济业务内容相同。②登记账簿的原始依据相同,登记总账与登记其所属明细账的记账凭证和原始凭证是相同的。两者的区别主要是:①反映经济内容的详细程度不同。总账反映资金增减变动的总括情况,提供总括资料;明细账反映资金运动的详细情况,提供某一方面的资料。有些明细账还可以提供实物数量指标和劳动量指标。②作用不同。总账提供的经济指标,是明细账资料的综合,对所属明细账起着统驭作用;明细账是对有关总账的补充,起着详细说明的作用。

2. 总账与明细账的平行登记

总账与明细账的平行登记是指经济业务发生后,根据会计凭证,一方面要登记有关的总账,另一方面要登记该总账所属的各有关明细账。

总账与明细账平行登记包括以下要点:对于每一项提供详细指标的经济业务,应根据审核无误后的记账凭证,一方面记入有关的总账,另一方面记入同期总账所属的有关各明细账,即依据相同、期间相同。这里所指的同期是指在同一会计期间,而并非同一时点,因为明细账一般根据记账凭证及其所附的原始凭证于平时登记,而总账因会计核算组织程序不同,可能在平时登记,也可能定期登记,但登记总账和明细账必须在同一会计期间内完成。

登记总账及其所属的明细账的方向应当相同,即方向相同。这里所指的方向,是指所体现的变动方向,而不一定是账户的借贷方向。如"财务费用"账户按其组成项目设置借方多栏式明细账,发生须冲减利息费用的存款利息收入时,总账中记入贷方,而其明细账中则以红字记入"财务费用"账户利息费用项目的借方,以其净发生额来反映利息净支出。这时在总账及其所属的明细账中,就不可能按相同的记账方向(指借贷方向)进行登记,而只能以相同的变动方向进行登记。

记入总账的金额与记入其所属的各明细账的金额相等,即金额相等。总账提供总括指标,明细账提供总账所记内容的具体指标,所以,记入总账的金额与记入其所属明细账的金额相等。但这种金额相等只表明其数量关系，而不一定都是借方发生额相等和贷方发生额相等的关系。如“财务费用”账户的明细账，采用多栏式时，本月既有存款利息收入，也有存款利息支出的情况下，“财务费用”总账的贷方发生额与明细账的贷方发生额就不一致，但作为抵减利息支出的利息收入额是相等的。

在会计核算工作中，可以利用两者的平行登记关系检查总账与其所属明细账记录的正确性。检查时，编制明细账的本期发生额和余额表，同其相应的总账本期发生额和余额相互核对。

【例 2-4】 “其他应收款”总账与明细账平行登记。根据例 2-1 和例 2-3 的资料编写分录、设置账户并记账、结账（见图 2-21 至图 2-23）和对账（见表 2-4）。

①借：其他应收款——丁学勤　　10 000
　　贷：银行存款　　10 000

⑥借：银行存款　　8 000
　　贷：其他应收款——高原　　8 000

借方	其他应收款		贷方
期初余额	8 000		
①	10 000	⑥	8 000
本期发生额	10 000	本期发生额	8 000
期末余额	10 000		

图 2-21　其他应收款总账

借方	其他应收款——高原		贷方
期初余额	8 000	⑥	8 000
本期发生额		本期发生额	8 000
期末余额	平		

图 2-22　其他应收款明细账

借方	其他应收款——丁学勤		贷方
①	10 000		
本期发生额	10 000		
期末余额	10 000		

图 2-23　其他应收款明细账

表 2-4 其他应收款总账与明细账本期发生额及余额核对表

2020 年 1 月 31 日

账户名称	月初余额		本月发生额		月末余额	
	借方	贷方	借方	贷方	借方	贷方
丁学勤明细账			10 000		10 000	
高原明细账	8 000			8 000	0	
其他应收款总账	8 000		10 000	8 000	10 000	

第三节 会 计 凭 证

一、会计凭证概念和种类

视频资源

会计凭证是记录经济业务、明确经济责任的书面证明，是登记账簿的依据。会计记录要真实、正确地反映经济活动情况，就必须要有可靠的会计凭证作为记账的依据。每一笔经济业务都必须有经办人员取得或填制的相关凭证，以书面形式记录和证明所发生的经济业务，并在凭证上签章，以示对该项经济业务的合法性以及凭证的真实性、正确性负责。凭证经过审核无误后，才能作为记账的依据。

按照填制程序和用途不同，会计凭证可以分为原始凭证和记账凭证两大类。

原始凭证又称单据，是在经济业务发生或完成时取得或填制的，用以记录或证明经济业务的发生或完成情况的会计凭证。销售发票、材料收料单等属于原始凭证；不能证明经济业务已发生或完成情况的单证不属于原始凭证，例如购销合同、银行对账单、生产计划等。

记账凭证又称记账凭单，是会计人员根据审核无误的原始凭证填制的，用以确定会计分录，作为登记账簿直接依据的会计凭证。记账凭证既可以根据每一张原始凭证填制，也可以根据同类原始凭证汇总填制或根据原始凭证汇总表填制。与原始凭证来源具有多样性不同，记账凭证是本单位会计人员填制的，在填制记账凭证的过程中，会计人员既要对原始凭证做进一步审核，又要运用复式记账原理，并对经济信息进行初步的归类汇总。

二、原始凭证

（一）原始凭证的基本内容

企业发生的经济业务纷繁复杂，记录经济业务的各种原始凭证的内容、格式具有多样性。但是所有原始凭证，都必须详细、客观地载明经济业务的发生和完成情况，必须明确经办单位和人员的经济责任，因此，各种原始凭证都具备一些共同的基本内容。原始凭证的基本内容主要包括：①凭证的名称；②填制凭证的日期；③填制凭证单位名称或者填制人姓名；④经办人员的签名或者盖章；⑤接受凭证单位名称；⑥经济业务的简要内容；⑦经济业务的数量、单价和金额。

(二) 原始凭证的种类

1. 按来源分类

原始凭证按照来源不同,可以分为外来原始凭证和自制原始凭证两类。

外来原始凭证是指在经济业务发生或完成时,从其他单位或个人处直接取得的原始凭证。例如,从销货单位取得的购进发票、用于支付的银行结算凭证、出差报销的车船票、住宿费发票等。外来原始凭证往往是由各级税务部门或银行印制的统一发票或其他证明文件。如外购货物取得的增值税专用发票,如图 2-24 所示。

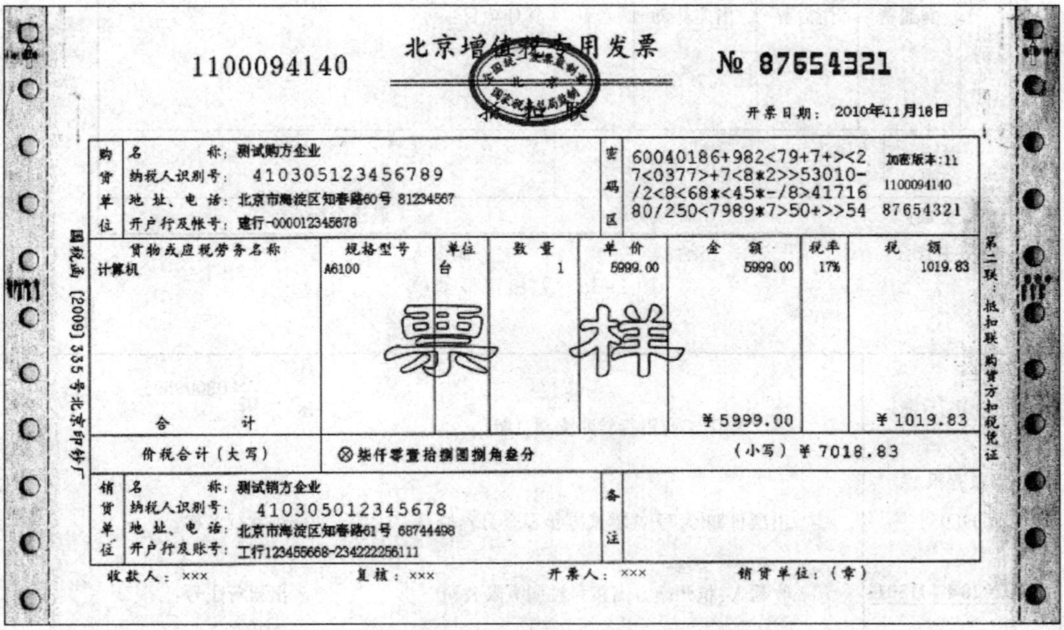

北京增值税专用发票

1100094140　　No 87654321

抵扣联

开票日期:2010年11月18日

购货单位	名称:测试购方企业 纳税人识别号:410305123456789 地址、电话:北京市海淀区知春路60号 81234567 开户行及帐号:建行-000012345678	密码区	60040186+982<79+7+><2 7<0377>+7<8*2>>53010- /2<8<68*<45*-/8>41716 80/250<7989*7>50+>>54 加密版本:11 1100094140 87654321

货物或应税劳务名称	规格型号	单位	数量	单价	金额	税率	税额
计算机	A6100	台	1	5999.00	5999.00	17%	1019.83
合计					¥5999.00		¥1019.83
价税合计(大写)	⊗柒仟零壹拾捌圆捌角叁分				(小写)¥7018.83		

销货单位	名称:测试销方企业 纳税人识别号:410305012345678 地址、电话:北京市海淀区知春路61号 68744498 开户行及账号:工行123456668-234222256111	备注	

收款人:×××　　复核:×××　　开票人:×××　　销货单位:(章)

第二联:抵扣联 购货方扣税凭证

国税函〔2009〕335号北京印钞厂

票样

图 2-24　增值税专用发票

自制原始凭证是指由本单位工作人员填制的凭证,比如材料入库单、领料单等,格式可以是本单位内部自己设计的,也可以是统一从税务部门或银行购入空白凭证。如收料单(见图 2-25)、差旅费报销单(见图 2-26)、签发的支票(见图 2-27 和图 2-28)。

收料单

仓库编号:　　　　年　　月　　日　　　　编号:

材料编号	类别	名称	规格	计量单位	数量		金额	
					票面	实际	单价	金额
		合计						
用途								

第三联　记账联

仓库保管员:　　　　仓库部门负责人:　　　　车间或部门:

图 2-25　收料单

差旅费报销单

年 月 日

部门名称				部门主管签字	
出差事由				经手人签字	
出差时间	自 年 月 日 至 年 月 日			出差地点：	
报销项目	交通费	住宿费	出差补助	合计	其他项目：
报销金额	人民币（大写）			¥	
预借金额：		补领金额：		退还金额：	

附件 张

财务主管： 出纳： 制表人：

图 2-26 差旅费报销单

存根	支票正面
中国工商银行(浙) 转账支票存根 BG/02 08009895 出票日期 2020年1月30日 收款人 南方科技园 金额 33 600元 用途：租金 单位主管 会计	中国工商银行转账支票（浙） 杭州 BG/02 08009895 出票日期(大写)贰零贰零年零壹月叁拾日 付款行名称： 收款人：杭州南方高新科技园有限公司 出票行账号： 人民币（大写） 叁万叁仟陆佰元整 用途 租金 上列款项请从我账户内支付 出票人签章 [杭州百思达科技有限公司财务专用章] [高原印] 复核 记账

百	十	万	千	百	十	元	角	分
	¥	3	3	6	0	0	0	0

图 2-27 转账支票正面

2. 按填制次数分类

原始凭证按照填制次数进行分类，可以分为一次凭证、累计凭证、汇总凭证。

一次凭证是指在一项经济业务或若干项同类经济业务发生或完成时填制的，且填制手续是一次完成的原始凭证。已填制的一次凭证不能再重复使用。外来原始凭证一般都是一次凭证，大多数自制原始凭证也是一次凭证。

附加信息	被背书人	被背书人
	背书人签章 年　月　日	背书人签章 年　月　日

（粘贴单处）

图 2-28　转账支票背面

累计凭证是指在一定时期内，对同类经济业务在一张凭证上分次进行连续记录，直至汇总后才作为记账依据的原始凭证。如限额领料单（见图 2-29），限额领料单中标明了某种材料在规定期限内的领料限额，用料单位每次领料及退料，都要由经办人员在限额领料单上逐笔记录、签章，并结出限额结余。

限额领料单

仓库：　号

领料部门：　　年　月　　计划产量：

用途：　　单位消耗定额：

材料类别	材料编号	材料名称	规格	计量单位	单价	领料限额	全月实领	
							数量	金额

日期	请领			实发		退料			限额结余
	数量	领料单位负责人	领料人	数量	发料人	数量	退料人	收料人	

仓库负责人：　　车间计划员：

图 2-29　限额领料单

汇总凭证是指在一定时期内将许多反映同类经济业务的原始凭证进行汇总编制而成的原始凭证，例如材料汇总表，如图 2-30 所示。

（三）原始凭证的填制

原始凭证反映的是经济业务的发生和完成情况，是具有法律效力的证明文件，是会计核算的原始依据，必须认真填制。为了保证原始凭证能真实、及时地反映经济业务的客观情况，原始凭证的填制应遵循下列要求：

1. 内容真实

真实性是填制原始凭证最重要的要求。凭证上记载的经济业务，必须与实际情况完全符合，绝不允许有任何歪曲或弄虚作假，不得匡算、估算和随意填写。从外单位取得的原始凭证若有遗失，应取得原签发单位盖有财务章的证明，并注明原来凭证的号码、金额和内容等，经单位负责人批准后，可代作原始凭证。对于确实无法取得证明的，如火车票、飞机票等凭证，由当事人写出详

发出材料汇总表

20××年　　月　　　　　　　　　　　　　　　　单位：元

<table>
<tr><th colspan="2">会计科目</th><th>领料部门</th><th>原料及主要材料</th><th>辅助材料</th><th>燃料</th><th>合计</th></tr>
<tr><td rowspan="6">生产成本</td><td rowspan="3">基本生产车间</td><td>一车间</td><td></td><td></td><td></td><td></td></tr>
<tr><td>二车间</td><td></td><td></td><td></td><td></td></tr>
<tr><td>小计</td><td></td><td></td><td></td><td></td></tr>
<tr><td rowspan="3">辅助生产车间</td><td>供水车间</td><td></td><td></td><td></td><td></td></tr>
<tr><td>机修车间</td><td></td><td></td><td></td><td></td></tr>
<tr><td>小计</td><td></td><td></td><td></td><td></td></tr>
<tr><td colspan="2">制造费用</td><td></td><td></td><td></td><td></td><td></td></tr>
<tr><td colspan="2">管理费用</td><td></td><td></td><td></td><td></td><td></td></tr>
<tr><td colspan="2">合计</td><td></td><td></td><td></td><td></td><td></td></tr>
</table>

制表：　　　　　　　　　　　　　　　　　　　　审核：

图 2-30　发出材料汇总表

细情况，由经办单位负责人批准后，才可代作原始凭证。

2. 记录完整

凭证中的各项内容都要详尽地填写齐全，不得漏填或省略不填。如果项目填写不全，则不能作为经济业务的合法证明，也不能作为有效的会计凭证。为了明确经济责任，原始凭证必须由经办部门和人员签章。从外单位取得的原始凭证，必须盖有填制单位的公章；从个人取得的原始凭证，必须有填制人员的签名或者盖章。自制原始凭证必须有经办单位领导人或者其指定的人员签名或者盖章。对外开出的原始凭证，必须加盖本单位公章。

3. 手续齐全

原始凭证的填制手续必须符合内部牵制原则的要求。凡填有大写和小写金额的原始凭证，大写与小写金额必须相符。购买实物的原始凭证，必须有验收证明。支付款项的原始凭证，必须有收款单位和收款人的收款证明。一式几联的原始凭证，应当注明各联的用途，只能以一联作为报销凭证。一式几联的发票和收据，必须用双面复写纸（发票和收据本身具备复写纸功能的除外）套写，并连续编号。作废时应当加盖“作废”戳记，连同存根一起保存，不得撕毁。发生销货退回的，除填制退货发票外，还必须有退货验收证明；退款时，必须取得对方的收款收据或者汇款银行的凭证，不得以退货发票代替收据。职工因公出差借款凭据，必须附在记账凭证之后。收回借款时，应当另开收据或者退还借据副本，不得退还原借款收据。经上级有关部门批准办理的经济业务，应当将批准文件作为原始凭证的附件，如果批准文件需要单独归档的，应在凭证上注明批准机关名称、日期和文件字号。

4. 书写规范

原始凭证上的文字或数字，要按规定书写，必须严肃认真，字迹要清楚、工整，易于辨认。合计的小写金额前应标注人民币符号“￥”（涉及外币业务时，凭证上的金额前要标注外币符号，如“US$”等），人民币符号与阿拉伯数字之间不得留有空白。凡阿拉伯数字前写有币种符号的，数字后面不再写货币单位。所有以元为单位的阿拉伯数字，除表示单价等情况外，一律填写到角分;有元无角分的,角位和分位可写“00”,或者符号“—”;有角无分的,分位应当写“0”,不得用符号“—”代替。汉字大写数字金额如零、壹、贰、叁、肆、伍、陆、柒、捌、玖、拾、佰、仟、万、亿等,一律用正楷或者行书体书写,不得用〇、一、二、三、四、五、六、七、八、九、十等简化字代替,不得任意自造简化字。大写金额数字到元或者角为止的,在“元”或者“角”字之后应当写“整”字或“正”字;大写金额数字有分的,分字后面不写“整”或者“正”字。

各种原始凭证不得随意涂改、挖补。发现原始凭证有错误的,应当由开出单位重开或者更正,更正处应当加盖开出单位的公章。对于重要的原始凭证,如支票以及各种结算凭证填写错误,则不得在原始凭证上更正,应按规定的手续办理注销留存,另行填写。

5. 填制及时

每笔经济业务发生或完成后应按规定由经办人员填写或取得原始凭证,并及时送交会计部门,以便审核后作为记账依据,不得拖延、积压。

(四)原始凭证的审核

为了保证原始凭证内容的真实性、合法性、正确性,提高会计信息质量,各单位会计部门必须对原始凭证进行严格的审核。只有经过审核合格的原始凭证,才能作为编制记账凭证和登记账簿的依据。原始凭证的审核主要包括以下方面:

1. 真实性的审核

首先包括对凭证的内容、金额、数量,以及接受凭证单位是否符合实际,对方单位签章是否真实,有无伪造的嫌疑等情况的审核。其次,对有联次的凭证,要求审核其联次是否相符。比如,购买方购入存货所收到的增值税发票应该有两联:一联是记账联,用于购进记账核算;另一联是抵扣联,作为增值税的税务抵扣凭据。会计在审核过程中,除验证内容、金额、数量等问题之外,还要注意联次不符的情况。最后审核有无对凭证的污染、抹擦、刀刮、挖补、粘贴、化学销字或用涂改液修改等情况。

2. 审核原始凭证的合规性

审核人员应该审核原始凭证所反映的经济内容是否符合现行的政策、法律、制度的规定,是否符合本单位制定的有关规章、预算和计划的要求。审核有无违反规定的开支标准乱支乱用、任意扩大费用开支范围的情况,有无弄虚作假、贪污舞弊、违法乱纪的行为。

3. 审核原始凭证的完整性

审核人员应该审核原始凭证是否具备作为合法凭证所必须具备的基本内容。原始凭证的格式、内容和填制手续是否符合规定的要求,各项目是否填写齐全,有关单位和人员是否已签字、盖章。

4. 审核原始凭证的技术性

审核人员应该审核凭证上的摘要和数字及其他项目是否填写正确,数量、单价、金额是否正确,大、小写金额是否相符。

原始凭证的审核是一项细致而严肃的工作。会计人员要做好原始凭证的审核工作,发挥会计的监督作用。经审核的原始凭证应根据不同情况处理:对于完全符合要求的原始凭证,应及时据以编制记账凭证入账;对于真实、合法、合理但内容不够完整、填写有错误的原始凭证,应退回给有关经办人员,由其负责将有关凭证补充完整、更正错误或重开后,再办理正式会计手续;对于不真实、不合法的原始凭证,会计机构、会计人员应坚持原则拒绝受理,并及时向单位负责人报告。

三、记账凭证

在实际工作中会计人员对原始凭证审核无误后，就应对原始凭证所涉及的经济内容进行分析，思考出相应的会计分录，然后将会计分录填写在具有一定格式的记账凭证上。

(一) 记账凭证的基本内容

记账凭证格式虽有差异，但其基本内容一般都包括以下七个方面：①记账凭证的名称；②填制记账凭证的日期；③记账凭证的编号；④经济业务的内容摘要；⑤应借、应贷会计科目及其金额；⑥所附原始凭证张数；⑦填制凭证人员、稽核人员、记账人员、会计机构负责人、会计主管人员签名或者盖章。收款和付款记账凭证还应当由出纳人员签名或者盖章。

(二) 记账凭证的种类

记账凭证并不像原始凭证那样种类繁多，按照一项经济业务所涉及的借贷科目是否集中于一份凭证里，记账凭证可以分为复式记账凭证和单式记账凭证。其中，复式记账凭证按照记录的经济业务不同分为通用记账凭证和专用记账凭证；单式记账凭证又可分为借项记账凭证和贷项记账凭证。

专用记账凭证，是指分类记录经济业务的记账凭证。记账凭证按其所反映的经济业务与货币资金关系不同分为收款凭证、付款凭证、转账凭证。

收款凭证是用以记录现金和银行存款收入业务的会计凭证，根据现金和银行存款收入业务的原始凭证填制而成。如企业销售商品收到银行存款时就应填制收款凭证。收款凭证又可根据记录的具体对象不同分为现金收款凭证和银行存款收款凭证两种。收款凭证的格式如图 2-31 所示。

收款凭证

借方科目：银行存款　　2020年1月4日　　银收字第2号

摘 要	贷方科目		金 额										√
	总账科目	明细科目	千	百	十	万	千	百	十	元	角	分	
收到王静投资款	实收资本	王静			1	0	0	0	0	0	0	0	
	合计金额			¥	1	0	0	0	0	0	0	0	

附单据1张

会计主管 (签章)　记账 (签章)　复核 (签章)　制单 (签章)　出纳 (签章)

图 2-31 收款凭证

付款凭证是用以记录现金和银行存款付出业务的会计凭证，根据现金和银行存款付出业务的原始凭证填制而成。如企业开出支票购买办公用品时就应填制付款凭证。付款凭证又可根据记录的具体对象不同区分为现金付款凭证和银行存款付款凭证两种。付款凭证的格式如图 2-32 所示。需要注意的是，在会计实务中，涉及现金和银行存款之间的相互划转业务，即将现金存入银行或从银行提取现金，通常只编付款凭证，不编收款凭证，以避免重复记账。

转账凭证是用以记录不涉及现金和银行存款收付业务(即转账业务)的会计凭证,根据有关转账业务的原始凭证或记账编制凭证填制而成。转账凭证是登记总账及有关明细账的依据。如材料或产成品入库、生产费用的分配等。转账凭证的格式如图 2-33 所示。

付款凭证

贷方科目：银行存款　　2020年1月2日　　银付字第1号

摘要	借方科目		金额										√
	总账科目	明细科目	千	百	十	万	千	百	十	元	角	分	
丁学勤预借差旅费	其他应收款	丁学勤				1	0	0	0	0	0	0	
合计金额					¥	1	0	0	0	0	0	0	

附单据2张

会计主管（签章）　记账（签章）　复核（签章）　制单（签章）　出纳（签章）

图 2-32　付款凭证

转账凭证

转字第4号

2020年1月31日　　附件　张

摘要	总账科目	明细科目	借方金额									记账符号	贷方金额									记账符号
			百	十	万	千	百	十	元	角	分		百	十	万	千	百	十	元	角	分	
结转收入	主营业务收入			5	0	0	0	0	0	0	0											
	其他业务收入					1	0	0	0	0	0											
	本年利润													5	0	1	0	0	0	0	0	
合计			¥	5	0	1	0	0	0	0	0		¥	5	0	1	0	0	0	0	0	

会计主管　记账　稽核　制证

图 2-33　转账凭证

通用记账凭证，是指用来记录所有经济业务的记账凭证。其格式请参照图 2-34，通用式记账凭证格式单一、易学易懂，但汇总时，却没有专用式方便，因而适用于规模小、经济业务比较简单的单位。

记账凭证

第____号

年　　月　　日　　附件____张

摘要	总账科目	明细科目	借方金额								记账符号	贷方金额								记账符号
			十	万	千	百	十	元	角	分		十	万	千	百	十	元	角	分	
合计																				

会计主管　　记账　　稽核　　出纳　　制证

图 2-34　记账凭证

单式记账凭证是把一项经济业务所涉及的账户分别按借贷方向，登记在借项记账凭证和贷项记账凭证上。与复式记账凭证相比，其优点在于有利于分工协作，包括过账、汇总的分工，因为把一项经济业务所涉及账户登记在不同的凭证上，在凭证传递上的时间就不受限制。

（三）记账凭证的填制

记账凭证是登记账簿的直接依据，为了提高编制记账凭证的质量，发挥记账凭证的作用，各种记账凭证在填制时除严格按原始凭证的填制要求外，还应注意以下填制要求：

1. 分录要正确

记账凭证上会计科目的使用必须准确无误，应按照制度统一规定的会计科目名称和内容，结合经济业务的特点分析填列。如有二级和明细科目也要填列齐全。记账凭证上金额的登记方向、大小写数字必须正确，符合数字书写规定，角分位不留空格。合计金额的第一位数字前要填写币种符号，如人民币符号“￥”。

2. 摘要要简明

记账凭证中的摘要是对经济业务的简要说明。摘要栏必须根据原始凭证正确填写。但摘要栏空间有限，字数不能太多，须尽量做到既意义完备又简明扼要。

3. 编号要连续

填制记账凭证时，应当对记账凭证进行连续编号，以便查考。采用通用记账凭证，可按经济业务发生的先后顺序编号；采用专用记账凭证的，可按收、付、转记账凭证分类编号，如现收字第1号、银付字第4号、转字第8号等。若一笔经济业务需要填制两张以上记账凭证，可采用分数编号法。

4. 内容要完整

编制记账凭证填写的内容要全面完整，不得漏填或错填。凭证应按行次逐项填写，不能跳行。记账凭证在填写完经济业务事项后，如有空行，应当自金额栏最后一笔金额数字下的空行处至合计数上的空行处画线注销。

5. 附件要标明

记账凭证可以根据每一张原始凭证填制，或者根据若干张同类原始凭证汇总填制，也可以根据原始凭证汇总表填制。但不得将不同内容和类别的原始凭证汇总填制在一张记账凭证上。除期末结账和更正错误的记账凭证可以不附原始凭证外，其他记账凭证必须附有原始凭证，并在记账凭证上标明所附原始凭证的张数，以便核对摘要及所编会计分录是否正确无误。如果一张原始凭证涉及几张记账凭证，可以把原始凭证附在一张主要的记账凭证后面，并在其他记账凭证上注明附有该原始凭证的记账凭证的编号或者原始凭证复印件。如果一张原始凭证所列支出需要几个单位共同负担，应当就其他单位负担的部分，向其开出原始凭证分割单，原始凭证分割单必须具备原始凭证的基本内容。从外单位取得的原始凭证如有遗失，应当取得原开出单位盖有公章的证明，并注明原来凭证的号码、金额和内容等，由经办单位会计机构负责人、会计主管人员和单位领导人批准后，才能代作原始凭证。如果确实无法取得证明的，如火车、轮船、飞机票等凭证，由当事人写出详细情况，由经办单位会计机构负责人、会计主管人员和单位领导人批准后，代作原始凭证。

（四）记账凭证的审核

记账凭证是登记账簿的直接依据，为了确保账簿记录的准确性，除了编制记账凭证的人员应当认真填写、加强自审外，还必须建立专人审查制度由专人对已经填制的记账凭证严格审核。记账凭证审核的内容主要包括以下三项内容：

1. 审核记账凭证的合规性

审核记账凭证所确定的会计分录是否符合会计制度及会计准则的规定，并审核记账凭证是否附有审核无误的原始凭证以及所附原始凭证的张数及内容、金额是否与记账凭证相符。

2. 审核记账凭证的正确性

根据记账凭证的填制要求，审核人员应该审核记账凭证的应借、应贷会计科目（包括一级科目、二级科目或明细科目）是否正确，账户对应关系是否清晰，金额计算是否准确。

3. 审核记账凭证的完整性

审核人员应该审核记账凭证中各个项目是否按规定要求填制完整，如日期、编号、附件张数、有关人员签章等。

在审核中若发现记账凭证存在差错，应查明原因予以废弃并重新填写，或按规定方法更正，并由更正人员在更正处签章。只有审核无误的记账凭证才能据以登记账簿。

第四节 会计账簿

一、账簿概述

（一）账簿的作用

视频资源

会计账簿（简称账簿）是指由具有一定格式的账页组成的，以会计凭证为依据，全面、系统、连续地记录各项经济业务的簿籍。设置和登记账簿，是编制会计报表的基础，是连接会计凭证与会计报表的中间环节，在经济管理中发挥着重要作用。

1. 为经营管理提供系统、完整的会计信息

通过设置和登记账簿，将会计凭证中记录的大量分散的信息资料，按账户进行归类、整理和汇总，使之能够全面、连续、系统地提供经营管理所需的会计信息。

2. 为编制会计报表提供数据资料

会计资料通过账簿进行归类整理后，就能全面反映一个单位在一定时期内的资产、负债、所有者权益的增减变化及结存情况，以及收入、费用、利润的形成及分配等的经营情况，这就为进行成本计算和编制会计报表提供了数据资料。

3. 为考核经营业绩，加强经济核算，进行会计分析和审计提供依据

通过设置和登记账簿，可以提供各种会计资料，便于进行会计分析，改善企业经营管理；可以检查企业贯彻执行党和国家有关方针政策，遵守财经制度和财经纪律的情况；可以考核各项计划的完成情况，分析资金使用是否得当，费用成本支出是否合理。账簿还是重要的经济档案，上级、税务、审计等单位审查账目时，也都要用到企业的账簿资料，因此必须妥善保管，以便于日后查考。

（二）设置账簿的原则

依法设置会计账簿，是单位进行会计核算的最基本要求。各单位必须按照国家统一会计制度的规定，结合本单位会计业务的需要设置必要的账簿，并认真做好记账工作，以保证会计信息真实完整。一般来说设置账簿应遵循以下原则：

账簿设置应确保其能全面、连续、系统地核算和监督各项业务，为经营管理和编制会计报表提供完整、系统的会计核算资料。

在保证满足核算和监督经济业务的前提下，尽量考虑人力、物力的节约，避免重复和遗漏。

账簿体系应科学严密，各种账簿要有明确的分工，并相互联系；在格式设计上，力求简明实用，避免烦琐复杂，以提高会计工作效率。

（三）账簿的基本内容

各种账簿所记录的经济业务内容不同，提供核算资料的详细程度不一样，格式也多种多样，但其基本内容是相同的。主要包括三部分：

1. 封面

账簿封面上主要标明账簿的名称和记账单位名称。

2. 扉页

扉页主要列明账簿启用及交接记录和账户目录。格式如图 2-35、图 2-36 所示。

账簿启用及交接记录

<table>
<tr><td colspan="4">使用单位</td><td colspan="6"></td><td colspan="3" rowspan="8">单位盖章</td></tr>
<tr><td colspan="4">账簿名称</td><td colspan="6"></td></tr>
<tr><td colspan="4">账簿编号</td><td colspan="6"></td></tr>
<tr><td colspan="4">账簿页数</td><td colspan="6"></td></tr>
<tr><td colspan="4">启用日期</td><td colspan="6"></td></tr>
<tr><td rowspan="3">经管人员</td><td colspan="6">主管</td><td colspan="3">记账</td></tr>
<tr><td colspan="3">姓名</td><td colspan="3">盖章</td><td>姓名</td><td colspan="2">盖章</td></tr>
<tr><td colspan="3"></td><td colspan="3"></td><td></td><td colspan="2"></td></tr>
<tr><td rowspan="4">交接记录</td><td colspan="3">日期</td><td colspan="3">监交</td><td colspan="3">移交</td><td colspan="3">接管</td></tr>
<tr><td>年</td><td>月</td><td>日</td><td>职务</td><td>姓名</td><td>盖章</td><td>职务</td><td>姓名</td><td>盖章</td><td>职务</td><td>姓名</td><td>盖章</td></tr>
<tr><td></td><td></td><td></td><td></td><td></td><td></td><td></td><td></td><td></td><td></td><td></td><td></td></tr>
<tr><td></td><td></td><td></td><td></td><td></td><td></td><td></td><td></td><td></td><td></td><td></td><td></td></tr>
</table>

图 2-35　账簿启用及交接记录

账户目录(科目索引)

会计科目	起讫页数	会计科目	起讫页数	会计科目	起讫页数
	—		—		—
	—		—		—
	—		—		—
	—		—		—
	—		—		—
	—		—		—
	—		—		—
	—		—		—

图 2-36　账户目录

3. 账页

账页是账簿的主要组成部分,用来具体记录经济业务,其格式因记录的经济业务内容不同而有所不同,但一般都应包括:①账户名称(包括总账账户、二级账户或明细账户);②日期栏;③凭证种类和号数栏;④摘要栏(简要说明所记录经济业务的内容);⑤金额栏(包括借、贷方发生额及相应的余额栏);⑥总页次和分户页次。

二、账簿的种类

账簿的形式多种多样,不同的账簿所登记的内容、登记的方法也各不相同,它们相互之间构成了严密的组织体系，从而为经营管理提供不同的会计信息。为满足经济业务对登记账簿的不同需要，通常对账簿按用途和外表形式等不同标准进行分类。

（一）账簿按用途分类

账簿按用途不同可以分为序时账簿、分类账簿和备查账簿三种。

1. 序时账簿

序时账簿又称日记账，是按照经济业务发生的时间先后顺序逐日逐笔登记的账簿。

在会计实务中，序时账簿是按照会计部门收到会计凭证的编号顺序进行登记的。在会计发展的早期，由于当时发生的经济业务较简单，数量不多，就要求将每天发生的经济业务按时间先后顺序逐笔登记在一本账簿中，以便记录当天业务发生的金额，因而习惯地称序时账簿为日记账。序时账簿按记录内容的不同，又分为普通日记账和特种日记账两种。

普通日记账，是用来登记全部经济业务的日记账。在账簿中，按照每日发生的经济业务的先后顺序，逐项编制会计分录，以此作为过入分类账的依据。因而这种日记账又称为通用日记账、分录日记账或分录簿。

特种日记账，是用来登记某一类经济业务发生情况的日记账，通常把某一类比较重要的经济业务按其发生的先后顺序记入账簿中，以反映该类业务的详细情况。例如现金日记账和银行存款日记账就是用来专门记录现金和银行存款收付详细情况而设置的特种日记账。

目前，我国较多使用特种日记账，只对现金和银行存款的收付采用序时账簿进行登记，即设置现金日记账和银行存款日记账。而普通日记账则较少使用，一般用记账凭证代替。

2. 分类账簿

分类账簿是对全部经济业务按照会计要素的具体项目而设置的分类账户进行分类登记的账簿。分类账簿按其提供指标的详细程度不同，分为总分类账簿和明细分类账簿。

总分类账簿，也称总分类账，简称总账，是根据总分类会计科目开设账户，用来分类记录全部经济业务，进行总分类核算，提供总括核算资料的分类账簿。

明细分类账簿，也称明细分类账，简称明细账，是根据总分类会计科目所属明细科目开设账户，用来分类记录某一类经济业务，进行明细分类核算，提供比较详细的核算资料的分类账簿。

总分类账簿和明细分类账簿各有其特点，两者相辅相成、互为补充。总分类账簿对明细分类账簿具有统驭和控制作用，明细分类账簿则对总分类账簿具有辅助和补充作用，两者共同为经济管理提供详细程度不同的核算资料。

3. 备查账簿

备查账簿又称辅助账簿，是对某些在序时账簿和分类账簿等主要账簿中未记录或记录不全的经济业务进行补充登记的账簿，它可以为某些经济业务的内容提供必要的详细参考资料，如应收票据备查簿、应付票据备查簿、受托加工材料登记簿、租入固定资产登记簿等。备查账簿并非必须设置，它属于辅助性质的账簿，与其他账簿之间不存在严密的依存、勾稽关系，也没有固定的格式，各单位可根据具体情况和实际需要加以设置。

（二）账簿按外表形式分类

账簿按其外表形式不同，可以分为订本式账簿、活页式账簿和卡片式账簿三种。

1. 订本式账簿

订本式账簿简称订本账，是在启用前就把编有顺序页码的若干账页固定装订成册的账簿。

这种账簿账页固定，主要优点是比较安全，能够避免账页散失和防止非法抽换。主要缺点是账页数量及位置固定，不便于分工记账，使用起来比较呆板，并且不能根据需要增减账页，账页过多则造成浪费，账页过少则不够用，影响账户记录的连续性。在实际工作中，订本式账簿一般适用于重要和具有统驭性质的账簿，如总分类账、现金日记账和银行存款日记账等。

2. 活页式账簿

活页式账簿简称活页账，是将一定数量的账页放置于活页夹内，可根据记账的需要随时增加或减少部分账页的账簿。这种账簿的主要优点是使用灵活，可根据需要增减或重新排列账页，便于归类汇总，并且有利于分工记账，提高会计工作效率。主要缺点是容易散失和被抽换。为了克服这一缺点，在使用时必须将空白账页连续编号，并在账页上加盖记账人员或会计主管人员签章，会计年度终了，应将活页账装订成册。活页账一般适用于各种明细分类账。

3. 卡片式账簿

卡片式账簿简称卡片账，是由若干分散的、具有专门格式的卡片作为账页所组成的账簿。这种账簿的优缺点与活页式账簿相同，在实际使用时必须将卡片顺序编号并存放于卡片箱内，由专人保管。卡片账使用比较灵活，反映的内容比较具体详细，可以跨年度长期使用，一般适用于使用时间比较长的财产物资明细账，如固定资产卡片账等。

（三）账簿按账页格式分类

账簿按账页格式的不同，主要分为三栏式账簿、多栏式账簿和数量金额式账簿，两栏式账簿很少被采用。

1. 三栏式账簿

三栏式账簿是将账页中登记金额的部分分为三个栏目，即借方、贷方和余额三栏。这种格式的账簿主要适用于只提供价值核算信息，不需要提供实物数量等核算信息的账簿，如总账、现金日记账、银行存款日记账、债权债务类明细账等。三栏式账簿格式如表 2-5 所示。

表 2-5　总 分 类 账

账户名称：银行存款

2020 年		业务号数	摘要	借方金额	贷方金额	借或贷	余额
月	日						
1	1		期初余额			借	1 200 000
	2	①	预付丁学勤差旅费备用金		10 000	借	1 190 000
	3	②	提供劳务收入	500 000		借	1 690 000
	4	③	业主增加投资	100 000		借	1 790 000
	5	④	购入材料		45 000	借	1 745 000
	15	⑤	支付本月水电费等		10 000	借	1 735 000
	30	⑥	收回职工高原欠款	8 000		借	1 743 000
	30	⑦	预收蓝图设计有限公司半年租金	6 000		借	1 749 000
	30	⑧	预付办公用房租赁费		33 600	借	1 715 400
	31		本月合计	614 000	98 600	借	1 715 400

2. 多栏式账簿

多栏式账簿是在借方和贷方的某一方或两方下面分设若干栏目,详细反映借贷方金额的组成情况。这种格式的账簿主要适用于核算项目较多,且管理上要求提供各核算项目详细信息的账簿,如成本、费用等明细账。多栏式明细分类账格式如表2-6和表2-7所示。

表2-6 管理费用明细账(借方多栏式明细账)

2020年		凭证号	摘要	借方								贷方	余额
月	日			人工费	办公费	差旅费	应酬费	水电费	折旧费	其他费用	合计		
2	3	现付3	买办公用品		300						300		
	7	现付5	高原报销差旅费			679					679		
	25	银付3	支付水电、应酬费				300	700			1 000		
	28	转16	月末结转									1 979	平

表2-7 生产成本明细账

第 页

年		凭证号数	摘要	借方			
月	日			直接材料	直接人工	制造费用	合计

3. 数量金额式账簿

数量金额式账簿是在借方、贷方和余额栏下分别设置三个栏目,用以登记财产物资的数量、单价和总金额。这种格式的账簿主要适用于既需要提供价值信息,又需要提供实物数量等信息的账簿,如原材料明细账和库存商品明细账等。格式如表2-8所示。

表2-8 原材料明细账(数量金额式)

计量单位:只

编号:027　　　　存放地点:1号仓库

材料名称:A材料　　　　金额单位:元

2020年		凭证	摘要	收入			发出			结存		
月	日			数量	单价	金额	数量	单价	金额	数量	单价	金额
3	1	略	略							900	2.00	1 800
	5			600	2.20	1 320				1 500	2.08	3 120
	11						1 200	2.08	2 496	300	2.08	624
	15			900	2.30	2 070				1 200	2.245	2 694

续表

2020 年		凭证	摘要	收入			发出			结存		
月	日			数量	单价	金额	数量	单价	金额	数量	单价	金额
	23						600	2.245	1 347	600	2.245	1 347
	27			600	2.50	1 500				1 200	2.372 5	2 847
	31		合计	2 100		4 890	1 800		3 843	1 200	2.372 5	2 847

三、账簿的登记

(一) 账簿登记规则

为了做好记账工作,保证会计核算的质量,在启用和登记账簿时,应当遵守以下规则:

(1) 为了保证账簿记录的合法性和账簿资料的完整性,明确记账责任,在账簿启用时,必须在账簿扉页上填列“账簿启用和经管人员一览表”,详细载明启用日期、账簿页数、记账人员和会计机构负责人、会计主管人员姓名等内容,并加盖姓名章和单位公章。记账人员或者会计机构负责人、会计主管人员调动工作时,应当注明交接日期、接办人员或者监交人员姓名,并由交接双方人员签名或者盖章。启用订本式账簿,应当从第一页到最后一页顺序编定页数,不得跳页、缺号。使用活页式账页,应当按账户顺序编号,并须定期装订成册。装订后再接实际使用的账页顺序编定页码并另加目录,记明每个账户的名称和页次。

(2) 为了使账簿记录保持清晰、耐久,防止涂改,登账时,必须用蓝黑墨水或者碳素墨水书写,不得使用铅笔或圆珠笔(银行的复写账簿除外)书写。只有在下列情况,可以用红色墨水记账:按照红字冲账的记账凭证,冲销错误记录;在不设借贷等栏的多栏式账页中,登记减少数;在三栏式账户的余额栏前,如未印明余额方向的,在余额栏内登记负数余额;根据国家统一会计制度的规定可以用红字登记的其他会计记录。

(3) 在总分类账和明细分类账中,应在首页注明账户的名称和页次,各种账簿都必须按编定的页次逐页、逐行顺序连续登记,不得隔页、跳行登记。如果发生隔页、跳行时,应当将空行、空页画线注销,或者注明“此行空白”“此页空白”字样,并由记账人员签名或者盖章。

(4) 应根据审核无误后的会计凭证登账。登记会计账簿时,应当将会计凭证的日期、编号、业务内容摘要、金额和其他有关资料逐项记入账内;做到数字准确、摘要清楚、登记及时、字迹工整。登记完毕后,要在记账凭证上签名或者盖章,并注明已经登账的符号(如画“√”符号),表示已经记账。

(5) 每一账页登记完毕结转下页时,应当结出本页合计数及余额,写在本页最后一行和下页第一行有关栏内,并在摘要栏内注明“过次页”和“承前页”字样;也可以将本页合计数及金额只写在下页第一行有关栏内,并在摘要栏内注明“承前页”字样。对需要结计本月发生额的账户,结计“过次页”的本页合计数应当为自本月初起至本页末止的发生额合计数;对需要结计本年累计发生额的账户,结计“过次页”的本页合计数应当为自年初起至本页末止的累计数;对既不需要结计本月发生额也不需要结计本年累计发生额的账户,可以只将每页末的余额结转次页。

(6) 凡需要结出余额的账户,结出余额后,应当在“借或贷”栏内写明“借”或者“贷”字样。没有余额的账户,应当在“借或贷”栏内写“平”字,并在余额栏内用“0”表示。现金日记账和银行存款日记账必须逐日结出余额。

（7）在记账过程中，若账簿记录发生错误，应根据错误的具体情况，采用正确的方法予以更正，不得涂改、挖补、刮擦或用褪色药水更改字迹。账簿中书写的文字和数字上面要留有适当空格，不要写满格；字样大小一般应占格距的二分之一，为更正错误留有余地。

（二）账簿登记方法

1. 序时账的登记方法

序时账簿（日记账）应按照经济业务发生的时间先后顺序逐日逐笔登记。在我国，各单位都要设置现金日记账、银行存款日记账对现金和银行存款的收付业务进行序时核算，以加强货币资金的管理。为了防止账页散失和随意抽换，现金日记账和银行存款日记账必须采用订本式账簿。现金日记账和银行存款日记账的账页一般采用收入、支出、结余三栏或借方、贷方、余额三栏式格式。

现金日记账通常是由出纳人员根据审核后的现金收、付款凭证，逐日逐笔按顺序登记的。为了防止重复记账，从银行提取现金的业务只填制银行存款付款凭证，不填制现金收款凭证，因此，这种业务的现金收入金额，应根据有关银行存款付款凭证登记。每日终了，出纳人员应分别计算当日现金收入和支出的合计金额及账面结余额，并将现金日记账的账面余额与库存现金实有数核对，借以检查每日现金收入、支出和结存情况。现金日记账格式如表 2-9 所示。

表 2-9　现金日记账

2020 年		凭证字号	摘　要	对方科目	收入	支出	结余
月	日						
3	1		期初余额				4 050
	1	现付 1	高原暂借差旅费	其他应收款		2 000	
	1	现付 2	购买办公用品	管理费用		280	
	1	现付 3	支付销售产品运费	销售费用		230	
	1	现收 1	出售多余材料	其他业务收入	800		
	1	银付 1	提现	银行存款	51 000		
	1	现付 4	发放工资	应付职工薪酬		51 000	
	1	现收 2	王静退回多余差旅费	其他应收款	220		
	1		本日合计		52 020	53 510	2 560
	⋮		⋮		⋮	⋮	⋮
	31		本日合计		1 800	3 200	2 400
	31		本月合计		154 400	156 050	2 400

银行存款日记账是由出纳人员根据审核后的银行存款收、付款凭证，逐日逐笔按顺序登记的。由于将现金存入银行的业务只填制现金付款凭证，不填制银行存款收款凭证，因而这种业务的存款收入金额应根据有关现金付款凭证登记。每日终了，出纳人员应分别计算出当日银行存款收入、支出的合计金额及账面结余额，以便检查、监督各项收入、支出款项，并便于逐笔核对定期同银行送来的对账单。银行存款日记账格式如表 2-10 所示。

表 2-10　银行存款日记账

2020 年		业务号数	银行凭证		摘要	借方	贷方	借或贷	余额
月	日		种类	号码					
1	1				期初余额			借	1 200 000
	2	①			预付丁学勤差旅费备用金		10 000	借	1 190 000
	3	②			提供劳务收入	500 000		借	1 690 000
	4	③			业主增加投资	100 000		借	1 790 000
	5	④			购入材料		45 000	借	1 745 000
	15	⑤			支付本月水电费等		10 000	借	1 735 000
	30	⑥			收回职工高原欠款	8 000		借	1 743 000
	30	⑦			预收蓝图设计有限公司半年租金	6 000		借	1 749 000
	30	⑧			预付办公用房租赁费		33 600	借	1 715 400
	31				本月合计	614 000	98 600	借	1 715 400

2. 分类账的登记方法

总分类账簿，简称总账，是根据总分类账户开设，用来分类登记全部经济业务，提供总括核算资料的分类账簿。总分类账一般采用借、贷、余三栏式订本账。总分类账登记的依据和方法，主要取决于所采用的会计核算程序，可以直接根据各种记账凭证逐笔进行登记，也可以把各种记账凭证先按一定方式进行汇总，然后据以登记。

明细分类账簿，简称明细账，通常是根据总分类账户按所属二级或明细账户开设，用来分类登记某一类经济业务，提供明细核算资料的分类账簿。明细账一般采用活页式账簿，也有的采用卡片式账簿，如固定资产明细账。明细账的格式应根据明细账的核算内容及其所提供指标需要来确定，对那些只需要进行金额核算，不需要进行实物数量等核算的账簿，如“应收账款”“应付账款”等明细账，应采用三栏式格式；对那些既要进行金额核算，又要进行实物数量等核算的账簿，如“原材料”“库存商品”等明细账，应采用数量金额式格式；对那些核算项目较多，且管理上要求提供各核算项目详细信息的明细账，如各种成本、费用明细账等，应采用多栏式格式。

各种明细分类账的登记方法，应根据业务量的大小、管理上的需要以及所记录的经济业务的内容而定。可以根据原始凭证、汇总原始凭证或记账凭证逐笔登记，也可以根据这些凭证逐日或定期汇总登记。

总分类账与其所属明细分类账都是根据相同的经济业务来登记的。总分类账与其所属明细分类账联系紧密，二者所记录的经济内容相同；总分类账是统驭账户，对其所属明细分类账户起控制作用，明细分类账是从属账户，对其所隶属总分类账户起补充作用。但是总分类账和明细分类账所反映经济内容的详细程度不同，总分类账提供的是总括核算资料，是对其所属的明细分类账资料的综合，而明细分类账提供的是明细核算资料，是总分类账资料的具体化。因此，总分类账与其所属明细分类账必须采用平行登记的方法。

平行登记，就是经济业务发生后，根据会计凭证一方面要在有关的总分类账中进行总括登记，另一方面要在其所属的有关明细分类账中进行明细登记。平行登记时要注意如下要点：

（1）会计期间相同。对同一经济业务，在同一会计期间，既要在总分类账中进行总括登记，又要在其所属的有关明细分类账中进行明细登记，两者登记的会计期间相同。

（2）方向一致。根据会计凭证记入有关总分类账和明细分类账的借贷方向必须相同。即总账登记在借方，明细账也要登记在借方；总账登记在贷方，明细账也要登记在贷方。

（3）金额相等。平行登记时记入总分类账的金额必须与记入明细分类账的金额相等。如果一笔经济业务涉及一个总分类账下的几个明细分类账，则记入总分类账的金额必须与记入几个明细分类账的金额之和相等。

平行登记的结果，使总分类账与其所属明细分类账之间形成如下相互核对的数量关系：总分类账有关科目的本期发生额与其所属的各个明细科目本期发生额的合计数相等；总分类账有关科目的期末余额与其所属各个明细科目期末余额的合计数相等。

【例 2-5】 现以“其他应收款”账户为例，说明总分类账和明细分类账平行登记的方法。

资料见例 2-1 和例 2-3 的相关内容，记账结果如表 2-11 至表 2-13 所示。

表 2-11　总分类账

账户名称：其他应收款

2020 年		业务号数	摘要	借方金额	贷方金额	借或贷	余额
月	日						
1	1		期初余额			借	8 000
1	2	①	从银行存款中提取备用金	10 000		借	18 000
	30	⑥	收回职工欠款		8 000	借	10 000

表 2-12　明细分类账

总分类科目：其他应收款　明细科目：高原

2020 年		业务号数	摘要	借方金额	贷方金额	借或贷	余额
月	日						
1	1		期初余额			借	8 000
	30	⑥	收回职工欠款		8 000	平	0

表 2-13　明细分类账

总分类科目：其他应收款　明细科目：丁学勤

2020 年		业务号数	摘要	借方金额	贷方金额	借或贷	余额
月	日						
1	2	①	从银行存款中提取备用金	10 000		借	10 000

备查账是一种对日记账和分类账中未能记载或记载不全的事项进行补充登记的辅助账簿，如“租入固定资产登记簿”“受托加工材料登记簿”等。备查账一般没有固定的格式，企业可以根

据需要记载的内容来规定其格式，而且备查账的记录不列入本单位的财务会计报告。

四、对账和结账

（一）对账

对账是指对账簿记录所进行的核对工作。在会计工作中，由于种种原因，可能会造成账簿记录出现差错或账实不符的情况。例如，填制记账凭证出现差错，记账过程出现差错，财产物资因管理不善或因其自身性质发生溢余或短缺等。这些情况均会造成账证不符、账账不符或账实不符，只有通过对账才能发现这些问题。所以，为了保证账簿记录提供的会计资料真实、正确、可靠，记完账后必须定期进行对账工作，做到账证相符、账账相符、账实相符。

1. 账证核对

这是指将各种会计账簿（总账、明细账以及现金和银行存款日记账等）记录与有关的会计凭证（记账凭证及其所附的原始凭证）进行核对。主要是账簿记录与记账凭证及原始凭证的时间、凭证字号、记账内容、记账金额及记账方向等的核对。这种核对工作主要是在日常的记账过程中进行，须做到随时发现错误，随时查明纠正。会计期末，如果发现账证不符时，还须重新进行账证核对，以确保账证相符。

2. 账账核对

这是指将各种账簿之间的有关数字进行核对。这种核对至少每月末进行一次，核对内容主要包括：

（1）全部总分类账户本月借方发生额合计数与贷方发生额合计数、期末借方余额合计数与期末贷方余额合计数核对相符。

（2）总分类账各账户期末余额与其所属各有关明细分类账户期末余额合计数核对相符。

（3）现金日记账、银行存款日记账的期末余额分别与总分类账现金账户、银行存款账户期末余额核对相符。

（4）会计部门的各种财产物资明细账余额与财产物资保管或使用部门的有关明细账余额核对相符。

3. 账实核对

这是指各种财产物资、债权债务等账面余额与其实有数额相核对。这项工作一般是通过财产清查进行的，核对的具体内容包括：

（1）现金日记账账面余额与库存现金实有数额相核对。

（2）银行存款日记账账面发生额和期末余额定期与银行对账单相核对。

（3）各种财产物资明细分类账账面余额与财产物资实存数额相核对。

（4）各种债权、债务明细分类账账面余额与有关债务、债权单位的账面记录相核对。

（二）结账

结账是在将本期内所发生的经济业务全部登记入账的基础上，按照规定的方法对该期内的账簿记录进行小结，结算出各账户本期发生额合计和期末余额，并将余额结转下期或者转入新账簿内的账务工作。

各个单位的经济活动是连续不断进行的，通过结账，可以定期总结各个会计期间（月、季、年）的经济活动情况及其结果，并为编制会计报表及时提供资料。结账工作通常于会计期末进行，一般分为月结、季结和年结三种。

1. 结账的程序

(1) 结账前，必须将本期内发生的各项经济业务全部登记入账。若发生漏记、错记，应及时补记、更正；既不能提前结账，也不能延迟结账。

(2) 实行权责发生制的单位，应按照权责发生制的要求，进行账项调整的账务处理，并在此基础上，进行其他有关转账业务的账务处理，以计算确定本期的成本、费用、收入和财务成果。

(3) 计算、登记各账户的本期发生额和期末余额。这项工作一般按月进行，称为“月结”；有的账户还须按季结算，称为“季结”；年度终了，还应进行年终结账，称为“年结”。

2. 结账的内容

结账工作通常包括两项内容：

(1) 结算收入、费用类账户。对于收入和费用类账户，会计期末应将其余额结平，据以计算确定本期的盈利或亏损，将经营成果在账面上揭示出来，为编制利润表提供依据。

(2) 结算各资产、负债和所有者权益类账户。对于资产、负债和所有者权益类账户，会计期末应分别结出其总分类账户和明细分类账户的本期发生额及期末余额，并将期末余额结转为下期的期初余额，以分清上下期的会计记录，并为编制资产负债表提供依据。

3. 结账的方法

结账的标志是画红线，目的是突出有关数字，表示本期的会计记录已经截止或者结束，并将本期与下期的记录明显分开。画线的具体方法在办理月结、季结和年结时有所不同。

(1) 月结。办理月结时，月末应在各账户本月份最后一笔记录下面画一条通栏红线，表示本月经济业务已经结束；然后，在红线下面结算出本月发生额和月末余额，如无余额，应在“余额”栏内注明“0”，并在“借或贷”栏内写上“平”字，在“摘要”栏内注明“本月合计”或“本月发生额及余额”字样；最后，在下面再画一条通栏红线，表示完成月结工作。

(2) 季结。季结的结账方法与月结基本相同；季末，应在各账户本季度最后一个月的月结下面画一条通栏红线，表示本季经济业务记录已经结束；然后，在红线下面结算出本季发生额和季末余额，并在“摘要”栏内注明“本季合计”或“本季发生额及余额”字样；最后，在下面再画一条通栏红线，表示完成季结工作。

(3) 年结。办理年结时，应在 12 月份月结下面（须办理季结的，应在第四季度的季结下面）结算填列全年 12 个月的发生额及年末余额，在“摘要”栏内注明“本年合计”或“本年发生额及余额”字样，并在下面画通栏双红线，表示封账。

第五节 财产清查

为确保账簿记录正确、真实，会计期末必须进行账项调整和财产清查。由于有些收入、费用业务实际发生期与实际收付期不一致，按照权责发生制，必须在月末正确划分，进行账项调整。而正确的账簿记录还必须保证其有实物，并且账实一致，只有账实一致的正确账簿数据才能据以编制报表，因此月末还要进行财产清查。

一、期末账项调整

根据权责发生制,企业的收入和费用应按收入权力的取得和费用责任的形成日期作为收入与费用的归属期。在持续经营、会计分期假设下,为正确核算本期经营成果,应使本期的经营收入和本期的成本费用相配比。递延收入、递延费用,应计收入、应计费用和其他一些尚未确认的成本费用分配等项目,被称为期末调整账项。调整账项一般具有以下特点:一般在期末进行;区分资产负债表账户和利润表账户;与经济影响跨越几个会计期间的业务有关;所涉及的账户往往一个是资产负债表账户,另一个就是利润表账户。

(一) 有关递延收入的账项调整

递延收入又称为未实现收入,是指企业在收入实现之前已收取了对方单位的货款,从而形成企业的预收账款(属企业的负债)。在这种情形下,每一个会计期末,企业都应根据本期已提供商品或劳务的那一部分收入,转记主营业务收入或其他业务收入,并冲减“预收账款”账户。

【例 2-6】 杭州百思达科技有限公司 1 月 30 日预收客户 6 个月(包括本月)的房屋租金 6 000 元,合同规定每月 1 000 元,则期末 31 日做调整分录如下:

借:预收账款 1 000

  贷:其他业务收入 1 000

(二) 有关递延费用的账项调整

递延费用又称预付费用或待摊费用,是指企业已支付但尚未予以确认的成本(属企业的资产)项目。由于预付费用或待摊费用是本期付款,受益期在本期或以后各期,因此在款项支付时,应先记入一个资产账户“长期待摊费用”,借方登记预付费用的增加数,贷方登记预付费用的摊销数,期末余额表示一年内尚未摊销的预付费用。

【例 2-7】 1 月 30 日该公司预付今明两年办公用房租赁费 33 600 元,则 1 月 31 日其调整分录如下:

借:管理费用 1 400

  贷:长期待摊费用 1 400

(三) 应计收入的账项调整

应计收入是指收入应该予以确认(已认定当期已赚取),但款项尚未收取的业务。比如赊账提供服务等。

【例 2-8】 该公司于 2 月 26 日向 D 公司提供付款期限为 15 天共 3 000 元的服务收入,到月末 2 月 28 日已提供 3 天的服务计 600 元,但此时既未向 D 公司收取款项,也未开出账单。按照权责发生制的原则,这 3 天的劳务收益应属本期应收账款。则 2 月末其调整分录如下:

借:应收账款 600

  贷:其他业务收入 600

(四) 应计费用的账项调整

应计费用是指尽管企业已使用了某项服务,但至会计期末尚未支付款项,从而形成的一定偿付责任,比如:期末的应计设备维修费、应计水电费、应付借款利息费等。

【例 2-9】 该公司上年度末借入 6 个月期银行贷款 1 000 000 元,年利率 6%,根据合同规定,利息费用和本金 6 月 30 日一次偿付。那么,1 月 31 日其调整分录如下:

借:财务费用 5 000

贷:应付利息 5 000

(五)其他一些尚未确认的成本费用分配等项目的账项调整

除了上述四项需要在会计期末进行调整以外,每一个会计期末还需要进行其他一些项目的调整,以正确计算损益。比如:计提固定资产折旧,计提坏账准备,存货盘盈、盘亏的调整等。

二、财产清查

(一)财产清查概念

会计核算通过上述步骤后,保证了正确的账簿记录。但在实际工作中,可能会因收发错误、计量错误、自然损耗、保管不善、非常损失、贪污盗窃和未达账项等种种原因造成账实不符。因此,为了保证会计账簿记录真实、可靠,做到账实相符,必须进行财产清查。财产清查是指通过对库存现金和各项财产物资的实地盘点,以及对银行存款和债权、债务的查询核对,确定其实存数,以查明账存数与实存数是否相符的一种会计核算专门方法。即通过对各项财产物资进行定期或不定期的盘点与核对,以便掌握各项财产物资和债权、债务的真实情况,为经济管理提供可靠的信息资料。

(二)财产清查的种类

1. 按照清查对象的范围可分为全面清查和局部清查

全面清查是指对所有的财产进行全面的盘点和核对,清查对象包括:货币资金、各项财产物资、债权债务等。通过全面清查,可以准确地掌握单位各项财产物资、货币资金和债权债务的真实情况。一般来说,在下列几种情况下,需要进行全面清查:年终决算前,为了确保年度会计报表的真实性,要进行全面清查。单位撤销、合并或改变隶属关系时,要进行全面清查,以明确经济责任。中外合资、国内联营时,要进行全面清查。开展全面的资产评估、清产核资时,要进行全面清查,以摸清家底,准确核定资金,保证生产的正常资金需要。

局部清查是指根据需要对一部分财产所进行的清查。主要是对流动性较大的现金、存货等的清查。局部清查范围小,内容少,涉及人员少,但专业性较强,一般包括以下几种情况:库存现金应由出纳人员于每日业务终了时进行账实清点核对;银行存款,至少每月同银行发来的对账单核对一次;库存商品、原材料等,年内应轮流盘点或重点抽查;贵重物资每月应盘点一次;债权债务,每年至少应核对一至两次,有问题的要及时核对、及时解决;当实物保管人员因调动工作办理移交时,或财产物资遭受意外损失时,也应进行局部清查。

2. 按清查的时间可以分为定期清查和不定期清查

定期清查,是指根据管理制度的规定或按照预先计划安排的时间对财产物资所进行的清查。其清查时间通常是在年末、季末、月末结账时进行。不定期清查,也称为临时清查,一般是根据实际需要,对某些财产物资、货币资金和往来款项等所进行的临时清查。如更换出纳人员对现金、银行存款所进行的清查;更换财产物资的保管人员时,对其保管的财产物资所进行的清查;发生自然灾害或意外受损时,对受损财产物资所进行的清查等。这些都是为了分清经济责任,查明情况。

(三)财产清查的组织与方法

财产清查的组织一般由企业的负责人、财务人员和财产保管人员等人员组成清查小组,在清查前通常要做好业务准备。首先,列好财产清查的清单;其次,财务人员要将所有的账簿进行结账;再次,财产保管人员将财产清点好,并挂上标签,标明品种、规格、数量,以便盘点核对;最后,将各种必要的度量衡器具调准,以保证计量的准确性。

针对不同的财产可以使用盘点法和核对法等不同方法来进行财产清查。

1. 货币资金的清查

货币资金是指以货币形态存在的资产,包括库存现金、银行存款和其他货币资金。

库存现金的清查是通过实地盘点来进行的,即通过实地盘点确定现金的实存数,并与现金日记账的账面余额核对,从而查明账实是否相符以及溢余或短缺等情况。具体清查由出纳人员在每天下班之前进行。首先,将日记账的账面余额结出;然后再对库存现金进行实际盘点;最后,核查现金的账面余额与实际库存现金数是否相符;若不符,还应查找出短缺和溢余的原因。在现金清点过程中,出纳人员必须在场,同时清查时不得用不具法律效力的借条、收据冲抵库存现金。清查结束后,还应根据清查结果编制"现金盘点报告表",并由清查人员和出纳人员签章。其格式见表2-14。

表 2-14　现金盘点报告表

单位名称：　　　　　　　　　　　　年　月　日

实存金额	账存金额	实存与账存对比		备注
		盘盈	盘亏	

盘点人：　　　　　　　　　　　　　　　　　　　　出纳员：

银行存款的清查是通过与开户银行核对账目的方法进行的,即将本单位的银行存款日记账与开户银行送来的"对账单"逐笔进行核对,以查明银行存款的收入、付出和结余的记录是否正确。核对的内容包括按时间顺序核对结算凭证的种类和编号,收入的来源,支出的用途及收、付金额数等。通过核对,如果双方余额不一致,其原因一般有二:其一,可能是企业或银行在登记账簿时出错;其二,企业或银行登记账簿均正确,只是由于"未达账项"原因所致。若是企业或银行在登记账簿时出错,只要错误方更正即可。若是"未达账项"原因所致,则应编制"银行存款余额调节表"进行检查核对。

其他货币资金是指存放地点和用途都与现金和银行存款不同而专门设置的货币资金项目。主要包括外埠存款、银行汇票存款、银行本票存款、信用证存款和在途货币资金等。它的核对与银行存款日记账的财产清查相似。

2. 实物资产的清查

(1) 实物资产的盘存制度。财产清查的重要环节是盘点财产物资的实存数量。而盘存实物数量往往与盘存制度有关。我国财产物资的盘存制度主要有两种:永续盘存制和定期盘存制。

永续盘存制,也称为"账面盘存制",即平时对各项财产物资的增加和减少在账簿中连续加以记录,并随时计算账面结存数,待到月末再根据账簿记录计算出期末各项财产物资账面结存数的一种核算方法。采用这种方法,账面期末结存数计算公式如下:

账面期末结存数=账面期初结存数+本期收入数-本期减少数

定期盘存制,也称"实地盘存制",是指平时只在会计账簿中登记各项财产物资的增加数,不登记减少数，期末再通过实地盘点确定各项财产物资的实物数量，并据以计算其结存成本和本期销售或耗用成本的一种核算方法。采用这种方法，月末通过实地盘点确定实际结存数，然后倒挤推算出本月的减少数，再据以登记有关的账簿。计算公式如下：

本期减少数=账面期初结存+本期收入数-期末实际结存数

两种盘存制度各有利弊。永续盘存制的优点是核算手续严密，能够通过账面记录及时反映各项财产物资的增减变动和结余情况，有利于加强对财产物资的管理，保证财产物资的安全与完整。其不足之处是核算工作量大，而且在增减登记或收发过程中也有可能出现账实不符的情况。因此，采用"永续盘存制"的企业，也需要对各项财产物资定期进行盘点清查，其目的主要是查明账实是否相符，以及账实不符的原因。

定期盘存制的优点是核算工作比较简单，工作量较小，期末财产物资不会出现账实不符的情况。其缺点是核算手续不严密，不能通过账簿记录随时反映和监督各项财产物资的收、发和结存情况，不利于加强对财产物资的管理和控制；而且由于"以存计销"（或"以存计耗"），本期的财产发出数中除了正常耗用外，还有可能隐藏着出现差错，被贪污、盗窃、丢失、毁损等情况，这样，本期的销售或耗用成本就不符合实际情况，也不利于监督检查。因此，定期盘存制是一种不完善的财产物资管理办法，一般情况下不宜采用。企业会计准则规定：我国企业财产物资的盘存制度只允许采用永续盘存制。

（2）实物资产的清查方法。根据实物资产的实物形态、体积重量、堆放方式的差异，实物资产的清查方法一般分为实地盘点法和技术推算法。实地盘点法是指在财产物资的存放现场通过逐一清点或用计量器具确定其实存数量的方法。此方法适用范围广泛，大多数财产物资的清查都可以采用。如常用的固定资产、原材料、库存商品等的清查均采用这种方法。技术推算法是指利用一定的技术手段来推算确定各项财产物资的实存数量。此方法适用于量大、笨重，不便于逐一点数或过磅而单位价值又较低的财产物资的清查。如清查矿石、沙土等大宗物资，就是将它们堆放整齐，并通过计算体积来推算出实物的重量。此外，在对实物资产进行盘点时，还必须做到以下几点：实物资产清查时，保管人员必须在场并参加盘点工作；在盘点时，除了清点实物的实存数量外，还要检查财产物资的质量，以了解财产物资的利用情况，查明财产物资在收发、保管上所存在的问题；对盘点的结果，应如实登记"盘存单"，并由盘点人员和实物保管人员签章。"盘存单"是记录实物盘点结果的书面证明，也是反映财产物资实有数的原始凭证。其一般格式如表2-15所示。

表2-15 盘 存 单

单位名称： 盘点时间： 编号：
财产类别： 存放地点：

序号	名称	规格型号	计量单位	实存数量	单价	金额	备注

盘点人： 保管人：

盘点完毕，再根据盘点结果与账面结存余额的差异，确定盘盈或盘亏情况，填制"实存账存对比表"（也称盘盈盘亏报告表），并据以调整账簿记录，分析产生差异的原因，明确经济责任。其一般格式如表 2-16 所示。

表 2-16　实存账存对比表

单位名称：　　　　　　　　　　　　　年　　月　　日　　　　　　　　　　　　　编号：

<table>
<tr><th rowspan="3">序号</th><th rowspan="3">名称</th><th rowspan="3">规格型号</th><th rowspan="3">计量单位</th><th rowspan="3">单价</th><th colspan="2">实存</th><th colspan="2">账存</th><th colspan="4">实存与账存对比</th><th rowspan="3">备注</th></tr>
<tr><th rowspan="2">数量</th><th rowspan="2">金额</th><th rowspan="2">数量</th><th rowspan="2">金额</th><th colspan="2">盘盈</th><th colspan="2">盘亏</th></tr>
<tr><th>数量</th><th>金额</th><th>数量</th><th>金额</th></tr>
<tr><td></td><td></td><td></td><td></td><td></td><td></td><td></td><td></td><td></td><td></td><td></td><td></td><td></td><td></td></tr>
<tr><td colspan="5">金额合计</td><td></td><td></td><td></td><td></td><td></td><td></td><td></td><td></td><td></td></tr>
</table>

盘点人：　　　　　　　　　　　　　　　　　　　　　　　　　　　　　　　　　会计：

对于委托外单位加工、保管的财产物资，可通过信件询证的办法来证实。

对代其他单位保管的物资和受托加工的物资，应认真履行受托和代管责任。在清查盘点后，对发生盘盈、盘亏情况，应分清责任，分别处理。如属于本单位造成的损失，应由本单位负责处理和赔偿；如属于对方交货时数量不实或属于自然损耗，应通知对方核实，并在有关账簿中作出相应的记录，调整有关数字，保证账实相符。

3. 往来款项的清查

往来款项的清查，一般采用“函证核对法”。即在检查本单位各项往来结算账目正确、完整的基础上，编制“往来款项对账单”，送交对方单位核对账目。“往来款项对账单”通常按每一个经济往来单位编制（一式两联，其中一联作为回联单），对方单位经过核对相符后，在回联单上加盖公章退回，表示已核对；如果经核对数字不相符，对方单位应在回联单上注明情况，或另抄写对账单退回本单位，待进一步查明原因再行核对，直到相符为止。“往来款项对账单”的一般格式和内容如表 2-17 所示。

表 2-17　往来款项对账单

×××单位：

你单位 2019 年 10 月 12 日在我公司购电子商品 1 000 件，已付货款 1 400 元，尚有 600 元货款未付，请核对后将回联单寄回。

×××单位（清查单位）：（盖章）
2019 年 12 月 25 日

沿此虚线裁开，将以下回联单寄回！

往来款项对账单（回联）

×××单位（清查单位）：

你单位寄来的“往来款项对账单”已经收到，经核对相符无误。

×××单位：（盖章）
2019 年 12 月 28 日

（四）财产清查结果的处理

财产清查结果无非账实核对相符和账实核对不相符。账实核对不相符时，必须按照国家有关财务制度的规定，严肃认真地进行处理。账实核对不相符的情况包括盘盈和盘亏。盘盈是指实存数大于账存数，表明财产物资发生溢余；盘亏是指实存数小于账存数，表明财产物资发生短缺。由于记账的目的是保证财产的安全、完整和真实，因此，对于财产出现盘盈和盘亏的处理，一般按下列步骤进行：

第一，财产清查只要出现盘盈和盘亏账实不符，不管其原因如何，首先，应将账上的数额调整到与实物数一致，并通过"待处理财产损溢"账户对应处理。

第二，等原因查明并经审批后，再根据审批意见，追回由于责任者个人原因造成的损失或将盘盈的情况转入收入，并在会计期末结账前对清查的各种财产物资的损溢处理完毕，结清"待处理财产损溢"账户。

可见，"待处理财产损溢"账户是专门用来反映和监督企业在财产清查中查明的各种财产物资的盘盈、盘亏和毁损及其处理情况的，它是一个过渡性账户或暂记性账户，该账户的核算内容是：①各项待处理财产物资盘盈的价值，在审批前记入该账户的贷方；审批后记入该账户的借方。②各项待处理财产物资盘亏、毁损的价值，在审批前记入该账户的借方；批准后记入该账户的贷方。③该账户若出现借方余额表示的是企业尚未处理的各种财产的净损失；若出现贷方余额表示的是企业尚未处理的各种财产的净溢余。期末将该账户出现的借方余额或贷方余额结转到"营业外收入""营业外支出"账户处理后，该账户应无余额。

第六节 会计核算程序

视频资源

会计必须对本单位的资金运动进行正确、及时、全面、连续、系统、综合地反映，为会计信息使用者提供有用信息。而进行信息处理、最终生成会计报表的全部会计活动并不是一步可以完成的，会计活动最终产品会计报表的生成需要经历多道程序，这些程序具体包括哪些，取决于人们选择的划分方法。这些处理会计业务的一系列先后步骤就是会计核算程序。

一、会计核算程序

（一）会计核算的基本程序

会计核算程序是指对发生的经济业务进行会计数据处理与信息加工的程序，包括会计确认、计量、记录、报告四个主要环节，这四个环节就是会计核算的基本程序。

1. 会计确认

会计确认是指根据一定的判断标准，判断经济业务是否应该进入、何时进入会计信息系统以及属于哪一具体项目的过程。

2. 会计计量

会计计量是对已经确认进入会计信息系统的具体项目确定其金额的过程，它主要包括对计量尺度和计量属性的选择。货币计量通常以元、百元、千元、万元等为计量单位。计量属性是指计量对象可供计量的某种特性或标准，如资产计量有历史成本、重置成本、现行成本等属性。

3. 会计记录

会计记录是在完成会计确认、计量工作环节的基础上,运用一定的会计记录方法,对会计对象进行输入、存储、加工处理,以形成有用的会计信息的过程。会计记录方法根据所运用的技术方法不同分为手工会计和电算会计。电算会计核算过程本章最后简单介绍。在手工会计记录过程中必须采用一系列专门方法,包括设置会计科目和账户、复式记账、填制凭证、登记账簿、成本计算、财产清查等。其中,设置会计科目和账户是分类记录经济业务的一种分类方法,账户是记录的载体;复式记账是用于全面、连续、系统、综合地反映资金来龙去脉的记账方法;填制凭证是全面、完整记录经济业务,对经济业务发生、完成提供证明文件的一种形式,是记账依据;登记账簿是以具有一定的格式、相互联结的账页组成的账簿为载体,分类、连续、全面地记录企业经济业务,登记账簿必须以审核无误的会计凭证为依据;成本计算是对企业的费用与成本的核算,为的是确保利润计算的准确性;财产清查则是为了保证账实相符,其通过采用实地盘点、核对、查询方式查明实物资产、货币资金和往来款项的实存与账存的差异。

4. 会计报告

会计报告是向会计信息使用者提供的会计信息系统的最终产品。会计人员通过编制会计报表来对记录在各种账簿中的经济业务数据进行汇总整理并形成一个完整的报告体系,以反映资产、负债和所有者权益情况及一定期间的经营成果和现金流量等情况。

不论是手工会计还是电算会计,也不论会计主体特点和会计信息使用者要求有何差异,会计核算过程总括地都分为会计确认、计量、记录与报告四个基本步骤。因此,把划分成的这四个步骤称为会计核算的基本程序。

（二）会计核算的总括程序

根据填制不同载体的次序,账务处理总括地分为图 2-37 所示的三个会计核算步骤。

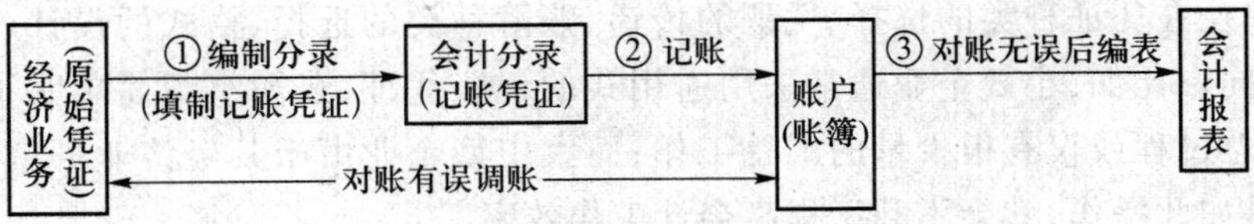

图 2-37　账务处理总括程序

图 2-37 的程序为:①会计实务中根据填制或取得的原始凭证填制记账凭证,表现在理论教学中则是根据经济业务编写会计分录。②会计实务中根据记账凭证登记会计账簿,表现在理论教学中则是根据会计分录登记账户(常用简化的 T 形账户格式)。③对账无误后根据会计账簿编制会计报表;如果对账有误,则根据错误的性质不同,直接修正账簿内容或经填制凭证之后再记账更正。

在电算会计中,会计凭证填制录入和审核程序仍然由人工完成,但是会计账簿登记和会计报表编制则由计算机自动完成,因此,与手工会计相比较,电算会计的工作量大大减少了。

（三）账务处理的基本程序

会计事项有的发生在会计期间内,有的发生在会计期末,所以根据会计核算时间和运用的载体不同,可以进一步将会计核算详细划分为七道主要程序,这也是对会计核算基本程序中记录环节的进一步划分。图 2-38 列示了一个较为详细具体的会计核算过程,其中:第①②步会计活动发生在会计期间内,第③～⑦步则往往发生在会计期末。这种划分方法的结果切合实际地反映了会计实务中会计人员在每一会计期间的会计操作步骤，因此被称为账务处理的基本步骤。

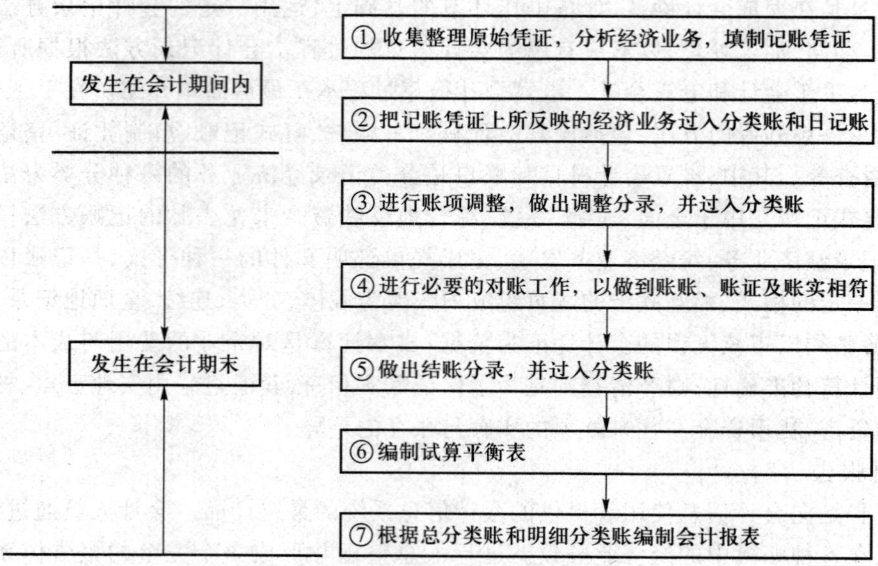

图 2-38 账务处理基本程序

会计主体的经济性质（企业、事业、机关等）、经营规模大小及业务的繁简程度具有多样性，但是它们会计核算的主要环节或程序是相同的。在会计信息提供的过程中，都要依次采用确认、计量、记录和报告四个核算程序；从运用的文件（会计信息载体）而言，都要从会计凭证开始；手工会计核算所经历的会计操作步骤主要分为七步。

然而，由于会计主体的经济性质、经营规模大小及业务的繁简程度、信息使用者的要求各不相同，使得各单位在凭证种类的选择、凭证的传递、账簿种类的选择、格式的设计、记账的具体顺序上也不尽相同。比如，小微企业通常采用通用式的记账凭证，账簿组织简单明了，记账中途可以没有任何汇总过程或仅有很少量的汇总工作；而大中型企业由于其经济业务繁多且复杂性的特点，如果也是如此操作，就会不利于提高会计工作效率。

因此，在了解会计核算程序的基本构成基础上，本节将进一步结合实际会计主体的多样性介绍各种不同具体情况下应该采用的会计凭证、会计账簿、会计报表的不同种类和格式以及三者结合的方式，这就是会计核算组织程序。

二、会计核算组织程序

会计核算组织程序也称为会计核算形式、账务处理程序，是指在会计核算中以账簿组织为中心，把会计凭证、会计账簿和记账顺序、记账技术方法有机地结合在一起的技术组织方式。它是不同情况下会计核算的具体模式。根据记账技术不同，分为手工会计核算模式、电算会计核算模式两大类。其中，手工会计主要有以下三种模式：记账凭证账务处理、科目汇总表（记账凭证汇总表）账务处理、汇总记账凭证账务处理。

（一）记账凭证账务处理程序

1. 记账凭证账务处理程序的特点

记账凭证账务处理程序是最基本的一种账务处理程序，它是以直接根据记账凭证逐笔登记总分类账为特征的。在这种账务处理程序下，记账凭证一般采用专用式(收款凭证、付款凭证和转账凭证)或通用式；账簿种类包括三栏式总账、三栏式日记账及各种格式的明细分类账；会计报表主要依据国家规定的种类和格式上报，内部报表可根据管理的要求设置。

2. 记账凭证账务处理程序的记账顺序

记账凭证账务处理程序的记账顺序如下：根据原始凭证或原始凭证汇总表编制记账凭证；根据记账凭证(收款凭证、付款凭证)及所附的原始凭证逐日逐笔地登记现金日记账和银行存款日记账；根据记账凭证及所附的原始凭证登记明细分类账；根据收款凭证、付款凭证、转账凭证登记总分类账；日记账与总分类账核对，明细账与总分类账核对以保证账账相符；期末根据总分类账和明细分类账编制会计报表，上述记账顺序可用图 2-39 表示。

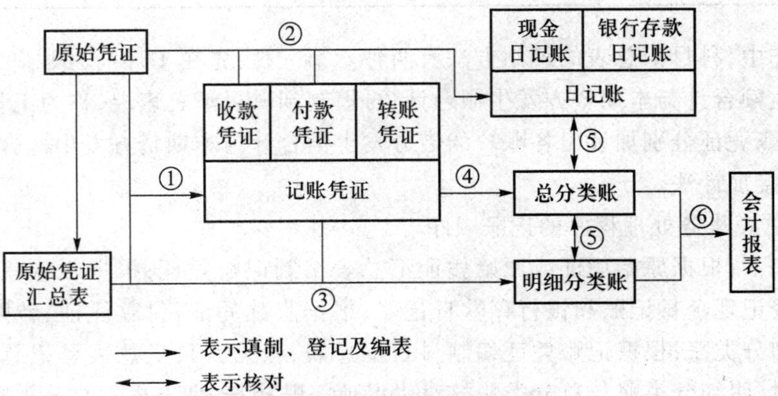

图 2-39 记账凭证账务处理程序

3. 记账凭证账务处理程序的优缺点及适用范围

这种账务处理程序因涉及的记账凭证少，账簿的格式比较简单，因此简单易学、通俗易懂。并且由于总分类账是根据记账凭证逐日逐笔登记，反映的内容详细，便于查账验证。但是登记总分类账的工作非常繁重，而且在特定的情况下总分类账与明细分类账会发生重复登记现象。所以该种账务处理程序适用于规模较小、业务量不大的企业。

(二) 科目汇总表账务处理程序

1. 科目汇总表账务处理程序的特点

科目汇总表账务处理程序也称为记账凭证汇总表账务处理程序，它是以先根据记账凭证编制科目汇总表，再依据科目汇总表登记总分类账为特征的。

显然，这种账务处理程序的出发点是通过汇总简化登记总分类账的工作。与记账凭证账务处理程序相比，其在凭证、账簿、报表的设置中具有以下特点：增设科目汇总表，并在总分类账格式中削减对应科目栏。根据以上特点，该账务处理程序的关键一步是编制科目汇总表。科目汇总表是根据一定时期的全部记账凭证，按科目名称进行归类，计算出每一个科目的借方发生额合计数和贷方发生额合计数，并结计出所有账户的借方发生额合计数和贷方发生额合计数的表格。其基本格式如表 2-18 所示。

表 2-18　科目汇总表

20　年　月　日至　日

会计科目	本期发生额		账页
	借方	贷方	
合计			

在实际工作中,科目汇总表的编制方法有两种。第一种:先在 T 形简易账户中汇总出各账户的本期借方发生额合计与本期贷方发生额合计,再填制到科目汇总表上,称为工作底稿法。第二种:直接根据记账凭证分别加计出各账户的借方发生额合计与本期贷方发生额合计,并填入科目汇总表,称为直接加计法。

2. 科目汇总表账务处理程序的记账顺序

记账顺序如下:根据原始凭证或原始凭证汇总表编制记账凭证;根据收款凭证、付款凭证及所附原始凭证登记现金日记账和银行存款日记账;根据收款凭证、付款凭证、转账凭证及所附原始凭证登记明细分类账;根据记账凭证编制科目汇总表;根据科目汇总表登记总分类账;日记账与总分类账核对,明细分类账与总分类账核对以保证账账相符;期末根据总分类账和明细分类账编制会计报表,上述记账顺序可以用图 2-40 表示。

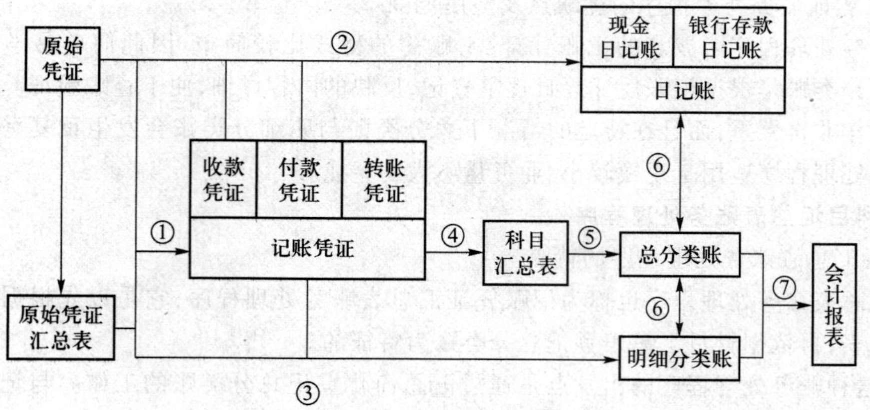

图 2-40　科目汇总表账务处理程序

3. 科目汇总表账务处理程序的优缺点及适用范围

由于科目汇总表兼有汇总和试算平衡两项功能,因此,采用该表可减少逐笔登记总账的工作,方便简捷。但是由于汇总是按各账户的借方发生额合计和贷方发生额合计进行的,因此在科目汇总表与总分类账中都不能反映账户的对应关系。尽管如此,科目汇总表还是被大中型企业广泛地采用,成为目前最为流行的一种账务处理程序。

(三) 汇总记账凭证账务处理程序

1. 汇总记账凭证账务处理程序的特点

汇总记账凭证账务处理程序是以先根据记账凭证编制汇总记账凭证,然后再根据汇总记账凭证登记总分类账为特征的。与前两种账务处理程序相比,汇总记账凭证账务处理程序的凭证体系、账簿组织具有明显的特点:首先,在这种账务处理程序下,为了便于汇总记账凭证的编制,必须采用专用式的记账凭证(即收款凭证、付款凭证、转账凭证);其次,增加了编制汇总记账凭证的工作。所谓的汇总记账凭证是按有关账户的借方或贷方开设的,根据记账凭证定期按对应账户汇总,并据以登记总分类账。汇总记账凭证可按所登记的经济业务内容分成三种:汇总收款凭证、汇总付款凭证和汇总转账凭证,其格式如表 2-19 至表 2-21 所示。

表 2-19　汇总收款凭证

借方科目:　　　　年　　月　　　　编号:

贷方科目	金额				总账页数
	1 日—10 日 收款凭证 第　号—第　号	11 日—20 日 收款凭证 第　号—第　号	21 日—31 日 收款凭证 第　号—第　号	合计	
合计					

会计主管　　记账　　审核　　制证

表 2-20　汇总付款凭证

贷方科目:　　　　年　　月　　　　编号:

借方科目	金额				总账页数
	1 日—10 日 付款凭证 第　号—第　号	11 日—20 日 付款凭证 第　号—第　号	21 日—31 日 付款凭证 第　号—第　号	合计	
合计					

会计主管　　记账　　审核　　制证

表 2-21　汇总转账凭证

贷方科目：　　　　　　　　　　　　年　　月　　　　　　　　　　　　编号：

借方科目	金额				总账页数
	1 日—10 日 付款凭证 第　号—第　号	11 日—20 日 付款凭证 第　号—第　号	21 日—31 日 付款凭证 第　号—第　号	合计	
合计					

会计主管　　　　　　　　记账　　　　　　　　审核　　　　　　　　制证

汇总收款凭证是按借方科目开设，按对应贷方科目归类，其登记的依据是银行存款收款凭证、现金收款凭证；汇总付款凭证是按贷方科目开设，按对应借方科目归类，编制的依据是银行存款付款凭证、现金付款凭证；汇总转账凭证是按贷方科目开设，按对应借方科目归类，编制的依据是转账凭证。在会计实务中，为了便于转账凭证的汇总，每张转账凭证只能填写一借一贷或一贷多借的会计分录，不能填列一借多贷或多借多贷的会计分录。最后为保留汇总记账凭证能反映账户对应关系这一优势，总分类账还应设置对应科目栏。

2. 汇总记账凭证账务处理程序的记账顺序

记账顺序如下：根据原始凭证或原始凭证汇总表编制记账凭证；根据收款凭证、付款凭证及所附的原始凭证逐日逐笔地登记现金日记账和银行存款日记账；根据收款凭证、付款凭证、转账凭证及所附的原始凭证登记明细分类账；根据收款凭证、付款凭证、转账凭证分别编制汇总收款凭证、汇总付款凭证、汇总转账凭证；根据汇总收款凭证、汇总付款凭证、汇总转账凭证登记总分类账；日记账、明细分类账与总分类账进行核对；月末根据总分类账与明细分类账编制会计报表。上述记账顺序也可用图 2-41 表示。

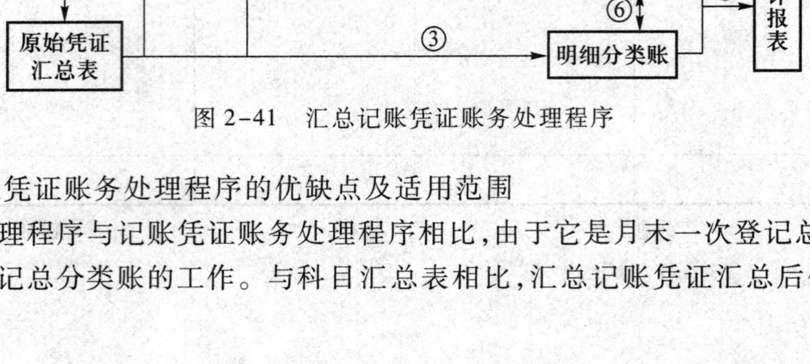

图 2-41　汇总记账凭证账务处理程序

3. 汇总记账凭证账务处理程序的优缺点及适用范围

这种账务处理程序与记账凭证账务处理程序相比，由于它是月末一次登记总分类账，因此大大减少了逐笔登记总分类账的工作。与科目汇总表相比，汇总记账凭证汇总后仍然能反映账户之间的对应关系，便于对经济活动进行检查分析，但是却增加了编制汇总记账凭证的工作。所以，这种账务处理程序适用于大中型企业。

（四）电算会计账务处理程序

电算会计是运用计算机信息技术进行会计工作的会计，是计算机技术与会计学的交叉应用学科，西方国家称为电子数据处理会计（electronic data processing accounting），简称EDP会计，或称为计算机会计（computer accounting）。

利用计算机技术，把复杂烦琐的记账、算账、结账、编表工作交给计算机自动处理，从而大大减轻了会计人员的工作量。同时财务软件处理结果精确度高、速度快，可以减少手工操作产生的误差，提高会计工作效率。

电算会计账务处理程序的主要特点是，根据审核无误的原始凭证将记账凭证信息输入计算机系统后就可以形成正式会计档案，录入会计凭证的同时就对会计科目发生额进行更新和汇总。在手工会计中表现为一个周期（月、季、年）的会计循环在电算会计中能以适时方式完成。电算会计中的账簿都是通过打印输出再装订成册，因此没有订本式账簿，无须人工记账、结账、编表，无须账证、账账、账表核对，这些对账工作都由财务软件自动完成。报表不必在过账后生成，结账可以在生成报表后进行。财务软件可以自行研发或外购，一般分为核算型财务软件、管理型财务软件、决策支持型财务软件。用友和金蝶财务软件是我国企业常用的财务软件。

电算会计账务处理程序可分为以下七个步骤：建立账套、初始化设置、启用账套、日常账务处理、期末处理、报表处理、结账。

【进一步学习指南】

会计作为人类开展的一种越来越重要的实践活动，必然具有相应的职能，其中，会计核算职能是会计的最基本职能。在发挥会计核算职能的过程中，不仅需要运用一系列会计核算的专门方法，还必须按照一定程序或步骤进行。然而，由于会计主体的具体情况和信息使用者的要求不同，导致会计核算的具体程序和账务处理具体方法具有多样性，本章介绍了四种不同的账务处理程序和具体核算方法。

关于会计循环过程中账务处理程序和具体方法的规范主要由财政部制定；而关于会计循环过程中账务处理程序和具体方法的研究主要反映在会计学和基础会计的专业文献中。

【本章知识应用】

情景案例

为更好地领会本章内容，下面将以实际案例（自然人姓名和法人名称均为化名）演示一个会计核算的完整过程。

一、背景资料

2019年下半年，高原、丁学勤、王静三位应届毕业生着手开办杭州百思达科技有限公司，公司于2019年12月成立。他们11月1日在杭州南方高新科技园区租入经营用房，年租金16 800元，从租赁之日起第三个月即从2020年1月1日起算，租赁的前2个月免租赁费。创业第一年，即2020年享受减免税负、优惠贷款、房租补贴等多项政府优惠扶持政策,属于增值税采用简易计税方法的纳税人。三人都以现金出资方式向杭州百思达科技有限公司交纳投资款,注册资本50万元,其中高原作为法人代表和经理,协议总投资20万元,分两次交足,2019年12月交付10.8万元,2020年12月交付9.2万元;丁学勤作为技术部负责人兼材料管理员,协议总投资15万元,分两次交足,2019年12月交付10万元,2020年12月交付5万元;王静作为财务部门主管,协议总投资15万元,分两次交足,2020年1月交付10万元,2020年12月交付5万元。公司主要营业范围是为客户开发设计办公管理软件、提供技术咨询服务。

2019年12月,高原从公司借款8 000元。公司于12月30日借入6个月银行贷款1 000 000元存入公司存款户,年利率6%,根据合同规定,利息费用和本金2020年6月30日一次偿付。

财务工作由王静和林远两人完成,其中,王静为会计主管,负责制证、登记分类账、编制财务报告等工作;林远为出纳员兼作办公室文秘经办公司日常事务。本公司现有职工人数共4人,从2020年2月1日起计算发放薪酬。

二、经济业务

1. 2020年1月各个账户期初余额如表2-22所示。

表2-22 2020年1月各个账户期初余额

账户名称	期初余额	
	借方	贷方
银行存款	1 200 000	
其他应收款	8 000	
短期借款		1 000 000
实收资本		208 000
合计	1 208 000	1 208 000

其中,其他应收款总账所属的高原明细账期初借方余额为8 000元;实收资本总账所属的高原明细账期初贷方余额108 000元,实收资本总账所属的丁学勤明细账期初贷方余额100 000元。

2. 2020年1月份发生如下各项经济活动:

1月2日,丁学勤填借款单1张预借差旅费10 000元,财会人员开具1张现金支票给付。

1月3日,公司向客户完成办公软件开发设计咨询服务,开出发票1张收取服务费500 000元,并于当日收到开户银行收款凭证1张。

1月4日,收到银行凭证,通知王静投资款10万元收到。

1月5日,财会部门开出1张转账支票45 000元支付购入材料款,同时收到供应单位开来的发票4张,本公司材料保管员填制的收料单3张。

1月15日,财会部门开出3张转账支票共10 000元支付公司水电费700元和招待费9 300元,同时收到供应单位开来的发票4张。

1月30日,银行凭证通知收到高原归还借款8 000元,并填制收款收据1张。

1月30日,暂时闲置的办公房1间转租给杭州蓝图设计有限公司半年开出发票1张,银行凭证通知收到应该预收的半年租金6 000元。

1 月 30 日，财会部门开出 1 张转账支票 33 600 元支付两年办公用房租赁费，同时收到杭州南方高新科技园有限公司开来的发票 1 张。

三、问题提出和会计操作要求

1. 你认为该公司需要开设哪些账户？应该采用哪种会计核算形式更有效？

2. 请你开设全部总分类账户、日记账、其他应收款和实收资本的明细分类账（其余总账的明细分类账略）并根据资料登记期初余额（提示：需开设 13 个总账，5 个明细账、1 个日记账，共 19 个账户）。

3. 根据本月实际发生的 8 笔业务你会填制记账凭证吗？

4. 你会编写结账分录并登记分类账户吗？

5. 你认为月末需要调整的账项有哪些？如何做出调整并填制记账凭证、登记分类账户？

6. 你能够正确采用记账凭证核算形式登记账户吗？请尝试完成。

7. 你会编制试算平衡表吗？

【思考题】

1. 什么是会计科目？其种类有哪些？
2. 什么是账户？其格式和结构如何？
3. 什么是会计分录？其种类包括哪些？
4. 什么是账户的对应关系和对应账户？
5. 什么是试算平衡？试算平衡的原理是什么？
6. 借贷记账法的记账规则是如何推导得出的？
7. 试算平衡后能否说明账户记录完全正确？为什么？
8. 什么是原始凭证？原始凭证有哪些种类？试列举你所熟悉的原始凭证。
9. 如何填写原始凭证？
10. 如何审核原始凭证？
11. 什么是记账凭证？记账凭证与原始凭证之间的关系是什么？
12. 会计主体为什么要设置账簿？每个会计主体至少应当设置哪些账簿？
13. 总分类账和明细分类账平行登记的原理和要点是什么？
14. 各账务处理程序的区别与联系是什么？

【即测即评】

请扫描二维码，进行即测即评。

第三章 流动资产

【学习目标】

1. 重点掌握现金、银行存款的管理和内部控制的内容，了解银行存款支付结算方式。
2. 掌握交易性金融资产的确认、计量及核算方法。
3. 掌握应收及预付款项的内容及核算方法，重点掌握坏账准备的核算方法。
4. 重点掌握存货的内容，以及确认、计量和核算方法。

企业的资产按照流动性进行分类，可以分为流动资产和非流动资产。流动资产是指企业可以在一年或者超过一年的一个营业周期内变现、出售或者耗用的资产。企业的流动资产主要包括货币资金、交易性金融资产、应收及预付款、存货等。我国《企业会计准则第 30 号——财务报表列报》规定，资产满足下列条件之一的，应当归类为流动资产：①预计在一个正常营业周期中变现、出售或耗用；②主要为交易目的而持有；③预计在资产负债表日起一年内（含一年，下同）变现；④自资产负债表日起一年内，交换其他资产或清偿负债的能力不受限制的现金或现金等价物。流动资产的变现能力强，周转速度快，正确地对流动资产进行核算，将有助于企业的投资者、债权人和管理人员等利益相关者评价企业的支付能力、短期偿债能力和资产运营效率，为其决策提供会计信息支持。

第一节 货币资金

视频资源

货币资金是指处于货币形态，可以随时用作购买手段和支付手段的资金，包括现金、银行存款及其他货币资金。货币资金是流动性最强的资产，各个企业单位为开展生产经营活动都必须拥有一定数量的货币资金。

一、现金

现金是货币资金的重要组成部分，是存放在企业的可以随时动用的那部分货币资金。现金的概念有广义和狭义之分。狭义的现金是指库存现金，是指存放于企业财会部门由出纳人员经管的货币，包括人民币现金和外币现金。广义的现金除了库存现金，还包括银行存款及其他货币资金。在我国会计实务中，通常所说的现金是狭义的现金。

（一）现金的管理

现金因其随时可以动用，具有极强的流动性，很容易被挪用或侵吞，所以企业必须加强对现金的管理和控制，确保现金安全与完整。为此，国务院发布了《现金管理暂行条例》。各个企业应该根据国家有关制度来建立、健全企业现金内部控制制度。现金内部控制的基本内容主要包括以下方面：

1. 现金使用范围

企业必须根据《现金管理暂行条例》的规定，结合本单位的实际情况，确定本单位现金的开支范围。不属于现金开支范围的业务应当通过银行办理转账结算。根据规定，企业支出的各种款项中，可用现金支付的项目有：①职工工资、津贴；②个人劳务报酬；③根据国家规定颁发给个人的科学技术、文化艺术、体育等各种奖金；④各种劳保、福利费用以及国家规定的对个人的其他支出；⑤向个人收购农副产品和其他物资的款项；⑥出差人员必须随身携带的差旅费；⑦结算起点（1 000 元人民币）以下的零星支出；⑧中国人民银行确定需要支付现金的其他支出。

2. 现金的限额管理

现金的限额是指由开户银行给企业核定库存现金的最高限额。企业应当加强现金库存限额的管理，超过库存限额的现金应及时存入银行。当库存现金不足时，可以从银行存款中提取现金补足限额。库存现金限额的多少，由开户银行根据行业特点、企业日常使用现金情况和距离银行远近等逐户核定。核定标准为企业可以保留 3 ~ 5 天日常零星开支所需的现金量，边远地区、交通不便地区的开户单位可以保留 15 天以下的日常零星开支所需的现金量。

3. 现金收支的日常管理

（1）企业现金收入应当及时存入银行，不得用于直接支付本单位的支出。企业支付现金，可以从本单位库存现金中支付或从开户银行提取，不得从本单位的现金收入中直接支付，即不得“坐支”现金。因特殊情况须坐支现金的，应事先报经开户银行审查批准。

（2）从开户银行提取现金时，应如实写明提取现金的用途，由本单位财会部门负责人签字盖章，并经开户银行审查批准后予以支付，不准谎报用途套取现金。因采购地点不确定、交通不便、抢险救灾及其他特殊情况必须使用大额现金时，应向开户银行提出书面申请，由本单位财会部门负责人签字盖章，并经开户银行审查批准后予以支付。

（3）各单位不准用不符合规定的凭证顶替库存现金，即不得“白条抵库”；不准用银行账户代其他单位和个人存入或支取现金；单位取得的货币资金收入必须及时入账，不得私设“小金库”，不得账外设账，严禁收款不入账；不准将单位收入的现金以个人名义存储，即不得“公款私存”。

（二）现金收支的核算

为了反映企业库存现金的收入、支出和结存情况，企业应设置“库存现金”账户。该账户为资产类账户，借方登记现金的增加，贷方登记现金的减少，期末借方余额反映企业实际持有的库存现金。对现金的核算应从序时核算和总分类核算两方面进行。

现金的序时核算应设置现金日记账，由出纳员根据现金的收款凭证、付款凭证及现金与银行存款相互划转时的付款凭证逐日逐笔进行登记。有外币现金的企业，应当分别对人民币和各种外币设置“现金日记账”进行明细核算。每日终了，应当计算当日的现金收入合计额、现金支出合计额和结余额，并将结余额与实际库存额核对，做到账款相符。

现金的总分类核算应设置现金总账，会计人员可以根据每一涉及现金增减变动的现金收付款凭证和银行存款付款凭证直接登记现金总账；如果企业日常现金收支业务较为频繁，为了简化核算，可采用汇总记账凭证或科目汇总表等核算组织程序核算，会计人员应根据汇总收付款凭证或科目汇总表定期登记现金总账。每日终了，应将现金日记账余额与实际库存金额进行核对，做到账实相符。月份终了，现金日记账的余额必须与现金总账的余额核对相符，做到日清月结。

企业发生现金收支业务时，必须取得或填制记载现金收付的原始凭证。企业会计人员应严格审核现金收付原始凭证，审核原始凭证记载的内容和金额是否合理、合法和合规，审核有关手续是否完备、数字是否真实准确、内容是否齐全，并根据审核无误的原始凭证编制记账凭证。企业收到现金时，借记“库存现金”账户，贷记“银行存款”“主营业务收入”“其他应收款”等有关账户；企业支付现金时，借记“管理费用”“其他应收款”“银行存款”等有关账户，贷记“库存现金”账户。

【例 3-1】　东方公司 2019 年 8 月发生如下有关现金收支业务，编制会计分录如下：

(1) 5 日开出现金支票 1 张，从开户银行提取现金 10 000 元备用。

借：库存现金　　10 000

　贷：银行存款　　10 000

(2) 8 日销售产品收到现金 678 元，其中价款 600 元，增值税 78 元。

借：库存现金　　678

　贷：主营业务收入　　600

　　应交税费——应交增值税（销项税额）　　78

(3) 9 日职工王涛出差预借差旅费 2 000 元，以现金付讫。

借：其他应收款——王涛　　2 000

　贷：库存现金　　2 000

(4) 10 日以现金支付职工工资 60 000 元。

借：应付职工薪酬　　60 000

　贷：库存现金　　60 000

(5) 19 日职工王涛出差回来报销差旅费 1 800 元，原借款金额 2 000 元，将剩余现金 200 元交回。

借：库存现金　　200

　管理费用　　1 800

　贷：其他应收款——王涛　　2 000

(6) 25 日以现金购买办公用品 900 元。

借：管理费用　　900

　贷：库存现金　　900

视频资源

二、银行存款

银行存款是指企业存放于银行或其他金融机构的随时可以用于支付的货币资金。按照国家有关规定，凡是独立核算的单位都必须在当地的银行开设账户。企业在其所在地银行开设账户以后，除按核定的限额保留库存现金外，超过限额的现金必须存入开户银行。除了在规定的范围内可以用现金直接支付外,企业在生产经营活动过程中所发生的一切货币资金收支业务,都必须通过银行存款账户进行存款、取款以及各种收支转账业务的结算。

(一)银行账户的管理

根据《银行账户管理办法》的规定,企业的银行存款账户一般分为四类:即基本存款账户、一般存款账户、临时存款账户和专用存款账户。

基本存款账户是企业办理日常转账结算和现金收付的账户,企业工资、奖金等现金的支取,只能通过基本存款账户办理;一般存款账户是企业在基本存款账户以外的银行借款转存账户,以及与基本存款账户的单位不在同一地点的附属非独立核算单位开立的账户,一般存款账户可以办理转账结算和现金缴存,但不能支取现金;临时存款账户是指企业因临时生产经营活动的需要而开立的账户,如异地产品展销、临时性采购资金等,临时存款账户既可以办理转账结算,也可以根据国家现金管理规定存取现金;专用存款账户是指企业因特定用途需要所开立的账户,如基本建设项目专项资金等。

根据规定,一个企业只能选择一家银行的一个营业机构开立一个基本存款账户,既不得在同一家银行的其他分支机构开立基本存款账户,也不得在多家银行机构开立基本存款账户。为了加强对基本存款账户的管理,企事业单位开立基本存款账户,要实行开户许可证制度,必须凭中国人民银行当地分支机构核发的许可证,连同单位财务公章、财务负责人和出纳员印章等印鉴,到当地银行开立账户。企业不得为还贷和套取现金而多头开立基本存款账户;不得出租、出借账户;任何单位和个人不得将单位的资金以个人名义开立账户存储。

(二)银行支付结算方式

银行存款的收付应严格执行银行结算制度的规定。支付结算是指单位、个人在社会经济活动中使用票据(包括银行汇票、商业汇票、银行本票和支票)、信用卡、汇兑、托收承付、委托收款、信用证等结算方式进行货币支付及资金清算的行为。办理支付结算必须遵守下列原则:恪守信用,履约付款;谁的钱进谁的账,由谁支配;银行不垫款。

1. 银行汇票

银行汇票是汇款人将款项交存当地出票银行,由出票银行签发的,由其在见票时,按照实际结算金额无条件支付给收款人或持票人的票据。不论是否在银行开户,单位和个人各种款项结算均可使用银行汇票。银行汇票具有使用灵活、票随人到、兑现性强等特点,可以钱货两清,因此,银行汇票的使用范围比较广泛。

银行汇票通常用于转账。但如果申请人和收款人均为个人,且银行在银行汇票的"汇票金额"栏中填写有"现金"字样,也可以用于支取现金。申请人或者收款人为单位的,银行不得为其签发现金银行汇票。银行汇票一律记名,可以背书转让。银行汇票必须记载下列事项:①表明"银行汇票"的字样;②无条件支付的承诺;③出票金额;④付款人名称;⑤收款人名称;⑥出票日期;⑦出票人签章。欠缺记载上列事项之一的银行汇票无效。

申请人使用银行汇票时,首先应向银行填写"银行汇票申请书",填明收款人名称、汇票金额、申请人名称、申请日期等事项并签章,将票款交给银行。银行受理银行汇票申请书,收妥款项后签发银行汇票,并用压数机压印出汇票金额,将银行汇票和解讫通知一并交给申请人。

申请人取得银行汇票后即可在付款期限内持银行汇票向填明的收款单位办理结算。银行汇票的付款期限为自出票日起1个月。收款人在收到付款单位送来的银行汇票时,应在出票金额以内,按实际结算金额办理结算,并将实际结算金额和多余金额准确地填入银行汇票和解讫通知的有关栏内,银行汇票的实际结算金额低于出票金额的,其多余金额由出票银行退交申请人。申请人因银行汇票超过付款提示期限或其他原因要求退款时,应将银行汇票和解讫通知同时提交到出票银行办理退款。

2. 银行本票

银行本票是由银行签发的,承诺在见票时无条件支付确定的金额给收款人或者持票人的票据。银行本票由银行签发并保证兑付,而且见票即付,具有信誉高、支付功能强等特点。银行本票可以用于转账,注明“现金”字样的银行本票可以用于支取现金。但申请人或收款人为单位的,银行不得为其签发现金银行本票。

银行本票分为不定额本票和定额本票两种。定额本票面值分别为1 000元、5 000元、10 000元和50 000元。银行本票一律记名,可以背书转让。

申请人取得银行本票后,即可向填明的收款单位办理结算。银行本票的提示付款期限自出票日起最长不得超过两个月,在付款期内银行本票见票即付。收款人可以将银行本票背书转让给被背书人。

3. 支票

支票是出票人签发的,委托办理支票存款业务的银行在见票时无条件支付确定的金额给收款人或者持票人的票据。支票结算方式是单位和个人在境内结算中应用比较广泛的一种结算方式。

根据支付票款的方式不同,支票可分为现金支票、转账支票和普通支票三种。支票由银行统一印制,支票上印有“现金”字样的为现金支票,现金支票只能用于支取现金;支票上印有“转账”字样的为转账支票,转账支票只能用于转账;支票上未印有“现金”或“转账”字样的为普通支票,普通支票可以用于支取现金,也可以用于转账。在普通支票左上角画两条平行线的称为划线支票,划线支票只能用于转账,不得支取现金。签发现金支票和用于支取现金的普通支票,必须符合国家现金管理的规定。支票的出票人签发支票的金额不得超过付款时在付款人处实有的存款金额。禁止签发签章与其预留银行签章不符的支票。支票一律记名,可以背书转让。

支票的提示付款期限自出票日起10日。超过提示付款期限提示付款的,出票人开户银行不予受理,付款人不予付款。

4. 商业汇票

商业汇票是由出票人签发的,委托付款人在指定日期无条件支付确定的金额给收款人或者持票人的票据。

商业汇票的付款期限由交易双方商定,但最长不得超过6个月。商业汇票的提示付款期限为自汇票到期日起10日内。商业汇票一律记名,可以背书转让。在银行开立存款账户的法人以及其他组织之间具有真实的交易关系或债权债务关系,均可使用商业汇票。出票人不得签发无对价的商业汇票用以骗取银行或者其他票据当事人的资金。

商业汇票按承兑人不同分为商业承兑汇票和银行承兑汇票两种。承兑是指承诺在汇票到期日无条件地支付汇票金额给票据持有人的票据行为。商业承兑汇票由付款人承兑,票据到期前付款人应将票款足额交存其开户银行,在票据到期日将汇票金额支付给票据持有人。票据到期如果付款人存款账户不足无力支付票款,银行将商业承兑汇票退还给持票人。

银行承兑汇票由银行承兑。银行承兑汇票的出票人应于汇票到期前将票款足额交存其开户银行。承兑银行应在汇票到期日或到期日后的见票当日支付票款。银行承兑汇票的出票人于汇票到期日未能足额交存票款时,承兑银行除凭票向持票人无条件付款外,对出票人尚未支付的汇票金额按照每天万分之五计收利息。

5. 信用卡

信用卡是指商业银行向个人和单位发行的,凭以向特约单位购物、消费和向银行存取现金,且具有消费信用的特制载体卡片。信用卡按使用对象分为单位卡和个人卡;按信誉等级分为金卡和普通卡。

凡在中国境内金融机构开立基本存款账户的单位都可申领单位卡。单位卡可申领若干张,持卡人资格由申领单位法定代表人或其委托的代理人书面指定和注销,持卡人不得出租或转借信用卡。单位卡账户的资金一律从其基本存款账户转账存入,在使用过程中,需要向其账户续存资金的,也一律从其基本存款账户转账存入,不得交存现金,不得将销货收入的款项存入其账户。严禁将单位的款项存入个人卡账户中。持卡人可持信用卡在特约单位购物、消费。单位卡不得用于10万元以上的商品交易、劳务供应款项的结算。单位卡一律不得支取现金。

信用卡在规定的限额和期限内允许善意透支,透支期限最长为60天。信用卡透支利息,自签单日或银行记账日起15日内按日息万分之五计算,超过15日按日息万分之十计算,超过30日或透支金额超过规定限额的,按日息万分之十五计算。透支计息不分段,按最后期限或者最高透支额的最高利率档次计息。超过规定限额或规定期限,并且经发卡银行催收无效的透支行为称为恶意透支,持卡人使用信用卡不得发生恶意透支。

单位或个人申领信用卡,应按规定填制申请表,连同有关资料一并送交发卡银行。符合条件并按银行要求交存一定金额的备用金后,银行为申领人开立信用卡存款账户,并发给信用卡。持卡人不需要继续使用信用卡的,应持信用卡主动到发卡银行办理销户。销户时,单位卡账户余额转入其基本存款账户,不得提取现金。

6. 汇兑

汇兑是汇款人委托银行将其款项支付给收款人的结算方式。汇兑结算方式手续简便、方法灵活,可用于各种资金的调拨、清理旧欠等。单位和个人异地之间的各种款项结算均可使用汇兑方式。

汇兑分为信汇、电汇两种。信汇是指汇款人委托银行通过邮寄方式将款项划转给收款人。电汇是指汇款人委托银行通过电报将款项划给收款人。汇款人应当根据单位汇款快慢的需要选择使用汇兑方式。

7. 委托收款

委托收款是收款人委托银行向付款人收取款项的结算方式。单位和个人凭已承兑的商业汇票、债券、存单等付款人债务证明办理款项的结算,均可以使用委托收款结算方式。委托收款在同城、异地均可以使用。

委托收款结算款项的划回方式,分邮寄和电报两种,由收款人选用。采用这种结算方式,购销双方应具有商业信用,若付款方无款支付或拒付,银行不提供信用担保,不承担审查拒付的义务。

8. 托收承付

托收承付是根据购销合同由收款人发货后委托银行向异地付款人收取款项,由付款人向银行承认付款的结算方式。使用托收承付结算方式的收款单位和付款单位,必须是国有企业、供销合作社,以及经营管理较好并经开户银行审查同意的城乡集体所有制工业企业。办理托收承付结算的款项,必须是商品交易以及因商品交易而产生的劳务供应的款项,代销、寄销、赊销商品的款项不得办理托收承付结算。收付双方使用托收承付结算必须签有符合《中华人民共和国经济合同法》(简称《经济合同法》)的购销合同,并在合同上订明使用托收承付结算方式。

托收承付结算每笔的金额起点为10 000元(新华书店系统每笔金额起点为1 000元)。托收承付款项划回方式分为邮寄和电报两种,收款人可以根据需要选择使用。

收款人按照签订的购销合同发货后,委托银行办理托收。收款人应填写托收承付凭证,并将商品发出的证件,如铁路、航运、公路等运输部门签发的运单、运单副本和邮局包裹回执及商品交易凭证送交银行。

收款人开户银行接到托收凭证及其附件后,应当按照托收的范围、条件和托收凭证记载的要求认真进行审查,必要时,还应查验收付款人签订的购销合同。凡不符合要求或违反购销合同发货的,不能办理。收款人开户银行接受委托后,将托收结算凭证退给收款人,作为进行账务处理的依据,并将其他结算凭证寄往付款人的开户银行,由付款人的开户银行通知付款人承认付款。

付款人开户银行收到托收凭证及其附件后,应当及时通知付款人付款。承付货款分为验单付款和验货付款两种,由收付双方商量选用,并在合同中明确规定。验单付款的承付期为3天,从付款人开户银行发出承付通知的次日算起。验货付款的承付期为10天,从运输部门向付款人发出提货通知的次日算起。付款人必须在承付期内验明单证及货物,如果与购销合同不符,应在承付期满之前向银行提出拒付,填写拒付理由书,经银行审核同意后,可以拒付货款。若付款人在承付期未表示拒绝付款的,银行视为同意支付,于承付期满的次日将款项划给收款人。

9. 信用证

信用证是指开证银行依据申请人的申请开出的、凭符合信用证条款的单据支付的付款承诺。信用证结算方式是国际结算中广泛应用的一种主要方式。经中国人民银行批准经营结算业务的商业银行总行以及经商业银行总行批准开办信用证结算业务的分支机构,可以办理国内企业之间商品交易的信用证结算业务。信用证为不可撤销、不可转让的跟单信用证;信用证只限于转账结算,不得支取现金。信用证与作为其依据的购销合同相互独立,银行在处理信用证业务时,不受购销合同的约束。

采用信用证结算方式时,购货单位将款项存入经批准可以经营信用证业务的银行,由银行开出信用证。收款单位收到信用证后,备货、装运、签发有关发票账单,连同运输单据和信用证,交送银行办理入账手续。

(三)银行存款的核算

银行存款的核算包括总分类核算和序时核算两个方面。银行存款的总分类核算是通过设置"银行存款"账户进行。该账户属于资产类账户,增加金额登记在借方,减少金额登记在贷方,期末余额在借方,反映企业存放在银行或其他金融机构的各种款项。企业收入银行存款时,根据银行存款收款凭证及有关单据,借记"银行存款"账户,贷记"库存现金""主营业务收入""应收账款”等有关账户；企业支出银行存款时，根据银行存款付款凭证及有关单据，借记“库存现金”“原材料”“管理费用”等有关账户，贷记“银行存款”账户。值得注意的是，银行存款总账与库存现金总账一样，应由不从事出纳工作的会计人员负责登记。

银行存款的序时核算是通过设置银行存款日记账进行。企业应当按照开户银行和其他金融机构、存款种类等，分别设置银行存款日记账，由出纳人员根据收付款凭证，按照业务的发生顺序逐笔登记。每日终了，应结出余额。银行存款日记账应定期与银行对账单核对，至少每月核对一次。月末，企业银行存款账面余额与银行对账单余额之间如有差额，应按月编制“银行存款余额调节表”调节，检查二者是否相符。有外币存款的企业，应当分别对人民币和各种外币设置银行存款日记账进行明细核算。

（四）银行存款的清查

视频资源

企业应每月至少一次将银行存款日记账与银行对账单核对，以检查银行存款记录是否正确。企业银行存款日记账与银行对账单进行核对时，往往会出现银行存款日记账余额与银行对账单余额不符的情况。产生不一致的原因有两个：一是企业或银行发生了记账错误；二是存在未达账项。未达账项，是指在企业和银行之间由于结算凭证传递上存在时间差，造成一方已登记入账而另一方尚未入账的账款。如果是由于记账错误造成双方记录不符，应查明原因进行更正；对未达账项造成的双方记录不符，应通过编制银行存款余额调节表进行调整。

未达账项产生的原因包括以下几种情况：①企业已经收款入账，银行尚未登记收到的款项，如企业出售产品收到银行汇票，企业收到票据后即可登记入账，而银行须在款项收妥后才据以登记入账；②企业已经付款入账，银行尚未登记付出的款项，如企业开出转账支票支付购货款，企业在开出支票后就应登记入账，而银行须在款项付出后才据以登记入账；③银行已经收款入账，企业尚未登记收到的款项，如企业销售产品委托银行收款，银行收到销货款后即可登记企业银行存款的增加，而企业须在收到银行的通知单后才据以登记入账；④银行已经付款入账，企业尚未登记付出的款项，如银行收到企业的水电费专用委托收款凭证后，即可登记该企业银行存款的减少，而企业须在收到银行的付款通知后才据以登记入账。

银行存款余额调节表有多种编制方法，在会计实务中通常采用“补记法”编制，即在企业的银行存款日记账和银行的对账单现有余额基础上，各自加上对方已收而本方未收的账项，减去对方已付而本方未付的账项，计算调节双方应有余额。

【例 3-2】 2019 年 9 月 30 日，康达公司的中国银行存款账户账面余额为 52 373 元，银行对账单的余额为 57 080 元。经逐项核对，发现双方不符的原因有：

（1）康达公司 9 月 12 日销售商品收到一张金额为 7 000 元的转账支票并委托银行收款，公司已登记入账，但银行因手续尚未办妥，还未入账。

（2）康达公司 9 月 18 日委托银行托收销售货款 8 800 元，银行已经收款入账，但公司因未收到银行的收款通知而未入账。

（3）康达公司 9 月 25 日开出一张金额为 5 880 元的现金支票并已入账，但持票人未到银行取款，银行未入账。

（4）银行从康达公司存款中扣除利息费用 2 973 元，但是康达公司没有收到有关凭证而未入账。

根据上述原因，康达公司9月30日编制的银行存款余额调节表如表3-1所示。

表3-1 银行存款余额调节表

存款银行：中国银行 账号：××××× 2019年9月30日 单位：元

项目	金额	项目	金额
企业银行存款余额	52 373	银行对账单余额	57 080
加：银行已收企业未收账款	8 800	加：企业已收银行未收账款	7 000
减：银行已付企业未付账款	2 973	减：企业已付银行未付账款	5 880
调节后余额	58 200	调节后余额	58 200

如果双方余额相等，表明银行存款核算账实相符；如果双方余额不相等，表明银行存款核算中存在差错，应进一步查找原因，加以纠正。银行存款余额调节表调节后的银行存款余额是企业实际结存的余额。需要注意的是，编制银行存款余额调节表是核对记账是否存在差错的一种方法，而不能将银行存款余额调节表作为调整银行存款账面记录的原始凭证；企业只有在结算凭证到达企业以后，才能进行相关会计处理。

视频资源

三、其他货币资金

其他货币资金是指现金和银行存款以外的货币资金，包括外埠存款、银行汇票存款、银行本票存款、信用卡存款、信用证存款、在途货币资金和存出投资款等。为了加强这些资金的管理，及时了解这些资金的使用和结存情况，企业应设置"其他货币资金"账户，并按"外埠存款""银行汇票存款""银行本票存款""信用卡存款""信用证保证金存款""在途货币资金""存出投资款"等具体项目设置明细账户，分别详细反映这些资金的收入、支出和结存情况。

（一）外埠存款的核算

外埠存款是指企业到外地进行临时或零星的采购时，汇往采购地银行并开立采购专户的款项。企业到外地采购物资，如果供应单位分散、采购次数多、时间较长，可将资金汇往采购地银行开立临时采购专户进行结算。银行对临时采购专户一般实行半封闭式管理办法，只付不收，付完清户。除采购人员差旅费可以支取少量现金外，其他支出一律转账。

【例3-3】 康达公司2019年11月根据发生的有关外埠存款的业务，编制会计分录如下：

（1）11月5日公司委托当地银行将600 000元汇往采购地开立专户时，应根据银行汇款单据做如下分录。

借：其他货币资金——外埠存款 600 000

　　贷：银行存款 600 000

（2）11月26日公司收到采购员交来材料采购发票账单等报销凭证，材料价款500 000元，增值税税款65 000元，共计565 000元。

借：原材料 500 000

　　应交税费——应交增值税（进项税额） 65 000

　　贷：其他货币资金——外埠存款 565 000

（3）采购地银行将多余款项转回当地银行结算户，公司收到银行收款通知，多余款35 000

元已收妥入账。

借:银行存款 35 000

贷:其他货币资金——外埠存款 35 000

(二)银行汇票存款、银行本票存款、信用卡存款、信用证保证金存款的核算

银行汇票存款是指企业为了取得银行汇票,按照规定存入银行的款项;银行本票存款是指企业为了取得银行本票按规定存入银行的款项;信用卡存款是指企业取得信用卡按照规定存入银行信用卡专户的款项;信用证保证金存款是指企业为开具信用证按规定存入银行信用证保证金专户的款项。它们的核算程序基本相同。

【例3-4】 康达公司2019年12月根据发生的有关银行汇票存款的业务,编制会计分录如下:

(1)公司于12月7日到银行申请办理银行汇票,将存款100 000元转为银行汇票存款。

借:其他货币资金——银行汇票存款 100 000

贷:银行存款 100 000

(2)公司于12月18日购买设备,用银行汇票支付销货单位设备款90 400元,其中价款80 000元,增值税税款10 400元。设备已经交付使用。

借:固定资产 80 000

应交税费——应交增值税(进项税额) 10 400

贷:其他货币资金——银行汇票存款 90 400

(3)收到多余款项退回通知,将余款9 600元收妥入账。

借:银行存款 9 600

贷:其他货币资金——银行汇票存款 9 600

(三)在途货币资金

在途货币资金是指企业同所属单位之间、上下级之间的汇解款项,在期末尚未到达,处于在途状态的资金。为了管理好这部分资金,期末对未到达的汇入款项,企业应根据汇款通知,借记“其他货币资金——在途货币资金”账户,贷记“其他应收款”等账户;收到汇款时企业应根据银行收款通知单借记“银行存款”账户,贷记“其他货币资金——在途货币资金”账户。

(四)存出投资款

存出投资款是指企业为购买股票、债券、基金等存入证券公司指定银行开立的投资款专户的款项。

【例3-5】 康达公司2019年12月发生有关投资款的业务,编制会计分录如下:

(1)公司将银行存款200 000元存入证券公司,以备购买有价证券。

借:其他货币资金——存出投资款 200 000

贷:银行存款 200 000

(2)公司用投资款150 000元购入股票进行短期投资。

借:交易性金融资产——股票 150 000

贷:其他货币资金——存出投资款 150 000

第二节 交易性金融资产

视频资源

现代企业往往拥有很多金融资产。金融资产,是指企业持有的现金、其他方的权益工具以及符合下列条件之一的资产:一是从其他方收取现金或其他金融资产的合同权利。例如,企业的银行存款、应收账款、应收票据和发放的贷款等均属于金融资产。二是在潜在有利条件下,与其他方交换金融资产或金融负债的合同权利。例如,企业购入的看涨期权或看跌期权等衍生工具。三是将来须用或可用企业自身权益工具进行结算的非衍生工具合同,且企业根据该合同将收到可变数量的自身权益工具。四是将来须用或可用企业自身权益工具进行结算的衍生工具合同,但以固定数量的自身权益工具交换固定金额的现金或其他金融资产的衍生工具合同除外。金融资产的分类是确认和计量的基础。企业应当根据其管理金融资产的业务模式和金融资产的合同现金流量特征,将金融资产划分为以下三类:①以摊余成本计量的金融资产;②以公允价值计量且其变动计入其他综合收益的金融资产;③以公允价值计量且其变动计入当期损益的金融资产。金融资产的分类一经确定,不得随意变更。

一、交易性金融资产的范围

交易性金融资产主要是指企业为了在近期内出售而持有的金融资产。例如,企业为充分利用闲置资金、以赚取差价为目的从二级市场购入的股票、债券、基金,以及不作为有效套期工具的衍生工具(如远期合同、期货合同等)。只有满足以下条件之一的金融资产才能被确认为交易性金融资产:①取得该金融资产的目的主要是近期内出售;②相关金融资产在初始确认时属于进行集中管理的可辨认金融工具组合的一部分,且有客观证据表明企业近期采用短期获利方式;③属于衍生工具,但符合财务担保合同定义的衍生工具以及被指定为有效套期工具的衍生工具除外。企业持有的以公允价值计量且其变动计入当期损益的金融资产在性质上应确认为流动资产。

直接指定为以公允价值计量且其变动计入当期损益的金融资产也应按照公允价值进行计量。因此,会计中将以公允价值计量且其变动计入当期损益的金融资产全部合并在交易性金融资产中核算。

二、交易性金融资产的计量

交易性金融资产应以公允价值计量。

企业取得交易性金融资产时,应当按照该金融资产取得时的公允价值作为初始确认金额。取得交易性金融资产所发生的相关交易费用在发生时直接计入当期损益,不计入交易性金融资产的初始确认金额。取得交易性金融资产时所支付价款中包含的已宣告发放的现金股利或债券利息,应当单独确认为应收项目,不构成交易性金融资产的初始入账金额。在随后收到这部分现金股利或利息时,直接冲减该应收项目金额。

资产负债表日,企业仍将以公允价值对交易性金融资产进行计量,并会将公允价值变动的差额计入当期损益。

三、交易性金融资产的核算

企业应设置“交易性金融资产”账户,以核算企业持有的以公允价值计量且其变动计入当期损益的金融资产。该账户属于资产类账户,借方登记交易性金融资产公允价值的增加,贷方登记交易性金融资产公允价值的减少,期末余额在借方,反映企业期末交易性金融资产的公允价值。该账户应当按照交易性金融资产的类别和品种,分别“成本”“公允价值变动”进行明细核算。

“公允价值变动损益”属于损益类账户,主要用来核算企业交易性金融资产等的公允价值变动形成的应当计入当期损益的利得和损失。该账户的借方登记资产负债表日企业持有的交易性金融资产等资产类项目的公允价值低于其账面价值的差额;贷方登记资产负债表日企业持有的交易性金融资产等资产类项目的公允价值高于其账面价值的差额。期末将“公允价值变动损益”账户的余额转入“本年利润”账户,结转后“公允价值变动损益”账户应当没有余额。

“投资收益”属于损益类账户,主要用来核算企业持有交易性金融资产等期间所取得的投资收益及出售交易性金融资产等实现的投资收益或投资损失。借方登记企业出售交易性金融资产等发生的投资损失,贷方登记企业持有交易性金融资产等的期间内取得的投资收益及出售交易性金融资产等发生的投资收益。

(一) 取得交易性金融资产的核算

企业取得交易性金融资产时,应当按照取得时的公允价值作为初始确认金额。取得交易性金融资产所发生的相关交易费用在发生时计入当期损益,冲减投资收益。企业取得交易性金融资产时,按交易性金融资产的公允价值借记“交易性金融资产(成本)”账户,按发生的交易费用借记“投资收益”账户,按照已列付息期但尚未领取的利息或已宣告但尚未发放的现金股利借记“应收利息”或“应收股利”账户,按实际支付的金额贷记“银行存款”账户。

【例3-6】　南方公司于2019年4月5日将闲置资金60 000元银行存款存入证券公司,准备购买有价证券;4月8日用50 000元购入甲公司股票10 000股,其中包含已宣告尚未支付的股利2 000元,另支付相关税费100元。

(1) 4月5日将银行存款60 000元存入证券公司时,应编制会计分录如下:

借:其他货币资金——存出投资款	60 000	
贷:银行存款		60 000

(2) 4月8日购入股票时,应编制会计分录如下:

借:交易性金融资产——股票(成本)	48 000	
应收股利	2 000	
投资收益	100	
贷:其他货币资金——存出投资款		50 100

(二) 持有交易性金融资产的核算

企业在收到交易性金融资产所支付价款中包含的已宣告发放的现金股利或已到付息期但尚未领取的债券利息时,应直接冲减应收项目金额。这时,企业应借记“银行存款”账户,贷记“应收利息”或“应收股利”账户。

企业持有交易性金融资产期间对于被投资单位宣告发放的现金股利,或已到付息期但尚未领取的债券利息，应当确认为应收项目，并计入投资收益。应该借记“应收股利”或“应收利息”账户，贷记“投资收益”账户。

资产负债表日，交易性金融资产应当按公允价值计量，公允价值与账面金额之间的差额计入当期损益。对交易性金融资产的公允价值高于其账面余额的差额，借记“交易性金融资产（公允价值变动）”账户，贷记“公允价值变动损益”账户；对公允价值低于其账面余额的差额，则应做相反的会计处理。

【例 3-7】 接例 3-6，南方公司于 2019 年 4 月 10 日收到上述股利 2 000 元。在 2019 年 12 月 31 日该股票每股市价上升到 6 元。2020 年 4 月 17 日，甲公司支付 2019 年股票的现金股利，南方公司收到股利 3 000 元。

（1）2019 年 4 月 10 日收到股利 2 000 元时，应编制会计分录如下：

借：其他货币资金——存出投资款 2 000

  贷：应收股利 2 000

（2）2019 年 12 月 31 日按股票公允价值计量，确认公允价值变动损益 12 000（60 000－48 000）元，应编制会计分录如下：

借：交易性金融资产——股票（公允价值变动） 12 000

  贷：公允价值变动损益 12 000

（3）2020 年 4 月 17 日收到股利 3 000 元时，应编制会计分录如下：

借：其他货币资金——存出投资款 3 000

  贷：投资收益 3 000

（三）出售交易性金融资产的核算

企业出售该金融资产时，将出售时的该金融资产的公允价值与其账面余额之间的差额确认为投资收益。当企业出售交易性金融资产时，应按实际收到的金额借记“银行存款”账户，按该项交易性金融资产的成本贷记“交易性金融资产（成本）”，按该项交易性金融资产的公允价值变动贷记或借记“交易性金融资产（公允价值变动）”，按其差额贷记或借记“投资收益”账户。

【例 3-8】 接例 3-7，南方公司于 2020 年 5 月 11 日将上述股票全部出售，共收到款项 64 500 元。

借：其他货币资金——存出投资款 64 500

  贷：交易性金融资产——股票（成本） 48 000

    交易性金融资产——股票（公允价值变动） 12 000

    投资收益 4 500

第三节 应收及预付款项

在商业信用发达的市场经济条件下，企业之间的商品交易大多是建立在商业信用的基础上的，企业在履行了合同中的履约义务销售商品或提供劳务而获得向顾客收取款项的权利，就会形成合同资产或应收款项。企业在日常生产经营过程中发生的各项债权，除了合同资产及应收款项（应收票据、应收账款），还有其他应收款和预付账款等。

一、合同资产、应收账款

视频资源

企业在销售商品或提供劳务的过程中，应当在履行了合同中的履约义务，即在客户取得相关商品控制权时确认收入。实际经营过程中，有时企业在客户实际支付合同对价之前，已经向客户转让了商品或提供了劳务，这时企业就应当将因已转让商品而有权收取对价的权利确认为合同资产。企业拥有的、无条件（即仅取决于时间流逝）向客户收取对价的权利应当确认为应收款项。合同资产，是指企业已向客户转让商品而有权收取对价的权利，且该权利取决于时间流逝之外的其他因素。应收款项是企业无条件收取合同对价的权利。只有在合同对价到期支付之前仅仅随着时间的流逝即可收款的权利，才是无条件的收款权。

需要说明的是，合同资产和应收款项都是企业拥有的有权收取对价的合同权利，二者的区别在于，应收款项代表的是无条件收取合同对价的权利，即企业仅仅随着时间的流逝即可收款，而合同资产并不是一项无条件收款权，该权利除了时间流逝之外，还取决于其他条件（例如，履行合同中的其他履约义务）才能收取相应的合同对价。因此，与合同资产和应收款项相关的风险是不同的，应收款项仅承担信用风险，而合同资产除信用风险之外，还可能承担其他风险，如履约风险等。

企业应设置“合同资产”和“应收账款”两个资产类账户，核算企业因销售商品、提供劳务等日常活动发生的，已向客户转让商品或提供劳务而拥有的有权收取对价的合同权利。其中，该权利取决于时间流逝之外的其他因素的，通过“合同资产”账户核算，而仅取决于时间流逝因素的无条件收款权，则通过“应收账款”核算。

“合同资产”账户应按合同进行明细核算。企业在客户实际支付合同对价之前，已经向客户转让了商品的，应当按因已转让商品而有权收取的对价金额，借记“合同资产”账户，贷记“主营业务收入”“其他业务收入”等账户；企业取得无条件收款权时，借记“应收账款”等账户，贷记“合同资产”账户。

【例3-9】　2019年6月3日，腾达公司与客户签订合同，向其销售甲、乙两项商品，合同价款为100 000元。合同约定甲商品于合同开始日交付，乙商品在7月1日交付，只有当甲、乙两项商品全部交付之后，公司才有权收取100 000元的合同对价。假定甲商品和乙商品的控制权在交付时转移给客户，合同分摊至甲商品和乙商品的交易价格分别为40 000元和60 000元。上述价格均不包含增值税，公司适用的增值税税率为13%。①

本例中，腾达公司将甲商品交付给客户之后，与该商品相关的履约义务已经履行，但是需要等到后续交付乙商品时，企业才具有无条件收取合同对价的权利，因此，腾达公司应当将因交付甲商品而有权收取的货款40 000元及其增值税5 200元确认为合同资产，而不是确认为应收账款。相应的账务处理如下。

---

①　除特别指明外，本书主要介绍增值税一般计税方法的会计处理。

(1) 6 月 3 日交付甲商品时:

借:合同资产 45 200

　贷:主营业务收入 40 000

　　应交税费——应交增值税(销项税额) 5 200

(2) 7 月 1 日交付乙商品时:

借:应收账款 113 000

　贷:合同资产 45 200

　　主营业务收入 60 000

　　应交税费——应交增值税(销项税额) 7 800

【例 3-10】 东方公司在 2019 年 9 月 1 日履行了合同义务销售商品一批,取得无条件收取款项的权利。销售商品的增值税专用发票上注明售价为 200 000 元,增值税税额为 26 000 元,以银行存款代垫运杂费 14 000 元。上述款项共 240 000 元已一并向银行办妥托收手续。

(1) 公司销售商品时,编写的会计分录为:

借:应收账款 240 000

　贷:主营业务收入 200 000

　　应交税费——应交增值税(销项税额) 26 000

　　银行存款 14 000

(2) 公司接到银行收款通知收到上述款项时,编写的会计分录为:

借:银行存款 240 000

　贷:应收账款 240 000

视频资源

二、应收票据

(一) 应收票据核算概述

应收票据是指企业因销售商品、提供劳务等而收到的商业汇票。与应收账款不同,应收票据是在赊销业务中由债权人或债务人签发的、表明债务人在约定时间应偿付约定金额的商业汇票,因而受到法律的保护,具有较强的法律约束力。在我国,除商业汇票外,大部分票据都是即期票据,可以即刻收款或存入银行成为货币资金,不需要作为应收票据核算。因此,应收票据仅核算企业应收的商业汇票,包括银行承兑汇票和商业承兑汇票。

由于我国目前允许使用的商业汇票最长期限为 6 个月,遵循重要性原则,应收票据按票据的面值入账。同时,应收票据较之应收账款更具有法律约束力,发生坏账的风险小,因而应收票据不必计提坏账准备。

(二) 应收票据的会计处理

为了核算应收票据的具体发生情况,企业应设置“应收票据”账户,该账户属于资产类账户,其借方登记企业因销售商品或提供劳务而收到的商业汇票,贷方登记到期收回商业汇票、未到期向银行申请贴现的商业汇票以及已背书转让给其他单位的商业汇票,期末借方余额表示尚未收回的票据价值。企业应当按照开出、承兑商业汇票的单位进行明细核算。为了加强对应收票据的管理,企业应当设置“应收票据备查簿”逐笔登记每一商业汇票的种类,号数,出票日,票面金额,交易合同号,付款人、承兑人、背书人的姓名或单位名称,到期日,背书转让日,贴现日,贴现率和贴现净额，以及收款日和收回金额，退票情况等资料，商业汇票到期结清票款或退票后，应当在备查簿内逐笔注销。

企业因销售商品、产品、提供劳务等而收到开出、承兑的商业汇票，按商业汇票的票面金额，借记“应收票据”；按实现的营业收入，贷记“主营业务收入”等账户；按专用发票上注明的增值税税额，贷记“应交税费——应交增值税（销项税额）”账户。

商业汇票到期，应按实际收到的金额，借记“银行存款”；按商业汇票的票面金额，贷记“应收票据”账户。因付款人无力支付票款，收到银行退回的商业承兑汇票、委托收款凭证、未付票款通知书或拒绝付款证明等，按商业汇票的票面金额，借记“应收账款”账户，贷记“应收票据”账户。

【例 3-11】 南方公司 2019 年 6 月 1 日销售一批产品，发票注明的价款 100 000 元，增值税税额 13 000 元，收到一张已承兑的期限为 3 个月、面值为 113 000 元的商业汇票。公司于 9 月 1 日收到银行收款通知。

（1）6 月 1 日收到票据应编制的会计分录为：

借：应收票据	113 000	
贷：主营业务收入		100 000
应交税费——应交增值税（销项税额）		13 000

（2）9 月 1 日收到票据款项时应编制的会计分录为：

借：银行存款	113 000	
贷：应收票据		113 000

（三）应收票据贴现

企业持有的应收票据在到期前，如果出现资金短缺，可以持未到期的商业汇票向其开户银行申请贴现，以便获得所需资金。贴现是指票据持有人在票据到期前，为取得货币资金，向银行申请贴付一定利息，把票据转让给银行的一种信用活动。可见，票据贴现实质上是企业融通资金的一种方式。

票据贴现可以采用无追索权票据贴现和有追索权票据贴现两种方式。无追索权票据贴现是指贴现票据的所有风险和报酬在票据贴现时即全部转让给银行，在票据到期日如果出票人违约，贴现企业不负连带责任。有追索权票据贴现是指贴现票据的所有风险和报酬在票据贴现时并不全部转移给银行，贴现企业负有背书责任，即在票据到期日，如果出票人违约，银行将向贴现企业提示票据索取款项。《企业会计准则第 23 号——金融资产转移》规定：“企业已将金融资产所有权上几乎所有的风险和报酬转移给转入方的，应当终止确认该金融资产；保留了金融资产所有权上几乎所有的风险和报酬的，不应当终止确认该金融资产。”因此，对无追索权票据贴现而言，由于企业已将金融资产所有权上几乎所有的风险和报酬转移给银行，应当将应收票据从贴现企业的账户和资产负债表中予以转销。反之，对有追索权票据贴现，由于企业未将金融资产所有权上的风险和报酬转移给银行，贴现企业仍应确认应收票据这一金融资产。

票据贴现的有关计算公式如下：

贴现息＝票据到期价值×贴现率×贴现期限

贴现所得金额＝票据到期价值－贴现息

企业持未到期的应收票据向银行贴现，应按实际收到的金额（即减去贴现息后的净额），借记“银行存款”账户，按贴现息部分，借记“财务费用”等账户，对企业已将与金融资产所有权相关的风险和报酬转移给银行的无追索权票据贴现，应按商业汇票的票面金额，贷记“应收票据”账户（对企业未将金融资产所有权上几乎所有的风险和报酬转移给银行的有追索权票据贴现，则应按商业汇票的票面金额，贷记“短期借款”账户）。贴现的商业承兑汇票到期，因承兑人的银行存款账户不足支付，申请贴现的企业收到银行退回的商业承兑汇票时，按商业汇票的票面金额，借记“应收账款”账户，贷记“银行存款”账户。申请贴现企业的银行存款账户余额不足，银行作逾期贷款处理，应借记“应收账款”账户，贷记“应收票据”账户。

【例3-12】 腾达公司于2019年4月1日收到东大公司开出的一张面值为50 000元的商业承兑汇票，结算前欠货款，期限为6个月。公司于5月1日将其向银行贴现（无追索权票据贴现），贴现率为6%。

(1) 4月1日收到到期票据时，应编写会计分录如下：

借：应收票据　50 000

　贷：应收账款　50 000

(2) 5月1日贴现时：

贴现利息＝50 000×6%×5÷12＝1 250（元）

贴现所得金额＝50 000－1 250＝48 750（元）

借：银行存款　48 750

　财务费用　1 250

　贷：应收票据　50 000

(3) 如果票据到期时，由于东大公司无力支付票据款项，腾达公司收到银行退回的商业承兑汇票，并按票据金额支付款项50 000元。应编写会计分录如下：

借：应收账款　50 000

　贷：银行存款　50 000

三、预付账款

企业在购买材料物资的过程中，为了避免价格风险，或者受市场供应的限制，或者受生产季度的限制等原因，对于某些材料物资有时需要采取预先订购的方式，即按照购货合同规定预付一部分货款，这部分预先付给供货单位的订货款就构成企业的预付账款。显然预付账款是由于购货而非销货所引起的一种短期债权。同时，预付账款与应收账款不同，虽然两者都是企业的短期债权，但应收账款是因为销售货物而产生的债权，而预付账款则是企业购货而产生的债权。同时，预付账款因其产生的未来经济利益是商品或服务，不是收取现金或其他金融资产的权利，因而预付账款不是金融资产。

预付账款是指企业按照购货合同规定预付给供应单位的款项。预付账款是企业暂时被供货单位占用的资金，企业预付账款后，有权要求对方按照购货合同的规定发货。预付账款必须以购销双方签订的购货合同为条件，按照规定的程序和方法进行核算。

为了反映和监督预付账款增减变动情况，企业通常设置“预付账款”账户进行核算，该账户借方登记预付给供应单位的货款及补付的货款，贷方登记收到货物时应付的货物按发票金额冲销的预付账款及退回的多付款项。该账户期末如果是借方余额，表示企业实际已付但尚未收到货物的预付款项，性质上属于资产；该账户期末如果是贷方余额，表示企业已收到货物而尚未补付的款项,性质上属于负债。预付账款应按供应单位分别设置明细账进行明细核算。

预付账款情况不多的企业,可以不设置“预付账款”账户,而直接在“应付账款”账户核算。但在编制资产负债表时,应将“预付账款”和“应付账款”项目的金额分别列示。

【例3-13】　康达公司2019年6月20日按照合同以银行存款240 000元预付给某单位订购材料。7月12日公司收到发来的材料并验收入库,增值税专用发票上注明价款为300 000元,增值税税额为39 000元。7月13日公司以银行存款补付余款99 000元。

(1) 6月20日公司预付款项时,应做如下会计分录:

借:预付账款　240 000

　　贷:银行存款　240 000

(2) 7月12日公司收到材料时,应做如下会计分录:

借:原材料　300 000

　　应交税费——应交增值税(进项税额)　39 000

　　贷:预付账款　339 000

(3) 7月13日公司补付余款时,应做如下会计分录:

借:预付账款　99 000

　　贷:银行存款　99 000

四、其他应收款

其他应收款是指除应收票据、应收账款、预付账款以外的其他各种应收、暂付款项,包括应收的各种赔款、罚款、出租包装物租金、备用金、存出保证金及应向职工收取的各种垫付款项等。企业应设置“其他应收款”账户,核算各项其他应收款的发生及结算情况。该账户属于资产类,借方登记其他应收款的增加额,贷方登记其他应收款的收回或转销。期末余额在借方,表示企业尚未收回的其他应收款。该账户可按其他应收款的具体内容设置明细账。

备用金是指由企业财务部门预付给企业内部某单位周转使用的备用款项。企业的业务部门经常会因业务需要发生一些零星的日常开支,如差旅费、日常购买小额办公用品等,这些开支金额小,发生次数频繁。为了减少审批、领用、报销及记账工作量,企业事先付给业务人员一定数额的备用金,供其日常零星开支使用。备用金使用以后,由备用金负责人收集有关支付事项的发票、单据、凭证并加以保管,然后在规定的时间内到财务部门集中办理报销。企业的备用金可通过“其他应收款”账户进行核算,也可以单独设置“备用金”账户。

备用金分为定额备用金和非定额备用金两种。定额备用金是指根据使用部门的实际需要,先核定其备用金定额并依此拨付备用金,使用后再拨付现金、补足其定额的制度。非定额备用金是指为了满足临时性需要而暂付给有关部门和个人现金,使用后实报实销的制度。

【例3-14】　南方公司2019年2月1日采用定额备用金制度核定公司办公室定额备用金20 000元,财务部门开出现金支票拨付。编制会计分录如下:

借:其他应收款——备用金(办公室)　20 000

　　贷:银行存款　20 000

2月8日,办公室持发票单据向财务部门报销日常办公用品费16 750元,财务部门开出现金支票补足定额。编制会计分录如下:

借:管理费用 16 750

贷:银行存款 16 750

【例 3-15】 腾达公司销售部王林出差预借差旅费 5 000 元,以现金付讫。编制会计分录如下:

借:其他应收款——王林 5 000

贷:库存现金 5 000

王林出差回来报销差旅费 4 500 元,退回现金 500 元。编制会计分录如下:

借:管理费用 4 500

库存现金 500

贷:其他应收款——王林 5 000

视频资源

五、坏账损失

在市场经济条件下,企业会越来越多地借助于商业信用来扩大销售,以提高产品的市场占有率。但是,商业信用也会带来一定的风险,企业的应收票据、应收账款、其他应收款、合同资产等应收款项在未来存在着收不回来的可能。应收款项中最终无法收回的款项称为坏账,由此产生的损失称为坏账损失或减值损失。对于坏账损失或减值损失的核算会计上有两种办法,即直接转销法和备抵法。

(一) 直接转销法

直接转销法是指在实际发生坏账时确认坏账损失,并注销相应的应收款项金额的一种核算方法。这种核算方法平时账务处理比较简单,但是不符合权责发生制和谨慎性原则的要求,发生坏账损失的会计期间的利润将处于较低的水平,而没有发生坏账损失的会计期末,却夸大了资产负债表中应收款项的可实现价值。因此,我国企业会计准则规定应收款项的坏账不得采用直接转销法核算。

(二) 备抵法

备抵法是按期估计并确认可能发生的坏账损失,并建立坏账准备金,待实际发生坏账时,冲销已经提取的坏账准备金。采用备抵法核算坏账损失避免了直接转销法的缺点。企业在会计核算中遵循权责发生制和谨慎性原则的要求对应收款项提取坏账准备金,可以将预计未来不能收回的应收款项确认为损失,既保持了成本费用和利润的稳定性,避免虚盈实亏,又在一定程度上消除或减少了损失给企业带来的风险。在财务报告上列示应收款项净额,使企业应收款项可能发生的坏账损失得到及时的反映,能真实反映企业的财务状况。我国企业会计准则规定确定应收款项的减值只能采用备抵法。

1. 应收款项减值测试方法

企业对于应收款项和合同资产,应当始终按照整个存续期内预期信用损失的金额计量其损失准备。金融资产的信用损失应为企业依照原实际利率折现的,合同应收取的合同现金流量与预期能收到的现金流量两者差额的现值。由于预期信用损失考虑付款的金额和时间分布,因此即使企业预计可以全额收款但收款时间晚于合同规定的到期期限,也会产生信用损失。当然,对应收款项和合同资产,企业可在不违反准则的前提下运用简便方法计量预期信用损失。例如,对于应收账款的预期信用损失,企业可参照历史信用损失经验,编制应收账款逾期天数与固定准备率对照表(如,若未逾期为 1%;若逾期不到 30 日为 2%;若逾期天数为 30 ~ 90 日为 3%;若逾期天数为 90～180 日为 20%等)，以此为基础计算预期信用损失。

2. 应收款项减值的核算

在每个资产负债表日，企业应当将应收款项整个存续期内预期信用损失的变动金额作为减值损失或利得计入当期损益。为核算企业计提各项金融工具减值准备形成的预期信用损失，应设置“信用减值损失”账户。“信用减值损失”账户属于费用类账户，该账户的借方登记企业提取的各项金融工具预期信用减值损失；贷方登记已计提准备后又得恢复的资产价值；会计期末应将该账户余额转入“本年利润”账户，结转后本账户无余额。本账户应当按照信用减值损失的项目进行明细核算。应该注意的是，预付账款因其产生的未来经济利益是商品或服务，不是收取现金或其他金融资产的权利，因而预付账款不是金融资产。对预付账款计提的减值损失应记入“资产减值损失”账户，而不应记入“信用减值损失”账户中。

企业应当在资产负债表日将应收款项整个存续期内预期信用损失的累计变动确认为损失准备。采用备抵法核算坏账，需要设置“坏账准备”账户进行核算。“坏账准备”是“应收账款”和“其他应收款”等账户的抵减账户，核算企业应收款项等金融资产以预期信用损失为基础计提的损失准备。“应收账款”等账户借方余额减去对应的“坏账准备”贷方余额后的净值列示在资产负债表的“应收账款”项目中。该账户的贷方登记提取的坏账准备、已转销的坏账又收回时冲销的坏账准备；借方登记实际发生坏账时冲销的坏账准备、年末冲销多提的坏账准备；期末贷方余额，反映企业已计提但尚未转销的坏账准备。

对合同资产提取减值准备，也应参照“坏账准备”账户设置“合同资产减值准备”账户。

企业各期提取坏账准备时，首先应按照会计准则的规定对应收款项进行减值测试，确定本期应提取的坏账准备金，并在此基础上结合以前期间已经提取(或提取不足)的坏账准备进行调整(注意观察“坏账准备”的余额方向)，确定本期计提的坏账准备金额。

坏账准备可按如下公式计算：

当期应提取的坏账准备＝当期按应收款项计算应提坏账准备金额－(或+)“坏账准备”账户的贷方(或借方)余额

期末企业确定应收款项发生减值的，按应计提的坏账准备金额，借记“信用减值损失”账户，贷记“坏账准备”账户。本期计提的坏账准备大于其账面余额的，应按其差额计提；应计提的坏账准备小于其账面余额的，则应按其差额冲减多提的坏账准备并做相反的会计分录。

对于确实无法收回的应收款项，按管理权限报经批准后作为坏账损失，转销应收款项，借记“坏账准备”账户，贷记“应收账款”“其他应收款”等账户。

对已确认并转销的应收款项以后又收回的，应按实际收回的金额，借记“应收账款”等账户，贷记“坏账准备”账户；同时，借记“银行存款”账户，贷记“应收账款”等账户。

【例 3-16】 康达公司按应收账款余额的 10‰计提坏账准备。2018 年年末提取准备金前“坏账准备”账户的贷方余额为 8 000 元。2018 年年末应收账款余额为 200 万元。2019 年 8 月发生一笔坏账 10 000 元，2019 年年末应收账款余额为 160 万元。2020 年 2 月上一年度已经转销的坏账又收回 5 000 元。试计算各年度提取的坏账准备并进行相关的账务处理。

(1) 2018 年年末应提取的坏账准备为 12 000(2 000 000×10‰-8 000)元。其会计分录为：

借：信用减值损失	12 000	
贷：坏账准备		12 000

(2) 2019 年 8 月发生坏账 10 000 元。其会计分录为:

借:坏账准备　　10 000

　贷:应收账款　　10 000

(3) 2019 年年末应提取的坏账准备为 6 000(1 600 000×10‰-20 000+10 000)元。其会计分录为:

借:信用减值损失　　6 000

　贷:坏账准备　　6 000

(4) 2020 年 2 月收回已经转销的坏账 5 000 元。其会计分录为:

借:应收账款　　5 000

　贷:坏账准备　　5 000

借:银行存款　　5 000

　贷:应收账款　　5 000

第四节 存　货

存货是企业流动资产的重要组成部分,在企业资产中占有较大的比重。存货核算不仅是计算和确定企业生产成本和销售成本、确定期末存货成本的重要依据,而且也是恰当地反映企业财务状况、正确计算企业经营成果的主要依据。

视频资源

一、存货的概念及分类

存货是指企业在日常活动中持有以备出售的产成品或商品、处在生产过程中的在产品、在生产过程或提供劳务过程中耗用的材料和物料等,包括库存的、加工中的、在途的各种原材料、燃料、包装物、低值易耗品、在产品、产成品、商品等。应当注意的是,存货是企业在生产经营等日常活动中耗用或为销售而持有的流动资产,而不包括非生产经营用的各类物料,如工程物资等。

不同类型企业存货构成各不相同,制造业企业的存货按其用途的不同可以分为以下几类:

(1) 原材料。这是指企业在生产过程中经过加工改变其形态或性质,并构成产品实体的各种原料及主要材料、辅助材料、外购半成品、燃料、修理用备件、包装材料等。

(2) 在产品。这是指企业正在制造尚未完工的生产产品,包括正在生产工序加工的产品和已加工完毕但未检验或未入库的产品。

(3) 自制半成品。这是指经过一定生产过程并已检验合格交付半成品仓库,但尚未制造完成为商品,产品仍要继续加工的中间产品。

(4) 产成品。这是指已完成全部生产过程,经检验符合规定的质量标准并已验收入库,可作为商品对外销售的产品。

(5) 库存商品。这是指企业购入的可随时用来销售的商品,包括外购或委托加工完成验收入库的商品。

(6) 周转材料。这是指企业能够多次使用，但不符合固定资产定义的材料。例如，用于包装本企业的产品而储备的各种包装物，各种工具、管理用具、劳动保护用品以及在经营过程中周转使用的容器等低值易耗品，建造承包商的钢模板、木模板、脚手架等周转材料。

二、存货的入账价值

《企业会计准则第1号——存货》规定："存货应当按照成本进行初始计量。"存货的初始成本是企业发生的使存货达到目前场所和状态而发生的各种成本。

存货由于取得来源不同，其成本包含的内容也不同。

(一) 外购存货

存货从购买到验收入库之前的整个过程中所发生的相关支出，构成外购存货的初始成本，包括购买价款、相关税费、运输费、装卸费、保险费以及其他可归属于存货采购成本的费用。需要注意的是，采用一般计税方法的增值税纳税人购买存货而支付的增值税，凡在增值税专用发票等完税凭证中注明的应作为进项税额单独核算，不计入外购存货的成本。但采用简易计税方法的纳税人购买存货支付的增值税，应计入外购存货的成本。

(二) 自制存货

自制存货的成本主要是指存货的加工成本，包括直接材料、直接人工以及按照一定方法分配的制造费用。其中，制造费用是指企业为生产产品和提供劳务而发生的各项间接费用，包括企业生产部门管理人员的薪酬、折旧费、办公费、水电费、机物料消耗、劳动保护费等。在生产部门只生产一种产品的情况下，企业归集的制造费用可直接计入该产品成本；在生产部门生产多种产品的情况下，企业应采用与该制造费用相关性强的方法对其进行合理分配后，再计入产品成本。

(三) 投资者投入的存货

投资者投入的存货应当按照投资合同或协议约定的价值确定，但合同或协议约定价值不公允的除外。

企业发生的使存货达到目前场所和状态而发生的其他成本也应作为初始成本计入上述存货成本。但根据会计准则规定，下列费用不应计入存货成本，而应当计入当期损益：

(1) 非正常消耗的直接材料、直接人工和制造费用应计入当期损益，不计入存货成本。

(2) 有仓储费用的企业在采购入库后发生的储存费用，应计入当期损益。但是，在生产过程中未达到下一个生产阶段所必需的费用应计入存货成本。

(3) 不能归属于使存货达到目前场所和状态的其他支出，不符合存货的定义和确认条件，应当在发生时计入当期损益。

三、存货购进的核算

企业取得存货可以通过不同途径。不同渠道取得的不同种类的存货，其核算方法也各不相同。在此，我们仅以外购材料的实际成本法为例来说明存货增加的核算方法。

(一) 账户设置

企业材料按实际成本核算应设置的主要账户有"原材料""在途物资""应付账款""预付账

款”等。

“原材料”属于资产类账户，用于核算企业各种材料实际成本的增加、减少与结存情况，借方登记外购、自制、接受投资等各种途径取得的原材料的实际成本；贷方登记发出材料的实际成本；期末余额在借方，表示月末库存原材料的实际成本。该账户应按照原材料的保管地点、材料类别、品种和规格设置原材料的明细账。

“在途物资”账户属于资产类账户，用于核算企业已付货款尚未验收入库的购入材料或商品的采购成本。借方登记已付货款（或已承兑商业汇票）购买但尚未入库的材料的实际成本；贷方登记已验收入库材料的实际成本；期末借方余额反映企业已付款（或已承兑商业汇票）但尚未验收入库的在途材料、商品的采购成本。该账户应按供应单位和物资品种设置明细账。

“应付账款”账户属于负债类账户，用于核算企业购买材料、商品和接受劳务等应付给供应单位的款项。贷方登记企业因购入材料、商品等所欠的款项；借方登记已偿还的款项；期末余额一般在贷方，表示尚未偿还的应付账款。不设置“预付账款”的企业，期末可能出现借方余额，表示预付的货款金额。该账户应按供货单位设置明细账。

（二）存货购进的会计处理

由于结算方式不同，原材料入库和付款时间存在不一致的情况，其账务处理也有所不同。

1. 单货同时到达的业务

对于发票账单与材料都已经到达企业的材料采购业务，企业在材料验收入库后，应根据结算凭证、发票账单和收料单等确定的材料成本，借记“原材料”账户；根据增值税专用发票等完税凭证上注明的税额，借记“应交税费——应交增值税（进项税额）”账户；按实际结算或承付的款项，贷记“银行存款”“应付票据”“应付账款”等账户。

【例 3-17】 南方公司 2019 年 6 月 5 日该企业购入的一批甲材料验收入库，取得的增值税专用发票上注明原材料价款为 50 000 元，增值税税额为 6 500 元，发票账单等结算凭证已收到，货款未支付。

借：原材料——甲材料	50 000	
应交税费——应交增值税（进项税额）	6 500	
贷：应付账款		56 500

2. 单到货未到的业务

当企业已经付款或已开出商业承兑汇票，但材料尚未到达（或尚未验收入库）时，这部分材料应确认为企业的存货，形成了在途物资。此时，应根据结算凭证、发票账单等，借记“在途物资”“应交税费——应交增值税（进项税额）”；贷记“银行存款”“应付票据”等账户。待材料到达验收入库后，再根据收料单，借记“原材料”等账户，贷记“在途物资”账户。

【例 3-18】 南方公司 2019 年 5 月 8 日购入一批乙材料，取得的增值税专用发票上注明原材料价款为 100 000 元，增值税税额为 13 000 元，对方代垫运杂费 3 000 元，全部款项均以银行存款支付。材料于 5 月 17 日验收入库。

(1) 5 月 8 日根据结算凭证、发票账单，编制会计分录如下：

借：在途物资——乙材料	103 000	
应交税费——应交增值税（进项税额）	13 000	
贷：银行存款		116 000

(2) 5 月 17 日根据材料收料单，编制会计分录如下：

借：原材料——乙材料 103 000

　贷：在途物资——乙材料 103 000

3. 货到单未到的业务

由于材料已到并验收入库，但发票账单未到，外购材料成本无法计量。为简化核算，这时材料一般暂不入账，待凭证到达后再入账。如果到了月末，有关凭证仍未到达，应按暂估价（或合同价格）确认存货入账，借记“原材料”，贷记“应付账款”账户，下月初再用红字冲回，以便有关凭证到达之后，按单货同时到达的业务进行账务处理。

【例 3-19】 南方公司 2019 年 7 月 8 日购入一批丙材料并已验收入库，但发票账单等结算凭证直到月末也未到达。材料合同价款为 200 000 元。

(1) 由于材料到货但账单未到，因而 7 月 8 日无须进行账务处理。7 月末按合同价暂估入账：

借：原材料——丙材料 200 000

　贷：应付账款 200 000

(2) 8 月 1 日用红字冲账：

借：原材料——丙材料 [200 000]

　贷：应付账款 [200 000]

方框表示红字。

(3) 如果 8 月 6 日收到发票账单，增值税专用发票上注明实际原材料价款为 200 000 元，增值税税额为 26 000 元，代垫运杂费 10 000 元，公司以银行存款支付款项：

借：原材料——丙材料 210 000

　应交税费——应交增值税（进项税额） 26 000

　贷：银行存款 236 000

四、发出存货的核算

视频资源

（一）发出存货的计价方法

企业的存货是处于不断流转过程中的，存货流转包括实物流转和成本流转两个方面。理论上，成本流转与实物流转应当是一致的，但在实际工作中，由于企业的存货进出量非常大，存货的品种繁多，不同批次存货的单位成本也往往不一致，会计核算上难以保证各种存货的成本流转与实物流转相一致，于是，就产生了存货成本的流转假设。不同的存货成本流转的假设就构成了存货发出的不同计价方法。发出存货计价方法主要有个别计价法、先进先出法、后进先出法、全月一次加权平均法、移动加权平均法等。我国《企业会计准则第 1 号——存货》第 14 条规定：“企业应当采用先进先出法、加权平均法或者个别计价法确定发出存货的实际成本。”

1. 个别计价法

个别计价法又称个别认定法，是指对发出的存货分别认定，并以该批存货入库时的个别实际单位成本作为该批存货发出时的实际单位成本的计价方法。采用个别计价法的特点是：存货的成本流转与实物流转相一致，计算出的发出存货成本和期末存货成本符合实际情况。但是，采用这种方法的实务操作工作量较大，因此，个别计价法通常适用于不能替代使用的存货、为特定项目专门购入或制造的存货以及提供的劳务等的发出计价，如珠宝、名画等贵重物品。

【例 3-20】 南方公司甲存货收发存明细表（见表 3-2）记录表明，1 月 15 日发出的甲种存货 300 件中，有 200 件是月初库存存货，有 100 件是 1 月 10 日购入存货；1 月 25 日发出存货 250 件，有 150 件是 1 月 10 日购入存货，100 件是 1 月 20 日购入存货。

表 3-2 存货收发存明细表

（个别计价法）

日期	摘要	收入			发出			结存		
		数量(件)	单价(元)	金额(元)	数量(件)	单价(元)	金额(元)	数量(件)	单价(元)	金额(元)
1.1	期初结存							200	1.80	360
1.10	购入	300	2.00	600				200 300	1.80 2.00	360 600
1.15	发出				200 100	1.80 2.00	360 200	200	2.00	400
1.20	购入	200	2.20	440				200 200	2.00 2.20	400 440
1.25	发出				150 100	2.00 2.20	300 220	50 100	2.00 2.20	100 220
1.31	购入	200	2.40	480				50 100 200	2.00 2.20 2.40	100 220 480

通过计算可以确定本月发出存货成本和月末库存成本：

$$本月发出存货成本=200\times1.80+100\times2.00+150\times2.00+100\times2.20$$
$$=360+200+300+220=1\ 080（元）$$

$$月末库存成本=200\times2.40+50\times2.00+100\times2.20=480+100+220=800（元）$$

2. 先进先出法

先进先出法是以先购进的存货先发出的存货实物流转假设为前提确定存货成本流转顺序，据此对发出存货进行计价的方法。先进先出法可以随时结转存货的发出成本，但较烦琐；如果存货收发业务较多且存货单价不稳定时，其工作量较大。在物价持续上升时，期末存货成本接近于市价，而发出成本偏低，当期利润偏高。

【例 3-21】 以例 3-20 数据为例，该企业采用先进先出法计算其存货成本，如表 3-3 所示。

表 3-3　存货收发存明细表

（先进先出法）

日期	摘要	收入			发出			结存		
		数量(件)	单价(元)	金额(元)	数量(件)	单价(元)	金额(元)	数量(件)	单价(元)	金额(元)
1.1	上期结存							200	1.80	360
1.10	购入	300	2.00	600				200 300	1.80 2.00	960
1.15	发出				200 100	1.80 2.00	360 200	200	2.00	400
1.20	购入	200	2.20	440				200 200	2.00 2.20	840
1.25	发出				200 50	2.00 2.20	400 110	150	2.20	330
1.31	购入	200	2.40	480				150 200	2.20 2.40	810

本月发出存货成本 = 200×1.80+100×2.00+200×2.00+50×2.20 = 1 070（元）

期末存货成本 = 150×2.20+200×2.40 = 810（元）

3. 全月一次加权平均法

全月一次加权平均法又简称为加权平均法，是指以月初存货数量和本月全部进货数量作为权数，于月末一次计算加权平均单位成本，据以确定发出存货和期末存货成本的计价方法。采用加权平均法，每月月末计算一次存货平均单位成本，因此，计算手续比较简单。但是，由于加权平均法成本只有到期末才能计算确定，因而平时在账面上无法提供存货的发出和结存单价金额，不利于存货的管理，影响了存货核算工作的及时性。

加权平均法的计算公式如下：

$$\text{存货加权平均单位成本} = \frac{\text{月初结存存货实际成本} + \text{本月全部进货实际成本}}{\text{月初结存存货数量} + \text{本月全部进货数量}}$$

$$\text{发出存货成本} = \text{发出存货数量} \times \text{存货加权平均单位成本}$$

$$\text{期末结存存货成本} = \text{期末结存存货数量} \times \text{存货加权平均单位成本}$$

【例 3-22】　以例 3-20 数据为例，南方公司甲存货采用全月一次加权平均法计算成本如下：

$$\text{加权平均单位成本} = \frac{200 \times 1.80 + 300 \times 2.00 + 200 \times 2.20 + 200 \times 2.40}{200 + 300 + 200 + 200}$$

$$= 2.089\text{（元/件）}$$

本月发出存货成本 = 550×2.089 = 1 148.95（元）

月末结存存货成本 = 350×2.089 = 731.15（元）

4. 移动加权平均法

移动加权平均法是每次进货后，以每次进货前的结存数量和该次进货数量为权数，计算新的平均单位成本的一种方法。采用这种方法时，每次进货后，立即为库存存货计算新的平均单位成本，作为下次进货前各批次发出存货的计算依据。其计算公式如下：

$$移动平均单位成本=\frac{上次结存存货金额+本次进货金额}{上次结存存货数量+本次进货数量}$$

发出存货成本=发出存货数量×移动平均单位成本

结存存货成本=结存存货数量×移动平均单位成本

【例 3-23】 以例 3-20 数据为例，该企业采用移动加权平均法计算其存货成本，如表 3-4 所示。

表 3-4 存货收发存明细表

（移动加权平均法）

日期	摘要	收入			发出			结存		
		数量(件)	单价(元)	金额(元)	数量(件)	单价(元)	金额(元)	数量(件)	单价(元)	金额(元)
1.1	期初结存							200	1.8	360
1.10	购入	300	2.00	600				500	1.92	960
1.15	发出				300	1.92	576	200	1.92	384
1.20	购入	200	2.20	440				400	2.06	824
1.25	发出				250	2.06	515	150	2.06	309
1.31	购入	200	2.40	480				350	2.25	789

1 月 10 日购货后的移动平均单位成本=(360+600)/(200+300)=1.92(元/件)

1 月 20 日购货后的移动平均单位成本=(384+440)/(200+200)=2.06(元/件)

1 月 31 日购货后的移动平均单位成本=(309+480)/(150+200)=2.25(元/件)

（二）发出存货的账务处理

依据上述发出存货的计价方法，可以确定发出存货的实际成本。发出存货要依据其具体用途，分别在不同账户进行核算。

由于企业材料的日常收发业务频繁，为了简化日常核算工作，平时一般只登记材料明细账，反映各种材料的收发和结存金额，月末根据发料凭证，按领用部门和用途，汇总编制“发料凭证汇总表”，据以登记总分类账，进行材料发出的总分类核算。生产经营领用材料，应按实际成本，借记“生产成本”“制造费用”“管理费用”等账户，贷记“原材料”账户；对在建工程项目领用的原材料，应按实际成本，借记“在建工程”等账户，贷记“原材料”账户。

【例 3-24】 南方公司 2019 年 8 月份根据各部门领料情况编制的发料凭证汇总表，如表3-5 所示。

表 3-5 发料凭证汇总表

2019 年 8 月 31 日　　单位：元

应借账户	应贷账户		
	原材料——材料	原材料——燃料	合计
生产成本	30 000	10 000	40 000
制造费用	12 000	8 000	20 000

续表

应借账户	应贷账户		
	原材料——材料	原材料——燃料	合计
管理费用	8 000	2 000	10 000
在建工程	10 000		10 000
合计	60 000	20 000	80 000

根据发料凭证汇总表编制的会计分录为：

借：生产成本　　40 000
　　制造费用　　20 000
　　管理费用　　10 000
　　在建工程　　10 000
　　贷：原材料——材料　　60 000
　　　　　　　——燃料　　20 000

五、期末存货的计价

企业的存货可能由于市价下跌、毁损、陈旧过时等原因，可收回金额低于账面价值，由此形成损失。为了使财务会计报告能客观、真实地反映企业期末存货的实际价值，《企业会计准则第1号——存货》规定："资产负债表日，存货应当按照成本与可变现净值孰低计量。"

（一）成本与可变现净值孰低法的含义

视频资源

成本与可变现净值孰低法是指对期末存货按照成本与可变现净值两者之中较低者计价的方法。这种计价方法是谨慎性原则在存货会计中的具体运用。当成本低于可变现净值时，期末存货按成本计价；当可变现净值低于成本时，期末存货按可变现净值计价。这里的"成本"是指存货的实际成本；"可变现净值"，是指在日常活动中，存货的估计售价减去至完工时估计将要发生的成本、估计的销售费用以及相关税费后的金额。

企业确定存货的可变现净值，应当以取得的确凿证据为基础。应该注意的是，可变现净值是指预计售价减去预计成本、费用后的未来净现金流量，而不是指存货的售价或合同价。企业销售存货预计取得的现金流入，并不完全构成存货的可变现净值。由于存货在销售过程中可能发生相关税费和销售费用，以及为达到预定可销售状态还可能发生进一步的加工成本，这些相关税费、销售费用和成本支出，均构成存货销售产生现金流入的抵减项目，只有在扣除这些现金流出后，才能确定存货的可变现净值。例如，产成品、商品和用于出售的材料等直接用于出售的商品存货，在正常生产经营过程中，应当以其估计售价减去估计的销售费用和相关税费后的金额确定其可变现净值；再如，用于生产的材料、在产品或自制半成品等需要经过加工的材料形成的存货，在正常生产经营过程中，应当以所生产的产成品的估计售价减去至完工时估计将要发生的成本、估计的销售费用以及相关税费后的金额确定其可变现净值。

（二）成本与可变现净值的比较

企业按成本与可变现净值孰低法对存货计价时，有三种不同的比较方法可供选择。

（1）单项比较法，亦称逐项比较法，指对库存中每一种存货的成本与可变现净值逐项进行比较，每项存货均以较低的数额确定存货的期末成本。

（2）分类比较法，亦称类比法，指按存货类别的成本与可变现净值进行比较，每类存货均以较低的数额确定存货的期末成本。

（3）综合比较法，亦称总额比较法，指按全部存货的总成本与可变现净值总额相比较，以较低的数额作为期末全部存货的成本。

【例 3-25】　腾达公司 2019 年 12 月 31 日库存 A、B、C、D、E 五种存货，分别按三种计算方法确定的期末存货成本，如表 3-6 所示。

表 3-6　成本与可变现净值的比较分析

单位：元

存货种类	成本	可变现净值	单项比较法	分类比较法	综合比较法
甲类存货：					
A	72 560	70 480	70 480		
B	32 500	36 000	32 500		
C	24 600	22 300	22 300		
小计	129 660	128 780		128 780	
乙类存货：					
D	68 400	68 200	68 200		
E	32 000	35 000	32 000		
小计	100 400	103 200		100 400	
合计	230 060	231 980	225 480	229 180	230 060

从表 3-6 可以发现，单项比较法计算的期末成本合计最低，分类比较法次之，综合比较法最高。其原因在于单项比较法所确定的期末成本均为各项存货的最低价，据此计算的结果最符合谨慎性原则，但这种方法的工作量最大，存货品种繁多的企业更是如此；综合比较法虽然比其他方法均简单，但过于粗糙；分类比较法介于两者之间。

我国《企业会计准则第 1 号——存货》规定："企业通常应当按照单个存货项目计提存货跌价准备。对于数量繁多、单价较低的存货，可以按照存货类别计提存货跌价准备。与在同一地区生产和销售的产品系列相关、具有相同或类似最终用途或目的，且难以与其他项目分开计量的存货，可以合并计提存货跌价准备。"从以上规定不难看出，我国会计准则要求企业优先采用单项比较法确定期末存货成本，仅当采用单项比较法有困难时，才可以采用分类比较法和综合比较法。但无论企业采用何种方法，都要遵循可比性原则。

（三）存货跌价准备的账务处理

期末存货采用成本与可变现净值孰低法计价时，如果存货成本低于可变现净值，期末存货应按成本计价，不需要计提存货跌价准备，也不需要进行账务处理，资产负债表的存货项目按账面成本列示;如果存货成本高于可变现净值,表明存货减值给企业带来了损失,资产负债表的存货项目按可变现净值列示,应当确认存货减值损失,计提存货跌价准备。

为核算企业存货发生减值时计提的存货跌价准备,应设置“存货跌价准备”账户用来记录存货可变现净值低于成本的部分,而不是直接冲减存货账户。“存货跌价准备”在资产负债表上是“存货”的抵减项目。存货类账户借方余额抵减存货跌价准备账户贷方余额后的差额,即为按成本与可变现净值法确定的存货期末计价金额。该账户贷方反映存货跌价准备的计提数;借方反映存货跌价准备的转销数;期末贷方余额反映企业已计提但尚未转销的存货跌价准备。按单项比较法核算时,该账户总账下按存货项目设置明细账户。

资产负债表日,企业应比较存货的账面成本与可变现净值,计算出存货减值金额即应计提的跌价准备额。按存货可变现净值低于成本的差额,借记“资产减值损失”账户,贷记“存货跌价准备”账户。已计提跌价准备的存货价值以后又得以恢复,应在原已计提的存货跌价准备金额内,按恢复增加的金额,借记“存货跌价准备”账户,贷记“资产减值损失”账户。发出存货结转计提的存货跌价准备的,借记“存货跌价准备”账户,贷记“主营业务成本”等账户。

【例 3-26】 南方公司采用单项比较法计算提取存货跌价准备。甲商品 2018 年年末存货成本为 55 000 元,可变现净值为 52 000 元。2019 年 12 月末,该商品的市价回升,可变现净值为 54 500 元。

(1) 2018 年年末应提取的存货跌价准备金为 3 000(55 000-52 000)元。其会计分录为:

借:资产减值损失 3 000

　　贷:存货跌价准备 3 000

(2) 2019 年 12 月末应提取的存货跌价准备金为-2 500 元[(55 000-3 000)-54 500]。其会计分录为:

借:存货跌价准备 2 500

　　贷:资产减值损失 2 500

【进一步学习指南】

货币资金的会计核算比较简单,但有关现金和银行存款收支的内部控制制度很重要,有兴趣的读者可以进一步阅读一些关于货币资金内部控制的文献。企业经常通过银行办理结算,本章省略了结算制度的具体规定,建议大家阅读《中华人民共和国票据法》和中国人民银行颁布的支付结算办法等有关法规制度。

交易性金融资产的核算属于金融工具会计的一部分内容。企业在开展经济活动时经常要涉及传统金融工具和衍生金融工具,金融工具会计已经是近年来国际会计界最热门的课题,有兴趣的读者可以进一步阅读《企业会计准则第 22 号——金融工具确认和计量》《企业会计准则第 23 号——金融资产转移》和其他一些关于金融工具会计的相关会计文献。

在会计实务中,存货核算是最为复杂的会计问题之一。在市场经济条件下,存货价格波动较大,企业可以采用实际成本法或计划成本法对存货的收发结存进行日常核算,本章介绍了实际成本法的会计核算方法,感兴趣的读者可以继续深入学习存货按计划成本法的会计核算,并阅读《企业会计准则第 1 号——存货》等参考资料。

【本章知识应用】

情景案例

国家自然科学基金委员会(以下简称基金委)是国务院直属事业单位,其主要职责是运用国家财政投入的自然科学基金,资助自然科学基础研究和部分应用研究,每年能够掌管数以亿计资金的使用。但是,2003年却传出基金委会计卞某贪污挪用公款2亿元的消息,在全国引起一片哗然,案件发人深省。

2003年春节刚过,基金委财务局经费管理处李某上班伊始便到定点银行取对账单。以往这一工作由会计卞某负责。一笔金额为2 090万元的不明支出引起了李某的注意,并向领导报告,卞某罪行最终被发现。卞某案件震惊了整个基金委。在同事们的普遍印象里,卞某实在很不起眼,沉默寡言中有点不太合群。"卞某做了这么大一件事,大家都觉得不可思议"。

卞某的犯罪始于1995年。这一年6月,卞某在和邻居聊天时提到自己的单位"特有钱,有大量闲置资金可以拆借"。邻居马上说,他朋友的公司在湖北蒲圻县搞一个项目正缺钱,不知能否从基金委借点儿,如能搞到钱,公司可出高息。经过与经费管理处副处长吴某商量后,他们向对方提出三个条件:第一,钱不能直接给单位,须找一家银行存入再由银行借出;第二,借期6个月,利息归个人并且现金支付;第三,事成后请两人到美国旅游一次。同年8月,吴某和卞某采取不记账和偷盖公章的手段,将公款1 000万元挪出,以委托存款的方式存入中国农村发展信托投资公司基金事业部。后又在该部以委托贷款的方式将1 000万元贷出。在这次交易中卞某和吴某共获得利息294.5万元,这些利息由吴某交卞某隐匿,除2002年年底、2003年年初吴某分得1万元外,余下的钱已被卞某用于购买房屋等。时过三年那1 000万元仍然在外,这让吴某很着急,他多次催卞某让对方赶快还钱。1998年4月,1 000万元终于打回基金委账上。

卞某更多的作案是基于个人的私欲。他的作案手段采用最多的便是伪造银行信用凭证、电汇凭证、进账单等。从1995年作案至案发,他所有共计26笔贪污和挪用犯罪绝大多数以上述方法炮制。但是,从1995年至2003年的8年时间,如此频繁的大批资金的不明流转却没有引起基金委主管部门的注意。2002年12月,卞某通过伪造银行进账单、编造银行对账单直接将6 000万元巨款挪用至北京某建筑装饰工程有限公司,用于该公司的工程验资及日常开支使用。

卞某担任会计期间,财务局等主管部门都未很好地查过财务账。仅有的几次,卞某以正在调整账目为由得以逃避。当下面受资助单位打电话催款时,卞某要么说,手续还没到财务,要么通过倒账先打一部分钱过去救急。就这样,他一个人悄悄地导演着这"进进出出"的大戏。案发前手中掌握着大量公款的卞某,每天骑自行车上班,衣着也十分朴素,中午吃饭让人带盒饭。而在其女友面前,卞某却一副大款派头,甚至经常吹嘘自己是"国内首富"。给女友买名贵首饰,送她豪华住宅……据调查,卞某多次贪污挪用公款的行为,都与女友有关。

据调查,卞某在担任基金委财务局经费管理处会计期间,利用掌管国家基础科学研究的专项资金下拨权,采用谎称支票作废、偷盖印鉴、削减拨款金额、伪造银行进账单和信汇凭证、编造银行对账单等手段贪污、挪用公款人民币2亿余元。2004年11月9日上午,北京市第一中级人民法院对国家自然科学基金委员会财务局经费管理处会计卞某贪污、挪用2亿元巨额公款案作出判决。会计卞某因贪污罪、挪用公款罪被判处死缓,剥夺政治权利终身,并处没收个人全部财产。

问题：

1. 这个案例说明一个经济工作者需要哪些职业素养？

2. 这个案例说明当时基金委货币资金管理中存在哪些漏洞？

3. 作为一个经济工作者，卞某的教训能给你带来什么启发？

4. 假如你是基金委的业务主管，应该如何完善管理制度？

【思考题】

1. 银行存款支付结算方式有哪些？对银行存款的核算产生什么影响？

2. 什么是未达账项？导致企业银行存款日记账余额大于银行对账单余额的未达账项包括哪几种情况？试举例说明。

3. 采用备抵法核算坏账有哪些优点？

4. 采用实际成本法核算下，发出存货计价方法有哪些？这些方法如何影响企业本期利润和资产价值？

【即测即评】

请扫描二维码，进行即测即评。

第四章　非流动资产

【学习目标】

1. 理解并掌握非流动金融资产的初始计量与后续计量。
2. 理解长期股权投资的概念及构成,掌握长期股权投资核算的成本法与权益法。
3. 理解固定资产的概念和确认条件,掌握固定资产的折旧方法及会计处理。
4. 理解无形资产的概念和特征,掌握无形资产的初始计量与后续计量。

非流动资产是指除流动资产以外的其他资产,主要包括以摊余成本计量的金融资产、以公允价值计量且其变动计入其他综合收益的金融资产、长期股权投资、固定资产、无形资产、投资性房地产、长期应收款等。企业为保证正常的生产经营活动,除需要储备一定数量的存货等流动资产外,还必须拥有一定数量的固定资产、无形资产等非流动资产。由于非流动资产具有占用资金多、周转速度慢、变现能力差等特点,会对企业相互联系的多个会计期间的财务状况、经营成果产生影响,因此,其资产管理和会计核算具有一定的特殊要求。本章主要介绍非流动资产的内容及核算方法。

第一节　非流动金融资产

企业的金融资产主要包括库存现金、应收账款、应收票据、应收利息、应收股利、其他应收款、贷款、垫款、债权投资、股权投资、基金投资、衍生金融资产等。

企业应当根据其管理金融资产的业务模式和金融资产的合同现金流量特征,将金融资产划分为以下三类:①以摊余成本计量的金融资产;②以公允价值计量且其变动计入其他综合收益的金融资产;③以公允价值计量且其变动计入当期损益的金融资产。上述分类一经确定,不得随意变更。

非流动金融资产包括以摊余成本计量的金融资产、以公允价值计量且其变动计入其他综合收益的金融资产、长期应收款等。

一、以摊余成本计量的金融资产

(一) 以摊余成本计量的金融资产的含义

金融资产同时符合下列条件的,应当分类为以摊余成本计量的金融资产:

（1）企业管理该金融资产的业务模式是以收取合同现金流量为目标。

（2）该金融资产的合同条款规定，在特定日期产生的现金流量，仅为对本金和以未偿付本金金额为基础的利息的支付。

例如，银行向企业客户发放的固定利率贷款，在没有其他特殊安排的情况下，贷款通常可能符合本金加利息的合同现金流量特征。如果银行管理该贷款的业务模式是以收取合同现金流量为目标，则该贷款可以分类为以摊余成本计量的金融资产。再如，普通债券的合同现金流量是到期收回本金及按约定利率在合同期间按时收取固定或浮动利息。在没有其他特殊安排的情况下，普通债券通常可能符合本金加利息的合同现金流量特征。如果企业管理该债券的业务模式是以收取合同现金流量为目标，则该债券可以分类为以摊余成本计量的金融资产。又如，企业正常商业往来形成的具有一定信用期限的应收账款，如果企业拟根据应收账款的合同现金流量收取现金，且不打算提前处置应收账款，则该应收账款可以分类为以摊余成本计量的金融资产。

（二）以摊余成本计量的金融资产的会计处理

1. 以摊余成本计量的金融资产的初始确认与计量

企业成为金融工具合同的一方时，应当确认一项金融资产或金融负债。如果企业管理该金融资产的业务模式是以收取合同现金流量为目标，并且该金融资产的合同条款规定，在特定日期产生的现金流量，仅为对本金和以未偿付本金金额为基础的利息的支付，则应将该项金融资产确认为以摊余成本计量的金融资产。

企业初始确认以摊余成本计量的金融资产时，应当按照公允价值计量。企业应当根据《企业会计准则第 39 号——公允价值计量》的规定，确定金融资产在初始确认时的公允价值。公允价值通常为相关金融资产的交易价格。金融资产公允价值与交易价格存在差异的，企业应当区别下列情况进行处理：

（1）在初始确认时，金融资产的公允价值依据相同资产或负债在活跃市场上的报价或者以仅使用可观察市场数据的估值技术确定的，企业应当将该公允价值与交易价格之间的差额确认为一项利得或损失。

（2）在初始确认时，金融资产的公允价值以其他方式确定的，企业应当将该公允价值与交易价格之间的差额递延。初始确认后，企业应当根据某一因素在相应会计期间的变动程度将该递延差额确认为相应会计期间的利得或损失。该因素应当仅限于市场参与者对该金融工具定价时将予考虑的因素，包括时间等。

对于以摊余成本计量的金融资产相关交易费用应当直接计入初始确认金额。交易费用，是指可直接归属于购买、发行或处置金融工具的增量费用。增量费用是指企业没有发生购买、发行或处置相关金融工具的情形就不会发生的费用，包括支付给代理机构、咨询公司、券商、证券交易所、政府有关部门等的手续费、佣金、相关税费以及其他必要支出，不包括债券溢价、折价、融资费用、内部管理成本和持有成本等与交易不直接相关的费用。

企业取得以摊余成本计量的金融资产所支付的价款中包含的已到期但尚未领取的利息，应当单独确认为应收项目处理。

2. 以摊余成本计量的金融资产的后续计量

金融资产的摊余成本，是指该金融资产的初始确认金额经下列调整后所确定的金额：①扣除已偿还的本金；②加上或减去采用实际利率法将该初始确认金额与到期日金额之间的差额进行摊销形成的累计摊销额;③扣除计提的累计信用减值准备。其中:实际利率法,是指根据金融资产的摊余成本及实际利率计算的利息收入摊计入各会计期间的方法。

3. 以摊余成本计量的金融资产的终止确认

金融资产终止确认,是指企业将之前确认的金融资产从其资产负债表中予以转出。金融资产满足下列条件之一的,应当终止确认:

(1) 收取该金融资产现金流量的合同权利终止。例如,企业买入一项期权,企业直到期权到期日仍未行权,那么企业在合同权利到期后应当终止确认该期权形成的金融资产。

(2) 该金融资产已转移,且该转移满足《企业会计准则第 23 号——金融资产转移》关于金融资产终止确认的规定。

以下情形也会导致金融资产的终止确认:

(1) 合同的实质性修改。企业与交易对手方修改或者重新议定合同而且构成实质性修改的,将导致企业终止确认原金融资产,同时按照修改后的条款确认一项新金融资产。

(2) 核销。当企业合理预期不再能够全部或部分收回金融资产合同现金流量时,应当直接减记该金融资产的账面余额。这种减记构成相关金融资产的终止确认。

在会计核算时,企业应当设置"债权投资"账户核算企业以摊余成本计量的债权投资的账面余额。本账户可按债权投资的类别和品种,分别"面值""利息调整""应计利息"等进行明细核算。

【例 4-1】 2016 年 1 月 1 日,升达公司以 105 242 元的价格(包括买价和交易费用)购入乙公司当日发行的 3 年期债券,面值 100 000 元,票面利率 10%,准备持有至到期。该债券每年 1 月 1 日和 7 月 1 日各付息一次,金额 5 000 元。假定不考虑所得税、减值损失等因素。

分析:

(1) 计算实际利率 r。

$$5\,000\times(1+r)^{-1}+5\,000\times(1+r)^{-2}+5\,000\times(1+r)^{-3}+5\,000\times(1+r)^{-4}+5\,000\times(1+r)^{-5}+(5\,000+100\,000)\times(1+r)^{-6}=105\,242$$

由此得出:$r=4\%$。

(2) 按实际利率计算调整各期利息收入及期末摊余成本,如表 4-1 所示。

表 4-1 利息调整计算表

单位:元

期间	期初摊余成本	实际利息	现金流入	期末摊余成本
	①	②=①×4%	③	④=①+②-③
2016.1—2016.6	105 242	4 210	5 000	104 452
2016.7—2016.12	104 452	4 178	5 000	103 630
2017.1—2017.6	103 630	4 145	5 000	102 775
2017.7—2017.12	102 775	4 111	5 000	101 886
2018.1—2018.6	101 886	4 075	5 000	100 961
2018.7—2018.12	100 961	4 039	5 000	100 000
合计	—	24 758	30 000	—

注:2018.7—2018.12 的实际利息=100 000+5 000-100 961=4 039(元)。

相关会计分录如下：

(1) 2016 年 1 月 1 日，购入债券：

借：债权投资——面值　100 000

——利息调整　5 242

贷：银行存款　105 242

(2) 2016 年 6 月 30 日，确认实际利息收入：

借：应收利息　5 000

贷：投资收益　4 210

债权投资——利息调整　790

(3) 2016 年 7 月 1 日，收到利息：

借：银行存款　5 000

贷：应收利息　5 000

(4) 2016 年 12 月 31 日，确认实际利息收入：

借：应收利息　5 000

贷：投资收益　4 178

债权投资——利息调整　822

(5) 2017 年 1 月 1 日，收到利息：

借：银行存款　5 000

贷：应收利息　5 000

(6) 2017 年 6 月 30 日，确认实际利息收入：

借：应收利息　5 000

贷：投资收益　4 145

债权投资——利息调整　855

(7) 2017 年 7 月 1 日，收到利息：

借：银行存款　5 000

贷：应收利息　5 000

(8) 2017 年 12 月 31 日，确认实际利息收入：

借：应收利息　5 000

贷：投资收益　4 111

债权投资——利息调整　889

(9) 2018 年 1 月 1 日，收到利息：

借：银行存款　5 000

贷：应收利息　5 000

(10) 2018 年 6 月 30 日，确认实际利息收入：

借：应收利息　5 000

贷：投资收益　4 075

债权投资——利息调整　925

(11) 2018 年 7 月 1 日,收到利息:

借:银行存款 5 000

贷:应收利息 5 000

(12) 2018 年 12 月 31 日,确认实际利息收入:

借:应收利息 5 000

贷:投资收益 4 039

债权投资——利息调整 961

(13) 2019 年 1 月 1 日,收到最后一期利息及本金:

借:银行存款 105 000

贷:应收利息 5 000

债权投资——面值 100 000

二、以公允价值计量且其变动计入其他综合收益的金融资产

(一) 以公允价值计量且其变动计入其他综合收益的金融资产的含义

金融资产同时符合下列条件的,应当分类为以公允价值计量且其变动计入其他综合收益的金融资产:

(1) 企业管理该金融资产的业务模式既以收取合同现金流量为目标又以出售该金融资产为目标。

(2) 该金融资产的合同条款规定,在特定日期产生的现金流量,仅为对本金和以未偿付本金金额为基础的利息的支付。

例如,甲企业在销售中通常会给予客户一定期间的信用期。为了盘活存量资产,提高资金使用效率,甲企业与银行签订应收账款无追索权保理总协议,银行向甲企业一次性授信 10 亿元人民币,甲企业可以在需要时随时向银行出售应收账款。历史上甲企业频繁向银行出售应收账款,且出售金额重大,上述出售满足金融资产终止确认的规定。

本例中,应收账款的业务模式符合"既以收取合同现金流量为目标又以出售该金融资产为目标",且该应收账款符合本金加利息的合同现金流量特征,因此应当分类为以公允价值计量且其变动计入其他综合收益的金融资产。

值得注意的是,权益工具投资一般不符合本金加利息的合同现金流量特征,因此应当分类为以公允价值计量且其变动计入当期损益的金融资产。然而在初始确认时,企业可以将非交易性权益工具投资指定为以公允价值计量且其变动计入其他综合收益的金融资产。该指定一经作出,不得撤销。

(二) 以公允价值计量且其变动计入其他综合收益的金融资产的会计处理

1. 以公允价值计量且其变动计入其他综合收益的金融资产的初始确认与计量

企业成为金融工具合同的一方时,应当确认一项金融资产或金融负债。如果企业管理该金融资产的业务模式既以收取合同现金流量为目标又以出售该金融资产为目标,并且该金融资产的合同条款规定,在特定日期产生的现金流量,仅为对本金和以未偿付本金金额为基础的利息的支付,则应将该项金额资产确认为以公允价值计量且其变动计入其他综合收益的金融资产。

企业初始确认以公允价值计量且其变动计入其他综合收益的金融资产时,应当按照公允价

值计量，相关交易费用应当直接计入初始确认金额。

企业取得以公允价值计量且其变动计入其他综合收益的金融资产所支付的价款中包含的已到期但尚未领取的利息以及已宣告但尚未发放的现金股利，应当单独确认为应收项目处理。

2. 以公允价值计量且其变动计入其他综合收益的金融资产的后续计量

对于以公允价值计量且其变动计入其他综合收益的金融资产，其公允价值变动形成的利得或损失，除减值损失或利得和汇兑损益外，均应当计入其他综合收益，直至该金融资产终止确认或被重分类。如果该项金融资产为债权投资，采用实际利率法计算的该金融资产的利息应当计入当期损益，该类金融资产计入各期损益的金额应当与视同其一直按摊余成本计量而计入各期损益的金额相等；如果该项金融资产为权益工具投资，获得的股利（属于投资成本收回部分的除外）应当计入当期损益。

3. 以公允价值计量且其变动计入其他综合收益的金融资产的终止确认

如前所述，金融资产满足下列条件之一的，应当终止确认：①收取该金融资产现金流量的合同权利终止。②该金融资产已转移，且该转移满足《企业会计准则第 23 号——金融资产转移》关于金融资产终止确认的规定。此外，企业与交易对手方修改或者重新议定合同而且构成实质性修改的，以及当企业合理预期不再能够全部或部分收回金融资产合同现金流量时，也会导致该项金融资产的终止确认。

值得注意的是，如果该项金融资产为债权投资，在终止确认时，之前计入其他综合收益的累计利得或损失应当从其他综合收益中转出，计入当期损益；如果该项金融资产为权益工具投资，在终止确认时，之前计入其他综合收益的累计利得或损失应当从其他综合收益中转出，计入留存收益。

在会计核算时，企业应当设置“其他债权投资”和“其他权益工具投资”两个账户核算企业以公允价值计量且其变动计入其他综合收益的金融资产的账面余额。其中，“其他债权投资”账户可按金融资产类别和品种，分别“成本”“利息调整”“公允价值变动”等进行明细核算；“其他权益工具投资”账户可按其他权益工具投资的类别和品种，分别“成本”“公允价值变动”等进行明细核算。

【例 4-2】　2018 年 1 月 1 日，升达公司支付价款 957 160 元购入 S 公司发行的 5 年期债券，该债券面值 1 000 000 元，票面利率 4%，利息每年年末支付，本金到期一次偿还。升达公司通过计算得出该债券的实际利率为 5%，并将该债券划分为以公允价值计量且其变动计入其他综合收益的金融资产。2018 年 12 月 31 日，该债券的市场价格为 950 000 元。2019 年 10 月 31 日，升达公司将持有的 S 公司债券全部出售，实际收到价款 1 025 000 元。

假定不考虑交易费用和其他因素的影响。

根据上述资料，升达公司的相关账务处理如下。

（1）2018 年 1 月 1 日，购入债券：

借：其他债权投资——成本	1 000 000	
贷：银行存款		957 160
其他债权投资——利息调整		42 840

（2）2018 年 12 月 31 日，确认利息收入及公允价值变动：

$$实际利息=957\ 160\times5\%=47\ 858（元）$$

$$名义利息=1\ 000\ 000\times4\%=40\ 000（元）$$

本期利息调整=47 858-40 000=7 858(元)

年末摊余成本=957 160+7 858=965 018(元)

公允价值调整额=965 018-950 000=15 018(元)

借:应收利息 40 000

其他债权投资——利息调整 7 858

贷:投资收益 47 858

借:银行存款 40 000

贷:应收利息 40 000

借:其他综合收益 15 018

贷:其他债权投资——公允价值变动 15 018

(3) 2019 年 10 月 31 日,出售债券:

借:银行存款 1 025 000

其他债权投资——利息调整 34 982

——公允价值变动 15 018

贷:其他债权投资——成本 1 000 000

投资收益 75 000

借:投资收益 15 018

贷:其他综合收益 15 018

【例 4-3】 2018 年 5 月 4 日,升达公司以银行存款 802 000 元购入 M 公司普通股 10 万股,占 M 公司有表决权股份的 1‰,所支付价款中包含 M 公司已宣告尚未发放的每股 0.5 元现金股利及相关税费 2 000 元。其他有关资料如下:

(1) 2018 年 5 月 15 日,升达公司收到 M 公司发放的每股 0.5 元现金股利。

(2) 2018 年 6 月 30 日,该股票市价为每股 7.6 元。

(3) 2018 年 12 月 31 日,该股票市价为每股 7.2 元。

(4) 2019 年 5 月 1 日,M 公司宣告分派每股 0.6 元的现金股利。

(5) 2019 年 5 月 15 日,升达公司收到 M 公司发放的现金股利。

(6) 2019 年 6 月 1 日,升达公司以每股 7 元的价格将股票全部转让,扣除相关税费 1 500 元,实际收到价款 698 500 元。

假定升达公司在初始确认时将对 M 公司的股票投资划分为以公允价值计量且其变动计入其他综合收益的非交易性权益工具投资,升达公司历年按净利润的 10% 计提法定盈余公积。升达公司应做如下账务处理。

(1) 2018 年 5 月 4 日,购入股票:

借:应收股利 50 000

其他权益工具投资——成本 752 000

贷:银行存款 802 000

(2) 2018 年 5 月 15 日,收到现金股利:

借:银行存款 50 000

贷:应收股利 50 000

(3) 2018 年 6 月 30 日,确认股票价格变动:

借:其他权益工具投资——公允价值变动 8 000

  贷:其他综合收益 8 000

(4) 2018 年 12 月 31 日,确认股票价格变动:

借:其他综合收益 40 000

  贷:其他权益工具投资——公允价值变动 40 000

(5) 2019 年 5 月 1 日,确认应收现金股利:

借:应收股利 60 000

  贷:投资收益 60 000

(6) 2019 年 5 月 15 日,收到现金股利:

借:银行存款 60 000

  贷:应收股利 60 000

(7) 2019 年 6 月 1 日,出售股票:

借:银行存款 698 500

  其他权益工具投资——公允价值变动 32 000

  盈余公积——法定盈余公积 2 150

  利润分配——未分配利润 19 350

  贷:其他权益工具投资——成本 752 000

借:盈余公积——法定盈余公积 3 200

  利润分配——未分配利润 28 800

  贷:其他综合收益 32 000

第二节 长期股权投资

一、长期股权投资的含义及构成

视频资源

视频资源

长期股权投资,是指投资方对被投资单位实施控制、重大影响的权益性投资,以及对其合营企业的权益性投资。长期股权投资由以下三个方面的内容构成:

(1) 投资企业能够对被投资单位实施控制的权益性投资,即对子公司投资。控制是指投资方拥有对被投资单位的权力,通过参与被投资单位的相关活动而享有可变回报,并且有能力运用对被投资单位的权力影响其回报金额。控制的定义包含三项基本要素:一是拥有对被投资方的权力;二是通过参与被投资方的相关活动而享有可变回报;三是有能力运用对被投资方的权力影响其回报金额。投资方在判断其是否控制被投资方时,应考虑所有的事实和情况,当且仅当投资方同时具备上述三个要素时,投资方才控制被投资方。如果事实和情况表明上述控制三要素中的一个或多个发生变化,则投资方要重新判断其是否控制被投资方。

(2)投资企业与其他合营方一同对被投资单位实施共同控制的权益性投资,即对合营企业投资。共同控制是指按照相关约定对某项安排所共有的控制,并且该安排的相关活动必须经过分享控制权的参与方一致同意后才能决策。在判断是否存在共同控制时,首先应判断是否由所有参与方或参与方组合集体控制该安排;其次再判断该安排相关活动的决策是否必须经过这些参与方一致同意。如果某项合营安排中的合营方仅对该安排的净资产享有权利,则该安排为合营企业。

(3)投资企业对被投资单位具有重大影响的权益性投资,即对联营企业投资。重大影响是指对一个企业的财务和经营政策有参与决策的权力,但并不能够控制或者与其他方一起共同控制这些政策的制定。实务中,较为常见的重大影响体现为在被投资单位的董事会或类似权力机构中派有代表,通过在被投资单位财务和经营决策制定过程中的发言权实施重大影响。投资方直接或通过子公司间接持有被投资单位20%以上但低于50%的表决权时,一般认为对被投资单位具有重大影响,除非有明确的证据表明该种情况下不能参与被投资单位的生产经营决策,则不形成重大影响。在确定能否对被投资单位施加重大影响时,一方面应考虑投资方直接或间接持有被投资单位的表决权股份,另一方面要考虑投资方及其他方持有的当期可执行潜在表决权在假定转换为对被投资单位的股权后产生的影响,如被投资单位发行的当期可转换的认股权证、股份期权及可转换公司债券等的影响。

须指出的是,投资企业持有的对被投资单位不具有共同控制或重大影响的权益性投资,无论在活跃市场中是否具有报价、公允价值能否可靠计量,均作为金融资产核算。

二、长期股权投资的初始计量

企业取得长期股权投资主要有两种方式:一是通过企业合并形成长期股权投资;二是通过其他方式取得长期股权投资。企业取得长期股权投资的方式不同,其初始投资成本的构成内容也有所不同。由于企业合并中形成的长期股权投资涉及企业合并及合并报表等特殊会计业务,比较复杂,本章不做论述。除企业合并以外的其他方式取得的长期股权投资,其初始投资成本应当遵循以下规定:

(1)以支付现金取得的长期股权投资,应当按照实际支付的购买价款作为长期股权投资的初始投资成本,包括购买过程中支付的手续费等必要支出,但不包括被投资单位已宣告发放的现金股利或利润。

(2)以发行权益性证券方式取得的长期股权投资,其成本为所发行权益性证券的公允价值。为发行权益性证券而支付的手续费、佣金等应在权益性证券的溢价发行收入中进行扣除,溢价收入不足的,应冲减盈余公积和未分配利润。

(3)投资者投入的长期股权投资,应当按照投资合同或协议约定的价值作为初始投资成本,但合同或协议约定价值不公允的除外。

投资者投入的长期股权投资,是指投资者以其持有的对第三方的投资作为出资投入企业,接受投资的企业在确定所取得的长期股权投资的成本时,原则上应按照投资各方在投资合同或协议中约定的价值作为其初始投资成本。例外的情况是,如果投资各方在投资合同或协议中约定的价值明显高于或低于该项投资公允价值的,应以公允价值作为长期股权投资的初始投资成本,并根据该项出资构成实收资本(或股本)的部分与确认的长期股权投资初始投资成本之间的差额,相应调整资本公积(资本溢价)。

(4) 以非货币性资产交换、债务重组等方式取得的长期股权投资的初始投资成本的确定,应按照《企业会计准则第7号——非货币性资产交换》和《企业会计准则第12号——债务重组》的原则进行。

企业无论以何种方式取得长期股权投资,实际支付的价款或对价中包含的已宣告但尚未领取的现金股利或利润,不构成长期股权投资的初始投资成本,而应作为应收项目单独核算。

三、长期股权投资的后续计量

长期股权投资在持有期间,根据投资方对被投资单位的影响程度分别采用成本法及权益法进行核算。

(一) 成本法

视频资源

1. 成本法的适用范围

成本法是指投资按实际成本计价的方法。根据长期股权投资准则,投资方持有的对子公司投资应当采用成本法核算,投资方为投资性主体且子公司不纳入其合并财务报表的除外。

2. 成本法的核算程序

长期股权投资采用成本法的核算程序为:

(1) 初始投资或追加投资时,按照初始投资或追加投资时的投资成本增加长期股权投资的账面价值。

(2) 投资持有期间,企业应于被投资单位宣告发放现金股利或利润时确认投资收益。

3. 成本法的具体核算

(1) 长期股权投资的取得。取得长期股权投资时,应按照初始投资成本计价。除企业合并形成的长期股权投资以外,以支付现金、非现金资产等其他方式取得的长期股权投资,应按照上述规定确定的长期股权投资初始投资成本,借记"长期股权投资"账户,贷记"银行存款"等账户。如果实际支付的价款中包含已宣告但尚未发放的现金股利或利润,借记"应收股利"账户,贷记"长期股权投资"账户。

【例4-4】　甲公司2019年1月10日购买长城股份有限公司发行的股票50 000股准备长期持有,从而拥有长城股份有限公司80%的股份。每股买入价为8元,另外,公司购买该股票时发生有关税费5 000元,款项已由银行存款支付。甲公司应做如下会计处理:

股票成交金额=50 000×8=400 000(元)

初始投资成本=股票成交金额+相关税费=400 000+5 000=405 000(元)

编制购入股票的会计分录:

借:长期股权投资　　405 000

　贷:银行存款　　405 000

(2) 持有期间被投资单位宣告发放现金股利或利润。长期股权投资持有期间被投资单位宣告发放现金股利或利润时,企业按应享有的部分确认为投资收益,借记"应收股利"账户,贷记"投资收益"账户。

【例4-5】 甲公司2019年5月18日以银行存款购买永安股份有限公司的股票50 000股作为长期投资，每股买入价为20元，每股价格中包含0.4元的已宣告分派的现金股利，另支付相关税费7 000元。甲公司应做如下会计处理：

股票成交金额＝50 000×20＝1 000 000（元）

已宣告分派的现金股利＝50 000×0.4＝20 000（元）

初始投资成本＝1 000 000+7 000－20 000＝987 000（元）

编制购入股票的会计分录：

借：长期股权投资 987 000

　　应收股利 20 000

　　贷：银行存款 1 007 000

假定甲公司2019年6月20日收到永安股份有限公司分来的购买该股票时已宣告分派的股利20 000元。此时，应做如下会计处理：

借：银行存款 20 000

　　贷：应收股利 20 000

【例4-6】 承例4-5，假定甲公司于2019年8月20日收到永安股份有限公司宣告发放现金股利的通知，应分得现金股利5 000元。甲公司应做如下会计处理：

借：应收股利 5 000

　　贷：投资收益 5 000

（3）长期股权投资的处置。处置长期股权投资时，按实际取得的价款与长期股权投资账面价值的差额确认为投资损益，并应同时结转已计提的长期股权投资减值准备。其会计处理是：企业处置长期股权投资时，应按实际收到的金额借记“银行存款”等账户；按原已计提的减值准备借记“长期股权投资减值准备”账户；按该项长期股权投资的账面余额贷记“长期股权投资”账户；按尚未领取的现金股利或利润贷记“应收股利”账户；按其差额贷记或借记“投资收益”账户。

【例4-7】 甲公司将其作为长期投资持有的宝安股份有限公司30 000股股票，以每股10元的价格卖出，支付相关税费800元，取得价款299 200元，款项已由银行收妥。该长期股权投资账面价值为250 000元，假定没有计提减值准备。甲公司应做如下会计处理：

投资收益＝股票转让取得价款－投资账面余额＝299 200－250 000＝49 200（元）

编制出售股票时的会计分录：

借：银行存款 299 200

　　贷：长期股权投资 250 000

　　　　投资收益 49 200

在这种情况下，企业处置长期股权投资，应按实际取得的价款与长期股权投资账面价值的差额确认为投资损益，并应同时结转已计提的长期股权投资减值准备。

视频资源

（二）权益法

1. 权益法的适用范围

权益法是指投资最初以投资成本计价，以后根据投资企业享有被投资单位所有者权益份额的变动对投资账面价值进行调整的方法。

根据长期股权投资准则，投资方持有的对合营企业和联营企业的投资应当采用权益法核算。

2. 权益法的核算程序

长期股权投资采用权益法的核算程序为：

（1）初始投资或追加投资时，按照初始投资成本或追加投资的投资成本，增加长期股权投资的账面价值。

（2）比较初始投资成本与投资时应享有被投资单位可辨认净资产公允价值的份额，前者大于后者的，不调整长期股权投资账面价值；前者小于后者的，应当按照二者之间的差额调增长期股权投资的账面价值，同时计入取得投资当期损益。

（3）持有投资期间，随着被投资单位所有者权益的变动相应调整增加或减少长期股权投资的账面价值，并分别以下情况处理：对于因被投资单位实现净损益和其他综合收益而产生的所有者权益的变动，投资方应当按照应享有的份额，增加或减少长期股权投资的账面价值，同时确认投资损益和其他综合收益；对于被投资单位宣告分派的利润或现金股利计算应分得的部分，相应减少长期股权投资的账面价值；对于被投资单位除净损益、其他综合收益以及利润分配以外的因素导致的其他所有者权益变动，相应调整长期股权投资的账面价值，同时确认资本公积（其他资本公积）。

3. 权益法的具体核算

（1）长期股权投资的取得。取得长期股权投资，长期股权投资的初始投资成本大于投资时应享有被投资单位可辨认净资产公允价值份额的，不调整已确认的初始投资成本，借记“长期股权投资——投资成本”账户，贷记“银行存款”等账户。长期股权投资的初始投资成本小于投资时应享有被投资单位可辨认净资产公允价值份额的，借记“长期股权投资——投资成本”账户，贷记“银行存款”等账户，并按其差额贷记“营业外收入”账户。

【例 4-8】 甲公司 2019 年 1 月 18 日购买新晨股份有限公司发行的股票 1 000 000 股准备长期持有，占新晨股份有限公司股份的 30%。每股买入价为 6 元，另外，购买该股票时发生有关税费 50 000 元，款项已由银行存款支付。2018 年 12 月 31 日，新晨股份有限公司的所有者权益的账面价值（与其公允价值不存在差异）20 000 000 元。甲公司应做如下会计处理：

初始投资成本 = 股票成交金额 + 相关税费 = 6 000 000 + 50 000 = 6 050 000（元）

编制购入股票的会计分录：

借：长期股权投资——投资成本	6 050 000	
贷：银行存款		6 050 000

在本例中，长期股权投资的初始投资成本 6 050 000 元大于投资时应享有被投资单位可辨认净资产公允价值份额 6 000 000（20 000 000×30%）元，其差额 50 000 元不调整已确认的初始投资成本。但是，如果长期股权投资的初始投资成本小于投资时应享有被投资单位可辨认净资产公允价值份额，应借记“长期股权投资——成本”账户，贷记“银行存款”等账户；按其差额，贷记“营业外收入”账户。

（2）持有期间被投资单位实现净利润或发生净亏损。根据被投资单位实现的净利润计算应享有的份额，借记“长期股权投资——损益调整”账户，贷记“投资收益”账户。被投资单位发生净亏损做相反的会计分录，但以本账户的账面价值减记至零为限，借记“投资收益”账户，贷记“长期股权投资——损益调整”账户。“以本账户的账面价值减记至零为限”针对的是“长期股权投资——对××单位投资”账户,该账户由“投资成本”“损益调整”“其他综合收益”和“其他权益变动”四个明细账户组成,账面价值减记至零即意味着“对××单位投资”的这四个明细账户合计为零。

(3)取得现金股利或利润的处理。按照权益法核算的长期股权投资,投资方自被投资单位取得的现金股利或利润,应抵减长期股权投资的账面价值。在被投资单位宣告分派现金股利或利润时,借记“应收股利”账户,贷记“长期股权投资——损益调整”账户。收到被投资单位宣告发放的股票股利,不进行账务处理,但应在备查簿中登记。

【例4-9】 2019年4月15日,新晨股份有限公司宣告发放现金股利,每10股派3元,甲公司可分派到300 000元。2019年6月15日,甲公司收到新晨股份有限公司分派的现金股利。2019年年末,新晨股份有限公司计算出全年实现净利润2 000 000元,甲公司按照持股比例确认投资收益600 000元。甲公司应做如下会计处理。

新晨股份有限公司宣告发放现金股利时:

借:应收股利 300 000

贷:长期股权投资——损益调整 300 000

收到新晨股份有限公司宣告发放现金股利时:

借:银行存款 300 000

贷:应收股利 300 000

确认新晨股份有限公司实现净利润时:

借:长期股权投资——损益调整 600 000

贷:投资收益 600 000

(4)持有期间被投资单位其他综合收益变动。对于被投资单位因其他综合收益而产生的所有者权益的变动,投资方应当按照应享有的份额,增加或减少长期股权投资的账面价值,同时计入其他综合收益。

【例4-10】 2019年年末,新晨股份有限公司因持有的以公允价值计量且其变动计入其他综合收益的金融资产公允价值的变动计入其他综合收益的金额为800 000元。甲公司按照持股比例确认应享有240 000元。甲公司应做如下会计处理:

借:长期股权投资——其他综合收益 240 000

贷:其他综合收益 240 000

(5)持有期间被投资单位除净损益、其他综合收益以及利润分配以外的所有者权益的其他变动。被投资单位除净损益、其他综合收益以及利润分配以外的所有者权益的其他变动的因素,主要包括被投资单位接受其他股东的资本性投入、其他股东对被投资单位增资导致投资方持股比例变动等。投资方应按所持股权比例计算应享有的份额,调整长期股权投资的账面价值,同时计入资本公积(其他资本公积),并在备查簿中予以登记。

(6)长期股权投资的处置。处置长期投资时,按实际取得的价款与长期股权投资账面价值的差额确认为投资收益,并应同时结转已计提的长期股权投资减值准备。其会计处理是:企业处置长期股权投资时,应按实际收到的金额借记“银行存款”等账户;按原已计提的减值准备借记“长期股权投资减值准备”账户;按该长期股权投资的账面余额贷记“长期股权投资”账户;按尚未领取的现金股利或利润贷记“应收股利”账户;按其差额贷记或借记“投资收益”账户。

同时,还应结转原计入其他综合收益和资本公积的相关金额,借记或贷记“其他综合收益”“资本公积——其他资本公积”账户,贷记或借记“投资收益”账户。

【例 4-11】　承例 4-8 至例 4-10,2020 年 1 月 20 日,甲公司出售所持新晨股份有限公司的股票 1 000 000 股,每股出售价为 10 元,相关税费 70 000 元,款项已收回。甲公司应做如下会计处理:

借:银行存款　　9 930 000
　贷:长期股权投资——投资成本　　6 050 000
　　　　　　　　——损益调整　　300 000
　　　　　　　　——其他综合收益　　240 000
　　投资收益　　3 340 000

同时:

借:其他综合收益　　240 000
　贷:投资收益　　240 000

第三节　固定资产

一、固定资产概述

(一) 固定资产的概念及特征

视频资源

固定资产是指同时具有下列特征的有形资产:为生产商品、提供劳务、出租或经营管理而持有;使用寿命超过一个会计年度。

从这一定义可以看出,作为企业的固定资产应具备以下特征:

首先,企业持有固定资产的目的是用于生产商品、提供劳务、出租或经营管理,而不是直接用于出售。其中,出租是指以经营租赁方式出租的机器设备等,以经营租赁方式出租的建筑物属于企业的投资性房地产。

其次,固定资产的使用寿命超过一个会计年度。该特征使固定资产明显区别于流动资产。使用寿命超过一个会计年度,意味着固定资产属于长期资产。固定资产的使用寿命,是指企业使用固定资产的预计期间,或者该固定资产所能生产产品或提供劳务的数量。通常情况下,固定资产的使用寿命是指使用固定资产的预计使用期间。某些机器设备或运输设备等固定资产的使用寿命,也可以以该固定资产所能生产产品或提供劳务的数量来表示,例如,发电设备可按其预计发电量估计使用寿命。

最后,固定资产必须是有形资产。该特征将固定资产与无形资产区别开来。有些无形资产可能同时符合固定资产的其他特征,如无形资产是为生产商品、提供劳务而持有,使用寿命超过一个会计年度,但是由于其没有实物形态,所以不属于固定资产。

企业应当根据固定资产定义,结合本单位的具体情况,制定适合于本企业的固定资产目录、分类方法、每类或每项固定资产的折旧年限、折旧方法和预计净残值,作为进行固定资产核算的依据。

(二)固定资产的确认

一项资产如要作为固定资产加以确认,首先需要符合固定资产的定义,其次还要符合固定资产的确认条件,即与该固定资产有关的经济利益很可能流入企业,同时,该固定资产的成本能够可靠地计量。

1. 与该固定资产有关的经济利益很可能流入企业

企业在确认固定资产时,需要判断与该项固定资产有关的经济利益是否很可能流入企业。企业资产最本质的特征是预期能给企业带来经济利益;如果某一项目预期不能给企业带来经济利益,就不能确认为资产。对固定资产的确认来说,如果某一固定资产预期不能给企业带来经济利益,就不能确认为企业的固定资产。而实务中,主要是通过判断与该固定资产所有权相关的风险和报酬是否转移到了企业来确定。通常情况下,取得固定资产所有权是判断与固定资产所有权有关的风险和报酬是否转移到企业的一个重要标志。凡是所有权已属于企业,无论企业是否收到或拥有该固定资产,均可作为企业的固定资产;反之,如果没有取得所有权,即使存放在企业,也不能作为企业的固定资产。但是所有权是否转移不是判断的唯一标准。在有些情况下,某项固定资产的所有权虽然不属于企业,但是企业能够控制与该项固定资产有关的经济利益流入企业,在这种情况下,企业应将该固定资产予以确认。例如,融资租赁方式下租入的固定资产,企业(承租人)虽然不拥有该项固定资产的所有权,但企业能够控制与该固定资产有关的经济利益流入企业,与该固定资产所有权相关的风险和报酬实质上已转移到了企业,因此,符合固定资产确认的第一个条件。

2. 该固定资产的成本能够可靠地计量

成本能够可靠地计量是资产确认的一项基本条件。固定资产作为企业资产的重要组成部分,要予以确认,其为取得该固定资产而发生的支出也必须能够可靠地计量。如果固定资产的成本能够可靠地计量,并同时满足其他确认条件,就可以加以确认;否则,企业不应加以确认。

企业在确定固定资产成本时,有时需要根据所获得的最新资料,对固定资产的成本进行合理的估计。比如,企业对于已达到预定可使用状态的固定资产,在尚未办理竣工决算前,需要根据工程预算、工程造价或者工程实际发生的成本等资料,按估计价值确定固定资产的成本,待办理竣工决算后,再按实际成本调整原来的暂估价值。

在实务中,对于固定资产进行确认时,还需要注意以下两个问题:

一是固定资产的各组成部分具有不同使用寿命或者以不同方式为企业提供经济利益,适用不同折旧率或折旧方法的,应当分别将各组成部分确认为单项固定资产。

二是与固定资产有关的后续支出,满足固定资产确认条件的,应当计入固定资产成本;不满足固定资产确认条件的,应当在发生时计入当期损益。

(三)固定资产的分类

企业的固定资产种类繁多、规格不一,为加强管理,便于组织会计核算,正确反映固定资产的取得、使用、处置等情况,有必要对其进行科学、合理的分类。根据不同的管理需要和核算要求以及不同的分类标准,可以对固定资产进行不同的分类,主要有以下几种分类方法:

1. 按经济用途分类

按固定资产的经济用途分类,可分为生产经营用固定资产和非生产经营用固定资产。

(1) 生产经营用固定资产，是指直接服务于企业生产、经营过程的各种固定资产，如生产经营用的房屋、建筑物、机器、设备、器具、工具等。

(2) 非生产经营用固定资产，是指不直接服务于生产、经营过程的各种固定资产，如职工宿舍等使用的房屋、设备和其他固定资产等。

按照固定资产的经济用途分类，可以归类反映和监督企业生产经营用固定资产和非生产经营用固定资产之间，以及生产经营用各类固定资产之间的组成和变化情况，借以考核和分析企业固定资产的利用情况，促使企业合理地配备固定资产，充分发挥其效用。

2. 综合分类

按固定资产的经济用途和使用情况等综合分类，可把企业的固定资产划分为七大类：

(1) 生产经营用固定资产。

(2) 非生产经营用固定资产。

(3) 租出固定资产，指在经营租赁方式下出租给外单位使用的固定资产。

(4) 不需用固定资产。

(5) 未使用固定资产。

(6) 土地，指过去已经估价单独入账的土地。因征地而支付的补偿费，应计入与土地有关的房屋、建筑物的价值内，不单独作为土地价值入账。企业取得的土地使用权，应作为无形资产管理，不作为固定资产管理。

(7) 融资租入固定资产，指企业以融资租赁方式租入的固定资产，在租赁期内，应视同自有固定资产进行管理。

由于企业的经营性质不同，经营规模各异，对固定资产的分类不可能完全一致。但实际工作中，企业大多采用综合分类的方法编制固定资产目录，作为进行固定资产核算的依据。

(四) 固定资产核算的账户设置

为了核算固定资产，企业一般需要设置“固定资产”“累计折旧”“在建工程”“工程物资”“固定资产清理”等账户，核算固定资产取得、计提折旧、处置等情况。

“固定资产”账户核算企业固定资产的原价。该账户借方登记企业增加的固定资产原价；贷方登记企业减少的固定资产原价；期末借方余额，反映企业期末固定资产的账面原价。企业应当设置“固定资产登记簿”和“固定资产卡片”，按固定资产类别、使用部门和每项固定资产进行明细核算。

“累计折旧”账户属于“固定资产”的调整账户，核算企业固定资产的累计折旧。该账户贷方登记企业计提的固定资产折旧；借方登记处置固定资产转出的累计折旧；期末贷方余额，反映企业固定资产的累计折旧额。

“在建工程”账户核算企业基建、更新改造等在建工程发生的支出。该账户借方登记企业各项在建工程的实际支出；贷方登记完工工程转出的成本；期末借方余额，反映企业尚未达到预定可使用状态的在建工程的成本。

“工程物资”账户核算企业为在建工程而准备的各种物资的实际成本。该账户借方登记企业购入工程物资的成本；贷方登记领用工程物资的成本；期末借方余额，反映企业为在建工程准备的各种物资的成本。

“固定资产清理”账户核算企业因出售、报废、毁损、对外投资、非货币性资产交换、债务重组等原因转出的固定资产价值以及在清理过程中发生的费用等。该账户借方登记转出的固定资产价值、清理过程中应支付的相关税费及其他费用；贷方登记固定资产清理完成的处理；期末借方余额，反映企业尚未清理完毕的固定资产清理的净损失。该账户应按被清理的固定资产项目设置明细账，进行明细核算。

此外，企业固定资产、在建工程、工程物资发生减值的，还应当设置“固定资产减值准备”“在建工程减值准备”“工程物资减值准备”等账户进行核算。

视频资源

二、固定资产取得的核算

（一）固定资产取得时成本的确定

固定资产应按其取得时的成本作为入账价值，取得时的成本包括买价、相关税费、运输和保险等相关费用，以及为使固定资产达到预定可使用状态前所必要的支出。其中，相关税费不包括按规定可以从销项税额中抵扣的增值税进项税额。企业取得固定资产的方式一般包括购买、自行建造、融资租入等。取得方式不同，初始成本的内容也各不相同。固定资产取得时的成本应当根据具体情况分别确定。

（1）企业外购固定资产的成本，包括购买价款、相关税费、使固定资产达到预定可使用状态前所发生的可归属于该项资产的运输费、装卸费、安装费和专业人员服务费等。

外购固定资产是否达到预定可使用状态，需要根据具体情况进行分析判断。如果购入不需要安装的固定资产，购入后即可发挥作用，则购入后即可达到预定可使用状态。如果购入需要安装的固定资产，只有在安装调试后达到设计要求或合同规定的标准，才达到预定可使用状态。

（2）自制、自建的固定资产，按建造该项资产达到预定可使用状态前所发生的必要支出作为其成本。

（3）投资者投入的固定资产，按投资各方确认的价值作为其成本。

（4）融资租入的固定资产，按租赁开始日租赁资产公允价值与最低租赁付款额的现值两者中较低者作为其成本。

（5）接受捐赠的固定资产，捐赠方提供了有关凭据的，按凭据上标明的金额加上应支付的相关税费，作为固定资产的成本；如果捐赠方未提供有关凭据，则按其市价或同类、类似固定资产的市场价格估计的金额，加上由企业负担的运输费、保险费、安装调试费等作为固定资产成本。

（6）盘盈的固定资产，按其市价或同类、类似固定资产的市场价格，减去按该项资产的新旧程度估计的价值损耗后的余额作为其成本。

视频资源

（二）固定资产取得时的账务处理

企业取得固定资产的方式和途径不同，其会计处理存在较大差异，有些也比较复杂。

1. 购入的固定资产

购入固定资产的核算分为两种情况：企业购入不需要安装的固定资产，按实际支付的买价、税金以及为使固定资产达到预定可使用状态前所发生的可直接归属于该资产的其他支出，作为购入固定资产的成本，借记“固定资产”账户，而取得增值税专用发票等增值税扣税凭证，并经税务机关认证可以抵扣的，应按增值税专用发票上注明的增值税进项税额，借记“应交税费——应交增值税（进项税额）”账户，贷记“银行存款”等账户；企业购入需要安装的固定资产支付的买价、包装费、运输费以及发生的安装费等均应先通过"在建工程"账户核算，待安装完毕达到预定可使用状态时，再由"在建工程"账户转入"固定资产"账户。

【例 4-12】 升达公司购入一台不需要安装的设备，增值税专用发票注明的价款为 70 000 元，增值税税额为 9 100 元；发生运费 1 000 元，增值税税额为 90 元。款项 80 190 元全部付清。该公司的会计处理如下：

借：固定资产　　71 000
　　应交税费——应交增值税（进项税额）　　9 190
　　贷：银行存款　　80 190

【例 4-13】 升达公司购入需要安装的设备一台，增值税专用发票注明价款 50 000 元，增值税税额 6 500 元；发生安装费用 2 000 元，增值税税额 180 元，所有款项均已付清。该公司的会计处理如下。

（1）购入设备时：

借：在建工程　　50 000
　　应交税费——应交增值税（进项税额）　　6 500
　　贷：银行存款　　56 500

（2）支付安装费用时：

借：在建工程　　2 000
　　应交税费——应交增值税（进项税额）　　180
　　贷：银行存款　　2 180

（3）设备安装完毕交付使用时：

借：固定资产　　52 000
　　贷：在建工程　　52 000

2. 自行建造的固定资产

自行建造的固定资产按照建造方式可以分为自营工程和出包工程两种。

自营工程，是指企业自行组织工程物资采购、自行组织施工的建筑工程和安装工程。自营工程需要设置"工程物资"和"在建工程"账户进行核算。"工程物资"账户属于资产类账户，用于核算在建工程的各种物资的实际成本；"在建工程"账户属于成本类账户，用于核算企业为工程所发生的实际成本，以及改扩建工程等转入的固定资产净值。

出包工程，是指企业通过招标方式将工程项目发包给建造承包商，由建造承包商组织施工的建筑工程和安装工程。企业采用出包方式进行的固定资产建造工程，工程的具体支出主要由建造承包商核算，在这种方式下，"在建工程"账户主要是反映企业与建造承包商之间办理工程价款结算的情况，企业将支付给建造承包商的工程价款作为工程成本，通过"在建工程"账户核算。

【例 4-14】 升达公司 2019 年 6 月 1 日采用自营方式建造一座厂房，购买工程专用物资 200 000 元，支付的增值税为 26 000 元，物资全部投入工程建设；另外还领用了企业生产用的原材料一批，实际成本为 20 000 元，支付工程建设人员工资 70 000 元。工程已达到预定可使用状态。

（1）购入工程物资时：

借：工程物资　　200 000
　　应交税费——应交增值税（进项税额）　　26 000

贷:银行存款 226 000

(2) 领用工程物资时:

借:在建工程 200 000

贷:工程物资 200 000

(3) 工程领用原材料、支付工程人员工资时:

借:在建工程 90 000

贷:原材料 20 000

应付职工薪酬 70 000

(4) 工程达到预定可使用状态时:

借:固定资产 290 000

贷:在建工程 290 000

【例 4-15】 升达公司将一幢写字楼工程出包给甲企业承建,按合同规定先向甲企业预付工程价款 2 800 000 元。工程完工后,收到甲企业的工程结算单据,补付工程款 200 000 元。工程已达到预定可使用状态。

(1) 预付工程价款时:

借:在建工程 2 800 000

贷:银行存款 2 800 000

(2) 补付工程款时:

借:在建工程 200 000

贷:银行存款 200 000

(3) 工程达到预定可使用状态时:

借:固定资产 3 000 000

贷:在建工程 3 000 000

3. 投资者投入的固定资产

企业收到投资者投入的固定资产时,应按投资各方确认的价值,借记"固定资产"账户;按投资者在企业注册资本中所占的份额,贷记"实收资本"账户;按两者的差额,贷记"资本公积——资本溢价"账户。

【例 4-16】 升达公司接受投资者投资转入的载重卡车一台,经投资双方确定的价值为 300 000 元,该投资者在企业注册资本 1 000 000 元中所占份额为 25%。升达公司的会计处理如下:

借:固定资产 300 000

贷:实收资本 250 000

资本公积——资本溢价 50 000

视频资源

三、固定资产折旧

固定资产折旧属于固定资产的后续计量问题,它不仅涉及期末资产的计价,还直接影响会计期间的损益。因此,固定资产的折旧是一个十分重要的会计核算问题。

(一)固定资产折旧的意义

折旧,是指在固定资产的使用寿命内,按照确定的方法对应计折旧额进行的系统分摊。应计折旧额是指应当计提折旧的固定资产原价扣除其预计净残值后的余额。使用寿命是指固定资产预期使用的期限。有些固定资产的使用寿命也可以用该资产所能生产的产品或提供的服务的数量来表示。从本质上讲,折旧是一种费用,是固定资产在使用过程中由于逐渐损耗而减少的那部分价值。固定资产的损耗分为有形损耗和无形损耗两种。有形损耗是指固定资产由于使用和自然力的影响而引起的使用价值和价值的损失;无形损耗则是指固定资产由于科学技术进步而引起的价值上的损失。

在固定资产的有效使用期限内计提折旧的意义,在于为了保证企业将来有能力重置固定资产,同时把固定资产的成本分配到各个受益期间,实现收入与费用的正确配比。因此,正确地计算和计提折旧,不仅是正确计算产品成本的一个前提条件,也是保证固定资产再生产正常进行的重要措施。

企业应当根据固定资产的性质和消耗方式,合理地确定固定资产的预计使用年限和预计净残值,并根据科技发展、环境及其他因素,选择合理的折旧方法,按照管理权限,经股东会或董事会,或经理(厂长)会议或类似机构批准,作为计提折旧的依据。

(二)影响固定资产折旧的因素

1. 固定资产的原值

固定资产的原值是企业计提固定资产折旧的基础。计提折旧的目的是补偿固定资产的价值损耗,在固定资产有效使用期限内,需要通过折旧补偿的价值主要是固定资产的原始价值。

2. 固定资产的预计净残值

固定资产的预计净残值是指固定资产报废时,预计可收回的残值收入扣除预计清理费用后的金额。在计算折旧时,净残值应从固定资产原值中扣除。残值收入和清理费用往往是根据经验估计加以确定。

3. 固定资产的预计使用年限

固定资产的预计使用年限也叫折旧年限,是计提折旧的时间期限。固定资产使用年限的长短直接影响到各期应提的折旧额,在确定固定资产使用年限时,不仅要考虑固定资产的有形损耗,还要考虑其无形损耗。

(三)固定资产折旧的范围

确定固定资产折旧的范围,一是要从空间上确定哪些固定资产应当计提折旧,哪些固定资产不应计提折旧;二是从时间范围上确定应提折旧的固定资产何时开始计提折旧,何时停止计提折旧。

1. 固定资产折旧的空间范围

除以下情况外,企业应对所有固定资产计提折旧:①已提足折旧仍继续使用的固定资产;②按照规定单独估价作为固定资产入账的土地。

2. 固定资产折旧的时间范围

企业一般应按月提取折旧,当月增加的固定资产,当月不提折旧,从下月起计提折旧;当月减少的固定资产,当月照提折旧,从下月起不提折旧。固定资产提足折旧后,不管能否继续使用,均不再提取折旧;提前报废的固定资产,也不再补提折旧。提足折旧,是指已经提足该项固定资产应提的折旧总额。应提的折旧总额为固定资产原价减去预计残值加上预计清理费用后的金额。

（四）固定资产的折旧方法

企业应当根据固定资产所含经济利益预期实现方式选择折旧方法，可选用的折旧方法包括年限平均法、工作量法、双倍余额递减法、年数总和法等。折旧方法一经确定，不得随意变更。如需变更，应将变更的内容及原因在变更当期的会计报表附注中说明。

1. 年限平均法

年限平均法，亦称直线法，是将固定资产的应计折旧额均衡分摊到固定资产预计使用寿命内的一种方法。计算公式如下：

固定资产年折旧额=（原价-预计净残值）÷预计使用年限=原价×（1-预计净残值率）÷预计使用年限

固定资产月折旧额=固定资产年折旧额÷12

在实际工作中，固定资产折旧额通常是按事先规定的折旧率计算。固定资产折旧率是一定时期内固定资产折旧额与原始价值的比率。计算公式如下：

固定资产年折旧率=年折旧额÷原价×100%=（1-预计净残值率）÷预计使用年限×100%

固定资产月折旧率=年折旧率÷12

固定资产月折旧额=原价×月折旧率

【例 4-17】 升达公司的一幢厂房，原始价值为 2 000 000 元，预计使用年限为 20 年，预计净残值率为 4%。该厂房的折旧率和折旧额计算如下：

年折旧率=（1-4%）÷20×100%=4.8%

月折旧率=4.8%÷12=0.4%

月折旧额=2 000 000×0.4%=8 000（元）

上述折旧率是按个别固定资产单独计算的，称为个别折旧率，即某项固定资产在一定期间的折旧额和该项固定资产原价的比率。除个别折旧率外，固定资产折旧率按照计算对象包括的范围不同，还包括分类折旧率和综合折旧率。其中，分类折旧率是根据固定资产的类别分类计算的平均折旧率；综合折旧率则是根据企业全部固定资产计算的平均折旧率。相关计算公式如下：

某类固定资产年分类折旧率=该类固定资产年折旧额之和÷该类固定资产原价之和×100%

固定资产年综合折旧率=全部固定资产年折旧额之和÷全部固定资产原价之和×100%

按年限平均法计算折旧简便易行，其特点是将固定资产的应计折旧额均衡地分摊到固定资产预计使用寿命内。采用这种方法计算的每期折旧额是相等的，通常适用于各期使用程度较为均衡的固定资产，如主要受自然力作用的房屋、建筑物等固定资产。

2. 工作量法

工作量法是根据固定资产实际完成的工作量计提折旧额的一种方法。计算公式如下：

单位工作量折旧额=固定资产原值×（1-净残值率）÷预计总工作量

某项固定资产月折旧额=该项固定资产当月工作量×单位工作量折旧额

【例 4-18】 升达公司一辆运货汽车的原始价值为 100 000 元，预计可行驶 50 万千米，预计净残值率为 5%，本月行驶 5 000 千米。该辆汽车本月折旧额计算如下：

每千米折旧额=100 000×（1-5%）÷500 000=0.19（元/千米）

本月折旧额=5 000×0.19=950（元）

3. 双倍余额递减法

视频资源

双倍余额递减法是在不考虑固定资产净残值的情况下，根据每期期初固定资产账面余额和双倍的直线法折旧率计算固定资产折旧的一种方法。计算公式如下：

年折旧率＝2÷预计使用年限×100%

年折旧额＝期初固定资产账面余额×年折旧率

由于双倍余额递减法不考虑固定资产的预计净残值，因此，在应用该方法时必须注意不能使固定资产的账面余额降低到它的预计净残值以下。采用这种方法计提折旧，一般应在固定资产预计使用年限到期前的两年内，将固定资产账面净值扣除预计净残值后的余额平均摊销。

【例 4-19】　升达公司一台设备的原始价值为 151 000 元，预计使用年限为 5 年，预计净残值为 1 000 元。按双倍余额递减法计算折旧，各年的折旧额计算如下：

年折旧率＝2÷5×100%＝40%

第 1 年应提的折旧额＝151 000×40%＝60 400（元）

第 2 年应提的折旧额＝（151 000－60 400）×40%＝36 240（元）

第 3 年应提的折旧额＝（151 000－60 400－36 240）×40%＝21 744（元）

第 4 年期初账面净值＝151 000－60 400－36 240－21 744＝32 616（元）

第 4 年和第 5 年的年折旧额＝（32 616－1 000）÷2＝15 808（元）

4. 年数总和法

年数总和法是将固定资产的原价减去预计净残值后的净额乘以一个逐年递减的分数来计算每年折旧额的一种方法。这个分数的分子代表固定资产尚可使用的年数，分母代表使用年数的逐年数字总和。计算公式如下：

年折旧率＝尚可使用年数÷预计使用年限的年数总和

年折旧额＝（固定资产原价－预计净残值）×年折旧率

【例 4-20】　沿用例 4-19 资料，按年数总和法计算折旧，各年的折旧额计算如下：

第 1 年应提的折旧额＝（151 000－1 000）×5÷15＝50 000（元）

第 2 年应提的折旧额＝（151 000－1 000）×4÷15＝40 000（元）

第 3 年应提的折旧额＝（151 000－1 000）×3÷15＝30 000（元）

第 4 年应提的折旧额＝（151 000－1 000）×2÷15＝20 000（元）

第 5 年应提的折旧额＝（151 000－1 000）×1÷15＝10 000（元）

上述四种折旧方法中，双倍余额递减法和年数总和法属于加速折旧法。加速折旧是指在固定资产使用的早期多提折旧，而后期则少提折旧的方法。采用加速折旧法的目的是使固定资产的成本能尽早收回，促进设备的更新。该方法主要用于科技进步较快的高新产业。加速折旧法的理由是，固定资产总的使用费用包括折旧费和修理费两部分，因修理费用随着固定资产的磨损是逐年递增的，如果各期的折旧额相等，那么固定资产的总使用费就会逐年递增；但如果折旧额是逐年递减的，那么总费用就会保持比较平均的水平。

（五）固定资产折旧的账务处理

企业在计提固定资产折旧时，由于当月增加的固定资产当月不计提折旧，而当月减少的固定资产当月照提折旧，因此，可以在上月计提折旧的基础上，对固定资产的增减情况进行调整后计算本月应计提的折旧。计算公式如下：

当月固定资产应计提的折旧额=上月固定资产计提的折旧额+上月增加固定资产应计提的折旧额
-上月减少固定资产应计提的折旧额

企业按月计提的固定资产折旧，借记“制造费用”“管理费用”“其他业务成本”等账户，贷记“累计折旧”账户，该账户只进行总分类核算，不进行明细分类核算。需要查明某项固定资产的已提折旧，可以根据固定资产卡片上所记载的该项固定资产原价、折旧率和实际使用年数等资料进行计算。

【例 4-21】 升达公司 2019 年 6 月份固定资产计提折旧情况如下：一车间厂房计提折旧 7 600 元，机器设备计提折旧 9 000 元；管理部门房屋建筑物计提折旧 13 000 元，运输工具计提折旧 4 800 元；销售部门房屋建筑物计提折旧 6 400 元，运输工具计提折旧 52 600 元。当月新购置机器设备一台，价值为 1 820 000 元，预计使用寿命为 10 年，该企业同类设备计提折旧采用年限平均法。

例 4-21 中，新购置的机器设备本月不计提折旧。本月计提的折旧费用中，车间使用的固定资产计提的折旧费用计入制造费用，管理部门使用的固定资产计提的折旧费用计入管理费用，销售部门使用的固定资产计提的折旧费用计入销售费用。升达公司应做如下会计处理：

借：制造费用	16 600	
管理费用	17 800	
销售费用	59 000	
贷：累计折旧		93 400

四、固定资产的后续支出

固定资产的后续支出是指固定资产使用过程中发生的更新改造支出、修理费用等。企业的固定资产在投入使用后，为了适应新技术发展的需要，或者为维护或提高固定资产的使用效能，往往需要对现有固定资产进行维护、改建、扩建或者改良。

固定资产后续支出处理原则是：符合固定资产确认条件的，应当计入固定资产成本，同时将被替换部分的账面价值扣除；不符合固定资产确认条件的，应当计入当期损益。

（一）资本化的后续支出

与固定资产有关的后续支出，如果使可能流入企业的经济利益超过了原先的估计，如延长了固定资产的使用寿命、使生产的产品质量实质性提高或使生产产品的成本实质性降低等，应将发生的支出计入固定资产价值。可资本化的固定资产后续支出发生时，借记“在建工程”等账户，贷记“银行存款”等账户。

【例 4-22】 升达公司扩建车间用厂房，该厂房原值 180 万元，已提折旧 60 万元。扩建中实际发生成本支出 15 万元，拆除部分的变价收入为 2 万元，所发生的支出符合资本化条件。升达公司的相关会计处理如下。

(1) 固定资产转入扩建时：

借：在建工程	1 200 000	
累计折旧	600 000	
贷：固定资产		1 800 000

(2) 发生扩建支出时:

借:在建工程　150 000

　贷:银行存款　150 000

(3) 收到拆除部分的变价收入时:

借:银行存款　20 000

　贷:在建工程　20 000

(4) 工程完工时:

借:固定资产　1 330 000

　贷:在建工程　1 330 000

(二) 费用化的后续支出

与固定资产有关的后续支出,如果不能为企业带来增量经济利益,则应于发生时确认为当期费用。一般情况下,固定资产投入使用之后,由于固定资产磨损、各组成部分耐用程度不同,可能导致固定资产的局部损坏,为了维护固定资产的正常运转和使用,充分发挥其使用效能,企业会对固定资产进行必要的维护。固定资产修理等维护性支出,通常属于这种情况。

固定资产的日常维护支出通常不满足固定资产的确认条件,应在发生时直接计入当期损益。企业生产车间和行政管理部门等发生的固定资产修理费用等后续支出计入管理费用;企业专设销售机构的,其发生的与专设销售机构相关的固定资产修理费用等后续支出计入销售费用。固定资产更新改造支出不满足固定资产确认条件的,也应在发生时直接计入当期损益。

五、固定资产的处置

企业在生产经营过程中,对于那些不适用或不需用的固定资产,可以通过对外出售的方式进行处置;对那些由于使用而不断磨损直到最终报废,或由于技术进步等原因发生提前报废,或由于遭受自然灾害等非正常损失发生毁损的固定资产应及时进行清理。此外,企业因其他原因,如对外投资、捐赠、抵偿债务等而减少的固定资产,也属于固定资产的处置。固定资产处置一般通过"固定资产清理"账户进行核算。

固定资产处置包括固定资产的出售、报废、毁损、对外投资、非货币性资产交换、债务重组等。处置固定资产应通过"固定资产清理"账户核算。具体包括以下几个环节:①固定资产转入清理。企业因出售、报废、毁损、对外投资、非货币性资产交换、债务重组等转出的固定资产,按该项固定资产的账面价值借记"固定资产清理"账户;按已计提的累计折旧借记"累计折旧"账户;按已计提的减值准备借记"固定资产减值准备"账户;按其账面原价贷记"固定资产"账户。②发生清理费用等。固定资产清理过程中应支付的相关税费及其他费用,借记"固定资产清理"账户,贷记"银行存款"等账户。③收回出售固定资产的价款、残料价值和变价收入等,借记"银行存款""原材料"等账户,贷记"固定资产清理"账户。④保险赔偿等的处理。应由保险公司或过失人赔偿的损失,借记"其他应收款"等账户,贷记"固定资产清理"账户。⑤清理净损益的处理。固定资产清理完成后的净损失,属于正常出售、转让所产生的利得或损失,借记或贷记"资产处置损益"账户,贷记或借记"固定资产清理"账户;属于已丧失使用功能正常报废所产生的损失,借记"营业外支出——非流动资产报废"账户,贷记"固定资产清理"账户;属于自然灾害等非正常原因造成的,借记"营业外支出—非常损失"账户,贷记"固定资产清理"账户。

【例 4-23】 升达公司因遭受火灾而毁损一座仓库，该仓库原价 6 000 000 元，已计提折旧 2 000 000 元，未计提减值准备。其残料估计价值 80 000 元，残料已办理入库。发生的清理费用 30 000 元，以现金支付。经保险公司核定应赔偿损失 1 800 000 元，尚未收到赔款。升达公司应做如下会计处理。

(1) 将毁损的仓库转入清理时：

借：固定资产清理	4 000 000	
累计折旧	2 000 000	
贷：固定资产		6 000 000

(2) 残料入库时：

借：原材料	80 000	
贷：固定资产清理		80 000

(3) 支付清理费用时：

借：固定资产清理	30 000	
贷：库存现金		30 000

(4) 确定应由保险公司理赔的损失时：

借：其他应收款	1 800 000	
贷：固定资产清理		1 800 000

(5) 结转毁损固定资产发生的损失时：

借：营业外支出——非常损失	2 150 000	
贷：固定资产清理		2 150 000

第四节 无形资产

视频资源

一、无形资产概述

无形资产，是指企业拥有或者控制的没有实物形态的可辨认非货币性资产，通常包括专利权、非专利技术、商标权、著作权、特许权、土地使用权等。无形资产具有以下特征：

（一）由企业拥有或者控制并能为其带来未来经济利益的资源

无形资产作为一项资产，具有一般资产的本质特征，即由企业拥有或者控制并能为其带来未来经济利益。通常情况下，企业拥有或者控制的无形资产应当拥有其所有权并且能够为企业带来未来经济利益。但在某些情况下并不需要企业拥有其所有权，如果企业有权获得某项无形资产产生的未来经济利益，并能约束其他方获得这些经济利益，则表明企业控制了该无形资产。例如，对于会产生经济利益的技术知识，若其受版权、贸易协议约束（如果允许）等法定权利的保护，那么说明该企业控制了相关利益。

客户关系、人力资源等，由于企业无法控制其带来的未来经济利益，不符合无形资产的定义，不应将其确认为无形资产。

（二）无形资产不具有实物形态

无形资产通常表现为某种权利、某项技术或是某种获取超额利润的综合能力，它们不具有实物形态，比如，土地使用权、非专利技术等。需要指出的是，某些无形资产的存在有赖于实物载体，比如，计算机软件需要存储在介质中，但这并不改变无形资产本身不具有实物形态的特性。一项包含无形和有形要素的资产是属于固定资产还是属于无形资产，需要通过判断来加以确定，通常以哪个要素更重要作为判断的依据。例如，计算机控制的机械工具没有特定计算机软件就不能运行时，该软件构成相关硬件不可缺少的组成部分，该软件应作为固定资产处理；如果计算机软件不是相关硬件不可缺少的组成部分，则该软件应作为无形资产处理。

（三）无形资产具有可辨认性

要作为无形资产进行核算，该资产必须是能够区别于其他资产、可单独辨认的，如企业持有的专利权、非专利技术、商标权、土地使用权、特许权等。满足下列条件之一的，应当认定为其具有可辨认性：能够从企业中分离或者划分出来，并能单独或者与相关合同、资产或负债一起，用于出售、转移、授予许可、租赁或交换；源自合同性权利或其他法定权利，无论这些权利是否可以从企业或其他权利和义务中转移或者分离，如一方通过与另一方签订特许权合同而获得的特许使用权，通过法律程序申请获得的商标权、专利权等。

商誉通常是与企业整体价值联系在一起的，其存在无法与企业自身相分离，不具有可辨认性，不属于本章所指无形资产。商誉只有在企业合并时才可能在会计核算中加以确认和记录。

（四）无形资产属于非货币性资产

非货币性资产是指企业持有的货币资金和将以固定或可确定的金额收取的资产以外的其他资产。无形资产在持有过程中为企业带来未来经济利益的情况不确定，不属于以固定或可确定的金额收取的资产，属于非货币性资产。

二、无形资产的确认条件

无形资产在符合定义的前提下，同时满足以下两个确认条件时，才能予以确认：

（一）与该无形资产有关的经济利益很可能流入企业

资产最基本的特征是产生的经济利益预期很可能流入企业，如果某一项目产生的经济利益预期不能流入企业，就不能确认为企业的资产。对无形资产确认而言，如果某一无形资产的经济利益预期不能流入企业，就不能确认为企业的无形资产；如果某一无形资产的经济利益预期很可能流入企业，并同时满足无形资产确认的其他条件，则企业应将其确认为无形资产。通常情况下，无形资产产生的未来经济利益可能包括在销售商品、提供劳务的收入当中，或者企业使用该项无形资产而减少或节约了成本，或者体现在获得的其他利益当中。例如，生产加工企业在生产工序中使用了某种知识产权，使其降低了未来生产成本。

（二）该无形资产的成本能够可靠地计量

成本能够可靠地计量是确认资产的一项基本条件，对于无形资产而言，这个条件显得更为重要。例如，企业内部产生的品牌、报刊名、刊头、客户名单和实质上类似项目的支出，由于不能与整个业务开发成本区分开来，成本无法可靠计量，因此，不应确认为无形资产。

三、无形资产的构成

无形资产主要包括专利权、商标权、著作权、土地使用权、非专利技术、特许权等。

(一) 专利权

专利权是指国家专利主管机关依法授予发明创造专利申请人对其发明创造在法定期限内所享有的专有权利,包括发明专利权、实用新型专利权和外观设计专利权。它给予持有者独家使用或控制某项发明的特殊权利。《中华人民共和国专利法》明确规定,专利人拥有的专利权受到国家法律保护。专利权是允许其持有者独家使用或控制的特权,但它并不保证一定能给持有者带来经济效益,如有的专利可能会被另外更有经济价值的专利所淘汰等。因此,企业不应将其所拥有的一切专利权都予以资本化,作为无形资产管理和核算。一般而言,只有从外单位购入的专利或者自行开发并按法律程序申请取得的专利,才能作为无形资产管理和核算。这种专利可以降低成本,或者提高产品质量,或者将其转让出去获得转让收入。

企业从外单位购入的专利权,应按实际支付的价款作为专利权的成本。企业自行开发并按法律程序申请取得的专利权,应按照无形资产准则确定的金额作为成本。

(二) 商标权

商标是用来辨认特定的商品或劳务的标记。商标权是指专门在某类指定的商品或产品上使用特定的名称或图案的权利。商标经过注册登记,就获得了法律上的保护。《中华人民共和国商标法》明确规定,经商标局核准注册的商标为注册商标,商标注册人享有商标专用权,受法律的保护。

企业自创的商标并将其注册登记,所花费用一般不大,是否将其资本化并不重要。能够给拥有者带来获利能力的商标,往往是通过多年的广告宣传和其他传播商标名称的手段以及客户的信赖等树立起来的。广告费一般不作为商标权的成本,而是在发生时直接计入当期损益。

按照《中华人民共和国商标法》的规定,商标可以转让,但受让人应保证使用该注册商标的产品质量。如果企业购买他人的商标,一次性支出费用较大的,可以将其资本化,作为无形资产管理。这时,应根据购入商标的价款、支付的手续费及有关费用作为商标的成本。

(三) 著作权

著作权又称版权,是制作者对其创作的文学、科学和艺术作品依法享有的某种特殊权利。著作权包括两方面的权利,即精神权利(人身权利)和经济权利(财产权利)。前者指作品署名、发表作品、确认作者身份、保护作品完整性、修改已经发表的作品等各项权利,包括发表权、署名权、修改权和保护作品完整权;后者指以出版、表演、广播、展览、录制唱片、摄制影片等方式使用作品以及因授权他人使用作品而获得经济利益的权利。

(四) 土地使用权

土地使用权是指国家准许某一企业或单位在一定期间内对国有土地享有开发、利用、经营的权利。企业取得土地使用权,应将取得时发生的支出资本化,作为土地使用权的成本,记入“无形资产”账户。

(五) 非专利技术

非专利技术即专有技术,或技术秘密、技术诀窍,是指先进的、未公开的、未申请专利、可以带来经济效益的技术及诀窍。主要内容包括:一是工业专有技术,即在生产上已经采用,仅限于少数人知道,不享有专利权或发明权的生产、装配、修理、工艺或加工方法的技术知识;二是商业(贸易）专有技术，即具有保密性质的市场情报、原材料价格情报以及用户、竞争对象的情况和有关知识；三是管理专有技术，即生产组织的经营方式、管理方式、培训职工方法等保密知识。非专利技术并不是专利法的保护对象，专有技术所有人依靠自我保密的方式来维持其独占权，可以用于转让和投资。

企业的非专利技术，有些是自己开发研究的，有些是根据合同规定从外部购入的。如果是企业自己开发研究的，应将符合《企业会计准则第 6 号——无形资产》规定的开发支出资本化条件的，确认为无形资产。对于从外部购入的非专利技术，应将实际发生的支出予以资本化，作为无形资产入账。

（六）特许权

特许权，又称经营特许权、专营权，指企业在某一地区经营或销售某种特定商品的权利或是一家企业接受另一家企业使用其商标、商号、技术秘密等的权利。前者一般是指政府机关授权、准许企业使用或在一定地区享有经营某种业务的特权，如水、电、邮电通信等专营权，烟草专卖权等；后者指企业间依照签订的合同，有期限或无期限使用另一家企业的某些权利，如连锁店的分店使用总店的名称等。

四、无形资产的核算

为了核算无形资产的取得、摊销和处置等情况，企业应当设置“无形资产”“累计摊销”等账户。

“无形资产”账户核算企业持有的无形资产成本，借方登记取得无形资产的成本；贷方登记出售无形资产转出的无形资产账面余额；期末借方余额，反映企业无形资产的成本。本账户应按无形资产项目设置明细账，进行明细核算。

“累计摊销”账户属于“无形资产”的调整账户，核算企业对使用寿命有限的无形资产计提的累计摊销；贷方登记企业计提的无形资产摊销；借方登记处置无形资产转出的累计摊销；期末贷方余额，反映企业无形资产的累计摊销额。

（一）无形资产的取得

无形资产应当按照成本进行初始计量。企业取得无形资产的主要方式有外购、自行研究开发等。取得的方式不同，其会计处理也有所差别。

1. 外购无形资产

外购无形资产的成本包括购买价款、相关税费以及直接归属于使该项资产达到预定用途所发生的其他支出。

【例 4-24】　升达公司 2019 年 5 月从外单位购入一项专利权，用银行存款支付买价 300 000 元和手续费 1 000 元。该公司的会计处理如下：

借：无形资产——专利权　　301 000

　　贷：银行存款　　301 000

2. 自行研究开发无形资产

视频资源

企业内部研究开发项目所发生的支出应区分研究阶段支出和开发阶段支出。

（1）研究阶段。研究，指为了获取并理解新的科学或技术知识等进行的独创性的有计划的调查。研究活动的例子包括：意在获取知识而进行的活动；研究成果或其他知识的应用研究、评价和最终选择；材料、设备、产品、工序、系统或服务替代品的研究;新的或经改进的材料、设备、产品、工序、系统或服务的可能替代品的配制、设计、评价和最终选择等。

研究阶段基本上是探索性的,是为进一步的开发活动进行资料及相关方面的准备,已经进行的研究活动将来是否会转入开发、开发后是否会形成无形资产等均具有较大的不确定性。在这一阶段一般不会形成阶段性成果。

(2) 开发阶段。开发,指在进行商业性生产或使用前,将研究成果或其他知识应用于某项计划或设计,以生产出新的或具有实质性改进的材料、装置、产品等。开发活动的例子包括:生产前或使用前的原型和模型的设计、建造和测试;含新技术的工具、夹具、模具和冲模的设计;不具有商业性生产经济规模的试生产设施的设计、建造和运营;新的或经改造的材料、设备、产品、工序、系统或服务所选定的替代品的设计、建造和测试等。

相对于研究阶段而言,开发阶段应当是已完成研究阶段的工作,在很大程度上具备了形成一项新产品或新技术的基本条件。

企业自行开发无形资产发生的研发支出,不满足资本化条件的,借记"研发支出——费用化支出"账户;满足资本化条件的,借记"研发支出——资本化支出"账户,贷记"原材料""银行存款""应付职工薪酬"等账户。研究开发项目达到预定用途形成无形资产的,应按"研发支出——资本化支出"账户的余额,借记"无形资产"账户,贷记"研发支出——资本化支出"账户。期末,应将"研发支出——费用化支出"账户归集的金额转入"管理费用"账户,借记"管理费用"账户,贷记"研发支出——费用化支出"账户。

【例 4-25】 2019 年 1 月 2 日,升达公司的董事会批准研发某项新型技术,该公司董事会认为,研发该项目具有可靠的技术和财务等资源的支持,并且一旦研发成功将降低该公司的生产成本。该公司在研究开发过程中发生材料费用 800 000 元、人工费用 1 000 000 元以及其他费用 500 000 元,总计 2 300 000 元,其中,符合资本化条件的支出为 1 600 000 元。2019 年 12 月 31 日,该项新型技术已经达到预定用途。

本例中,升达公司经董事会批准研发某项新型技术,并认为完成该项新型技术无论从技术方面还是财务等方面都能够得到可靠的资源支持,并且一旦研发成功将降低公司的生产成本。因此,符合条件的开发费用可以资本化。

其次,升达公司在开发该项新型技术时,累计发生了 2 300 000 元的研究与开发支出,其中符合资本化条件的开发支出为 1 600 000 元,其符合"归属于该无形资产开发阶段的支出能够可靠地计量"的条件。

(1) 发生研发支出时:

借:研发支出——费用化支出	700 000	
——资本化支出	1 600 000	
贷:原材料		800 000
应付职工薪酬		1 000 000
银行存款		500 000

(2) 2019 年 12 月 31 日,该项新型技术达到预定用途时:

借:管理费用	700 000	
贷:研发支出——费用化支出		700 000

借：无形资产　　1 600 000

　　贷：研发支出——资本化支出　　1 600 000

3. 投资者投入的无形资产

企业接受投资者投入的无形资产，按投资各方确认的价值，借记“无形资产”账户，贷记“实收资本”等账户。

【例 4-26】　升达公司 2019 年 1 月收到投资者向企业投资的一项无形资产，经投资各方确认的价值为 150 000 元，所确认的价值与投资者所享有的股权份额相等。该公司的会计处理如下：

借：无形资产　　150 000

　　贷：实收资本　　150 000

（二）无形资产的摊销

视频资源

企业应当于取得无形资产时分析判断其使用寿命。使用寿命不确定的无形资产不应摊销，但应当至少在每年年度终了按照《企业会计准则第 8 号——资产减值》的有关规定进行减值测试。如经减值测试表明已发生减值，则需要计提相应的减值准备。使用寿命有限的无形资产应进行摊销。使用寿命有限的无形资产，其残值应当视为零。对于使用寿命有限的无形资产应当自可供使用（即其达到预定用途）当月起开始摊销，处置当月不再摊销。

无形资产摊销方法包括直线法、生产总量法等。企业选择的无形资产的摊销方法，应当反映与该项无形资产有关的经济利益的预期实现方式。无法可靠确定预期实现方式的，应当采用直线法摊销。

企业应当按月对无形资产进行摊销。无形资产的摊销额一般应当计入当期损益，企业自用的无形资产，其摊销金额计入管理费用；出租的无形资产，其摊销金额计入其他业务成本；某项无形资产包含的经济利益通过所生产的产品或其他资产实现的，其摊销金额应当计入相关资产成本。

【例 4-27】　升达公司从某知名公司购入一项商标权，实际成本为 9 000 000 元，使用期限为 15 年。升达公司每月应摊销 50 000(9 000 000÷15÷12)元。每月摊销时，升达公司应做如下会计处理：

借：管理费用　　50 000

　　贷：累计摊销　　50 000

（三）无形资产的处置

1. 出售无形资产

企业出售无形资产时，应按实际取得的转让价款、已计提的摊销金额，借记“银行存款”“累计摊销”等账户；按无形资产的账面余额、增值税税款，贷记“无形资产”“应交税费”账户；按其差额，贷记或借记“资产处置损益”账户。

【例 4-28】　升达公司 2019 年 6 月将其拥有的一项专利权出售，价款为 300 000 元，增值税税额为 18 000 元。该专利权的摊余价值为 230 000 元，累计摊销 170 000 元。该公司的会计处理如下：

借：银行存款　　318 000

累计摊销 170 000

贷:无形资产 400 000

应交税费——应交增值税(销项税额) 18 000

资产处置损益 70 000

2. 出租无形资产

企业出租无形资产时,应按取得的租金收入,借记“银行存款”等账户,贷记“其他业务收入”账户;按计算的无形资产摊销额,借记“其他业务成本”账户,贷记“无形资产”账户;按发生的相关支出,借记“其他业务成本”账户,贷记“银行存款”等账户。

【例4-29】 升达公司2019年1月将其拥有的一项专利权出租给丁公司。合同约定,租期5年,每年租金4万元。该专利权的账面余额为10万元,剩余摊销年限为5年。该公司的会计处理如下。

(1) 每年收取租金时:

借:银行存款 40 000

贷:其他业务收入 40 000

(2) 摊销无形资产成本时:

借:其他业务成本 20 000

贷:无形资产 20 000

【进一步学习指南】

本章主要介绍了非流动金融资产、长期股权投资、固定资产、无形资产等一些常见的非流动资产项目的核算方法。在市场经济条件下,房地产市场日益活跃,企业持有的房地产除了用作自身管理、生产经营活动场所和对外销售之外,出现了将房地产用于赚取租金或增值收益的活动,甚至成为某些企业的主营业务。用于赚取租金或资本增值目的的房地产就是投资性房地产。投资性房地产在用途、状态、目的等方面与企业自用的厂房、办公楼等作为生产经营场所的房地产和房地产开发企业用于销售的房地产是不同的。需要进一步学习的,可以阅读《企业会计准则第3号——投资性房地产》《企业会计准则第30号——财务报表列报》。

【本章知识应用】

情景案例

2017年1月,融创中国控股有限公司(港股上市,股票代码:01918,证券简称:融创中国)以总代价150.41亿元收购乐视网8.61%股权、乐视影业15%股权及乐视致新33.495 9%股权,乐视网、乐视影业及乐视致新成为融创中国的联营企业。融创中国收购乐视以来,有关投资一直受到社会和媒体的广泛关注。

2018年3月29日,融创中国在香港召开了2017年度业绩发布会。董事长孙宏斌在谈到乐视投资问题时表示:“乐视是一个失败的投资,165亿都亏损了,计提为零了,这不是壮士断臂,而是断头了。”

现将融创中国公告的2017年度财务报告中有关乐视投资部分摘录如下：

一、融创中国2017年度利润表及其对乐视投资损益说明的摘录

1. 融创中国的2017年度利润表摘录

融创中国的2017年度利润表摘录如表4-2所示。

表4-2 综合全面收入表(截至二零一七年十二月三十一日止年度)

项　目	附注	截至十二月三十一日止年度	
		二零一七年(人民币千元)	二零一六年(人民币千元)
收入	4	65 873 515	35 343 492
销售成本	10	(52 245 803)	(30 495 461)
毛利		13 627 712	4 848 031
销售及市场推广成本	10	(3 419 436)	(916 229)
行政开支	10	(5 559 302)	(1 339 442)
其他收入及收益	11	27 916 263	3 280 274
其他开支及亏损	12	(10 689 195)	(22 690)
经营溢利		21 876 042	5 849 944
财务收入	13	736 000	392 232
财务成本	13	(5 259 450)	(3 190 588)
财务成本净额		(4 523 450)	(2 798 356)
按权益法入账的应占联营公司及合营公司除税后(亏损)/溢利净额	5	(1 993 604)	1 357 209
除所得税前溢利	14	15 358 988	4 408 797
所得税开支		(3 694 608)	(1 470 438)
年内溢利		11 664 380	2 938 359
其他全面收入		—	—
年内全面收入总额		11 664 380	2 938 359

2. 融创中国对乐视投资有关损益的附注说明(摘录)

1.4　销售及市场推广成本及行政开支

本集团的销售及市场推广成本由截至二零一六年十二月三十一日止年度的人民币9.2亿元增加271.7%至截至二零一七年十二月三十一日止年度的人民币34.2亿元。本集团的行政开支由截至二零一六年十二月三十一日止年度的人民币13.4亿元增加315.0%至截至二零一七年十二月三十一日止年度的人民币55.6亿元。其中，本集团出于谨慎考虑，计提应收乐视相关公司及其关联方的款项的坏账损失准备人民币21亿元。剔除该等因素的影响，本集团的行政开支较截至二零一六年十二月三十一日止年度增加158.1%。

1.6 其他开支及亏损

本集团的其他开支及亏损由截至二零一六年十二月三十一日止年度的人民币0.2亿元增加人民币106.7亿元至截至二零一七年十二月三十一日止年度的人民币106.9亿元，此乃主要由于于截至二零一七年十二月三十一日止年度本集团出于谨慎性考虑，对于乐视相关公司的投资、债务担保共计提约人民币99.8亿元的减值准备。

1.9 按权益法入账的投资的应占业绩

于截至二零一七年十二月三十一日止年度，本集团确认的按权益法入账的投资的应占业绩为亏损人民币19.9亿元，而于截至二零一六年十二月三十一日止年度，本集团确认的按权益法入账的投资的应占除税后溢利净额为人民币13.6亿元。该等变动主要是由于于截至二零一七年十二月三十一日止年度，本集团对于乐视相关公司的投资按权益法入账录得投资损失人民币44.8亿元。剔除该等影响，本集团于截至二零一七年十二月三十一日止年度确认的按权益法入账的投资的应占除税后溢利净额为人民币24.9亿元。

二、融创中国2017年12月31日资产负债表及其对乐视投资附注说明摘录

融创中国2017年12月31日资产负债表及其对乐视投资附注说明摘录，如表4-3、表4-4所示。

表4-3 综合资产负债表（于二零一七年十二月三十一日）

项 目	附注	截至十二月三十一日止年度	
		二零一七年（人民币千元）	二零一六年（人民币千元）
资产			
非流动资产			
物业、厂房及设备		39 262 620	546 526
投资物业		12 821 611	656 046
无形资产		3 637 131	421 353
按权益法入账的投资	5	58 613 221	34 552 860
递延税项资产		1 913 730	2 385 982
可供出售金融资产		871 578	160 000
应收款项		915 750	—
应收关联公司款项		500 016	—
预付款	7	4 950 793	1 657 285
衍生金融工具		14 865	105 359
		123 501 315	40 485 411
流动资产			
发展中物业		271 514 992	106 962 516
持作出售的竣工物业		42 242 613	23 658 662
存货		10 771	—

续表

项　目	附注	截至十二月三十一日止年度	
		二零一七年(人民币千元)	二零一六年(人民币千元)
贸易及其他应收款项	6	18 411 699	8 416 425
合约资产		263 936	—
应收关联公司款项		60 582 774	37 919 092
预付款	7	9 855 281	5 928 319
受限制现金		28 285 601	17 726 623
现金及现金等价物		68 433 256	52 086 050
		499 600 923	252 697 687
资产总额		623 102 238	293 183 098

表 4-4　按权益法入账的投资

于资产负债表确认的金额如下：

项　目	二零一七年 十二月三十一日(人民币千元)	二零一六年 十二月三十一日(人民币千元)
合营公司	32 302 811	24 679 369
联营公司	26 310 410	9 873 491
总计	58 613 221	34 552 860

于收益表内确认的应占投资溢利/(亏损)如下：

项　目	二零一七年(人民币千元)	二零一六年(人民币千元)
应占合营公司溢利	760 084	588 450
应占联合公司(亏损)/溢利	(2 906 689)	247 644
收购合营公司投资所得收益	153 001	521 115
总计	(1 993 604)	1 357 209

资料来源：融创中国 2017 年年度报告。

要求：

请通过巨潮资讯网查阅融创中国的有关乐视投资的信息公告和 2017 年年度报告，讨论如下问题：

1. 融创中国对乐视投资提取了哪几项减值准备，分别计提了多少金额，对其 2017 年的业绩产生多大影响？

2. 融创中国对乐视投资全面计提减值准备，为什么被董事长孙宏斌称为“壮士断头”，该行为对公司应对风险有什么影响？

3. 2018 年 9 月 23 日，融创中国再次以总共 7.7 亿元的底价拍下乐创文娱 21.812 2% 股权和乐融致新 18.38%股权,融创中国成为乐创文娱和乐融致新的实际控制人。融创中国全面计提投资减值准备,对 2018 年底价收购乐创文娱和乐融致新有何影响?

【思考题】

1. 以摊余成本计量的金融资产与以公允价值计量且其变动计入其他综合收益的金融资产有何异同?其初始计量和后续计量如何?

2. 长期股权投资的成本法与权益法在适用范围、核算程序、损益确认等方面有何区别?

3. 固定资产的概念和特征如何?固定资产折旧的本质如何?影响折旧的因素及折旧方法有哪些?不同折旧方法的适用对象及局限性如何?

4. 无形资产的概念和特征如何?企业自创的品牌、商标名、商誉等能否确认为无形资产?

【即测即评】

请扫描二维码,进行即测即评。

第五章 负 债

【学习目标】

1. 理解各主要负债项目的产生原因及偿还方法。

2. 掌握流动负债的内容及核算方法，重点掌握短期借款、合同负债、应付账款、应付票据、应付职工薪酬、应交税费等流动负债的核算方法。

3. 掌握长期负债的内容及核算方法，重点掌握借款费用、长期借款等长期负债的核算方法。

负债是反映企业财务状况的会计要素之一，是企业筹措资金的重要来源，企业负债情况直接影响到企业资本结构的优化程度，加强负债的核算和管理是至关重要的。本章主要介绍流动负债和长期负债的内容及核算方法。负债是指企业过去的交易或者事项形成的、预期会导致经济利益流出企业的现时义务。按偿还期限的长短，负债可分为流动负债和长期负债。负债满足下列条件之一的，应当归类为流动负债：①预计在一个正常营业周期中清偿。②主要为交易目的而持有。③自资产负债表日起一年内到期应予以清偿。④企业无权自主地将清偿推迟至资产负债表日后一年以上。流动负债以外的负债应当归类为非流动负债。

第一节 流 动 负 债

流动负债是指将在一年或超过一年的一个营业周期内偿还的债务，包括短期借款、应付票据、应付账款、合同负债、应付职工薪酬、应交税费、应付股利、应付利息、其他应付款、预提费用、预计负债等。流动负债按其形成原因划分，可分为五类：因借贷形成的流动负债（如短期借款等）、因结算形成的流动负债（如应付票据、应付账款、合同负债等）、因费用延付形成的流动负债（如预提费用等）、因利润分配形成的流动负债（如应付股利等）、因承担法定义务形成的流动负债（如应交税费等）。为了便于管理，这些流动负债在实际工作中往往按照债权人不同进行分类核算。按债权人不同，流动负债大致可以分为对金融机构、对供销商、对职工、对税务机关、对所有者的流动负债。

视频资源

一、对金融机构的流动负债

企业对金融机构的流动负债主要有短期借款和应付利息。

（一）短期借款

短期借款是指企业向银行或其他金融机构等借入的期限在一年以下(含一年)的各种借款。短期借款一般是企业为维持正常的生产经营所需的资金而借入的款项。当企业取得短期借款,就构成了一项流动负债。归还短期借款时,除了要归还借入的本金外,还应支付利息。短期借款的利息,应作为一项财务费用计入当期损益。

为了核算短期借款业务,企业应设置“短期借款”账户。该账户属于负债类账户,贷方登记借入的各种短期借款金额,借方登记归还借款的金额,期末余额在贷方,反映企业尚未偿还的短期借款的本金。本账户应当按照借款种类和金融机构进行明细核算。

（二）应付利息

应付利息核算企业按照合同约定应支付的利息。该账户属于负债类账户,贷方登记资产负债表日按合同计算确定的利息费用,借方登记实际支付的利息费用额,余额一般在贷方,反映已提取未支付的利息额。

企业实际工作中,企业短期借款利息通常是按季、半年支付,或者在借款到期时与本金一起归还。为了正确计算各期的盈亏,通常采用预先提取的办法进行核算,各个月按预计的借款利息,借记“财务费用”账户,贷记“应付利息”账户;实际支付时,按已经预提的利息金额借记“应付利息”账户,按实际支付的利息金额贷记“银行存款”账户,按实际支付的利息金额与预提数的差额(即尚未提取的部分)借记“财务费用”账户。

【例5-1】 南方公司2019年4月1日向银行取得半年期限的贷款100万元,贷款利息为年利率6%,到期一次还本付息。

(1) 4月1日取得银行贷款时:

借:银行存款　　1 000 000

　　贷:短期借款　　1 000 000

(2) 4月至9月每月预提利息5 000(1 000 000×6%÷12)元时:

借:财务费用　　5 000

　　贷:应付利息　　5 000

(3) 9月30日归还借款本息时:

借:短期借款　　1 000 000

　　应付利息　　30 000

　　贷:银行存款　　1 030 000

若企业的短期借款利息是按月支付的,或者利息虽是在借款到期时连同本金一起归还,但利息金额较小,可以不通过应付利息账户进行核算,而在实际支付利息时,直接计入当期损益,借记“财务费用”,贷记“银行存款”等账户。

视频资源

二、对供销商的流动负债

企业对供应商的流动负债主要有应付票据和应付账款,对销售商的流动负债主要有合同负债。

（一）应付票据

应付票据是指企业为购买材料、商品和接受劳务供应等而开出、承兑的商业汇票,包括银行承兑汇票和商业承兑汇票。根据规定,我国商业汇票的付款期限最长不超过6个月,因此,应付票据应归属于流动负债进行核算和管理。

为了客观地反映因签发商业汇票而承担的负债及其归还情况,企业应设置"应付票据"账户。该账户属于负债类账户,贷方登记企业开出并承兑的商业汇票金额;借方登记实际支付应付票据款的金额;期末余额一般在贷方,反映企业尚未到期的商业汇票的票面余额。同时,由于应付票据的偿付时间较短,在会计实务中,一般均按照应付票据的面值入账。企业应当设置"应付票据备查簿",详细登记每一商业汇票的种类、号数和出票日期、到期日、票面余额、交易合同号和收款人姓名或单位名称以及付款日期和金额等资料。应付票据到期结清时,应当在备查簿内逐笔注销。

企业因商品交易签发承兑商业汇票时,应根据增值税专用发票及商业汇票的面值,借记"库存商品""在途物资""原材料""应交税费——应交增值税(进项税额)"等,贷记"应付票据"账户;企业因以前的商品交易而形成的尚未支付的应付账款,经购销双方商定,改为商业汇票结算方式支付货款,企业的应付账款流动负债转化为应付票据流动负债,应按商业汇票的面值,借记"应付账款",贷记"应付票据"账户。支付银行承兑汇票的手续费,应当计入当期财务费用,借记"财务费用"账户,贷记"银行存款"账户。

应付票据到期支付款项时,借记"应付票据"账户,贷记"银行存款"账户。如企业无力支付到期的商业承兑汇票票款,应将应付票据按账面金额转作应付账款,借记"应付票据"账户,贷记"应付账款"账户;如企业无力支付到期的银行承兑汇票票款,应将应付票据按账面金额转作短期借款,借记"应付票据"账户,贷记"短期借款"账户。

【例5-2】 南方公司2019年3月1日向沪海公司赊购一批材料,双方协商采用商业承兑汇票结算方式结算货款,增值税专用发票标明价款100 000元,增值税税款13 000元。当日材料验收入库,公司开出并承兑商业承兑汇票113 000元,期限3个月。

(1) 南方公司在材料验收入库,签发并承兑商业承兑汇票时:

借:原材料	100 000	
应交税费——应交增值税(进项税额)	13 000	
贷:应付票据		113 000

(2) 到期付款时:

借:应付票据	113 000	
贷:银行存款		113 000

(3) 如果票据到期,南方公司无力支付票据款项,则应将其转为应付账款:

借:应付票据	113 000	
贷:应付账款		113 000

(二) 应付账款

应付账款是指企业因购买商品、材料或接受劳务供应等应支付给供应企业的款项。应付账款与其他应付款不同,因购销活动或提供劳务而产生的应付未付款属于应付账款,而购销活动或提供劳务以外的事项而产生的应付款属于其他应付款。另外,应付账款与应付票据不同,应付账款是因购销活动或提供劳务而产生的尚未结清的债务,而应付票据虽然也是因购销活动或提供劳务而产生的债务,但它具有商业汇票这一承诺付款的书面证明。

为了核算企业应付账款的形成及偿还情况，企业应设置"应付账款"账户。该账户属于负债类账户，贷方登记形成的应付未付款项；借方登记应付账款的偿还额；期末余额一般在贷方，表示期末企业尚未支付的应付款项。该账户应当按照不同的债权人进行明细核算。

应付账款是企业因购买商品、材料或接受劳务供应等应支付给供应单位的款项，因此，企业应在所购货物的所有权相关的风险和报酬已经转移或所购买的劳务已经接受时确认应付账款。在实务中，为了使购入货物的金额、品种、数量和质量与合同规定的条款相符，避免因验收时发现所购物资的数量或质量存在问题而对入账的物资或应付账款金额进行改动，通常是依据货物与账单是否到达来区别情况处理。若发票账单及货物同时到达，则待货物验收入库后，应付账款按发票账单登记入账，借记"原材料""库存商品""应交税费——应交增值税（进项税额）"，贷记"应付账款"账户；若发票账单未到，平时则不予登记，月份终了将所购货物及应付账款按暂估价入账，借记"原材料""库存商品"，贷记"应付账款"账户，并于下月初用红字冲回。

【例 5-3】 南方公司 2019 年 8 月 1 日赊购一批材料，增值税专用发票标明价款 50 000 元，增值税税款 6 500 元。当日材料验收入库，款项未支付。

（1）购货时：

借：原材料	50 000	
应交税费——应交增值税（进项税额）	6 500	
贷：应付账款		56 500

（2）支付货款时：

借：应付账款	56 500	
贷：银行存款		56 500

（三）合同负债

合同负债是企业已收或应收客户对价而应向客户转让商品的义务。根据合同的约定，企业在向客户转让商品或提供劳务之前，客户已经支付了合同对价或企业已经取得了无条件收取合同对价权利的，企业应当在客户实际支付款项与到期应支付款项孰早时点，按照该已收或应收的金额确认合同负债。

企业在核算预收账款时，常用的方法有两种：一是单独设置"合同负债"账户。该账户属于负债类账户，企业在向客户转让商品之前，客户已经支付了合同对价或企业已经取得了无条件收取合同对价权利的，企业应按该已收或应收的金额登记在该账户的贷方；而在企业向客户转让相关商品时，登记在该账户的借方。账户的期末贷方余额，反映企业已收或应收客户对价而应向客户转让商品的义务。二是设置"合同结算"账户，以核算同一合同下属于在某一时段内履行履约义务涉及与客户结算对价的合同资产或合同负债。资产负债表日，"合同结算"账户的期末余额在借方的，在资产负债表中根据其流动性分别列示为"合同资产"或"其他非流动资产"项目；期末余额在贷方的，在资产负债表中根据其流动性分别列示为"合同负债"或"其他非流动负债"项目。

【例 5-4】 南方公司于 2019 年 7 月 5 日与客户签订一项 300 000 元的销货合同，适用增值税税率为 13%，并预收 40% 的货款。南方公司在 8 月 10 日按合同发出全部货物。余款在 8 月 15 日全部结清。

(1) 7月5日收到货款的40%时:

借:银行存款　120 000

　　贷:合同负债　120 000

(2) 8月10日发出商品时:

借:合同负债　339 000

　　贷:主营业务收入　300 000

　　　　应交税费——应交增值税(销项税额)　39 000

(3) 8月15日收到余款时:

借:银行存款　219 000

　　贷:合同负债　219 000

三、对职工的流动负债

对职工的流动负债主要指应该支付而尚未支付的职工薪酬——应付职工薪酬。

(一) 职工薪酬的内容

视频资源

职工薪酬是指企业为获得职工提供的服务或解除劳动关系而给予的各种形式的报酬或补偿。职工,是指与企业订立劳动合同的所有人员,含全职、兼职和临时职工,也包括虽未与企业订立劳动合同但由企业正式任命的人员。未与企业订立劳动合同或未由其正式任命,但向企业所提供服务与职工所提供服务类似的人员,也属于职工的范畴,包括通过企业与劳务中介公司签订用工合同而向企业提供服务的人员。

职工薪酬包括短期薪酬、离职后福利、辞退福利和其他长期职工福利。企业提供给职工配偶、子女、受赡养人、已故员工遗属及其他受益人等的福利,也属于职工薪酬。职工薪酬主要包括以下内容:

1. 短期薪酬

短期薪酬是指企业在职工提供相关服务的年度报告期间结束后12个月内需要全部予以支付的职工薪酬,但因解除与职工的劳动关系给予的补偿除外。短期薪酬具体包括:职工工资、奖金、津贴和补贴,职工福利费,医疗保险费、工伤保险费和生育保险费等社会保险费,住房公积金,工会经费和职工教育经费,短期带薪缺勤,短期利润分享计划,非货币性福利以及其他短期薪酬。

其中,带薪缺勤是指企业支付工资或提供补偿的职工缺勤,包括年休假、病假、短期伤残、婚假、产假、丧假、探亲假等。利润分享计划,是指因职工提供服务而与职工达成的基于利润或其他经营成果提供薪酬的协议。

2. 离职后福利

离职后福利是指企业为获得职工提供的服务而在职工退休或与企业解除劳动关系后,提供的各种形式的报酬和福利,但短期薪酬和辞退福利除外。

企业应当将离职后福利计划分类为设定提存计划和设定受益计划。离职后福利计划,是指企业与职工就离职后福利达成的协议,或者企业为向职工提供离职后福利制定的规章或办法等。其中,设定提存计划,是指向独立的基金缴存固定费用后,企业不再承担进一步支付义务的离职后福利计划;设定受益计划,是指除设定提存计划以外的离职后福利计划。

3. 辞退福利

辞退福利是指企业在职工劳动合同到期之前解除与职工的劳动关系,或者为鼓励职工自愿接受裁减而给予职工的补偿。

4. 其他长期职工福利

其他长期职工福利是指除短期薪酬、离职后福利、辞退福利之外所有的职工薪酬,包括长期带薪缺勤、长期残疾福利、长期利润分享计划等。

(二) 应付职工薪酬核算的账户设置

为核算企业根据有关规定应付给职工的各种薪酬,企业应设置"应付职工薪酬"账户。该账户属于负债类账户,借方登记各种实际发放职工薪酬的金额,包括扣还的款项等;贷方登记已分配计入有关成本费用项目的应付职工薪酬的金额;账户期末贷方余额反映企业应付未付职工薪酬。

"应付职工薪酬"账户应当按照"工资、奖金、津贴和补贴""职工福利费""非货币性福利""社会保险费""住房公积金""工会经费和职工教育经费""带薪缺勤""利润分享计划""设定提存计划""设定受益计划义务""辞退福利"等职工薪酬项目进行明细核算。

视频资源

(三) 货币性短期薪酬的核算

企业应当在职工为其提供服务的会计期间,根据职工提供服务的受益对象,将应确认的职工薪酬全部计入当期费用或相关资产成本,同时确认应付职工薪酬负债。其中,生产部门人员的职工薪酬应借记"生产成本""制造费用"账户,管理部门人员的职工薪酬应借记"管理费用"账户,销售人员的职工薪酬应借记"销售费用"账户,由在建工程、研发支出负担的职工薪酬应借记"在建工程""研发支出"账户,贷记"应付职工薪酬"账户。

企业按照有关规定向职工支付各种职工薪酬等,借记"应付职工薪酬"账户,贷记"银行存款""库存现金"等账户。企业从应付职工薪酬中扣还的各种款项(如代垫的家属药费、个人所得税等),借记"应付职工薪酬"账户,贷记"其他应收款""应交税费——应交个人所得税"等账户。

企业在确认应付职工薪酬金额时,很多项目是国家统一规定了计提基础和计提比例,比如,应向社会保险经办机构缴纳的医疗保险费、养老保险费、失业保险费、工伤保险费、生育保险费等社会保险费,应向住房公积金管理中心缴存的住房公积金,以及应向工会部门缴纳的工会经费等,应当在职工为其提供服务的会计期间内按照国家规定的标准计提。国家没有明确规定计提基础和计提比例的,企业应当根据历史经验数据和自身实际情况,计算确定应付职工薪酬金额。企业为职工缴纳的医疗保险费、工伤保险费、生育保险费等社会保险费和住房公积金,以及按规定提取的工会经费和职工教育经费,应当在职工为其提供服务的会计期间,根据规定的计提基础和计提比例计算确定相应的职工薪酬金额,确认应付职工薪酬负债,并计入当期损益或相关资产成本。按规定的计提基础和计提比例计算提取时,借记"生产成本""制造费用""管理费用""销售费用"等账户,贷记"应付职工薪酬"账户。

【例 5-5】 南方公司 2018 年 9 月末将工资结算单汇总如表 5-1 所示,应分配的职工工资总额为:生产车间工人工资 80 000 元,按工时比例分配。生产车间管理人员工资 10 000 元,行政管理人员工资 20 000 元,销售人员工资 30 000 元。根据规定,该企业按职工工资的 30% 承担医疗保险费及失业保险费等社会保险费和按 12% 承担住房公积金。企业按规定代扣职工个人所得税 2 670 元。10 月 10 日企业通过银行支付职工工资 137 330 元，10 月 14 日企业以银行存款交纳个人所得税 2 670 元。

另外，公司于月末根据在岗职工数量和食堂补贴标准计提食堂福利费 23 400 元。其中，计入生产成本、制造费用、管理费用和销售费用的职工福利费分别为 18 000 元、1 200 元、1 800 元和 2 400 元。

表 5-1 职工薪酬费用分配表

2018 年 9 月 单位：元

应借账户	分配对象				
	工资、奖金、津贴和补贴	社会保险（30%）	住房公积金（12%）	合计	代扣个人所得税
生产成本	80 000	24 000	9 600	113 600	1 100
制造费用	10 000	3 000	1 200	14 200	250
管理费用	20 000	6 000	2 400	28 400	600
销售费用	30 000	9 000	3 600	42 600	720
合计	140 000	42 000	16 800	198 800	2 670

(1) 9 月末根据上述职工薪酬费用分配表做会计分录如下：

借：生产成本 113 600
　　制造费用 14 200
　　管理费用 28 400
　　销售费用 42 600
　　贷：应付职工薪酬——工资、奖金、津贴和补贴 140 000
　　　　　　　　　　——社会保险费 42 000
　　　　　　　　　　——住房公积金 16 800

(2) 代扣个人所得税应编写会计分录如下：

借：应付职工薪酬——工资、奖金、津贴和补贴 2 670
　　贷：应交税费——应交个人所得税 2 670

(3) 计提职工食堂福利费的会计分录如下：

借：生产成本 18 000
　　制造费用 1 200
　　管理费用 1 800
　　销售费用 2 400
　　贷：应付职工薪酬——职工福利费 23 400

(4) 10 月 10 日企业通过银行支付职工工资时，应编写会计分录如下：

借：应付职工薪酬——工资、奖金、津贴和补贴 137 330
　　贷：银行存款 137 330

(5) 10 月 14 日企业以银行存款交纳个人所得税时，应编写会计分录如下：

借：应交税费——应交个人所得税 2 670

贷:银行存款 2 670

(四)短期带薪缺勤的核算

对于带薪缺勤,企业应当根据其性质及职工享有的权利,分为累积带薪缺勤和非累积带薪缺勤分别进行会计核算。如果带薪缺勤属于长期带薪缺勤,企业应当作为其他长期职工福利处理。

累积带薪缺勤,是指带薪缺勤权利可以结转下期的带薪缺勤,本期尚未用完的带薪缺勤权利可以在未来期间使用。企业应当在职工提供服务从而增加了其未来享有的带薪缺勤权利时,确认与累积带薪缺勤相关的职工薪酬,并以累积未行使权利而增加的预期支付金额计量。确认与累积带薪缺勤相关的职工薪酬时,借记“管理费用”等账户,贷记“应付职工薪酬——带薪缺勤——短期带薪缺勤——累积带薪缺勤”账户。

非累积带薪缺勤,是指带薪缺勤权利不能结转下期的带薪缺勤,本期尚未用完的带薪缺勤权利将予以取消,并且职工离开企业时也无权获得现金支付。企业职工休婚假、产假、探亲假、病假期间的工资通常属于非累积带薪缺勤。由于职工提供服务本身不能增加其能够享受的福利金额,企业在职工未缺勤时不应当计提相关的费用和负债。因此,企业应当在职工实际发生缺勤的会计期间确认与非累积带薪缺勤相关的职工薪酬。非累积带薪缺勤相关的职工薪酬已经包括在企业每期向职工发放的工资等薪酬中,这时,就不必做额外的账务处理。

【例5-6】 南方公司共有1 000名职工,公司从2018年1月1日起实行累积带薪缺勤制度。制度规定每个职工每年可享受5个工作日带薪年休假,未使用的年休假只能向后结转一个公历年度,否则该权利作废;职工年休假时,首先使用当年可享受的权利,再从上年结转的带薪年休假中扣除。

2018年12月31日,统计显示该企业职工2018年平均未使用带薪年休假为2天。根据过去的经验预计,公司2019年将有800名员工享受不超过5天的带薪年休假;有150名员工将享受6天的带薪年休假,其中销售人员120名,管理人员30名;有50名员工(假设均为管理人员)将享受7天的年休假。该公司职工平均日工资为380元。

公司在2018年12月31日应当预计由于职工累积未使用的带薪年休假权利而导致预期将支付的职工薪酬负债,即相当于250(150×1+50×2)天的年休假工资95 000(250×380)元,并做如下账务处理:

应计入销售费用的职工薪酬金额=120×1×380=45 600(元)

应计入管理费用的职工薪酬金额=30×1×380+50×2×380=49 400(元)

借:销售费用 45 600

管理费用 49 400

贷:应付职工薪酬——带薪缺勤——短期带薪缺勤——累积带薪缺勤 95 000

(五)非货币性福利的核算

企业向职工提供非货币性福利的,应当按照公允价值计量。公允价值不能可靠计量的,可以采用成本计量。

企业向职工提供的非货币性福利,应当分别不同情况处理:企业以其自产产品或外购商品作为非货币性福利发放给职工的,应当根据受益对象,按照该产品的公允价值和相关税费计入当期损益或相关资产成本,同时确认职工薪酬负债;企业将拥有的房屋等资产无偿提供给职工使用的,应当根据受益对象,将住房每期的公允价值计入当期损益或相关资产成本,同时确认职工薪酬负债。

【例 5-7】 某公司为一家家电生产企业,共有职工 500 名,其中 380 名生产人员,20 名车间管理人员,60 名销售人员,40 名企业管理人员。2019 年 12 月,公司以其自产的每台生产成本为 1 000 元、市场售价为 1 800 元、增值税税率为 13% 的空调作为春节福利发放给职工,每位职工发放自产空调 1 台,共发放空调 500 台;公司在其全国 6 个销售网点所在城市租赁公寓向其销售人员免费提供住宿,月租金共 90 000 元。

(1) 确认发放空调的非货币性福利:

应计入生产成本的职工薪酬金额 = 380×1 800×(1+13%) = 772 920(元)

应计入制造费用的职工薪酬金额 = 20×1 800×(1+13%) = 40 680(元)

应计入管理费用的职工薪酬金额 = 40×1 800×(1+13%) = 81 360(元)

应计入销售费用的职工薪酬金额 = 60×1 800×(1+13%) = 122 040(元)

借:生产成本	772 920	
制造费用	40 680	
管理费用	81 360	
销售费用	122 040	
贷:应付职工薪酬——非货币性福利	1 017 000	

(2) 向职工发放空调时:

主营业务收入 = 500×1 800 = 900 000(元)

应交税费 = 500×1 800×13% = 117 000(元)

借:应付职工薪酬——非货币性福利	1 017 000	
贷:主营业务收入		900 000
应交税费——应交增值税(销项税额)		117 000
借:主营业务成本	500 000(500×1 000)	
贷:库存商品——空调		500 000

(3) 确认为职工免费提供住房的非货币性福利:

借:销售费用	90 000	
贷:应付职工薪酬——非货币性福利		90 000

(六) 离职后福利的核算

离职后福利,是指企业为获得职工提供的服务而在职工退休或与企业解除劳动关系后,提供的各种形式的报酬和福利,短期薪酬和辞退福利除外。企业的离职后福利既包括养老金、一次性的退休金支付等退休福利,也包括离职后的人寿保险、离职后的医疗保险等其他离职后福利。职工的离职后福利是其与企业签订的劳动合同到期时,或者职工达到国家规定的退休年龄时获得的离职后生活补偿金,按照权责发生制原则,这种补偿的事项是源于职工在职时提供的服务而不是退休本身,因此,企业应当在职工提供服务的会计期间进行确认和计量。

企业将根据离职后福利计划将离职后福利分类为设定提存计划和设定受益计划两种类型核算。

1. 设定提存计划

设定提存计划是指企业向独立的基金缴存固定费用后,不需要再承担进一步支付义务的离职后福利计划。企业在每个期间的义务取决于该期间将要提存的金额,在计量义务或费用时不需要精算假设,通常也不存在精算利得或损失。

企业应当在职工为其提供服务的会计期间,将根据设定提存计划计算的应缴存金额确认为应付职工薪酬负债,并计入当期损益或相关资产成本。

【例5-8】 承例5-5,南方公司根据当地政府规定,按照职工工资总额的12%计提住房公积金。2018年9月,根据表5-1所示,企业应缴存的住房公积金总额为16 800元。其中,应计入生产成本9 600元,应计入制造费用1 200元,应计入管理费用2 400元,应计入销售费用3 600元。该企业应编制如下会计分录:

借:生产成本	9 600	
制造费用	1 200	
管理费用	2 400	
销售费用	3 600	
贷:应付职工薪酬——设定提存计划——住房公积金		16 800

2. 设定受益计划

设定受益计划是除设定提存计划以外的离职后福利计划。当企业通过以下方式负有法定义务时,该计划就是一项设定受益计划:一是计划福利公式不仅与提存金额相关,且要求企业在资产不足以满足该公式的福利时提供进一步的提存金;二是通过计划间接或直接地对提存金的特定回报做出担保。

设定提存计划与设定受益计划的区别取决于计划的主要条款和条件所包含的经济实质。在设定提存计划下,企业的法定义务是以企业向基金的缴存额为限,职工所取得的离职后福利金额取决于向离职后福利计划或保险公司支付的提存金金额,以及提存金所产生的投资回报,从而精算风险(即福利将少于预期)和投资风险(即投资的资产将不足以支付预期的福利)实质上由职工承担。在设定受益计划下,企业的法定义务是为现在及以前的职工提供约定的福利,并且精算风险和投资风险实质上由企业承担。如果精算或投资的实际结果低于预期,则企业的义务将会增加。

视频资源

四、对税务机关的流动负债

企业对税务部门的流动负债主要为应交税费。

企业应按照税法规定向国家交纳各种税费。目前企业应交纳的税费主要有增值税、消费税、所得税、资源税、土地增值税、城市维护建设税、房产税、土地使用税、车船税、教育费附加等。在企业发生纳税义务时,应该按照权责发生制原则,将有关税款计入费用或其他相应项目,而这些税金在尚未交纳之前会暂留在企业,因而会形成对税务机关的流动负债。

为了反映各种税金的形成和交纳情况,企业应设置"应交税费"账户。该账户属于负债类账户,贷方登记应交纳的各种税费;借方登记实际交纳的税费;期末贷方余额反映企业尚未交纳的税费,借方余额则反映企业多交或尚未抵扣的税费。该账户应当按照应交税费的种类进行明细核算。企业代扣代交的个人所得税,也通过本账户核算。

值得注意的是,并非所有的税金都通过"应交税费"账户,例如印花税、耕地占用税等,这些税金在交纳的同时直接计入相关费用,企业无须预计应交税费数额,也就没有必要通过“应交税费”账户核算。

(一)应交增值税

增值税是以商品(含应税服务)在流转过程中实现的增值额作为计税依据而征收的一种流转税。从计税原理上说,增值税是对商品生产、流通、服务中多个环节的新增价值征收的一种流转税。增值税是一种价外税,税款不包含在商品价格内。销售方收取的价款包括销售款和增值税税款两部分,增值税税款由购买方承担。实际税收征管工作中,商品新增价值在生产和流通过程中很难准确计算,国际上普遍采用税款抵扣的办法来计算征收增值税。纳税人可以根据销售商品或服务的销售额,按规定的税率计算出销售税额,然后扣除取得该商品或服务时所支付的增值税款,其差额就是增值部分应交的税额。

按照增值税法的规定,在我国境内发生应税交易(包括销售货物、服务、无形资产、不动产和金融商品)以及进口货物,应当依法缴纳增值税。在我国境内发生应税交易且销售额达到增值税起征点(季销售额30万元)的单位和个人,以及进口货物的收货人,为增值税的纳税人。销售额未达到增值税起征点的单位和个人,可以自愿选择依法缴纳增值税。

增值税的计税方法分为一般计税方法和简易计税方法。一般计税方法按照销项税额抵扣进项税额后的余额计算应纳税额。简易计税方法按照应税交易销售额和征收率计算应纳税额,不得抵扣进项税额。我国增值税法规定,发生应税交易应当按照一般计税方法计算缴纳增值税,国务院规定适用简易计税方法的除外。

1. 一般计税方法的会计处理

采用一般计税方法时,当期应纳税额按照当期销项税额抵扣当期进项税额后的余额计算。如果当期进项税额大于当期销项税额,差额部分可以结转下期继续抵扣。应纳税额的计算公式为:

$$\text{当期应纳税额}=\text{当期销项税额}-\text{当期进项税额}$$

$$\text{销项税额}=\text{销售额}\times\text{税率}$$

公式中,销项税额,是指纳税人发生应税交易时按照销售额乘以规定的税率计算的增值税额。进项税额,是指纳税人购进的与应税交易相关的货物、服务、无形资产、不动产和金融商品支付或者负担的增值税额。实务中进项税额应当凭合法有效凭证抵扣。销售额,是指纳税人发生应税交易取得的与之相关的对价,包括全部货币或者非货币形式的经济利益。应该注意的是,由于增值税是价外税,无论是一般计税方法还是简易计税方法,公式中的销售额不包括按照一般计税方法计算的销项税额和按照简易计税方法计算的应纳税额。如果纳税人销售货物或提供服务采用销售额和销项税额合并定价方法的,应该按公式“销售额=含税销售额÷(1+税率)”还原为不含税销售额。

我国增值税法规定,增值税税率分为13%、9%、6%和零税率。①纳税人销售货物,销售加工修理修配、有形动产租赁服务,进口货物,除第②、④、⑤另有规定外,税率为13%。②纳税人销售交通运输、邮政、基础电信、建筑、不动产租赁服务,销售不动产,转让土地使用权,销售或者进口如下货物,除第④、⑤另有规定外,税率为9%:农产品、食用植物油、食用盐;自来水、暖气、冷气、热水、煤气、石油液化气、天然气、二甲醚、沼气、居民用煤炭制品;图书、报纸、杂志、音像制品、电子出版物;饲料、化肥、农药、农机、农膜。③纳税人销售服务、无形资产、金融商品,除第①、

②、⑤另有规定外，税率为6%。④纳税人出口货物，税率为零；国务院另有规定的除外。⑤境内单位和个人跨境销售国务院规定范围内的服务、无形资产，税率为零。

视频资源

（1）增值税核算的账户设置。

为了核算企业应交增值税的发生、抵扣、交纳、退税及转出情况，采用一般计税方法的增值税一般纳税人应当在“应交税费”总账下设置“应交增值税”“未交增值税”“待转销项税额”等明细账。

纳税人的“应交税费——应交增值税”明细账下应设置进项税额、销项税额抵减、已交税金、转出未交增值税、减免税款、销项税额、出口退税、进项税额转出、转出多交增值税等专栏。其中，①“进项税额”专栏，记录企业购进货物、服务、无形资产、不动产或金融商品而支付或负担的、准予从当期销项税额中抵扣的增值税税额；②“销项税额抵减”专栏，记录企业按照增值税法规规定因扣减销售额而减少的销项税额；③“已交税金”专栏，记录企业当月已交纳的应交增值税税额；④“转出未交增值税”和“转出多交增值税”专栏，分别记录企业月度终了转出当月应交未交或多交的增值税税额；⑤“减免税款”专栏，记录企业按增值税法规规定准予减免的增值税税额；⑥“销项税额”专栏，记录企业销售货物、服务、无形资产、不动产或金融商品等而应收取的增值税税额；⑦“出口退税”专栏，记录企业出口货物、服务、无形资产而按规定退回的增值税税额；⑧“进项税额转出”专栏，记录企业购进货物、服务、无形资产、不动产或金融商品等发生非正常损失以及其他原因而不应从销项税额中抵扣、按规定转出的进项税额。

“未交增值税”明细账，核算纳税人月度终了从“应交增值税”明细账转入当月应交未交、多交或预交的增值税税额，以及当月交纳以前期间未交的增值税税额。

“待转销项税额”明细账，核算纳税人销售货物、服务、无形资产或不动产或金融商品，已确认收入（或利得）但尚未发生增值税纳税义务而须于以后期间确认销项税额的增值税税额。

（2）一般购销业务的会计处理。

采用一般计税方法的增值税纳税人，从税务角度看有如下特点。一是企业销售货物或提供劳务可以开具增值税专用发票。二是取得下列合法有效凭证的进项税额准予从销项税额中抵扣：①从销售方或提供方取得的增值税专用发票上注明的增值税税额；②从海关进口完税凭证上注明的增值税税额；③购进农产品，按照农产品收购发票或销售发票上注明的农产品买价和9%（用于贸易或9%、6%货物或服务的）或10%（用于生产税率为13%的农产品的）的扣除率计算的进项税额；④从境外单位或个人购进服务、无形资产或者不动产，从税务机关或扣缴义务人取得的解缴税款的完税凭证上注明的增值税税额；⑤纳税人支付的道路、桥、闸通行费发票上注明的收费金额和规定的方法计算的可抵扣的增值税进项税额。

纳税人购进货物、服务、无形资产、不动产或金融商品，按应计入相关成本费用或资产的金额，借记“在途物资”或“原材料”“库存商品”“生产成本”“无形资产”“固定资产”“管理费用”等账户；按当月已认证的可抵扣增值税税额，借记“应交税费——应交增值税（进项税额）”账户；按当月未认证的可抵扣增值税税额，借记“应交税费——待认证进项税额”账户；按应付或实际支付的金额，贷记“应付账款”“应付票据”“银行存款”等账户。应该说明的是，企业购入材料、商品等不能取得合法有效抵扣凭证的，发生的增值税应计入材料、商品的成本。

企业发生销售货物、服务等应税交易行为时，应当按应收或已收的金额，借记“应收账款”“应收票据”“银行存款”等账户；按取得的收入金额，贷记“主营业务收入”“其他业务收入”等账户；按增值税法规规定计算的销项税额，贷记“应交税费——应交增值税（销项税额）”账户。

如果按企业会计准则确认收入或利得的时点早于按照增值税制度确认增值税纳税义务发生时点的，应将相关销项税额计入“应交税费——待转销项税额”账户，待实际发生纳税义务时再转入“应交税费——应交增值税（销项税额）”账户。如果按照增值税法规确认增值税纳税义务发生时点早于按照企业会计准则确认收入或利得的时点的，应将应纳增值税税额，借记“应收账款”账户，贷记“应交税费——应交增值税（销项税额）”账户。

【例 5-9】 南方公司适用增值税税率为 13%，2019 年 8 月购进原材料一批，增值税专用发票列示买价为 200 000 元，增值税税额为 26 000 元；收购农产品一批，农产品收购发票上注明的买价为 100 000 元，规定的扣除率为 9%。上述材料均已验收入库，款项均以银行存款支付。该企业当期实现含税销售额为 678 000 元，款项已收到。

① 应交税费计算如下：

收购农产品可抵扣进项税额 = 100 000×9% = 9 000（元）

销售额 = 678 000÷(1+13%) = 600 000（元）

本期销项税额 = 600 000×13% = 78 000（元）

② 购进货物的会计分录为：

借：原材料	291 000（200 000+91 000）
应交税费——应交增值税（进项税额）	35 000（26 000+9 000）
贷：银行存款	326 000（226 000+100 000）

③ 销售货物的会计分录为：

借：银行存款	678 000
贷：主营业务收入	600 000
应交税费——应交增值税（销项税额）	78 000

(3) 不予抵扣项目的会计处理。

我国增值税法规定，下列进项税额不得从销项税额中抵扣：①用于简易计税方法计税项目、免征增值税项目、集体福利或者个人消费的购进货物、服务、无形资产、不动产和金融商品对应的进项税额，其中涉及的固定资产、无形资产和不动产，仅指专用于上述项目的固定资产、无形资产和不动产；②非正常损失项目对应的进项税额；③购进并直接用于消费的餐饮服务、居民日常服务和娱乐服务对应的进项税额；④购进贷款服务对应的进项税额；⑤国务院规定的其他进项税额。

对于按规定不予抵扣的进项税额，账务处理上可以采用两种不同的方法：第一，购入货物时即能认定其进项税额不能抵扣的，如购入货物直接用于免税项目的，或者用于简易计税方法计税项目的，或者直接用于集体福利和个人消费的，或者用于消费的餐饮服务、居民日常服务和娱乐服务的，其增值税专用发票上注明的增值税额，应计入相关成本费用，其进项税额不得从销项税额中抵扣。第二，因发生非正常损失或改变用途等，导致原已计入进项税额但按现行增值税制度规定不得从销项税额中抵扣的，应将进项税额转出，借记“待处理财产损溢”“应付职工薪酬”“固定资产”等账户，贷记“应交税费——应交增值税（进项税额转出）”账户。

【例 5-10】 南方公司适用增值税税率为 13%,2019 年 9 月购进材料一批,增值税专用发票列示买价为 300 000 元,增值税税额为 39 000 元,上述材料已验收入库,款项均以银行存款支付。该企业为集体福利领用上述材料 200 000 元,该批材料购入时的增值税税额为 26 000 元。

① 购入材料的会计分录为:

借:原材料 300 000

应交税费——应交增值税(进项税额) 39 000

贷:银行存款 339 000

② 集体福利领用材料的会计分录为:

借:应付职工薪酬 226 000

贷:原材料 200 000

应交税费——应交增值税(进项税额转出) 26 000

(4) 视同应税交易的会计处理。

企业有些交易和事项按照增值税法规定,应视同对外销售货物计算交纳增值税:将自产、委托加工的货物用于集体福利或个人消费;无偿赠送货物,但用于公益事业的除外;无偿赠送无形资产、不动产或金融商品,但用于公益事业的除外;国务院财政、税务主管部门规定的其他情形。

企业发生视同应税交易的行为,应当按照增值税法规规定计算交纳增值税。在这些情况下,企业应当根据实际销售的具体内容,按照企业会计准则相关规定进行相应的会计处理,并按照增值税法规规定计算的销项税额,借记"应付职工薪酬""营业外支出"等账户,贷记"应交税费——应交增值税(销项税额)"账户。

【例 5-11】 南方公司适用的增值税税率为 13%,2018 年 6 月以公司生产的产品对外赠送,该批产品的实际成本为 800 000 元,售价为 1 000 000 元。开具的增值税专用发票上注明的增值税税额为 130 000 元。

借:营业外支出 930 000

贷:库存商品 800 000

应交税费——应交增值税(销项税额) 130 000(1 000 000×13%)

(5) 交纳增值税的会计处理。

纳税人销售货物收取的增值税税额抵扣其本期的进项税额后的余额,才是纳税人实际应交纳的增值税税额。企业交纳本期应交增值税税额时,应借记"应交税费——应交增值税(已交税金)",贷记"银行存款"账户。

本期交纳税金后,企业期末应将未交或多交增值税转入"应交税费——未交增值税"明细账,以分别反映纳税人欠交增值税税额和待抵扣增值税税额的情况,避免出现企业用当期尚未抵扣的进项税额抵以前月份欠交增值税的情况。月份终了,企业应将当月应交未交的增值税税额或当月多交增值税税额,分别从"应交税费——应交增值税"明细账的"转出未交增值税"或"转出多交增值税"专栏,转入"应交税费——未交增值税"明细账。经过结转后,"应交税费——应交增值税"明细账的余额,反映企业尚未抵扣的增值税,而"应交税费——未交增值税"明细账的借方余额表示企业多交的增值税,贷方余额表示企业欠交的增值税。对于企业交纳以前期间欠交的增值税,应借记"应交税费——未交增值税",贷记"银行存款"账户。

因此,企业交纳当月应交增值税税额时,应通过"应交税费——应交增值税(已交税金)"账户核算，而交纳以前月份欠交的增值税时，则通过“应交税费——未交增值税”账户核算。

【例 5-12】　康达公司 2019 年 6 月 1 日“应交税费——应交增值税（已交税金）”账户借方余额为 20 000 元，6 月份进项税额为 300 000 元，销项税额为 500 000 元。由于资金紧张，经税务部门批准同意本月交纳增值税税额 80 000 元，余额在 7 月交纳。

① 应交税费计算如下：

6 月份应纳税额＝500 000－300 000－20 000＝180 000（元）

② 6 月份应编制的会计分录为：

借：应交税费——应交增值税（已交税金）　　80 000

　　贷：银行存款　　80 000

借：应交税费——应交增值税（转出未交增值税）　　100 000

　　贷：应交税费——未交增值税　　100 000

③ 7 月份交纳税金应编制的会计分录为：

借：应交税费——未交增值税　　100 000

　　贷：银行存款　　100 000

2. 简易计税方法的会计处理

简易计税方法按照应税交易销售额和征收率计算应纳税额，不得抵扣进项税额。应纳税额的计算公式为：

应纳税额＝不含税销售额×征收率

不含税销售额＝含税销售额÷(1＋征收率)

增值税征收率为 3%。采用简易计税方法的纳税人在购买商品时，其支付的增值税税额无论是否取得增值税专用发票均不计入进项税额，不得由销项税额抵扣，而是直接计入相关资产成本或费用。纳税人在发生应税交易行为时，按照不含税销售额和规定的征收率计算应交纳的增值税，但不得开具增值税专用发票。需要注意的是，采用简易计税方法的纳税人一般采用销售额和应纳税额价税合并计价的方法向客户开具普通发票、结算款项，但是在确认销售收入时，应以不含税销售额确认收入，以不含税销售额为依据计算增值税应纳税额。

纳税人进行增值税核算时，只需在“应交税费”账户下设置“应交增值税”明细账，该明细账不再设置增值税专栏，其贷方登记应交纳的增值税，借方登记已交纳的增值税；期末贷方余额，反映纳税人尚未交纳的增值税，期末借方余额，反映纳税人多交纳的增值税。

纳税人购买物资、服务、无形资产或不动产，按照应付或实际支付的全部款项（包括增值税税额），借记“材料采购”“在途物资”“原材料”“库存商品”等账户，贷记“应付账款”“银行存款”等账户。销售货物、服务、无形资产或不动产，应按全部价款，借记“银行存款”等账户；按不含税销售额，贷记“主营业务收入”等账户；按应交增值税税额，贷记“应交税费——应交增值税”账户。

【例 5-13】　某企业采用简易计税方法计算缴纳增值税。本月购入原材料，增值税专用发票上注明价款为 500 000 元，增值税税额为 65 000 元，材料已入库，款项已支付。该企业本月销售商品，含税销售价格为 900 000 元，货款已收讫。

(1) 购进货物时应做如下会计分录：

借：原材料　　565 000

　　贷：银行存款　　565 000

(2) 销售货物时应做如下会计分录:

不含税销售价格=900 000÷(1+3%)=873 786.41(元)

应纳增值税税额=873 786.41×3%=26 213.59(元)

借:银行存款　　900 000

　贷:主营业务收入　　873 786.41

　　应交税费——应交增值税　　26 213.59

视频资源

(二) 应交消费税

消费税是对我国境内从事销售、委托加工和进口烟、酒、鞭炮、汽油、柴油、小轿车、汽车轮胎等应税消费品的单位和个人征收的一种税。为了正确引导消费方向,国家在普遍征收增值税的基础上,选择部分奢侈性、影响环保或健康的消费品,再征收一道消费税。消费税的征收实行从价定税、从量定税和复合计税三种方法,计算公式为:

实行从价定税办法计算的应纳税额=销售额×比例税率

实行从量定税办法计算的应纳税额=销售数量×定额税额

实行复合计税办法计算的应纳税额=销售额×比例税率+销售数量×定额税率

销售额,是指纳税人销售应税消费品取得的与之相关的对价,包括全部货币或者非货币的经济利益。

消费税的核算通过设置"应交税费——应交消费税"账户核算。该账户贷方登记应交纳的消费税,借方登记已交纳的消费税;期末贷方余额为尚未交纳的消费税,借方余额为多交纳的消费税。

与增值税不同,消费税是价内税。企业销售应税消费品应交的消费税,应借记"税金及附加"账户,贷记"应交税费——应交消费税"账户。当企业以生产的应税消费品对外投资,或用于在建工程等其他方面,按规定应交纳消费税,应计入有关的资产成本,借记"长期股权投资""固定资产""在建工程"等账户,贷记"应交税费——应交消费税"账户。

【例 5-14】 某企业 2019 年 7 月销售小轿车 20 辆,每辆售价 150 000 元(不含增值税),货款已收到。小轿车每辆成本 90 000 元,适用消费税税率为 12%,增值税税率为 13%。

(1) 应交税费计算如下:

增值税销项税额=150 000×20×13%=390 000(元)

应纳消费税税额=150 000×20×12%=360 000(元)

(2) 公司销售时应做会计分录为:

借:银行存款　　3 390 000

　贷:主营业务收入　　3 000 000

　　应交税费——应交增值税(销项税额)　　390 000

借:税金及附加　　360 000

　贷:应交税费——应交消费税　　360 000

借:主营业务成本　　1 800 000

　贷:库存商品　　1 800 000

（三）应交城市维护建设税

城市维护建设税（简称城建税）是国家为了维护城市建设资金需要而开征的一种税。城建税具有附加税的性质，它本身没有特定的独立征税对象，是以纳税人实际交纳的增值税、消费税税额为计税依据，附加于增值税、消费税的税额。其计算公式为：

应交城建税税额=（应交增值税+应交消费税）×适用税率

为了核算城建税，应在“应交税费”账户下设置“应交城市维护建设税”明细账户。应交的城建税在进行会计核算时，应以应交增值税、应交消费税为依据计算应交城建税，借记“税金及附加”，贷记“应交税费——应交城市维护建设税”账户。

【例 5-15】 康达公司 2019 年 8 月销售商品实际应交纳增值税 30 000 元，应交纳消费税 23 000 元，该企业适用的城建税税率为 7%。其会计处理为：

应交城建税=（30 000+23 000）×7% =3 710（元）

借：税金及附加 3 710

贷：应交税费——应交城市维护建设税 3 710

（四）应交教育费附加

教育费附加是国家为了发展我国的教育事业，提高人民的文化素质而征收的一项费用。教育费附加作为一种附加费用，是以企业交纳增值税、消费税税额为计税依据计算的。

企业按规定计算应交的教育费附加，借记“税金及附加”等账户，贷记“应交税费——应交教育费附加”账户。交纳的教育费附加，借记“应交税费——应交教育费附加”账户，贷记“银行存款”等账户。

【例 5-16】 康达公司 2019 年 11 月销售商品实际应交纳增值税 30 000 元，应交纳消费税 23 000 元，该企业适用的教育费附加率为 3%、地方教育费附加率为 2%。其会计处理为：

应交教育费附加=（30 000+23 000）×5% =2 650（元）

借：税金及附加 2 650

贷：应交税费——应交教育费附加 2 650

（五）应交房产税、土地使用税、车船税和印花税

房产税是以房产为征税对象，依据房产原值或房产租金收入向房产所有人或经营人征收的一种税。房产税依照房产原值一次减除 10% ~30% 后的余额计算交纳；房产出租的，以房产租金收入为房产税的计税依据。

城镇土地使用税是国家为了合理利用城镇土地，调节土地级差收入，提高土地使用效益而开征的一种税。土地使用税以纳税人实际占用的土地面积为计税依据，按照规定税额计算征收。

车船税是国家对拥有并使用车船的单位和个人征收的，其以纳税人拥有并使用车船的数量及吨位为计税依据，按规定税额计算交纳。

为了详细反映这三种税金的形成和交纳情况，在“应交税费”总账下，按税种设置明细账户进行核算。企业在按规定计算应交的房产税、土地使用税和车船税时，应借记“税金及附加”，贷记“应交税费——应交房产税（土地使用税、车船税）”账户。交纳税金时，则应借记“应交税费——应交房产税（土地使用税、车船税）”，贷记“银行存款”账户。

印花税是对书立、使用、领受具有法律效力凭证的行为征收的一种税。应税凭证包括各类合同、产权转移凭证、营业账簿、权利许可证照等。纳税人根据应税凭证的性质，分别按比例税率或按件定额计算应纳税额。印花税是由纳税人根据规定自行计算应纳税额，购买并一次贴足印花税税票的方法纳税。企业交纳的印花税，不需要预计应纳税金额，因此企业交纳的印花税不需要通过"应交税费"账户核算，在购买印花税税票时，可将实际交纳税额借记"税金及附加"账户，贷记"银行存款"或"库存现金"账户。

五、对所有者的流动负债

企业作为独立核算的经济实体，对其实现的经营成果除了按照税法及有关法规规定纳税外，还必须对投资者投入的资金给予一定的回报，作为投资者应该分享的投资收益。企业分配给投资者的现金股利或利润，在股东大会作出决议到实际支付给投资者之前，就形成了一笔对投资者的负债。

为了核算企业对投资者分配的现金股利或利润，应设置"应付股利"账户。该账户属于负债类账户，贷方登记应分配给投资者的股利或利润数，借方反映实际支付给投资者的股利或利润数，期末余额一般在贷方，反映企业尚未支付的现金股利或利润。该账户一般按投资者设置明细账。

企业按规定计算出应付投资者的利润，借记"利润分配——应付股利"，贷记"应付股利"账户。这部分计算的应付利润，在未支付给投资者前，属于企业的一笔流动负债，待实际支付时，借记"应付股利"，贷记"银行存款"账户。

在我国，股份公司股利的支付主要有现金股利和股票股利两种形式。现金股利是反映企业以现金形式向股东派发的股利；股票股利又称红股，俗称送股，是企业用增发的股票向股东派发股利。当企业经股东大会决议确定分配现金股利时，自宣告之日起，应付的股利就构成企业的一项流动负债。但如果企业股东大会决议确定分配股票股利，它只是从未分配利润转为股本，是企业权益内部的一种变化，并不构成企业的负债。

通常企业派发现金股利须经历两个步骤，首先是企业股东大会或类似机构审议批准并宣告股利分配方案，这时，按应支付的现金股利，借记"利润分配——应付股利"，贷记"应付股利"账户；然后，企业如数拨出一笔现款存入受托的证券公司或银行，用于实际支付股东的现金股利，应借记"应付股利"，贷记"银行存款"账户。

【例 5-17】 某股份公司股东大会根据 2018 年盈利情况，决定采用每 10 股普通股分配 3 元现金股利的股利分配方案，共计 30 000 000 元。

(1) 计算应付现金股利时：

借：利润分配——应付股利	30 000 000	
贷：应付股利		30 000 000

(2) 支付现金股利时：

借：应付股利	30 000 000	
贷：银行存款		30 000 000

第二节　长期负债

长期负债是指偿还期在一年或者超过一年的一个营业周期以上的负债,包括长期借款、应付债券、长期应付款等。企业正常营业周期中的经营性负债项目,例如应付账款、应付职工薪酬等,这些项目属于企业正常营业周期中使用的营运资金,即使在资产负债表日后超过一年才予以清偿,仍应当划分为流动负债。采用举借长期负债筹集资金不会影响企业原有的股权结构,不会影响原有投资者对企业的影响力和控制力。长期负债的债权人仅按固定利率获取利息,当企业的投资报酬率高于长期负债的利率时,可为投资者带来剩余收益,且利息是税前扣除项目,举借长期负债还能起到抵税作用。因此,运用长期负债方式筹集资金也是一种合理选择。与流动负债相比,长期负债具有债务金额大、偿还期限长、偿还风险高、偿付利息大等特点。

一、借款费用

视频资源

(一) 借款费用的内容

借款费用是指企业因借款而发生的利息及其他相关成本。借款费用本质上是企业因借入资金所付出的代价,利息和作为利息费用调整额的借款折价或溢价的摊销等应是借款费用的主要组成部分,为安排借款所发生的外币借款汇兑差额和辅助费用,也应包括在借款费用中。因此,借款费用的内容包括借款利息、折价或溢价的摊销、辅助费用以及因外币借款而发生的汇兑差额等。

(二) 借款费用的确认

《企业会计准则第 17 号——借款费用》规定,借款费用的确认主要有如下两种处理方法:

1. 借款费用资本化

企业发生的借款费用,可直接归属于符合资本化条件的资产的购建或者生产的,应当予以资本化,计入相关资产成本。符合资本化条件的资产,是指需要经过相当长时间的购建或者生产活动才能达到预定可使用或者可销售状态的资产。

2. 借款费用计入当期损益

这种方法要求借款费用应于发生的当期确认为费用,计入当期损益。我国企业会计准则要求,除了可直接归属于符合资本化条件的资产的购建或者生产的其他借款费用,都应当在发生时根据其发生额确认为费用,计入当期损益。

(三) 借款费用资本化的范围与条件

借款费用资本化是目前多数国家允许采用的一种方法,国际会计准则第 23 号也将借款费用资本化作为允许选用的会计方法。但国际会计准则和我国会计准则都对借款费用的资本化的资产范围和资本化时间等做了严格规定。

1. 借款费用资本化的资产范围

符合资本化条件的资产,是指需要经过相当长时间的购建或者生产活动才能达到预定可使用或者可销售状态的资产,包括需要相当长时间才能达到预定可使用或者可销售状态的固定资产、投资性房地产及存货等资产。其中符合资本化条件的存货是指需要经过相当长时间(通常为1年以上)的建造或者生产活动,才能达到预定可使用或者可销售状态的存货,如房地产开发企业开发的用于出售的房地产开发产品、机械制造企业制造的用于对外出售的大型机械设备等。

2. 借款费用资本化的条件

(1) 开始资本化的条件。为购建或者生产符合资本化条件的资产而借入专门借款或占用了一般借款,同时满足下列条件的,才能开始资本化:①资产支出已经发生,资产支出包括为购建或者生产符合资本化条件的资产而以支付现金、转移非现金资产或者承担带息债务形式发生的支出;②借款费用已经发生;③为使资产达到预定可使用或者可销售状态所必要的购建或者生产活动已经开始。

只有上述三个条件同时具备,借款费用才能开始资本化。有的企业在工程建设时,已经使用银行存款购置了工程物资,固定资产工程项目也已经开始动工兴建,但由于借款资金尚未到达,工程建造使用的是自有资金,不符合借款费用已经发生的条件,因此不允许将借款费用资本化。再如,企业建造厂房借入的款项已经开始计息,也使用借入的款项购置了土地,但厂房尚未动工兴建,不符合借款费用资本化的第三个条件,这时所发生的借款费用不允许资本化。

(2) 暂停资本化的条件。资产在进行购建或生产时,会由于某些原因而发生中断。中断按其原因可分为正常中断和非正常中断。但无论何种原因造成的中断,中断的时间都会有长有短。国际会计准则在判断中断期间所发生的借款费用是否应该继续资本化时,主要从中断原因和中断时间长短两个方面进行综合判断,即发生非正常中断,而且持续时间较长,则应暂停资本化。

我国借鉴了上述做法,借款费用会计准则规定:符合资本化条件的资产在购建或者生产过程中发生非正常中断且中断时间连续超过3个月的,应当暂停借款费用的资本化。在中断期间发生的借款费用应当确认为费用,计入当期损益,直至资产的购建或者生产活动重新开始。如果中断是所购建或者生产的符合资本化条件的资产达到预定可使用或者可销售状态必要的程序,借款费用的资本化应当继续进行。

(3) 停止资本化的条件。借款费用停止资本化,意味着所发生的借款费用不允许再计入工程成本,而应计入当期损益,因此,在企业借款费用金额较大的情况下,合理确定停止资本化的时点,对于资产价值的高低和利润的大小均会产生较大的影响。

关于停止资本化的时点,国际会计准则和我国会计准则规定,当购建或者生产符合资本化条件的资产达到预定可使用或者可销售状态时,借款费用应当停止资本化。购建或者生产符合资本化条件的资产达到预定可使用或者可销售状态,可从下列几个方面进行判断:①符合资本化条件的资产的实体建造(包括安装)或者生产工作已经全部完成或者实质上已经完成。②所购建或者生产的符合资本化条件的资产与设计要求、合同规定或者生产要求相符或者基本相符,即使有极个别与设计、合同或者生产要求不相符的地方,也不影响其正常使用或者销售。③继续发生在所购建或生产的符合资本化条件的资产上的支出金额很少或者几乎不再发生。购建或者生产符合资本化条件的资产需要试生产或者试运行的,在试生产结果表明资产能够正常生产出合格产品或者试运行结果表明资产能够正常运转或者营业时,应当认为该资产已经达到预定可使用或者可销售状态。

视频资源

二、长期借款

长期借款是企业向银行或其他金融机构借入的期限在一年以上（不含一年）的各种借款。

企业应设置“长期借款”账户核算企业长期借款的借入及归还情况。该账户属于负债类账户，贷方登记企业取得的长期借款；借方登记归还的长期借款；期末余额在贷方，反映企业尚未偿还的长期借款的摊余成本。该账户应按贷款单位和贷款种类进行明细核算。

企业取得长期借款应按照合同按期支付利息。企业应设置“应付利息”账户，用于核算企业长期借款利息的提取和归还情况。该账户属于负债类账户，贷方登记分期提取的利息；借方登记归还的利息；期末贷方余额反映企业按照合同约定应支付但尚未支付的利息。如果长期借款利息属于到期一次还本付息的，则长期借款利息属于非流动负债，应通过“长期借款——应计利息”明细账户核算。

企业借入长期借款时，借记“银行存款”账户，贷记“长期借款”等账户。

对长期借款来说，实际利率与合同约定的名义利率差异不大。因此，在会计期末，企业通常可以采用合同约定的名义利率计算确定利息费用，借记“在建工程”“制造费用”“财务费用”“研发支出”账户，贷记“应付利息”账户。但如果实际利率与合同约定的名义利率差异较大，企业应按《企业会计准则17号——借款费用》的要求，采用实际利率法计算确定长期借款的利息费用。

企业归还长期借款本金和利息时，借记“长期借款”和“应付利息”账户，贷记“银行存款”账户。

【例5-18】 康达公司为建造一条生产线，于2018年1月1日向银行取得期限为3年、年利率为6%的2 000万元专门借款（同期市场利率为6%），并当即将该资金投入生产线的建造工程中。合同规定借款利息按年支付。生产线于2019年年末竣工交付使用。相关会计分录如下。

（1）2018年1月1日取得借款时：

借：银行存款　　20 000 000
　贷：长期借款　　20 000 000

（2）2018年和2019年（两年的利息应当资本化）年末分别计算和支付利息时（在建工程 = 20 000 000×6% = 1 200 000元）：

借：在建工程　　1 200 000
　贷：应付利息　　1 200 000
借：应付利息　　1 200 000
　贷：银行存款　　1 200 000

（3）2020年各月月末分别计提利息时（财务费用 = 20 000 000×6% ÷12 = 100 000元）：

借：财务费用　　100 000
　贷：应付利息　　100 000

（4）2020年年末偿还借款本金和利息时：

借：长期借款　　20 000 000
　　应付利息　　1 200 000
　贷：银行存款　　21 200 000

【进一步学习指南】

本章介绍了一些常见的负债项目的主要核算方法。应付职工薪酬、应交税费等负债项目的核算与国家社会保障制度和税收法规联系紧密，感兴趣的读者可以进一步查阅《企业会计准则第9号——职工薪酬》和财政部、国家税务总局网站的相关法规制度。本书没有介绍个别企业才会涉及的负债项目，如交易性金融负债、或有负债、可转换债券、应付债券、长期应付融资租赁款和专项应付款等业务的会计处理方法，需要进一步学习的，可以阅读《企业会计准则第13号——或有事项》《企业会计准则第21号——租赁》《企业会计准则第22号——金融工具确认和计量》。

【本章知识应用】

情景案例

1998年4月29日，重庆渝港钛白粉有限公司（以下简称渝钛白）在1997年年度报告中公布了重庆会计师事务所出具的否定意见审计报告，这份审计报告是我国首份否定意见审计报告。

审计报告指出："1997年度应计入财务费用的借款即应付债券利息8 064万元，贵公司将其资本化计入了钛白粉工程成本；欠付中国银行重庆市分行的美元借款利息89.8万元（折合人民币743万元），贵公司未计提入账，两项共影响利润8 807万元。"最后，审计报告做出如下结论："我们认为，由于本报告第二段所述事项的重大影响，贵公司1997年12月31日资产负债表、1997年度利润及利润分配表、财务状况变动表未能公允地反映贵公司1997年12月31日财务状况和1997年年度经营成果及资金变动情况。"

争论一：债券利息8 064万元应资本化还是费用化？

公司总会计师认为，钛白粉工程项目有两个特点，一是钛白粉这种化工产品对各项技术指标要求严格，需要通过反复试生产，直到生产出合格产品才能投放市场；二是原料的腐蚀性很重，一旦停工，则原料淤积于管道、容器中，再次开工前，就必须进行彻底的清洗、维护，并调试设备。钛白粉项目交付使用产生效益前，还有一个整改和试生产期间，这仍属于工程在建期。

而注册会计师则认为，该公司钛白粉工程于1995年下半年就开始投产，1996年已经可以生产出合格产品。这一工程虽曾一度停产，但主要原因是缺乏流动资金，而非工程尚未完工。该工程应认定已交付使用。

争论二：欠付银行的743万元借款利息是否应计提入账？

管理当局认为，这是1987年为上PVC彩色地板生产线向银行借入的美元贷款造成的。该项目建成后，一直未正常批量生产。1997年，该行通知公司欠付利息89.8万美元。本年决算期间，公司未能和银行认真核对所欠本息数额，故未予转账。公司打算在1998年度核对清楚后再据实转账。

会计师事务所的注册会计师则认为，这笔利息已经发生，应予以确认并计提入账。确认费用应遵循权责发生制原则，企业未与银行对账，这是公司内部的管理问题，它不能改变会计准则规定的确认标准。

请分析回答如下问题：

1. 围绕第一个争论问题，如果你是渝钛白的股东，你认为债券利息应当资本化还是停止资本化？为什么？

2. 围绕第二个争论问题，如果你是渝钛白的股东，你认为该借款利息是否应该计提，为什么？

【思考题】

1. 合同负债与应付账款有何区别？
2. 增值税采用一般计税方法和采用简易计税方法的会计核算有何区别？
3. 职工薪酬包括哪些内容？职工薪酬应该如何核算？
4. 借款费用有哪两种核算方法？其适用范围有何不同？

【即测即评】

请扫描二维码，进行即测即评。

第六章　所有者权益

【学习目标】

1. 理解所有者权益的含义及其具体内容。
2. 了解企业组织不同法律形式及公司制企业的特点。
3. 掌握有限责任制公司实收资本的核算方法。
4. 掌握股份有限公司股本的核算方法。
5. 熟悉资本公积的主要内容并掌握其核算方法。
6. 熟悉盈余公积的主要内容并掌握其核算方法。

视频资源

所有者权益是指企业资产扣除负债后，由所有者享有的剩余权益。由于企业组织形式包括独资企业、合伙企业和公司制企业，因此所有者权益也可以对应地采用不同的名称。独资企业和合伙企业的所有者即为业主与合伙人，其所有者权益可以称为业主权益或合伙人权益；对于公司制企业来说，所有者权益通常称为股东权益。

第一节　所有者权益概述

所有者权益是所有者在企业资产中享有的经济利益，或者说是企业所有者对企业净资产的要求权，是企业全部资产减去全部负债后的剩余权益。从总体上看，企业的所有者权益只是在整体上、在抽象的意义上与企业的净资产保持数量关系，它与企业特定的具体资产并无直接对应关系。所有者权益的来源包括所有者投入的资本、直接计入所有者权益的利得和损失、留存收益等，通常由实收资本（或股本）、资本公积、其他综合收益、盈余公积和未分配利润构成。其中，盈余公积和未分配利润又统称为留存收益。由于公司是最主要的企业组织形式，本章将主要阐述公司制企业的所有者权益，也就是股东权益。

在会计恒等式中，资产表示企业所拥有或控制的经济资源，与资产相对应的为权益，资产总额和权益总额始终相等。所有者权益是所有者对企业资产享有的剩余索取权，是企业的权益资本来源，在数量上等于企业全部资产抵去全部负债后的余额，故也称“净资产”。所有者权益按形成来源可分为所有者投入的资本、直接计入所有者权益的利得和损失、留存收益。所有者投入的资本包括所有者投入企业的注册资本金额和投入资本超过注册资本的金额，即资本溢价。直接计入所有者权益的利得或损失，是指不应计入当期损益、会导致所有者权益发生增减变动的、与所有者投入资本或向所有者分配利润无关的利得或损失，包括权益法下长期股权投资由被投资企业的非损益引起的变动等。留存收益主要为企业在生产经营期间实现的收益在缴纳所得税后的留置部分。从会计角度看，与所有者权益会计密切相关的是企业的组织形式。在不同组织形式的企业中，所有者权益的会计处理不大一样。

企业组织主要有三种法律形式，独资企业、合伙企业和公司制企业。在独资企业中，所有者权益仅属一个业主，业主对企业债务负无限清偿责任，所以也称“业主权益”。在法律上，企业拥有的财产和对外所负债务，仍视为业主的财产和债务；其经济活动仍视为业主的行为，缴纳个人所得税。但在会计上，独资企业则是一个会计主体。在独资企业中，可能只设立一个记录影响业主权益事项的资本账户。合伙企业是两个或两个以上合伙人拥有的，每一个合伙人都对企业的债务负连带无限清偿责任而不受出资额限制。合伙人权益可按合伙人分类，并据此设置账户，反映各合伙人的投资额、提款数及权益数。公司制企业是社会或大生产的产物，可以通过发行股票或债券等筹集分散的资本来扩大生产经营规模。在公司中，所有者权益属于一定数额以上的股东，也称“股东权益”。如果全体股东对公司债务负连带无限清偿责任，那就是无限责任公司；如果全体股东对公司债务仅以出资额为限对债权人负偿还责任，那就是有限责任公司；如果公司以发行股票的方式筹集资本，那就是股份公司。股份有限公司和有限责任公司是目前我国比较常见的公司组织形式。在股份有限公司中，将投入的注册资本（又称股本）和资本溢价（又称股本溢价）分别记录在“股本”账户和“资本公积”账户中；留存收益记录在“盈余公积”账户和“未分配利润”账户中。在有限责任公司中，除将投入的注册资本记录在“实收资本”账户中外，其他账务处理方法与股份有限公司差异不大。本章主要选择公司制企业，尤其是股份有限公司，阐述与所有者权益的投入资本相关业务的会计原理和方法。

第二节　投入资本

视频资源

按照我国有关法律规定，投资者设立企业首先必须投入资本。实收资本是指投资者作为资本投入企业的各种财产，是投资者投入资本形成法定资本的价值。所有者向企业投入的资本，在一般情况下无须偿还，企业可以长期使用。实收资本的构成比例，即投资者的出资比例或股东的股份比例，通常是确定所有者在企业所有者权益中所占的份额和参与企业财务经营决策的基础，也是企业进行利润分配或股利分配的依据，同时还是企业清算时确定所有者对净资产的要求权的依据。实收资本总额经有关部门批准并向工商行政管理机构登记后成为注册资本，一般不得随意变更，需要变更时须经另行申请批准。

我国在 2014 年 3 月 1 日前实行的是注册资本实缴登记制，这就要求公司的实收资本与其注册资本相一致。注册资本实缴登记制需要占用企业的资金，一定程度上抑制了投资创业，降低了企业资本的运营效率。从 2014 年 3 月 1 日起，根据 2013 年新修订的《中华人民共和国公司法》（以下简称《公司法》）的规定，我国实行注册资本认缴登记制度，即工商部门只登记公司认缴的注册资本总额,无须登记实收资本。在注册资本认缴登记制下,公司注册资本由公司股东(发起人)自行约定认缴出资额、出资方式、出资期限等,并记载于公司章程。登记机关依据公司章程所载明的相关内容核定公司注册资本,不再要求注册资本的最低限额、出资期限和出资方式,不再要求申请人提交验资证明文件。注册资本认缴登记制不需要占用企业资金,可以有效提高资本运营效率,降低企业成本。

在公司制企业中,企业应当设置"实收资本"或"股本"账户核算企业接受投资者投入的实收资本。其中,在有限责任公司中设"实收资本"账户,而股份有限公司应当设置"股本"账户进行相应核算,二者均属于所有者权益类账户。"实收资本"是核算非股份有限公司的实收资本的增减和结存情况的账户,贷方反映企业资本的增加额,借方反映企业减资而引起的资本减少额,期末结存数表示至期末止企业实际收到的资本数。"股本"是核算股份有限公司股本增减变动和结存情况的账户,贷方反映公司发行股票的面值(并非发行价格),借方反映公司回购股份实施减资而引起的股份面值减少额,期末结存数表示至期末止公司发行在外的股份面值总额。

一、有限责任公司实收资本的核算

按照《公司法》的规定,有限责任公司的股东可以用货币出资,也可以用实物、知识产权、土地使用权等可以用货币估价并可以依法转让的非货币财产作价出资;但是,法律、行政法规所规定的不得作为出资的财产除外。对作为出资的非货币财产应当评估作价,核实财产,不得高估或者低估作价。法律、行政法规对评估作价有规定的,从其规定。新《公司法》配合资本认缴制度的实施,取消了全体股东的货币出资金额不得低于有限责任公司注册资本的30%的规定,即注册公司不再要求货币出资的比例,也不再限制出资的最低金额(特殊行业,还需执行相应的规定),由全体股东认缴并按照约定期限交纳出资。初建有限责任公司时,各投资者按照合同、协议或公司章程投入企业的资本,应全部记入"实收资本"账户,注册资本为在公司登记机关登记的全体股东认缴的出资额。在企业增资时,如有新投资者介入,新介入的投资者缴纳的出资额大于其按约定比例计算的其在注册资本中所占的份额部分,不记入"实收资本"账户,而作为资本公积,记入"资本公积"账户。

投资者可以用现金投资,也可以用现金以外的其他有形资产投资,符合国家规定比例的,还可以用无形资产投资。企业收到投资时,一般应做如下会计处理:收到投资人投入的现金,应在实际收到或者存入企业开户银行时,按实际收到的金额,借记"银行存款"账户;以实物资产投资的,应在办理实物产权转移手续时,借记有关资产账户;以无形资产投资的,应按照合同、协议或公司章程规定移交有关凭证时,借记"无形资产"账户;按投入资本在注册资本中所占份额,贷记"实收资本"账户;按其差额,贷记"资本公积——资本溢价"账户。

【例6-1】 甲、乙、丙共同出资设立有限责任公司K,公司注册资本为20 000 000元,甲、乙、丙持股比例分别为50%、30%和20%。20×7年1月5日,K公司如期收到各投资者一次性缴足的款项。

根据上述资料,K公司应做以下账务处理:

借:银行存款 20 000 000

贷:实收资本——甲 10 000 000

——乙 6 000 000

——丙 4 000 000

上例中,若丙投资者以公允价值为500万元的专利技术加入K公司,占有K公司20%的股份,则K公司的账务处理如下:

借:银行存款 16 000 000

无形资产 5 000 000

贷:实收资本——甲 10 000 000

——乙 6 000 000

——丙 4 000 000

资本公积——资本溢价 1 000 000

(一)实收资本增加的会计处理

公司增加资本的途径一般有三条:一是将资本公积转为实收资本。会计上应借记“资本公积——资本溢价”或“资本公积——股本溢价”账户,贷记“实收资本”账户。二是将盈余公积转为实收资本。会计上应借记“盈余公积”账户,贷记“实收资本”账户。这里要注意的是,资本公积和盈余公积均属所有者权益,转为实收资本或者股本时,有限责任公司应按原投资者投资份额同比例增加。三是所有者(包括原所有者和新投资者)投入。公司接受投资者投入的资本,借记“银行存款”“固定资产”“无形资产”“长期股权投资”等账户,贷记“实收资本”账户。

【例6-2】 沿用例6-1,三年后K公司为了扩大经营规模,经批准,按照原出资比例将资本公积1 500 000元转增资本。

借:资本公积 1 500 000

贷:实收资本——甲 750 000

——乙 450 000

——丙 300 000

【例6-3】 沿用例6-2,又经过了两年,K公司为了进一步扩大经营规模,甲、乙、丙三方投资人按原持股比例追加投资。甲方投入一批原材料,该批原材料经协议约定的价值为42.7万元,经税务部门认定应交增值税7.3万元。乙方投入一台不需要安装的机器设备,经资产评估部门审定协议约定的价值为30万元(含不允许抵扣的增值税)。丙方投资一项专利权,其协议约定的价值为20万元。K公司在收到投资三方投入的资产时,账务处理如下:

借:原材料 427 000

应交税费——应交增值税 73 000

贷:实收资本——甲 500 000

借:固定资产 300 000

无形资产 200 000

贷:实收资本——乙 300 000

——丙 200 000

(二)实收资本减少的会计处理

公司实收资本减少的原因大体有两种:一是资本过剩;二是公司发生重大亏损而需要减少实

收资本。公司因资本过剩而减资,一般要发还股款。有限责任公司发还投资的会计处理比较简单,按法定程序报经批准减少注册资本时,借记“实收资本”账户,贷记“库存现金”“银行存款”等账户。

二、股份有限公司实收资本的核算

股份有限公司是指全部资本由等额股份构成并通过发行股票筹集资本、股东以其认购的股份为限对公司承担责任、公司以其全部财产对公司债务承担责任的企业法人。股份有限公司与其他企业相比较,最显著的特点就是将企业的全部资本划分为等额股份,并通过发行股票的方式来筹集资本。股东以其所认购股份对公司承担有限责任。股票的面值与股份总数的乘积为股本,股本应等于企业的注册资本。

我国《公司法》规定了股份有限公司的设立方式和程序,设立股份有限公司,应当有 2 人以上 200 人以下作为发起人,其中有半数以上的发起人在中国境内有住所。设立股份有限公司有两种:一是发起设立,发起人认购公司所有要发行的股份;二是募集式设立,即由发起人认购一部分股份,剩余股份向社会公开募集。发起式设立,其所需资本由发起人一次认足,一般不会发生设立公司失败的情况,因此其筹资风险小。募集式设立,其筹资对象广泛,在资本市场不景气或股票的发行价格不恰当的情况下,有发行失败(即股票未被全部认购)的可能,因此其筹资风险大。按照有关规定,发行失败损失由发起人负担,包括承担筹建费用、公司筹建过程中的债务和对认股人已缴纳的股款支付银行同期存款利息等责任。目前,我国股份有限公司均采用募集式设立的方式,同时最低注册资本的限制已被取消。

股份有限公司设立“股本”账户核算股东投入股份有限公司的股本。股份有限公司应将核定的股本总额、股份总数、每股面值在股本账户中作备查记录。同时,还应在“股本”账户下按股东单位或姓名设置明细账,以显示公司股份的构成情况。公司股本应在核定的股本总额范围内通过发行股票取得。但值得注意的是,公司发行股票取得的收入与股本总额往往不一致。公司发行股票取得的收入大于股本总额的,被称为溢价发行;小于股本总额的,被称为折价发行;等于股本总额的,为面值发行。我国不允许企业折价发行股票。在采用溢价发行股票的情况下,企业应将相当于股票面值的部分记入“股本”账户,其余部分在扣除发行手续费、佣金等发行费用后记入“资本公积——股本溢价”账户。

【例 6-4】 A 股份有限公司发行普通股 10 000 000 股,每股面值为 1 元,发行价格为 6 元。股款 60 000 000 元已经全部收到,发行过程中发生相关税费 30 000 元。

根据上述资料,A 股份有限公司应做以下账务处理:

借:银行存款	59 970 000	
贷:股本		10 000 000
资本公积——股本溢价		49 970 000

(一)股本增加的会计处理

《中华人民共和国公司登记管理条例》规定,股份有限公司的股东认购新股,应当分别依照《公司法》设立股份有限公司缴纳股款的有关规定执行。公司法定公积金转增为注册资本的,验资证明应当载明留存的该项公积金不少于转增前公司注册资本的 25%。公司变更股本的,应当提交依法设立的验资机构出具的验资证明,并应当按照公司章程载明的出资时间、出资方式缴纳出资。公司应当自足额缴纳股款之日起 30 日内申请变更登记。股份有限公司可以通过不同形式增加股本。

(1) 股份有限公司发放股票股利。股份有限公司采用发放股票股利实现增资的,在发放股票股利时,按照股东原来持有的股数分配,如股东所持股份按比例分配的股利不足一股时,应采用恰当的方法处理。例如,股东大会决议按股票面额的 10% 发放股票股利时(假定新股发行价格及面额与原股相同),对于所持股票不足 10 股的股东,将会发生不能领取一股的情况。在这种情况下,有两种方法可供选择:一是将不足一股的股票股利改为现金股利,用现金支付;二是由股东相互转让,凑为整股。股东大会批准分配的股票股利,公司应在办理增资手续后,借记"利润分配"账户,贷记"股本"账户。

(2) 可转换公司债券持有人行使转换权利。可转换公司债券持有人行使转换权利将其持有的债券转换为股票时,公司应按可转换公司债券的余额,借记"应付债券——可转换公司债券(面值、利息调整)"账户;按其权益成分的金额,借记"资本公积——其他资本公积"账户;按股票面值和转换的股数计算的股票面值总额,贷记"股本"账户;按其差额,贷记"资本公积"账户。

(3) 以权益结算的股份支付的行权。以权益结算的股份支付换取职工或其他方提供服务的,公司应在行权日,按实际行权情况确定的金额,借记"资本公积——其他资本公积"账户;按应计入实收资本或股本的金额,贷记"股本"账户。

(二) 股本减少的会计处理

《中华人民共和国公司登记管理条例》规定,股份有限公司减少注册资本的,应当自公告之日起 45 日后申请变更登记,并应当提交公司在报纸上登载公司减少注册资本公告的有关证明和公司债务清偿或者债务担保情况的说明。公司减资后的注册资本不得低于法定的最低限额。

由于股份有限公司是采用发行股票的方式筹集股本,发还股款时,则要回购发行的股票。而由于发行股票的价格与股票面值可能不同,回购股票的价格也可能与发行价格不同,因此会计处理较为复杂。股份有限公司因减少注册资本而回购本公司股份的,应按实际支付的金额,借记"库存股"账户,贷记"银行存款"等账户。注销库存股时,应按股票面值和注销股数计算的股票面值总额,借记"股本"账户;按注销库存股的账面余额,贷记"库存股"账户;按其差额,冲减股票发行时原记入资本公积的溢价部分,借记"资本公积——股本溢价"账户。回购价格超过上述冲减"股本"及"资本公积——股本溢价"账户的部分,应依次借记"盈余公积""利润分配——未分配利润"等账户。如回购价格低于回购股份所对应的股本,所注销库存股的账面余额与所冲减股本的差额将按增加股本溢价处理。公司应按回购股份所对应的股本面值,借记"股本"账户;按注销库存股的账面余额,贷记"库存股"账户;按其差额,贷记"资本公积——股本溢价"账户。

【例 6-5】 B 股份有限公司截至 20×9 年 12 月 31 日共发行股票 30 000 000 股,股票面值为 1 元,资本公积(股本溢价)6 000 000 元,盈余公积 4 000 000 元。经股东大会批准,B 公司以现金回购本公司股票 3 000 000 股并注销。假定 B 公司按照每股 4 元回购股票,不考虑其他因素,B 公司的会计处理如下。

(1) 回购本公司股票时:

借:库存股	12 000 000	
贷:银行存款		12 000 000

(2) 注销本公司股票时:

借:股本 3 000 000

资本公积——股本溢价 6 000 000

盈余公积 3 000 000

贷:库存股 12 000 000

【例 6-6】 沿用例 6-5,假定 B 公司以每股 0.9 元回购股票,其他条件不变。B 公司的会计处理如下。

(1) 回购本公司股票时:

借:库存股 2 700 000

贷:银行存款 2 700 000

(2) 注销本公司股票时:

借:股本 3 000 000

贷:库存股 2 700 000

资本公积——股本溢价 300 000

由于 B 公司以低于面值的价格回购股票,股本与库存股成本的差额 300 000 元应做增加资本公积处理。

视频资源

三、资本公积的核算

(一) 资本公积概述

资本公积是投资者投入但不能构成实收资本(或股本)的投资额。资本公积从形成来源看,主要由资本溢价或股本溢价,以及其他资本公积构成。其他资本公积是指除净损益、其他综合收益和利润分配以外所有者权益的其他变动。

资本溢价(或股本溢价)是企业收到投资者的超出其在企业注册资本(或股本)中所占份额的投资。形成资本溢价(或股本滥价)的原因有溢价发行股票、投资者超额缴入资本等。

对于资本公积,一般应当设置“资本(股本)溢价”“其他资本公积”明细账户进行核算。

(二) 资本公积的确认和计量

1. 资本溢价

有限责任公司的投资者依其出资份额对企业经营决策享有表决权,依其所认缴的出资额对企业承担有限责任。如前所述,设置“实收资本”账户,核算企业投资者按照公司章程所规定的出资比例实际缴付的出资额。在企业创立时,出资者认缴的出资额全部记入“实收资本”账户。

在企业重组并有新的投资者加入时,为了维护原有投资者的权益,新加入的投资者的出资额,并不一定全部作为实收资本处理。这是因为,在企业正常经营过程中投入的资金虽然与企业创立时投入的资金在数量上一致,但其获利能力却不一致。企业创立时,要经过筹建、试生产经营、为产品寻找市场、开辟市场等过程,从投入资金到取得投资回报,中间需要许多时间,并且这种投资具有风险性,在这个过程中资本利润率很低。而企业进行正常生产经营后,在正常情况下,资本利润率要高于企业初创阶段。而这高于初创阶段的资本利润率是初创时必要的垫支资本带来的,企业创办者为此付出了代价。因此,相同数量的投资,由于出资时间不同,其对企业的影响程度不同,由此而带给投资者的权利也不同,往往早期出资带给投资者的权利要大于后期出资带给投资者的权利。所以,新加入的投资者要付出大于原有投资者的出资额,才能取得与原有投资者相同的投资比例。另外,不仅原投资者原有投资从质量上发生了变化,就是从数量上也可能发生变化,这是因为企业经营过程中实现利润的一部分留在企业,形成留存收益,而留存收益也属于投资者权益,但其未转入实收资本。新加入的投资者如与原投资者共享这部分留存收益,也要求其付出大于原有投资者的出资额,才能取得与原有投资者相同的投资比例。投资者投入的资本中按其投资比例计算的出资额部分,应记入"实收资本"账户,大于出资额的部分应记入"资本公积"账户。

【例 6-7】 W 有限责任公司由甲、乙、丙三位股东各自出资 100 万元设立。设立时的实收资本为 300 万元。经过 3 年的经营,该企业留存收益为 150 万元。这时又有丁投资者有意参加该企业,并表示愿意出资 180 万元,而仅占该企业股份的 25%。W 有限责任公司在接受丁投资者投入的货币资金时,应做如下的会计处理:

借:银行存款　　1 800 000
　贷:实收资本　　1 000 000
　　资本公积——资本溢价　　800 000

2. 股本溢价

股份有限公司是以发行股票的方式筹集股本的,股票是企业签发的证明股东按其所持股份享有权利和承担义务的书面证明。由于股东按其所持企业股份享有权利和承担义务,为了反映和便于计算各股东所持股份占企业全部股本的比例,企业的股本总额应按股票的面值与股份总数的乘积计算。国家规定,实收股本总额应与注册资本相等。因此,为提供企业股本总额及其构成及注册资本等信息,在采用与股票面值相同的价格发行股票的情况下,企业发行股票取得的收入,应全部记入"股本"账户;在采用溢价发行股票的情况下,企业发行股票取得的收入,相当于股票面值的部分记入"股本"账户,超出股票面值的溢价收入记入"资本公积"账户。委托证券公司代理发行股票而支付的手续费、佣金等,应从溢价发行收入中扣除,企业应按扣除手续费、佣金后的数额记入"资本公积"账户。

【例 6-8】 A 公司委托 B 证券公司代理发行普通股 2 000 000 股,每股面值 1 元,按每股 1.2 元的价格发行。公司与受托单位约定,按发行收入的 3% 收取手续费,从发行收入中扣除。假如收到的股款已存入银行。

根据上述资料,A 公司应做以下会计处理:

借:银行存款　　2 328 000
　贷:股本　　2 000 000
　　资本公积——股本溢价　　328 000

(三)资本公积转增资本的会计处理

根据我国《公司法》等法律的规定,资本公积的用途主要是转增资本。从本质上讲,资本公积属于投入资本的范畴。由于我国采用注册资本制度,在投入资本大于注册资本的情况下,就产生了资本公积;因而将资本公积转增资本可以使注册资本更接近投入资本,能够更好地反映投资者的权益。

尽管资本公积转增资本并没有改变企业的所有者权益,也没有增加企业的价值,但是这样处理仍然有其特定的积极意义。

（1）资本公积转增资本可以改变投入资本的结构，体现企业稳健、持续发展的潜力。按照法律规定，资本公积转增为资本以后，不允许用于投资者的分配或者用于弥补亏损；即使在企业破产的情况下，它也将被优先分配给债权人，从而保证企业的持续发展和稳健经营。

（2）对于股份有限公司而言，资本公积转增资本可以增加投资者持有的股份，从而增加公司股票的流通量，进而激活股价，提高股票的交易量和资本的流动性。

按照《公司法》的规定，法定公积金（资本公积和盈余公积）转为资本时，所留存的该项公积金不得少于转增前公司注册资本的25%。经股东大会或类似机构决议，用资本公积转增资本时，应冲减资本公积，同时按照转增前的实收资本（或股本）的结构或比例，将转增的金额记入“实收资本”（或“股本”）账户下各所有者的明细分类账。

四、其他综合收益

其他综合收益是指企业根据企业会计准则规定未在当期损益中确认的各项利得和损失。包括以后会计期间不能重分类进损益的其他综合收益和以后会计期间在满足规定条件时将重分类进损益的其他综合收益两类。

（一）以后会计期间不能重分类进损益的其他综合收益项目

这类项目主要包括以下两种情况：

（1）重新计量设定受益计划净负债或净资产导致的变动。根据职工薪酬准则的规定，有设定受益计划形式离职后福利的企业应当将重新计量设定受益计划净负债或净资产导致的变动计入其他综合收益，并且在后续会计期间不允许转回至损益。

（2）按照权益法处理的在被投资单位不能重分类进损益的其他综合收益变动中所享有的份额。根据长期股权投资准则的规定，投资方取得长期股权投资后，应当按照应享有或应分担的被投资单位其他综合收益的份额，确认其他综合收益，同时调整长期股权投资的账面价值。投资单位在确定应享有或应分担的被投资单位其他综合收益的份额时，该份额的性质取决于被投资单位的其他综合收益的性质。如果被投资单位的其他综合收益属于“以后会计期间不能重分类进损益”类别，则投资方确认的份额也属于“以后会计期间不能重分类进损益”类别。

（二）以后会计期间在满足规定条件时将重分类进损益的其他综合收益项目

这类项目主要包括以下五种情况：

（1）按照权益法处理的在被投资单位可重分类进损益的其他综合收益变动中所享有的份额。根据长期股权投资准则规定，投资方取得长期股权投资后，应当按照应享有或应分担的被投资单位其他综合收益的份额，确认其他综合收益，同时调整长期股权投资的账面价值。如果被投资单位的其他综合收益属于“以后会计期间在满足规定条件时将重分类进损益”类别，则投资方确认的份额也属于“以后会计期间在满足规定条件时将重分类进损益”的类别。

（2）符合金融工具准则规定，同时符合以下两个条件的金融资产应当分类为以公允价值计量且其变动计入其他综合收益的金融资产。一是企业管理该金融资产的业务模式既以收取合同现金流量为目标，又以出售该金融资产为目标；二是该金融资产的合同条款规定，在特定日期产生的现金流量仅为对本金和以未偿付本金金额为基础的利息的支付。

（3）现金流量套期工具产生的利得或损失中属于有效套期的部分。根据套期保值准则规定,现金流量套期利得或损失中属于有效套期的部分,应当直接确认为所有者权益(其他综合收益);属于无效套期的部分,应当计入当期损益。对于前者,套期保值准则规定在一定条件下,将原直接计入所有者权益中的套期工具利得或损失转出,计入当期损益。

(4) 外币财务报表折算差额。根据外币折算准则规定,企业对境外经营的财务报表进行折算时,应当将外币财务报表折算差额在资产负债表中所有者权益项目下单独列示(其他综合收益);企业在处置境外经营时,应当将资产负债表中所有者权益项目下列示的、与该境外经营相关的外币报表折算差额,自所有者权益项目转入处置当期损益;部分处置境外经营的,应当按处置的比例计算处置部分的外币财务报表折算差额,并转入处置当期损益。

(5) 根据相关会计准则规定的其他项目。比如,根据投资性房地产准则规定,自用房地产或作为存货的房地产转为以公允价值模式计量的投资性房地产,在转换日公允价值大于账面价值的部分计入其他综合收益;待该投资性房地产处置时,将该部分转入当期损益等。

有其他综合收益业务的企业,应当设置"其他综合收益"账户进行会计处理,并与"资本公积"账户相区分。"其他综合收益"账户应当按照其他综合收益项目的具体内容设置明细账户。具体会计处理参看相关章节举例。

【例 6-9】 甲公司持有乙公司 30% 的股份,能够对乙公司产生重大影响。当期乙公司因持有的其他债权投资公允价值的变动计入其他综合收益的金额为 3 000 万元,除该事项外,乙公司当期实现的净利润为 9 000 万元。假定甲、乙公司适用的会计政策、会计期间相同,两者在当期及以前期间未发生任何内部交易,投资时乙公司各项可辨认资产、负债的公允价值与其账面价值相同。不考虑相关税费等其他因素影响。甲公司应进行以下账务处理:

借:长期股权投资——乙公司——损益调整　　2 700
　　　　　　　　　　　　——其他综合收益　　900
　贷:投资收益　　2 700
　　其他综合收益　　900

第三节　留存收益

视频资源

企业创造的净利润,不能全部分给投资者,必须留出一部分用于企业今后的发展,如扩大生产经营规模,以便在今后为投资者创造更多的利润;或用于建立风险基金,弥补将来可能出现的亏损。这部分留出来、未分配给投资者的净利润就是留存收益,它是所有者权益的重要组成部分。

留存收益包括盈余公积和未分配利润两个部分。

一、盈余公积

(一) 盈余公积的有关规定

盈余公积是指企业按照规定从净利润中提取企业资金积累,公司制企业的盈余公积包括法定盈余公积和任意盈余公积。

根据《公司法》有关规定,公司制企业应当按照当年实现净利润(减弥补以前年度亏损)的10%提取法定盈余公积,非公司制企业法定盈余公积的提取比例可以超过净利润的10%,法定盈余公积累计额已达到注册资本的50%时可不再提取。提取法定盈余公积的目的是强制企业积累发展资金,约束企业过度分配,以增强企业实力,减少企业经营风险。

任意盈余公积是根据企业的发展目标和实际需要,由股东大会或类似机构批准后提取的。其提取比例由公司自行决定,但如果公司有优先股,则必须在支付优先股股利之后才能提取。

法定盈余公积和任意盈余公积的区别在于其各自计提的依据不同,前者以国家的法律法规为依据,后者由企业的权力机构自行决定。

(二) 盈余公积的用途

企业提取的盈余公积主要用于以下几个方面:

1. 弥补亏损

企业发生亏损,其弥补渠道主要有三种:一是用以后年度税前利润弥补。根据现行制度规定,税前利润弥补亏损的期间为5年。二是用以后年度税后利润弥补。企业发生的亏损如果在5年内不能税前弥补,则需要税后利润弥补。三是用盈余公积弥补亏损。企业以提取的盈余公积弥补亏损时,应由董事会提议,并经股东大会或者类似的权力机构批准。

2. 转增资本(股本)

当企业提取的盈余公积累积比较多时,可以将盈余公积转增资本(股本),但是必须经股东大会或类似机构批准。而且用法定盈余公积转增资本(股本)后,留存的该项公积金不得少于转增前公司注册资本的25%。

企业提取的盈余公积,无论是用于弥补亏损,还是用于转增资本,只是改变了所有者权益的内部结构,对企业的资产、负债及所有者权益总额均不产生影响。

3. 扩大企业生产经营

盈余公积的用途,并不是指其实际占用形态,提取盈余公积也并不是单独将这部分资金从企业资金周转过程中抽出。企业盈余公积的结存数,实际只表现为企业所有者权益的组成部分,表明企业生产经营资金的一个来源而已。其形成的资金可能表现为一定的货币资金,也可能表现为一定的实物资产,如存货和固定资产等,随同企业的其他来源所形成的资金进行循环周转,用于企业的生产经营。

(三) 盈余公积的会计处理

为了反映盈余公积的形成及使用情况,企业应设置“盈余公积”账户,并分别以“法定盈余公积”“任意盈余公积”进行明细核算。企业按规定从税后净利润中提取盈余公积时,借记“利润分配——提取法定盈余公积(提取任意盈余公积)”账户,贷记“盈余公积——法定盈余公积(任意盈余公积)”账户。

经股东大会或类似机构决议,企业用盈余公积弥补亏损或转增资本时,借记“盈余公积”,贷记“利润分配——盈余公积补亏”“实收资本”或“股本”账户。

经股东大会决议,用盈余公积派送新股,按派送新股计算的金额,借记“盈余公积”账户;按股票面值和派送新股总数计算的股票面值总额,贷记“股本”账户;按其差额,贷记或借记“资本公积——股本溢价”账户。

【例6-10】 A股份有限公司20×8年实现净利润1 000 000元,按10%的比例提取法定盈余公积，经股东大会批准，再按20%的比例提取任意盈余公积。该公司应做如下会计处理：

借：利润分配——提取法定盈余公积 100 000
——提取任意盈余公积 200 000
贷：盈余公积——法定盈余公积 100 000
——任意盈余公积 200 000

【例6-11】 承例6-10，该股份有限公司经股东大会决议，用法定盈余公积派送新股，每10股派送1股新股，每股面值1元，发行价3元。该公司股本为10 000 000元。

借：盈余公积——法定盈余公积 3 000 000
贷：股本 1 000 000
资本公积——股本溢价 2 000 000

【例6-12】 承例6-11，该公司20×9年由于经营不善，亏损200 000元，经股东大会决议，动用以前年度积累的任意盈余公积弥补亏损。

借：盈余公积——任意盈余公积 200 000
贷：利润分配——盈余公积补亏 200 000

二、未分配利润

未分配利润是企业实现的净利润经过弥补亏损、提取盈余公积和向投资者分配利润后留存在企业的、历年结存的利润。未分配利润通常用于留待以后年度向投资者进行分配。未分配利润也是企业所有者权益的组成部分，相对于其他所有者权益，企业对未分配利润的使用分配有较大的自主权。从数量上来说，未分配利润是期初未分配利润加上本期实现的净利润，再减去本期利润分配数后的余额。

在会计处理上，未分配利润是通过“利润分配”账户进行核算的，“利润分配”账户应当分别设置“提取法定盈余公积”“提取任意盈余公积”“应付现金股利或利润”“转作股本的股利”“盈余公积补亏”和“未分配利润”等明细账户进行核算。

(一) 分配股利或利润的会计处理

股东享有对公司利润的分配权，股利是股份有限公司分配利润的形式，常见的股利形式是现金股利和股票股利。

1. 与股利有关的日期

与股利有关的重要日期有四个，分别是股利宣告日、股权登记日、除权除息日和股利支付日。了解这些日期的作用，不仅有利于投资者明确是否有权取得股利，而且有利于公司在恰当的期间记录股利业务。

股利宣告日是董事会正式向公众发布股利公告、表明利润分配方案得到批准通过的日期。在宣告日，公司已承担向股东分派股利的责任，需要对股利业务进行会计记录。

股权登记日的作用在于表明该日登记在册的股东有权获得股利。股权登记日只是用来判定谁拥有权利获得股利，不影响会计要素，公司不需要记账。

除权除息日的股价不再含权含息，在这一天及其后购买股票的股东将失去获得本次股利的权利。除权除息日同样不影响会计要素，公司不需要记账。

股利支付日是向股权登记日在册的股东发放现金股利的日期，公司应进行会计处理。

2. 现金股利

在宣告日，经股东大会或类似机构决议，分配给股东或投资者的现金股利或利润，借记“利润分配——应付现金股利或利润”账户，贷记“应付股利”账户；在支付日，借记“应付股利”账户，贷记“银行存款”账户。

3. 股票股利

股票股利是按所有权比例向股东分配公司自己的股票。为了在投资者面前维持良好的公司形象，在没有充足现金发放现金股利的情况下，股份有限公司可能会派发股票股利。另外，公司也可以通过发放股票股利增加发行在外股份数而提高股票的交易量，并由此拉低股票价格，以活跃本公司股票的交易。尽管股东并未从股票股利中直接获得现金，但他们可以通过出售收到的红股，间接地获取现金。

经股东大会或类似机构决议，分配给股东的股票股利，应在办理增资手续后，借记“利润分配——转作股本的股利”账户，贷记“股本”账户。

由此可见，公司分派股票股利与分派现金股利是不同的，分派股票股利只引起所有者权益内部结构发生变动，对企业的资产、负债及所有者权益总额均不产生影响。

（二）期末结转的会计处理

企业期末结转利润时，应将各损益类账户的余额转入“本年利润”账户，结平各损益类账户。结转后，“本年利润”的贷方余额为当年实现的净利润，借方余额为当期发生的净亏损。年度终了，应将本年收入和支出相抵后结出的本年实现净利润或净亏损，转入“利润分配——未分配利润”账户。同时，将“利润分配”账户所属的其他明细账户的余额，转入“未分配利润”明细账户。结转后，“未分配利润”明细账户的贷方余额，就是未分配利润的金额，如出现借方金额，则表示未弥补亏损的金额。“利润分配”账户所属的其他明细账户应无余额。

（三）弥补亏损的会计处理

企业在生产经营过程中既有可能发生盈利，也有可能出现亏损。企业在当年发生亏损的情况下，与实现利润的情况相同，应当将本年发生的亏损自“本年利润”账户，转入“利润分配——未分配利润”账户，借记“利润分配——未分配利润”账户，贷记“本年利润”账户，结转后“利润分配”账户的借方余额，即为未弥补亏损的数额。然后通过“利润分配”账户核算有关亏损的弥补情况。

由于未弥补亏损形成的时间长短不同等原因，以前年度弥补亏损有的可以用当年实现的税前利润弥补，有的则须用税后利润弥补。以当年实现的利润弥补以前年度结转的未弥补亏损，不需要进行专门的账务处理。企业应将当年实现的利润自“本年利润”账户转入“利润分配——未分配利润”账户的贷方，其贷方发生额与“利润分配——未分配利润”的借方余额自然抵补。无论是以税前利润还是以税后利润弥补亏损，其会计处理方法均相同。但是，两者在计算交纳所得税时的处理是不同的。在以税前利润弥补亏损的情况下，其弥补的数额可以抵减当期企业应纳税所得额；而以税后利润弥补的数额，则不能作为纳税所得扣除处理。

【例 6-13】 某公司 2019 年度实现净利润 980 万元，按净利润的 10% 提取法定盈余公积，按净利润的 15% 提取任意盈余公积，向股东分派现金股利 350 万元，同时分派每股面值 1 元的股票股利 250 万股。编制的分录为：

（1）结转 2019 年实现的净利润：

借：本年利润　　　　9 800 000

贷:利润分配——未分配利润		9 800 000
(2) 提取盈余公积:		
借:利润分配——提取法定盈余公积	980 000	
——提取任意盈余公积	1 470 000	
贷:盈余公积——法定盈余公积		980 000
——任意盈余公积		1 470 000
(3) 分配现金股利:		
借:利润分配——应付现金股利	3 500 000	
贷:应付股利		3 500 000
(4) 分配股票股利,已办妥增资手续:		
借:利润分配——转作股本的股利	2 500 000	
贷:股本		2 500 000
(5) 结转"利润分配"其他明细账户余额:		
借:利润分配——未分配利润	8 450 000	
贷:利润分配——提取法定盈余公积		980 000
——提取任意盈余公积		1 470 000
——应付现金股利		3 500 000
——转作股本的股利		2 500 000

【进一步学习指南】

本章以企业组织的不同法律形式为基础,并以有限责任公司、股份有限公司为例,阐述与所有者投入资本相关业务的会计原理及会计核算方法。由于所有者权益是指投资人对企业资源的权益,是企业资产扣除负债后由所有者享有的剩余权益,因此不同组织形式的企业,其所有者权益的构成与核算均有不同程度的差异。在公司制组织形式的企业中,所有者权益按形成来源可分为所有者投入的资本、直接计入所有者权益的利得和损失及留存收益,而非公司制企业所有者权益构成较简单,由于采用非公司制组织形式的企业大多属于小微企业,其所有者权益的具体会计核算方法需要读者自学《小企业会计制度》。

本章对资本公积的会计处理中所涉及的许多复杂的经济交易和会计事项并没有进行展开。特别是其他资本公积中包含了许多内容,涉及前面多个章节,应与本章结合起来系统学习。如第四章长期股权投资采用权益法核算时,对被投资单位除净损益、其他综合收益和利润分配以外的所有者权益的其他变动须计入资本公积;第五章职工薪酬以权益结算的股份支付也计入资本公积。

投资者通过企业的经营获得相应的利润,企业产生的净利润经股东(大)会通过协议进行利润分配,未分配利润及提取的盈余公积作为企业的经营成果留存在企业,是企业所有者权益的重要组成部分。利润分配中企业应遵守有关法律、法规及公司章程的规定,读者可以进一步阅读相关文献。

【本章知识应用】

情景案例

很多中小投资者喜欢追捧“高送转”题材股票。“高送转”股,是送股或者转增股票比例较大的股票简称,例如每10股送7股、每10股转增8股等。其中,送股即送红股,是上市公司采取股票股利方式给股东分配公司股利的分配方式。转增股是指上市公司将公司的资本公积金以转化为股本的形式送给股东的分配方式。

海润光伏科技股份有限公司(以下简称:海润光伏)在2015年实施了每10股转增20股的“高送转”分配政策。具体情况如下:

讨论一:“高送转”使投资者持股数量增加的同时,持股总价值是否也增加?

(一)海润光伏“高送转”利润分配方案

2015年1月23日,海润光伏在其《分配提案》临时公告中(临2015-016)进行了公开披露,主要内容如下。

证券代码:600401　　证券简称:海润光伏　　公告编号:临2015-016

海润光伏科技股份有限公司
2014年度利润分配预案预披露公告

> 本公司及董事会全体成员保证公告内容不存在虚假记载、误导性陈述或者重大遗漏,并对其内容的真实、准确和完整承担个别及连带责任。

海润光伏科技股份有限公司(以下简称“公司”或者“海润光伏”)前三大股东YANG HUAIJIN(杨怀进)、江阴市九润管业有限公司(以下简称“九润管业”)、江苏紫金电子集团有限公司(以下简称“紫金电子”)于2015年1月22日向公司董事会提交了《关于海润光伏科技股份有限公司2014年利润分配及资本公积转增股本预案的提议》,为充分保护广大投资者利益,保证信息披露的公平性,避免造成股价异常波动,现将有关情况公告如下:

一、2014年度利润分配预案的提议及承诺

1. 基于海润光伏科技股份有限公司(以下简称“海润光伏”)未来发展需要并结合海润光伏2014年实际经营状况,为了积极回报股东,与所有股东分享公司未来发展的经营成果,在符合利润分配原则,保证正常经营和长远发展的前提下,公司前三大股东YANG HUAIJIN(杨怀进)、九润管业、紫金电子提出了海润光伏2014年度利润分配及资本公积金转增股本预案:以海润光伏2014年12月31日股本1 574 978 384股为基数,以资本公积金向全体股东每10股转增20股。

2. YANG HUAIJIN(杨怀进)、九润管业、紫金电子承诺在海润光伏有关董事会和股东大会审议上述2014年度利润分配及资本公积金转增股本预案时投赞成票。

二、公司董事会对公司2014年利润分配预案的意见及确认

公司董事会在接到上述2014年度利润分配及资本公积金转增股本预案的提议及承诺后,以

现场及通信方式与公司董事会全部董事进行了沟通,董事均已知悉并同意该分配预案。经过讨论研究,一致认为:

YANG HUAIJIN(杨怀进)、九润管业、紫金电子提议的公司2014年度利润分配预案充分考虑了对广大投资者的合理投资回报,与公司实际情况相匹配,符合公司发展规划,符合有关法律法规以及《公司章程》《海润光伏科技股份有限公司未来分红回报规划及未来三年(2014—2016)股东回报规划》中分配政策的规定,具备合法性、合规性、合理性。

公司共有9名董事,其中9名董事签署了书面确认文件,并承诺在公司召开董事会审议上述利润分配及资本公积金转增股本方案时投赞成票,占公司董事会成员的半数以上。

在本预案披露前,公司严格控制内幕信息知情人的范围,并对相关内幕信息知情人履行了保密和严禁内幕交易的告知义务。

三、其他事项

1. 经向公司股东YANG HUAIJIN(杨怀进)问询,YANG HUAIJIN(杨怀进)回复:自2015年1月22日起未来十二个月内减持股票数量不超过3 453万股。若减持,则会遵守相关法律法规及监管部门的要求。

2. 经向公司股东九润管业问询,九润管业回复:自2015年1月22日起未来十二个月内将通过协议转让、大宗交易、二级市场交易等方式或全部减持。若减持,则会遵守相关法律法规及监管部门的要求。

3. 经向公司股东紫金电子问询,紫金电子回复:自2015年1月22日起未来十二个月内将通过协议转让、大宗交易、二级市场交易等方式或全部减持。若减持,则会遵守相关法律法规及监管部门的要求。

海润光伏科技股份有限公司董事会
2015年1月22日

海润光伏《公司章程》和相关分红规划规定,公司发放股票股利的前提条件是公司经营情况良好,而且应同时满足现金分红的条件,即"公司合并报表该年度或半年度实现的归属于母公司股东的净利润为正值;母公司累计可供分配利润为正值……"

(二)海润光伏2014年12月31日所有者权益构成情况

2015年4月22日海润光伏董事会审议通过并披露了上述利润分配预案、公司2014年年度报告。2014年12月31日的合并资产负债表显示,公司2014年12月31日的所有者权益合计为4 839 715 102.77元。其所有者权益各项目构成情况为:股本1 574 978 384.00元,资本公积4 405 736 842.25元,其他综合收益-102 251 078.35元,盈余公积80 549 743.81元,未分配利润-1 116 059 069.80元,少数股东权益为-3 239 719.14元。2014年合并利润表显示,公司2014年度净利润为-932 812 075.34元。

讨论:

1. 你是否赞同"'高送转'后,公司股本总数虽然扩大了,但公司的股东权益并不会因此而增加"的观点?请以海润光伏2014年12月31日所有者权益为基数,计算分析"高送转"前后所有者权益总额及其构成情况。

2. 公司"高送转"前后,其每股净资产(股东权益/总股数)、净资产收益率(净利润/平均股东权益)有什么不同?

3. 投资者持股股票数量增加的同时,持股总价值是否发生了变化?

讨论二:是否存在“‘高送转’陷阱”?

我国资本市场中很多投资者通常认为“高送转”是向市场传递公司未来业绩将保持高增长的积极信号,可能有利于推高股价。投资者有望通过填权方式,从二级市场的资本利得中获利。因此,很多投资者都将“高送转”看作重大利好消息进行投机炒作。但中小投资者在面对市场出现的“高送转”传闻时,要理性分析,树立价值投资理念,重点关注公司的盈利能力和成长性,避免跌入“高送转”陷阱中。

(一) 大股东减持公司股份

江阴市九润管业有限公司属于持有海润光伏股份5%以上的股东,是提议海润光伏实行“高送转”分配的一个大股东。但九润管业有限公司却在2015年1月14日至1月20日间陆续减持海润光伏的股票。2015年1月20日海润光伏发布了股东减持股份的提示性公告,内容如下。

证券代码:600401 **证券简称:海润光伏** **公告编号:临2015-013**

海润光伏科技股份有限公司

关于股东减持股份的提示性公告

海润光伏科技股份有限公司(以下简称“公司”或者“本公司”)接到公司股东江阴市九润管业有限公司(以下简称“九润管业”)的函件告知:

2015年1月14日通过上海证券交易所大宗交易系统出售本公司股票3 560 000股,占本公司总股本的0.226%;2015年1月15日通过上海证券交易所大宗交易系统出售本公司股票13 000 000股,占本公司总股本的0.825%;2015年1月16日通过上海证券交易所大宗交易系统出售本公司股票31 440 000股,占本公司总股本的1.996%;2015年1月20日通过上海证券交易所大宗交易系统出售本公司股票30 748 900股,占本公司总股本的1.952%。

2015年1月14日到2015年1月20日累计出售本公司股票78 748 900股,占本公司总股本的近5.00%。九润管业减持后合计持有本公司股票114 146 345股,占本公司总股本的7.25%。

特此公告。

海润光伏科技股份有限公司董事会

2015年1月20日

九润管业、江阴爱纳基、江阴润达作为一致行动人,于2014年12月22日合计持有海润光伏股票205 301 464股,占公司已发行股份的13.04%。截至2015年1月20日,累计卖出91 155 119股,占公司总股本的5.79%,减持比例超过公司总股本的5%。2015年1月20日披露了股东九润管业减持股份的提示性公告,但是未合并计算一致行动人江阴爱纳基、江阴润达的减持股份比例,未及时披露一致行动人江阴爱纳基、江阴润达出售公司股票的情况。

同时,九润管业从事股票的短线交易。2015年1月14日至2015年1月27日,九润管业卖出海润光伏股票106 357 861股,2015年1月27日当日又买入海润光伏股票200 000股,2015年1月28日又卖出海润光伏股票50 839 884股。

(二)公司业绩预亏

2015年1月30日,海润光伏披露了《2014年年度业绩预亏公告》,内容如下。

证券代码:600401 **证券简称:海润光伏** **公告编号:临2015-022**

海润光伏科技股份有限公司

2014年年度业绩预亏公告

本公司董事会及全体董事保证本公告内容不存在任何虚假记载、误导性陈述或者重大遗漏,并对其内容的真实性、准确性和完整性承担个别及连带责任。

一、本期业绩预告情况

(一)业绩预告期间

2014年1月1日至2014年12月31日。

(二)业绩预告情况

经财务部门初步测算,预计2014年年度实现归属于上市公司股东的净利润为人民币-8亿元左右。

(三)业绩预告是否经过注册会计师审计:否。

二、上年同期业绩情况

(一)归属于上市公司股东的净利润:-202 597 005.16元人民币。

(二)每股收益:-0.195 5元人民币。

三、本期业绩预亏的主要原因

一方面受资金影响,公司项目启动较晚,同期开工建设的项目推进力度受到限制;另一方面受国家能源局2014年下半年出台相关政策的制约,延迟了项目出售进度,极大地减少了当期项目可实现利润。

海润光伏科技股份有限公司董事会

2015年1月30日

讨论:

请查阅了解海润光伏在“高送转”前后股价变动情况,分析该公司“高送转”分配预案是否存在陷阱。

【思考题】

1. 什么是所有者权益?其包括哪些具体内容?
2. 不同的企业组织形式,所有者权益的构成有何不同?

3. 比较有限责任公司与股份有限公司在投入资本核算方面的异同。
4. 股份有限公司可以通过哪些不同形式增加资本?
5. 资本公积包括哪些内容?它同实收资本(股本)有何联系与区别?
6. 什么是资本溢价?为什么会发生资本溢价?如何计算资本溢价?
7. 资本公积主要有什么用途?其意义何在?
8. 什么是留存收益、盈余公积和未分配利润?
9. 法定盈余公积应如何提取?盈余公积的主要用途有哪些?
10. 请说明利润分配的程序及会计处理。
11. 现金股利和股票股利对资产负债表的影响有何不同?

【即测即评】

请扫描二维码,进行即测即评。

第七章　收入、费用与利润

【学习目标】

1. 理解收入的定义及分类，掌握销售商品收入、提供劳务收入和让渡资产使用权收入的确认与计量要求。

2. 理解费用的定义及分类，掌握费用的确认与计量要求。

3. 理解利润的定义及构成，掌握利润的结转及利润分配的核算。

收入、费用、利润是财务会计中反映企业经营成果的三个要素。追求利润最大化是企业经营的主要目标之一。企业的资金运动过程就是生产消耗过程，同时又是收入的实现过程。收入是利润的来源，费用是为取得收入而必需的支出，企业应当按权责发生制原则合理确认收入和费用，并据以确定利润。利润分配是将企业实现的净利润按照《公司法》及财务制度规定的分配形式和分配顺序在企业和投资者之间进行的分配。本章主要介绍收入、费用、利润及利润分配的核算方法。

第一节　收　　入

一、收入的概念、特征及分类

视频资源

（一）收入的概念及特征

收入是指企业在日常活动中形成的、会导致所有者权益增加、与所有者投入资本无关的经济利益的总流入。

收入具有以下特征：

1. 收入是企业在日常活动中形成的经济利益的总流入

日常活动，是指企业为完成其经营目标所从事的经常性活动以及与之相关的活动。

比如，工业企业制造并销售产品、商品流通企业销售商品、保险公司签发保单、咨询公司提供咨询服务、软件企业为客户开发软件、安装公司提供安装服务、商业银行对外贷款、租赁公司出租资产等，均属于企业为完成其经营目标所从事的经常性活动，由此产生的经济利益的总流入构成收入。

工业企业转让无形资产使用权、出售不需用原材料等，属于与经常性活动相关的活动，由此产生的经济利益的总流入也构成收入。

收入形成于企业日常活动的特征使其与产生于非日常活动的利得相区分。企业处置固定资产、无形资产等活动,不是企业为完成其经营目标所从事的经常性活动,也不属于与经常性活动相关的活动,由此产生的经济利益的总流入不构成收入,属于利得,应当确认为营业外收入。利得通常是不经过经营过程就能取得或属于企业不曾期望获得的收益。

2. 收入会导致企业所有者权益增加

收入形成的经济利益总流入的形式多种多样,既可能表现为资产的增加,如增加银行存款、应收账款;也可能表现为负债的减少,如减少预收账款;还可能表现为两者的组合,如销售实现时,部分冲减预收账款,部分增加银行存款。收入形成的经济利益总流入能增加资产或减少负债或两者兼而有之,根据"资产-负债=所有者权益"的会计等式,收入一定能增加企业的所有者权益。这里所说的收入能增加所有者权益,仅指收入本身的影响,而收入扣除与之相配比的费用后的净额,既可能增加所有者权益,也可能减少所有者权益。

企业为第三方或客户代收的款项,如企业代国家收取的增值税等,一方面增加企业的资产,另一方面增加企业的负债,并不增加企业的所有者权益,因此不构成本企业的收入。

3. 收入与所有者投入资本无关

所有者投入资本主要是为谋求享有企业资产的剩余权益,由此形成的经济利益的总流入不构成收入,而应确认为企业所有者权益的组成部分。

(二)收入的分类

1. 收入按企业从事日常活动的性质不同,分为销售商品收入、提供劳务收入和让渡资产使用权收入

(1) 销售商品收入。销售商品收入是指企业通过销售商品实现的收入。这里的商品包括企业为销售而生产的产品和为转售而购进的商品。企业销售的其他存货如原材料、包装物等也视同商品。

(2) 提供劳务收入。提供劳务收入是指企业通过提供劳务实现的收入。比如,企业通过提供旅游、运输、咨询、代理、培训、产品安装等劳务所实现的收入。

(3) 让渡资产使用权收入。让渡资产使用权收入是指企业通过让渡资产使用权实现的收入。让渡资产使用权收入包括利息收入和使用费收入。利息收入主要是指金融企业对外贷款形成的利息收入,以及同业之间发生往来形成的利息收入等。使用费收入主要是指企业转让无形资产(如商标权、专利权、专营权、版权)等资产的使用权形成的使用费收入。企业对外出租固定资产收取的租金、进行债权投资收取的利息、进行股权投资取得的现金股利等,也构成让渡资产使用权收入。

2. 收入按企业经营业务的主次不同,分为主营业务收入和其他业务收入

(1) 主营业务收入。主营业务收入是指企业为完成其经营目标所从事的经常性活动实现的收入。主营业务收入一般占企业总收入的较大比重,对企业的经济效益产生较大影响。不同行业企业的主营业务收入所包括的内容不同,比如,工业企业的主营业务收入主要包括销售商品、自制半成品、代制品、代修品,提供工业性劳务等实现的收入;商业企业的主营业务收入主要包括销售商品实现的收入;咨询公司的主营业务收入主要包括提供咨询服务实现的收入;安装公司的主营业务收入主要包括提供安装服务实现的收入。

企业实现的主营业务收入通过“主营业务收入”账户核算,并通过“主营业务成本”账户核算为取得主营业务收入发生的相关成本。

(2)其他业务收入。其他业务收入是指企业为完成其经营目标所从事的与经常性活动相关的活动实现的收入。其他业务收入属于企业日常活动中次要交易实现的收入,一般占企业总收入的比重较小。不同行业企业的其他业务收入所包括的内容不同,比如,工业企业的其他业务收入主要包括对外销售材料,对外出租包装物、商品或固定资产,对外转让无形资产使用权,对外进行权益性投资(取得现金股利)或债权性投资(取得利息),提供非工业性劳务等实现的收入。

企业实现的原材料销售收入、包装物租金收入、固定资产租金收入、无形资产使用费收入等,通过“其他业务收入”账户核算;企业进行权益性投资或债权性投资取得的现金股利收入和利息收入,通过“投资收益”账户核算。通过“其他业务收入”账户核算的其他业务收入,须通过“其他业务成本”账户核算为取得其他业务收入发生的相关成本。

二、收入的确认与计量

根据《企业会计准则第14号——收入》的规定,企业确认收入的方式应当反映其向客户转让商品或提供服务的模式,收入的金额应当反映企业因转让这些商品或提供这些服务而预期有权收取的对价金额,以如实反映企业的生产经营成果,核算企业实现的损益。收入确认和计量大致分为五步:第一步,识别与客户订立的合同;第二步,识别合同中的单项履约义务;第三步,确定交易价格;第四步,将交易价格分摊至各单项履约义务;第五步,履行每一单项履约义务时确认收入。其中,第一步、第二步和第五步主要与收入的确认有关,第三步和第四步主要与收入的计量有关。

(一)识别与客户订立的合同

合同,是指双方或多方之间订立有法律约束力的权利义务的协议,包括书面形式、口头形式以及其他可验证的形式(如隐含于商业惯例或企业以往的习惯做法中等)。

1. 收入确认的原则

企业应当在履行了合同中的履约义务,即在客户取得相关商品控制权时确认收入。取得相关商品控制权,是指能够主导该商品的使用并从中获得几乎全部的经济利益,也包括有能力阻止其他方主导该商品的使用并从中获得经济利益。取得商品控制权包括以下三个要素:

一是能力,即客户必须拥有现时权利,能够主导该商品的使用并从中获得几乎全部经济利益。如果客户只能在未来的某一期间主导该商品的使用并从中获益,则表明其尚未取得该商品的控制权。

二是主导该商品的使用。客户有能力主导该商品的使用,是指客户有权使用该商品,或者能够允许或阻止其他方使用该商品。

三是能够获得几乎全部的经济利益。商品的经济利益,是指该商品的潜在现金流量,既包括现金流入的增加,也包括现金流出的减少。客户可以通过很多方式直接或间接地获得商品的经济利益,例如使用、消耗、出售或持有该商品,使用该商品提升其他资产的价值,以及将该商品用于清偿债务、支付费用或抵押等。

2. 收入确认的前提条件

企业与客户之间的合同同时满足下列条件的,企业应当在客户取得相关商品控制权时确认收入:①合同各方已批准该合同并承诺将履行各自义务;②该合同明确了合同各方与所转让的商品(或提供的服务,以下简称转让的商品)相关的权利和义务;③该合同有明确的与所转让的商品相关的支付条款;④该合同具有商业实质,即履行该合同将改变企业未来现金流量的风险、时间分布或金额;⑤企业因向客户转让商品而有权取得的对价很可能收回。在进行上述判断时,需要注意以下三点:

一是合同约定的权利和义务是否具有法律约束力,需要根据企业所处法律环境和实务操作进行判断,包括合同订立的方式和流程、具有法律约束力的权利和义务的时间等。对于合同各方均有权单方面终止完全未执行的合同,且无须对合同其他方作出补偿的,企业应当视为该合同不存在。其中,完全未执行的合同,是指企业尚未向客户转让任何合同中承诺的商品,也尚未收取且尚未有权收取已承诺商品的任何对价的合同。

二是合同具有商业实质,是指履行该合同将改变企业未来现金流量的风险、时间分布或金额。关于商业实质,应按照非货币性资产交换中有关商业实质的说明进行判断。

三是企业在评估其因向客户转让商品而有权取得的对价是否很可能收回时,应仅考虑客户到期时支付对价的能力和意图(即客户的信用风险)。企业在进行判断时,应当考虑是否存在价格折让。存在价格折让的,应当在估计交易价格时进行考虑。企业预期很可能无法收回全部合同对价时,应当判断其原因是客户的信用风险还是企业向客户提供了价格折让。

对于不能同时满足上述收入确认的五个条件的合同,企业只有在不再负有向客户转让商品的剩余义务(例如,合同已完成或取消),且已向客户收取的对价(包括全部或部分对价)无须退回时,才能将已收取的对价确认为收入;否则,应当将已收取的对价作为负债进行会计处理。其中,企业向客户收取无须退回的对价的,应当在已经将该部分对价所对应的商品的控制权转移给客户,并且已不再向客户转让额外的商品且不再负有此类义务时,将该部分对价确认为收入;或者,在相关合同已经终止时将该部分对价确认为收入。

对于在合同开始日即满足上述收入确认条件的合同,企业在后续期间无须对其进行重新评估,除非有迹象表明相关事实和情况发生重大变化。对于不满足上述收入确认条件的合同,企业应当在后续期间对其进行持续评估,以判断其能否满足这些条件。企业如果在合同满足相关条件之前已经向客户转移了部分商品,当该合同在后续期间满足相关条件时,企业应当将在此之前已经转移的商品所分摊的交易价格确认为收入。通常情况下,合同开始日,是指合同开始赋予合同各方具有法律约束力的权利和义务的日期,即合同生效日。

需要说明的是,没有商业实质的非货币性资产交换,无论何时,均不应确认收入。从事相同业务经营的企业之间,为便于向客户或潜在客户销售而进行的非货币性资产交换(例如,两家石油公司之间相互交换石油,以便及时满足各自不同地点客户的需求),不应确认收入。

【例7-1】 甲公司与乙公司签订合同,将一项专利技术授权给乙公司使用,并按其使用情况收取特许权使用费。甲公司评估认为,该合同在合同开始日满足合同确认收入的五个条件。该专利技术在合同开始日即授权给乙公司使用。在合同开始日后的第一年内,乙公司每季度向甲公司提供该专利技术的使用情况报告,并在约定的期间内支付特许权使用费。在合同开始日后的第二年内,乙公司继续使用该专利技术,但是乙公司的财务状况下滑,融资能力下降,可用现金不足。因此,乙公司仅按合同支付了当年第一季度的特许权使用费,而后三个季度仅按名义金额付款。在合同开始日后的第三年内,乙公司继续使用甲公司的专利技术,但是,甲公司得知,乙公司已经完全丧失了融资能力，且流失了大部分客户。因此，乙公司的付款能力进一步恶化，信用风险显著升高。

本例中，该合同在合同开始日满足收入确认的前提条件。因此，甲公司在乙公司使用该专利技术的行为发生时，按照约定的特许权使用费确认收入。合同开始日后的第二年，由于乙公司的信用风险升高，甲公司在确认收入的同时，按照金融资产减值的要求对乙公司的应收款项进行减值测试。合同开始日后的第三年，由于乙公司的财务状况恶化，信用风险显著升高，甲公司对该合同进行了重新评估，认为"企业因向客户转让商品而有权取得的对价很可能收回"这一条件不再满足。因此，甲公司不再确认特许权使用费收入，同时对现有应收款项是否发生减值继续进行评估。

（二）识别合同中的单项履约义务

视频资源

合同开始日，企业应当对合同进行评估，识别该合同所包含的各单项履约义务，并确定各单项履约义务是在某一时段内履行，还是在某一时点履行，然后，在履行了各单项履约义务时分别确认收入。履约义务，是指合同中企业向客户转让可明确区分商品的承诺。企业应当将下列向客户转让商品的承诺作为单项履约义务：

1. 企业向客户转让可明确区分商品（或者商品或服务的组合）的承诺

企业向客户承诺的商品同时满足下列条件的，应当作为可明确区分商品：一是客户能够从该商品本身或者从该商品与其他易于获得的资源一起使用中受益，即该商品能够明确区分；二是企业向客户转让该商品的承诺与合同中其他承诺可单独区分，即转让该商品的承诺在合同中是可明确区分的。表明客户能够从某项商品本身或者将其与其他易于获得的资源一起使用获益的因素有很多，例如企业通常会单独销售该商品等。需要特别指出的是，在评估某项商品是否能够明确区分时，应当基于该商品自身的特征，而与客户可能使用该商品的方式无关。因此，企业无须考虑合同中可能存在的阻止客户从其他来源取得相关资源的限制性条款。

需要说明的是，企业向客户销售商品时，往往约定企业需要将商品运送至客户指定的地点。通常情况下，商品控制权转移给客户之前发生的运输活动不构成单项履约义务；相反，商品控制权转移给客户之后发生的运输活动可能表明企业向客户提供了一项运输服务，企业应当考虑该项服务是否构成单项履约义务。

2. 企业向客户转让一系列实质相同且转让模式相同的、可明确区分商品的承诺

企业应当将实质相同且转让模式相同的一系列商品作为单项履约义务，即使这些商品可明确区分。其中，转让模式相同，是指每一项可明确区分商品均满足在某一时段内履行履约义务的条件，且采用相同方法确定其履约进度。例如，每天为客户提供保洁服务的长期劳务合同等。企业在判断所转让的一系列商品是否实质相同时，应当考虑合同中承诺的性质，如果企业承诺的是提供确定数量的商品，那么需要考虑这些商品本身是否实质相同；如果企业承诺的是在某一期间内随时向客户提供某项服务，则需要考虑企业在该期间内的各个时间段（如每天或每小时）的承诺是否相同，而并非具体的服务行为本身，例如，企业向客户提供 2 年的酒店管理服务，具体包括保洁、维修、安保等，但没有具体的服务次数或时间的要求。尽管企业每天提供的具体服务不一定相同，但是企业每天对于客户的承诺都是相同的。因此，该服务符合"实质相同"的条件。

企业为履行合同而应开展的初始活动，通常不构成履约义务，除非该活动向客户转让了承诺

的商品。例如,某俱乐部为注册会员建立档案,该活动并未向会员转让承诺的商品,因此不构成单项履约义务。

视频资源

(三)确定交易价格

交易价格,是指企业因向客户转让商品而预期有权收取的对价金额。企业代第三方收取的款项(例如增值税)以及企业预期将退还给客户的款项,应当作为负债进行会计处理,不计入交易价格。合同标价并不一定代表交易价格,企业应当根据合同条款,并结合以往的习惯做法等确定交易价格。企业在确定交易价格时,应当假定将按照现有合同的约定向客户转让商品,且该合同不会被取消、续约或变更。

1. 可变对价

企业与客户在合同中约定的对价金额可能会因折扣、价格折让、返利、退款、奖励积分、激励措施、业绩奖金、索赔等因素而变化。此外,根据一项或多项或有事项的发生而收取不同对价金额的合同,也属于可变对价的情形。企业在判断合同中是否存在可变对价时,不仅应当考虑合同条款的约定,还应当考虑下列情况:一是根据企业已公开宣布的政策、特定声明或者以往的习惯做法等,客户能够合理预期企业将会接受低于合同约定的对价金额,即企业会以折扣、返利等形式提供价格折让;二是其他相关事实和情况表明企业在与客户签订合同时即意图向客户提供价格折让。合同中存在可变对价的,企业应当对计入交易价格的可变对价进行估计。

(1)可变对价最佳估计数的确定。企业应当按照期望值或最可能发生金额确定可变对价的最佳估计数。企业所选择的方法应当能够更好地预测其有权收取的对价金额,并且对于类似的合同,应当采用相同的方法进行估计。对于某一事项的不确定性对可变对价金额的影响,企业应当在整个合同期间一致地采用同一种方法进行估计。但是,当存在多个不确定性事项均会影响可变对价金额时,企业可以采用不同的方法对其进行估计。期望值是按照各种可能发生的对价金额及相关概率计算确定的金额。如果企业拥有大量具有类似特征的合同,并估计可能产生多个结果时,通常按照期望值估计可变对价金额。最可能发生金额是一系列可能发生的对价金额中最可能发生的单一金额,即合同最可能产生的单一结果。当合同仅有两个可能结果时,通常按照最可能发生金额估计可变对价金额。

(2)计入交易价格的可变对价金额的限制。企业按照期望值或最可能发生金额确定可变对价金额之后,计入交易价格的可变对价金额还应该满足限制条件,即包含可变对价的交易价格应当不超过在相关不确定性消除时,累计已确认的收入极可能不会发生重大转回的金额。企业在评估是否极可能不会发生重大转回时,应当同时考虑收入转回的可能性及比重。其中,“极可能”发生的概率应远高于“很可能(即可能性超过50%)”,但不要求达到“基本确定(即可能性超过95%)”,其目的是避免因为一些不确定性因素的发生导致之前已经确认的收入发生转回;在评估收入转回金额的比重时,应同时考虑合同中包含的固定对价和可变对价,即可能发生的收入转回金额相对于合同总对价(包括固定对价和可变对价)的比重。企业应当将满足上述限制条件的可变对价的金额,计入交易价格。需要说明的是,将可变对价计入交易价格的限制条件不适用于企业向客户授予知识产权许可并约定按客户实际销售或使用情况收取特许权使用费的情况。

每一资产负债表日,企业应当重新估计应计入交易价格的可变对价金额,包括重新评估将估计的可变对价计入交易价格是否受到限制,以如实反映报告期末存在的情况以及报告期内发生的情况变化。

2. 合同中存在的重大融资成分

当合同各方以在合同中(或者以隐含的方式)约定的付款时间为客户或企业就该交易提供了重大融资利益时,合同中即包含了重大融资成分,如企业以赊销的方式销售商品等。合同中存在重大融资成分的,企业应当按照假定客户在取得商品控制权时即以现金支付的应付金额(即现销价格)确定交易价格。在评估合同中是否存在融资成分以及该融资成分对于该合同而言是否重大时,企业应当考虑所有相关的事实和情况,包括:①已承诺的对价金额与已承诺商品的现销价格之间的差额;②下列两项的共同影响:一是企业将承诺的商品转让给客户与客户支付相关款项之间的预计时间间隔,二是相关市场的现行利率。

表明企业与客户之间的合同未包含重大融资成分的情形有:一是客户就商品支付了预付款,且可以自行决定这些商品的转让时间(例如,企业向客户出售其发行的储值卡,客户可随时到该企业持卡购物;企业向客户授予奖励积分,客户可随时到该企业兑换这些积分等)。二是客户承诺支付的对价中有相当大的部分是可变的,该对价金额或付款时间取决于某一未来事项是否发生,且该事项实质上不受客户或企业控制(例如,按照实际销量收取的特许权使用费)。三是合同承诺的对价金额与现销价格之间的差额是由于向客户或企业提供融资利益以外的其他原因所导致的,且这一差额与产生该差额的原因是相称的(例如,合同约定的支付条款目的是向企业或客户提供保护,以防止另一方未能依照合同充分履行其部分或全部义务)。

需要说明的是,企业应当在单个合同层面考虑融资成分是否重大,而不应在合同组合层面考虑。合同中存在重大融资成分的,企业在确定该重大融资成分的金额时,应使用将合同对价的名义金额折现为商品的现销价格的折现率。该折现率一经确定,不得因后续市场利率或客户信用风险等情况的变化而变更。企业确定的交易价格与合同承诺的对价金额之间的差额,应当在合同期间内采用实际利率法摊销。

为简化实务操作,如果在合同开始日,企业预计客户取得商品控制权与客户支付价款间隔不超过一年的,可以不考虑合同中存在的重大融资成分。企业应当对类似情形下的类似合同一致地应用这一简化处理方法。

3. 非现金对价

非现金对价包括实物资产、无形资产、股权、客户提供的广告服务等。客户支付非现金对价的,通常情况下,企业应当按照非现金对价在合同开始日的公允价值确定交易价格。非现金对价公允价值不能合理估计的,企业应当参照其承诺向客户转让商品的单独售价间接确定交易价格。

非现金对价的公允价值可能会因对价的形式而发生变动(例如,企业有权向客户收取的对价是股票,股票本身的价格会发生变动),也可能会因为其形式以外的原因而发生变动。合同开始日后,非现金对价的公允价值因对价形式以外的原因而发生变动的,应当作为可变对价,按照与计入交易价格的可变对价金额的限制条件相关的规定进行处理;合同开始日后,非现金对价的公允价值因对价形式而发生变动的,该变动金额不应计入交易价格。

4. 应付客户对价

企业存在应付客户对价的,应当将该应付对价冲减交易价格,但应付客户对价是为了自客户取得其他可明确区分商品的除外。企业应付客户对价是为了向客户取得其他可明确区分商品的,应当采用与企业其他采购相一致的方式确认所购买的商品。企业应付客户对价超过向客户取得可明确区分商品公允价值的,超过金额应当冲减交易价格。向客户取得的可明确区分商品公允价值不能合理估计的,企业应当将应付客户对价全额冲减交易价格。在将应付客户对价冲减交易价格处理时,企业应当在确认相关收入与支付(或承诺支付)客户对价二者孰晚的时点冲减当期收入。

(四)将交易价格分摊至各单项履约义务

当合同中包含两项或多项履约义务时,为了使企业分摊至每一单项履约义务的交易价格能够反映其因向客户转让已承诺的相关商品(或提供已承诺的相关服务)而预期有权收取的对价金额,企业应当在合同开始日,按照各单项履约义务所承诺商品的单独售价的相对比例,将交易价格分摊至各单项履约义务。

单独售价是指企业向客户单独销售商品的价格。单独售价无法直接观察的,企业应当综合考虑其能够合理取得的全部相关信息,采用市场调整法、成本加成法、余值法等方法合理估计单独售价。市场调整法是指企业根据某商品或类似商品的市场售价,考虑本企业的成本和毛利等进行适当调整后,确定其单独售价的方法。成本加成法是指企业根据某商品的预计成本加上其合理毛利后的价格,确定其单独售价的方法。余值法是指企业根据合同交易价格减去合同中其他商品可观察的单独售价后的余值,确定某商品单独售价的方法。企业应当最大限度地采用可观察的输入值,并对类似的情况采用一致的估计方法。

企业在商品近期售价波动幅度巨大,或者因未定价且未曾单独销售而使售价无法可靠确定时,可采用余值法估计其单独售价。

【例7-2】　2019年8月20日,康达公司与客户签订合同,向其销售A、B两项商品,合同价款为360 000元。A商品的单独售价为150 000元;B商品的单独售价为250 000元。合同约定,A商品于合同开始日交付,B商品在1个月之后交付,只有当两项商品全部交付之后,康达公司才有权收取360 000元的合同对价。假定A商品和B商品分别构成单项履约义务,其控制权在交付时转移给客户。上述价格均不包含增值税,增值税税率13%。

本例中,分摊至A商品的合同价款为135 000{[150 000÷(150 000+250 000)]×360 000}元,分摊至B商品的合同价款为225 000{[250 000÷(150 000+250 000)]×360 000}。康达公司的账务处理如下:

(1)8月20日交付A商品时:

借:合同资产	152 550	
贷:主营业务收入		135 000
应交税费——应交增值税(销项税额)		17 550

(2)9月20日交付B商品时:

借:应收账款	406 800	
贷:合同资产		152 550
主营业务收入		225 000
应交税费——应交增值税(销项税额)		29 250

合同资产,是指企业已向客户转让商品而有权收取对价的权利,且该权利取决于时间流逝之外的其他因素。应收款项是企业无条件收取合同对价的权利,该权利应当作为应收款项单独列示。二者的区别在于,应收款项代表的是无条件收取合同对价的权利,即企业仅仅随着时间的流逝即可收款,而合同资产并不是一项无条件收款权,该权利除了时间流逝,还取决于其他条件(例

如，履行合同中的其他履约义务）才能收取相应的合同对价。因此，与合同资产和应收款项相关的风险是不同的，应收款项仅承担信用风险，而合同资产除信用风险，还可能承担其他风险，如履约风险等。合同资产的减值的计量、列报和披露应当按照相关金融工具准则的要求进行会计处理。

（五）履行每一单项履约义务时确认收入

视频资源

企业应当在履行了合同中的履约义务，即客户取得相关商品控制权时确认收入。企业应当根据实际情况，首先判断履约义务是否满足在某一时段内履行的条件，如不满足，则该履约义务属于在某一时点履行的履约义务。对于在某一时段内履行的履约义务，企业应当选取恰当的方法来确定履约进度；对于在某一时点履行的履约义务，企业应当综合分析控制权转移的迹象，判断其转移时点。

1. 在某一时段内履行的履约义务的收入确认条件

满足下列条件之一的，属于在某一时段内履行的履约义务，相关收入应当在该履约义务履行的期间内确认：

（1）客户在企业履约的同时即取得并消耗企业履约所带来的经济利益。企业在履约过程中是持续地向客户转移该服务的控制权的，该履约义务属于在某一时段内履行的履约义务，企业应当在提供该服务的期间内确认收入。企业在进行判断时，可以假定在企业履约的过程中更换为其他企业继续履行剩余履约义务，如果该继续履行合同的企业实质上无须重新执行企业累计至今已经完成的工作，则表明客户在企业履约的同时即取得并消耗了企业履约所带来的经济利益。例如，企业承诺将客户的一批货物从A市运送到B市，假定该批货物在途经C市时，由另外一家运输公司接替企业继续提供该运输服务，由于A市到C市之间的运输服务是无须重新执行的，因此，表明客户在企业履约的同时即取得并消耗了企业履约所带来的经济利益，因此，企业提供的运输服务属于在某一时段内履行的履约义务。企业在判断其他企业是否实质上无须重新执行企业累计至今已经完成的工作时，应当基于以下两个前提：一是不考虑可能会使企业无法将剩余履约义务转移给其他企业的潜在限制，包括合同限制或实际可行性限制；二是假设继续履行剩余履约义务的其他企业将不会享有企业目前已控制的任何资产的利益，也不会享有剩余履约义务转移后企业仍然控制的任何资产的利益。

（2）客户能够控制企业履约过程中在建的商品。企业在履约过程中创建的商品包括在产品、在建工程、尚未完成的研发项目、正在进行的服务等，如果客户在企业创建该商品的过程中就能够控制这些商品，应当认为企业提供该商品的履约义务属于在某一时段内履行的履约义务。

例如，企业与客户签订合同，在客户拥有的土地上按照客户的设计要求为其建造厂房。在建造过程中客户有权修改厂房设计，并与企业重新协商设计变更后的合同价款。客户每月末按当月工程进度向企业支付工程款。如果客户终止合同，已完成建造部分的厂房归客户所有。企业为客户建造厂房，该厂房位于客户的土地上，客户终止合同时，已建造的厂房归客户所有。这些均表明客户在该厂房建造的过程中就能够控制该在建的厂房。因此，企业提供的该建造服务属于在某一时段内履行的履约义务，企业应当在提供该服务的期间内确认收入。

（3）企业履约过程中所产出的商品具有不可替代用途，且该企业在整个合同期间内有权就累计至今已完成的履约部分收取款项。

① 商品具有不可替代用途。在判断商品是否具有不可替代用途时，企业既应当考虑合同限

制,也应当考虑实际可行性限制,但无须考虑合同被终止的可能性。企业在判断商品是否具有不可替代用途时,需要注意以下四点:

一是企业应当在合同开始日判断所承诺的商品是否具有不可替代用途。在此之后,除非发生合同变更,且该变更显著改变了原合同约定的履约义务,否则,企业无须重新进行评估。

二是合同中是否存在实质性限制条款,导致企业不能将合同约定的商品用于其他用途。保护性条款也不应被视为实质性限制条款。

三是是否存在实际可行性限制,例如,虽然合同中没有限制,但是企业将合同中约定的商品用作其他用途,将遭受重大的经济损失或发生重大的返工成本。

四是企业应当根据最终转移给客户的商品的特征判断其是否具有不可替代用途。例如,某商品在生产的前期可以满足多种用途需要的,从某一时点或某一流程开始,才进入定制化阶段,此时,企业应当根据该商品在最终转移给客户时的特征来判断其是否满足"具有不可替代用途"的条件。

② 企业在整个合同期间内有权就累计至今已完成的履约部分收取款项。有权就累计至今已完成的履约部分收取款项,是指在由于客户或其他方原因终止合同的情况下,企业有权就累计至今已完成的履约部分收取能够补偿其已发生成本和合理利润的款项,并且该权利具有法律约束力。需要强调的是,合同终止必须是由于客户或其他方(即由于企业未按照合同承诺履约之外的其他原因)而非企业自身的原因所致,在整个合同期间内的任一时点,企业均应当拥有此项权利。企业在进行判断时,需要注意以下五点:

一是企业有权就累计至今已完成的履约部分收取的款项应当大致相当于累计至今已经转移给客户的商品的售价,即该金额应当能够补偿企业已经发生的成本和合理利润。其中,合理的利润补偿并非一定是该合同的整体毛利水平,以下两种情形都属于合理的利润补偿:第一,根据合同终止前的履约进度对该合同的毛利水平进行调整后确定的金额作为利润补偿金额;第二,如果该合同的毛利水平高于企业同类合同的毛利水平,以企业从同类合同中能够获取的合理资本回报或者经营毛利作为利润补偿金额。

二是企业有权就累计至今已完成的履约部分收取款项,并不意味着企业拥有随时可行使的无条件收款权。当合同约定客户在约定的某一时点、重要事项完成的时点或者整个合同完成之后才支付合同价款时,企业并没有取得收款的权利。在判断其是否满足本要求时,应当考虑,在整个合同期间内的任一时点,假设由于客户或其他方原因导致合同提前终止时,企业是否有权主张该收款权利,即有权要求客户补偿其截至目前已完成的履约部分应收取的款项。

三是当客户只有在某些特定时点才能要求终止合同,或者根本无权终止合同时终止了合同(包括客户没有按照合同约定履行其义务)时,如果合同条款或法律法规赋予了企业继续执行合同(即企业继续向客户转移合同中承诺的商品并要求客户支付对价)的权利,则表明企业有权就累计至今已完成的履约部分收取款项。

四是企业在进行相关判断时,不仅要考虑合同条款的约定,还应当充分考虑所处的法律环境(包括适用的法律法规、以往的司法实践以及类似案例的结果等)是否对合同条款形成了补充,或者会凌驾于合同条款之上。例如,在合同没有明确约定的情况下,相关的法律法规等是否支持企业主张相关的收款权利;以往的司法实践是否表明合同中的某些条款没有法律约束力;在以往的类似合同中,企业虽然拥有此类权利,却在考虑了各种因素之后没有行使该权利,这是否会导致企业主张该权利的要求在当前的法律环境下不被支持等。

五是企业和客户在合同中约定的具体付款时间表并不一定意味着企业有权就累计至今已完成的履约部分收取款项。企业需要进一步评估，合同中约定的付款时间表，是否使企业在整个合同期间内的任一时点，在由于除企业自身未按照合同承诺履约之外的其他原因导致合同终止的情况下，均有权就累计至今已完成的履约部分收取能够补偿其成本和合理利润的款项。

例如，甲公司是一家造船企业，与乙公司签订了一份船舶建造合同，按照乙公司的具体要求设计和建造船舶。甲公司在自己的厂区内完成该船舶的建造，乙公司无法控制在建过程中的船舶。甲公司如果想把该船舶出售给其他客户，需要发生重大的改造成本。双方约定，如果乙公司单方面解约，乙公司须向甲公司支付相当于合同总价 30% 的违约金，且建造中的船舶归甲公司所有。假定该合同仅包含一项履约义务，即设计和建造船舶。

本例中，船舶是按照乙公司的具体要求进行设计和建造的，甲公司需要发生重大的改造成本将该船舶改造之后才能将其出售给其他客户，因此，该船舶具有不可替代用途。然而，如果乙公司单方面解约，仅须向甲公司支付相当于合同总价 30% 的违约金，表明甲公司无法在整个合同期间内都有权就累计至今已完成的履约部分收取能够补偿其已发生成本和合理利润的款项。因此，甲公司为乙公司设计和建造船舶不属于在某一时段内履行的履约义务。

2. 在某一时段内履行的履约义务的收入确认方法

对于在某一时段内履行的履约义务，企业应当在该段时间内按照履约进度确认收入，履约进度不能合理确定的除外。企业应当采用恰当的方法确定履约进度，以使其如实反映企业向客户转让商品的履约情况。企业应当考虑商品的性质，采用产出法或投入法确定恰当的履约进度，并且在确定履约进度时应当扣除那些控制权尚未转移给客户的商品和服务。

（1）产出法。产出法主要是根据已转移给客户的商品对于客户的价值确定履约进度，主要包括按照实际测量的完工进度、评估已实现的结果、已达到的里程碑、时间进度、已完工或交付的产品等确定履约进度的方法。企业在评估是否采用产出法确定履约进度时，应当考虑所选择的产出指标是否能够如实地反映向客户转移商品的进度。

例如，甲公司与客户签订合同，为该客户拥有的一条铁路更换 100 根铁轨，合同价格为 10 万元（不含税价）。截至 2017 年 12 月 31 日，甲公司共更换铁轨 60 根，剩余部分预计在 2018 年 3 月 31 日之前完成。该合同仅包含一项履约义务，且该履约义务满足在某一时段内履行的条件。假定不考虑其他情况。甲公司提供的更换铁轨的服务属于在某一时段内履行的履约义务，甲公司按照已完成的工作量确定履约进度。因此，截至 2017 年 12 月 31 日，该合同的履约进度为 60%（60÷100），甲公司应确认的收入为 6 万元。

产出法是直接计量已完成的产出，一般能够客观地反映履约进度。当产出法所需要的信息可能无法直接通过观察获得，或者为获得这些信息需要花费很高的成本时，可采用投入法。

（2）投入法。投入法主要是根据企业履行履约义务的投入确定履约进度，主要包括以投入的材料数量、花费的人工工时或机器工时、发生的成本和时间进度等投入指标确定履约进度。当企业从事的工作或发生的投入是在整个履约期间内平均发生时，按照直线法确认收入是合适的。由于企业的投入与向客户转移商品的控制权之间未必存在直接的对应关系，因此，企业在采用投入法时，应当扣除那些虽然已经发生但是未导致向客户转移商品的投入。实务中，企业通常按照累计实际发生的成本占预计总成本的比例（即成本法）确定履约进度，累计实际发生的成本包括企业向客户转移商品过程中所发生的直接成本和间接成本，如直接人工、直接材料、分包成本以及其他与合同相关的成本。企业在采用成本法确定履约进度时，可能需要对已发生的成本进行适当调整的情形有：

① 已发生的成本并未反映企业履行其履约义务的进度，如因企业生产效率低下等原因而导致的非正常消耗，包括非正常消耗的直接材料、直接人工及制造费用等，除非企业和客户在订立合同时已经预见会发生这些成本并将其包括在合同价款中。

② 已发生的成本与企业履行其履约义务的进度不成比例。如果企业已发生的成本与履约进度不成比例，企业在采用成本法时需要进行适当调整。当企业在合同开始日就预期能够满足下列所有条件时，企业在采用成本法时就不应包括该商品的成本，而是应当按照其他成本金额确认收入：一是该商品不构成单项履约义务；二是客户先取得该商品的控制权，之后才接受与之相关的服务；三是该商品的成本占预计总成本的比重较大；四是企业自第三方采购该商品，且未深入参与其设计和制造，对于包含该商品的履约义务而言，企业是主要责任人。

例如，2018 年 10 月，甲公司与客户签订合同，为客户装修一栋办公楼并安装一部电梯，合同总金额为 100 万元。甲公司预计的合同总成本为 80 万元，其中包括电梯的采购成本 30 万元。2018 年 12 月，甲公司将电梯运达施工现场并经过客户验收、客户已取得对电梯的控制权，但是根据装修进度，预计到 2019 年 2 月才会安装该电梯。截至 2018 年 12 月，甲公司累计发生成本 40 万元，其中包括支付给电梯供应商的采购成本 30 万元以及因采购电梯发生的运输和人工等相关成本 5 万元。假定该装修服务（包括安装电梯）构成单项履约义务，并属于在某一时段内履行的履约义务；甲公司是主要责任人，但不参与电梯的设计和制造；甲公司采用成本法确定履约进度。上述金额均不含增值税。截至 2018 年 12 月，甲公司发生成本 40 万元（包括电梯采购成本 30 万元以及因采购电梯发生的运输和人工等相关成本 5 万元），甲公司认为其已发生的成本和履约进度不成比例，因此需要对履约进度的计算做出调整，将电梯的采购成本排除在已发生成本和预计总成本之外。在该合同中，该电梯不构成单项履约义务，其成本相对于预计总成本而言是重大的，甲公司是主要责任人，但是未参与该电梯的设计和制造，客户先取得了电梯的控制权，随后才接受与之相关的安装服务，因此，甲公司在客户取得该电梯控制权时，按照该电梯采购成本的金额确认转让电梯产生的收入。因此，2018 年 12 月，该合同的履约进度为 20%[(40-30)÷(80-30)]，应确认的收入和成本金额分别为 44[(100-30)×20%+30]万元和 40[(80-30)×20%+30]万元。

对于每一项履约义务，企业只能采用一种方法来确定其履约进度，并加以一贯运用。对于类似情况下的类似履约义务，企业应当采用相同的方法确定履约进度。

资产负债表日，企业应当将合同的交易价格总额乘以履约进度并扣除以前会计期间累计已确认的收入后的金额，确认为当期收入。当履约进度不能合理确定时，企业已经发生的成本预计能够得到补偿的，应当按照已经发生的成本金额确认收入，直到履约进度能够合理确定为止。每一资产负债表日，企业应当对履约进度进行重新估计。当客观环境发生变化时，企业也需要重新评估履约进度是否发生变化，以确保履约进度能够反映履约情况的变化，该变化应当作为会计估计变更进行会计处理。

3. 在某一时点履行的履约义务

当一项履约义务不属于在某一时段内履行的履约义务时，应当属于在某一时点履行的履约义务。对于在某一时点履行的履约义务,企业应当在客户取得相关商品控制权时点确认收入。在判断客户是否已取得商品控制权时,企业应当考虑下列迹象:

(1) 企业就该商品享有现时收款权利,即客户就该商品负有现时付款义务。如果企业就该商品享有现时的收款权利,则可能表明客户已经有能力主导该商品的使用并从中获得几乎全部的经济利益。

(2) 企业已将该商品的法定所有权转移给客户,即客户已拥有该商品的法定所有权。客户如果取得了商品的法定所有权,则可能表明其已经有能力主导该商品的使用并从中获得几乎全部的经济利益,或者能够阻止其他企业获得这些经济利益。如果企业仅仅是为了确保到期收回货款而保留商品的法定所有权,那么企业所保留的这项权利通常不会对客户取得对该商品的控制权构成障碍。

(3) 企业已将该商品实物转移给客户,即客户已实际占有该商品。客户如果已经实际占有商品,则可能表明其有能力主导该商品的使用并从中获得其几乎全部的经济利益,或者使其他企业无法获得这些利益。需要说明的是,客户占有了某项商品的实物并不意味着其就一定取得了该商品的控制权,反之亦然。例如,采用支付手续费方式的委托代销安排下,虽然企业作为委托方已将商品发送给受托方,但是受托方并未取得该商品的控制权,因此,企业不应在向受托方发货时确认销售商品的收入,而仍然应当根据控制权是否转移来判断何时确认收入,通常应当在受托方售出商品时确认销售商品收入;受托方应当在商品销售后,按合同或协议约定的方法计算确定的手续费确认收入。表明一项安排是委托代销安排的迹象有:①在特定事件发生之前(例如,向最终客户出售产品或指定期间到期之前)企业拥有对商品的控制权;②企业能够要求将委托代销的商品退回或者将其销售给其他方(如其他经销商);③尽管经销商可能被要求向企业支付一定金额的押金,但是其并没有承担对这些商品无条件付款的义务。

实务中,企业有时根据合同已经就销售的商品向客户收款或取得了收款权利,但是,由于客户缺乏足够的仓储空间或生产进度延迟等原因,直到在未来某一时点将该商品交付给客户之前,企业仍然继续持有该商品实物,这种情况通常被称为"售后代管商品"安排。此时,企业除了考虑客户是否取得商品控制权的迹象之外,还应当同时满足下列条件,才表明客户取得了该商品的控制权:①该安排必须具有商业实质,例如该安排是应客户的要求而订立的;②属于客户的商品必须能够单独识别,例如将属于客户的商品单独存放在指定地点;③该商品可以随时交付给客户;④企业不能自行使用该商品或将该商品提供给其他客户。企业根据上述条件对尚未发货的商品确认了收入的,还应当考虑是否承担了其他履约义务,例如向客户提供保管服务等,从而应当将部分交易价格分摊至该其他履约义务。越是通用的、可以和其他商品互相替换的商品,越难满足上述条件。

例如,2018 年 1 月 1 日,甲公司与乙公司签订合同,向其销售一台设备和专用零部件。该设备和零部件的制造期为 2 年。甲公司在完成设备和零部件的生产之后,能够证明其符合合同约定的规格。假定企业向客户转让设备和零部件为两个单项履约义务,且都属于在某一时点履行的履约义务。2019 年 12 月 31 日,乙公司支付了该设备和零部件的合同价款,并对其进行了验收。乙公司运走了设备,但是考虑到其自身的仓储能力有限,且其工厂紧邻甲公司的仓库,因此要求将零部件存放于甲公司的仓库中,并且要求甲公司按照其指令随时安排发货。乙公司已拥有零部件的法定所有权,且这些零部件可明确识别为属于乙公司的物品。甲公司在其仓库内的单独区域内存放这些零部件，并且应乙公司的要求可随时发货。甲公司不能使用这些零部件，也不能将其提供给其他客户使用。

2019 年 12 月 31 日，该设备的控制权移给乙公司；对于零部件而言，甲公司已经收取合同价款，但是应乙公司的要求尚未发货，乙公司已拥有零部件的法定所有权并且对其进行了验收，虽然这些零部件实物尚由甲公司持有，但是其满足在"售后代管商品"的安排下客户取得商品控制权的条件，这些零部件的控制权也已经转移给了乙公司。因此，甲公司应当确认销售设备和零部件的相关收入。除销售设备和零部件之外，甲公司还为乙公司提供了仓储保管服务，该服务与设备和零部件可明确区分，构成单项履约义务，甲公司需要将部分交易价格分摊至该项服务，并在提供该项服务的期间确认收入。

（4）企业已将该商品所有权上的主要风险和报酬转移给客户，即客户已取得该商品所有权上的主要风险和报酬。企业在判断时，不应当考虑保留了除转让商品之外产生其他履约义务的风险的情形。例如，企业将产品销售给客户，并承诺提供后续维护服务，销售产品和维护服务均构成单项履约义务，企业保留的因维护服务而产生的风险并不影响企业有关主要风险和报酬转移的判断。

（5）客户已接受该商品。企业在判断是否已经将商品的控制权转移给客户时，应当考虑客户是否已接受该商品，特别是客户的验收是否仅仅是一个形式。如果企业能够客观地确定其已经按照合同约定的标准和条件将商品的控制权转移给客户，那么客户验收可能只是一个形式，并不会影响企业判断客户取得该商品控制权的时点。实务中，企业应当考虑，在过去执行类似合同的过程中已经积累的经验以及客户验收的结果，以证明其所提供的商品是否能够满足合同约定的具体条件。如果在取得客户验收之前已经确认了收入，企业应当考虑是否还存在剩余的履约义务，例如设备安装、运输等，并且评估是否应当对其单独进行核算。相反地，如果企业无法客观地确定其向客户转让商品是否符合合同规定的条件，那么在客户验收之前，企业不能认为已经将该商品的控制权转移给了客户。例如，客户主要基于主观判断进行验收时，在验收完成之前，企业无法确定其商品是否能够满足客户的主观标准，因此，企业应当在客户完成验收接受该商品时才能确认收入。实务中，定制化程度越高的商品，越难证明客户验收仅仅是一个形式。此外，如果企业将商品发送给客户供其试用或者测评，且客户并未承诺在试用期结束前支付任何对价，则在客户接受该商品或者在试用期结束之前，该商品的控制权并未转移给客户。

（6）其他表明客户已取得商品控制权的迹象。需要强调的是，在上述迹象中，并没有哪一个或哪几个迹象是决定性的，企业应当根据合同条款和交易实质进行分析，综合判断其是否以及何时将商品的控制权转移给客户，从而确定收入确认的时点。此外，企业应当从客户的角度进行评估，而不应当仅考虑企业自身的看法。

视频资源

三、收入的核算

（一）附有销售退回条款的销售

企业将商品转让给客户之后，可能会因为各种原因允许客户选择退货（例如，客户对所购商品的款式不满意等）。附有销售退回条款的销售，是指客户依照有关合同有权退货的销售方式。合同中有关退货权的条款可能会在合同中明确约定，也有可能是隐含的。隐含的退货权可能来自企业在销售过程中向客户作出的声明或承诺，也有可能是来自法律法规的要求或企业以往的习惯做法等。客户选择退货时，可能有权要求返还其已经支付的全部或部分对价、抵减其对企业已经产生或将会产生的欠款或者要求换取其他商品。

客户取得商品控制权之前退回该商品不属于销售退回。需要说明的是，企业在允许客户退货的期间内随时准备接受退货的承诺，并不构成单项履约义务，但可能会影响收入确认的金额。企业应当遵循可变对价（包括将可变对价计入交易价格的限制要求）的处理原则来确定其预期有权收取的对价金额，即交易价格不应包含预期将会被退回的商品的对价金额。

企业应当在客户取得相关商品控制权时，按照因向客户转让商品而预期有权收取的对价金额（即不包含预期因销售退回将退还的金额）确认收入；按照预期因销售退回将退还的金额确认负债。同时，按照预期将退回商品转让时的账面价值，扣除收回该商品预计发生的成本（包括退回商品的价值减损）后的余额，确认一项资产；按照所转让商品转让时的账面价值，扣除上述资产成本的净额结转成本。每一资产负债表日，企业应当重新估计未来销售退回情况，并对上述资产和负债进行重新计量。如有变化，应当作为会计估计变更进行会计处理。

【例 7-3】　甲公司是一家健身器材销售公司。2018 年 10 月 1 日，甲公司向乙公司销售 5 000 件健身器材，单位销售价格为 500 元，单位成本为 400 元，开出的增值税专用发票上注明的销售价格为 250 万元，增值税税额为 32.5 万元。健身器材已经发出，但款项尚未收到。根据协议约定，乙公司应于 2018 年 12 月 1 日之前支付货款，在 2019 年 3 月 31 日之前有权退还健身器材。发出健身器材时，甲公司根据过去的经验，估计该批健身器材的退货率约为 20%；在 2018 年 12 月 31 日，甲公司对退货率进行了重新评估，认为只有 10% 的健身器材会被退回。甲公司适用增值税税率为 13%，健身器材发出时纳税义务已经发生，实际发生退回时取得税务机关开具的红字增值税专用发票。假定健身器材发出时控制权转移给乙公司。

甲公司的账务处理如下：

(1) 2018 年 10 月 1 日发出健身器材。

借：应收账款	2 825 000	
贷：主营业务收入		2 000 000
预计负债——应付退货款		500 000
应交税费——应交增值税（销项税额）		325 000
借：主营业务成本	1 600 000	
应收退货成本	400 000	
贷：库存商品		2 000 000

(2) 2018 年 12 月 1 日前收到货款。

借：银行存款	2 825 000	
贷：应收账款		2 825 000

(3) 2018 年 12 月 31 日，甲公司对退货率进行重新评估。

借：预计负债——应付退货款	250 000	
贷：主营业务收入		250 000
借：主营业务成本	200 000	
贷：应收退货成本		200 000

(4) 2019 年 3 月 31 日发生销售退回，实际退货量为 400 件，退货款项已经支付。

借：库存商品 160 000
　应交税费——应交增值税（销项税额） 26 000
　预计负债——应付退货款 250 000
　贷：应收退货成本 160 000
　　主营业务收入 50 000
　　银行存款 226 000

借：主营业务成本 40 000
　贷：应收退货成本 40 000

附有销售退回条款的销售，在客户要求退货时，如果企业有权向客户收取一定金额的退货费，则企业在估计预期有权收取的对价金额时，应当将该退货费包括在内。

【例 7-4】 甲公司向家具店销售 10 张餐桌，每张餐桌的价格为 1 000 元，成本为 750 元。根据合同约定，家具店有权在收到餐桌的 30 天内退货，但是需要向甲公司支付 10% 的退货费（即每张餐桌的退货费为 100 元）。根据历史经验，甲公司预计的退货率为 10%，且退货过程中，甲公司预计为每张退货的餐桌发生的成本为 50 元。上述价格均不包含增值税，假定不考虑相关税费影响，甲公司在将餐桌的控制权转移给家具店时的账务处理为：

借：应收账款 10 000
　贷：主营业务收入 9 100
　　预计负债——应付退货款 900

借：主营业务成本 6 800
　应收退货成本 700
　贷：库存商品 7 500

（二）附有质量保证条款的销售

企业在向客户销售商品时，根据合同约定、法律规定或本企业以往的习惯做法等，可能会为所销售的商品提供质量保证，这些质量保证的性质可能因行业或者客户而不同。其中，有一些质量保证是为了向客户保证所销售的商品符合既定标准，即保证类质量保证；而另一些质量保证则是在向客户保证所销售的商品符合既定标准之外提供了一项单独的服务，即服务类质量保证。

企业应当对其所提供的质量保证的性质进行分析，对于客户能够选择单独购买质量保证的，表明该质量保证构成单项履约义务；对于客户虽然不能选择单独购买质量保证，但是如果该质量保证在向客户保证所销售的商品符合既定标准之外提供了一项单独服务的，也应当作为单项履约义务。作为单项履约义务的质量保证应当按收入准则规定进行会计处理，并将部分交易价格分摊至该项履约义务。对于不能作为单项履约义务的质量保证，企业应当按照《企业会计准则第 13 号——或有事项》的规定进行会计处理。

【例 7-5】 甲公司与客户签订合同，销售一部手机。该手机自售出起一年内如果发生质量问题，甲公司负责提供质量保证服务。此外，在此期间内，由于客户使用不当（例如手机进水）等原因造成的产品故障，甲公司也免费提供维修服务。该维修服务不能单独购买。

本例中，甲公司的承诺包括：销售手机、提供质量保证服务以及维修服务。甲公司针对产品的质量问题提供的质量保证服务是为了向客户保证所销售商品符合既定标准，因此不构成单项履约义务;甲公司对由于客户使用不当而导致的产品故障提供的免费维修服务,属于在向客户保证所销售商品符合既定标准之外提供的单独服务,尽管其没有单独销售,该服务与手机可明确区分,应该作为单项履约义务。因此,在该合同下,甲公司的履约义务有两项:销售手机和提供维修服务。甲公司应当按照其各自单独售价的相对比例,将交易价格分摊至这两项履约义务,并在各项履约义务履行时分别确认收入。甲公司提供的质量保证服务,应当按照《企业会计准则第13号——或有事项》的规定进行会计处理。

(三)主要责任人和代理人

当企业向客户销售商品涉及其他方参与其中时,企业应当确定其自身在该交易中的身份是主要责任人还是代理人。主要责任人应当按照已收或应收对价总额确认收入;代理人应当按照预期有权收取的佣金或手续费的金额确认收入。企业应当根据其承诺的性质,也就是履约义务的性质,确定企业在某项交易中的身份是主要责任人还是代理人。企业承诺自行向客户提供特定商品的,其身份是主要责任人;企业承诺安排他人提供特定商品的,即为他人提供协助的,其身份是代理人。自行向客户提供特定商品可能也包含委托另一方(包括分包商)代为提供特定商品。

当存在第三方参与企业向客户提供商品时,企业向客户转让特定商品之前能够控制该商品的,应当作为主要责任人。企业作为主要责任人的情形包括:①企业自该第三方取得商品或其他资产控制权后,再转让给客户;②企业能够主导第三方代表本企业向客户提供服务;③企业自第三方取得商品控制权后,通过提供重大的服务将该商品与其他商品整合成合同约定的某组合产品转让给客户。

【例7-6】　甲公司是一家旅行社,从航空公司购买了一定数量的折扣机票,并对外销售。甲公司向旅客销售机票时,可自行决定机票的价格,未售出的机票不能退还给航空公司。

本例中,甲公司向客户提供的特定商品或服务为机票,该机票代表了客户可以乘坐特定航班(即享受航空公司提供的飞行服务)的权利。甲公司在确定特定客户之前已经预先从航空公司购买了机票,因此,该权利在转让给客户之前已经存在。甲公司从航空公司购入机票之后,可以自行决定该机票的用途,即是否用于对外销售、以何等价格以及向哪些客户销售等,甲公司有能力主导该机票的使用并且能够获得其几乎全部的经济利益。因此,甲公司在将机票销售给客户之前,能够控制该机票,甲公司在向旅客销售机票的交易中的身份是主要责任人。

【例7-7】　甲公司经营某购物网站,在该网站购物的消费者可以明确获知在该网站上销售的商品均为其他零售商直接销售的商品,这些零售商负责发货以及售后服务等。甲公司与零售商签订的合同约定,该网站所售商品的采购、定价、发货以及售后服务等均由零售商自行负责,甲公司仅负责协助零售商和消费者结算货款,并按照每笔交易的实际销售额收取5%的佣金。

本例中,甲公司经营的购物网站是一个购物平台,零售商可以在该平台发布所销售商品信息,消费者可以从该平台购买零售商销售的商品。消费者在该网站购物时,向其提供的特定商品为零售商在网站上销售的商品,除此之外,甲公司并未提供任何其他的商品。这些特定商品在转移给消费者之前,甲公司没有能力主导这些商品的使用。例如,甲公司不能将这些商品提供给购买该商品的消费者之外的其他方,也不能阻止零售商向该消费者转移这些商品。甲公司并未控制这些商品,甲公司的履约义务是安排零售商向消费者提供相关商品,而非自行提供这些商品,甲公司在该交易中的身份是代理人。

（四）附有客户额外购买选择权的销售

某些情况下，企业在销售商品的同时，会向客户授予选择权，允许客户可以据此免费或者以折扣价格购买额外的商品。企业向客户授予的额外购买选择权的形式包括销售激励、客户奖励积分、未来购买商品的折扣券以及合同续约选择权等。

对于附有客户额外购买选择权的销售，企业应当评估该选择权是否向客户提供了一项重大权利。如果客户只有在订立了一项合同的前提下才取得了额外购买选择权，并且客户行使该选择权购买额外商品时，能够享受到超过该地区或该市场中其他同类客户所能够享有的折扣，则通常认为该选择权向客户提供了一项重大权利。该选择权向客户提供了重大权利的，应当作为单项履约义务。在这种情况下，客户在该合同下支付的价款实际上购买了两项单独的商品：一是客户在该合同下原本购买的商品；二是客户可以免费或者以折扣价格购买额外商品的权利。企业应当将交易价格在这两项商品之间进行分摊，其中，分摊至后者的交易价格与未来的商品相关，因此，企业应当在客户未来行使该选择权取得相关商品的控制权时，或者在该选择权失效时确认为收入。

【例 7-8】　甲公司以 100 元的价格向客户销售 A 商品，购买该商品的客户可得到一张 40% 的折扣券，客户可以在未来的 30 天内使用该折扣券购买甲公司原价不超过 100 元的任一商品。同时，甲公司计划推出季节性促销活动，在未来 30 天内针对所有产品均提供 10% 的折扣。上述两项优惠不能叠加使用。根据历史经验，甲公司预计有 80% 的客户会使用该折扣券，额外购买的商品的金额平均为 50 元。上述金额均不包含增值税，且假定不考虑相关税费影响。

本例中，购买 A 商品的客户能够取得 40% 的折扣券，其远高于所有客户均能享有的 10% 的折扣，因此，甲公司认为该折扣券向客户提供了重大权利，应当作为单项履约义务。考虑到客户使用该折扣券的可能性以及额外购买的金额，甲公司估计该折扣券的单独售价为 12[50×80%×(40%-10%)]元。甲公司按照 A 产品和折扣券单独售价的相对比例对交易价格进行分摊，A 商品分摊的交易价格为 89[100÷(100+12)×100]元，折扣券选择权分摊的交易价格为 11[12÷(100+12)×100]元。

甲公司在销售 A 商品时的账务处理如下：

借：银行存款	100	
贷：主营业务收入		89
合同负债		11

【例 7-9】　2018 年 1 月 1 日，甲公司开始推行一项奖励积分计划。根据该计划，客户在甲公司每消费 10 元可获得 1 个积分，每个积分从次月开始在购物时可以抵减 1 元。截至 2018 年 1 月 31 日，客户共消费 100 000 元，可获得 10 000 个积分，根据历史经验，甲公司估计该积分的兑换率为 95%。上述金额均不包含增值税，且假定不考虑相关税费影响。

本例中，甲公司认为其授予客户的积分为客户提供了一项重大权利，应当作为单项履约义务。客户购买商品的单独售价合计为 100 000 元，考虑积分的兑换率，甲公司估计积分的单独售价为 9 500(1×10 000×95%)元。甲公司按照商品和积分单独售价的相对比例对交易价格进行分摊：

商品分摊的交易价格＝[100 000÷(100 000+9 500)]×100 000＝91 324(元)

积分分摊的交易价格＝[9 500÷(100 000+9 500)]×100 000＝8 676(元)

因此，甲公司应当在商品的控制权转移时确认收入 91 324 元，同时，确认合同负债 8 676 元。

截至 2018 年 12 月 31 日，客户共兑换了 4 500 个积分，甲公司对该积分的兑换率进行了重新估计，仍然预计客户将会兑换的积分总数为 9 500 个。因此，甲公司以客户兑换的积分数占预期将兑换的积分总数的比例为基础确认收入。积分当年应当确认的收入为 4 110（4 500÷9 500×8 676）元；剩余未兑换的积分为 4 566（8 676－4 110）元，仍然作为合同负债。

截至 2019 年 12 月 31 日，客户累计兑换了 8 500 个积分。甲公司对该积分的兑换率进行了重新估计，预计客户将会兑换的积分总数为 9 700 个。积分当年应当进一步确认的收入为 3 493（8 500÷9 700×8 676－4 110）元；剩余未兑换的积分为 1 073（8 676－4 110－3 493）元，仍然作为合同负债。

第二节　费　　用

一、费用的概念、特征及分类

视频资源

（一）费用的概念及特征

费用是指企业在日常活动中发生的、会导致所有者权益减少的、与向所有者分配利润无关的经济利益的总流出。费用具有以下特征：

1. 费用是在企业日常活动中发生的

在此，日常活动是指企业为完成其经营目标所从事的经济活动以及与之相关的其他各种活动。例如，工业企业制造并销售产品、商业企业购买并销售商品、咨询公司提供咨询服务、软件开发企业为客户开发软件、安装公司提供安装服务、租赁公司出租资产等经营活动及与之相关的活动。费用是在企业日常活动中发生的，不是企业日常生产经营活动或与之相关的活动中发生的经济利益的流出，则不一定属于费用。例如，企业为需要紧急救治的员工代垫医疗费。

2. 费用是企业经济利益的流出

费用是企业经济利益的流出，这种经济利益的流出是为了企业现时乃至今后获取更大、更久远的利益。因此，费用与产生于非日常活动的损失不同。企业从事或发生的某些活动或事项也能导致经济利益流出企业，但不属于企业的日常活动。例如，因违约支付罚款、对外捐赠、因自然灾害等非常原因造成财产毁损等，这些活动或事项造成的经济利益的流出属于企业的损失而不是费用。

3. 费用会导致企业所有者权益的减少

费用既可能表现为资产的减少，如减少银行存款、库存商品等；也可能表现为负债的增加，如增加应付职工薪酬、应交税费（应交资源税、消费税等）。根据“资产－负债＝所有者权益”的会计等式，费用一定会导致企业所有者权益的减少。很显然，若一项经济利益的流出并不必然减少企业的所有者权益，也就不构成费用。例如，企业以银行存款偿还一项负债，只是一项资产和一项负债的等额减少，对所有者权益没有影响，因此，不构成企业的费用。

4. 费用与向所有者分配利润无关

向所有者分配利润或股利也属于企业的日常活动并且也伴随企业经济利益的流出，但是它属于企业利润分配的内容，不构成企业的费用。

（二）费用的分类

企业的经营活动是多种多样的，因此，所发生的费用的种类也是多种多样的。对费用进行恰当的分类有助于财务工作者方便、合理地确认和计量费用，也有利于企业对费用支出的管理和控制。

1. 按经济内容分类

按照费用的经济内容分类，可以分为外购材料、外购燃料、外购动力、工资薪金、折旧费、利息支出、税金和其他支出。

2. 按经济用途分类

企业的费用按其经济用途可分为生产费用和期间费用两类。对于生产企业而言，主要的经营活动就是产品的制造和销售。因此，它的费用绝大部分是为进行产品的生产而发生的，这部分费用最终将计入产品的生产成本，并随着产品的出售再转化为产品的销售成本。而有些费用的发生与产品的生产没有直接关系，不能计入产品的生产成本。生产费用是指最终能够构成产品或劳务的价值，即应计入产品生产成本的费用。按其计入成本的方式不同，又可分为直接费用和间接费用。直接费用是在发生时能直接计入产品或劳务成本的费用，包括直接材料、直接人工；间接费用是指在发生时不能直接认定，一般是在期末时通过分配计算计入产品或劳务成本的费用，如在产品的生产过程中发生的制造费用。

期间费用则不能计入产品生产成本、劳务成本，而应直接计入当期损益，包括销售费用、管理费用和财务费用。

二、费用的确认

费用确认，简言之，就是指在什么时候，将已经发生的费用计入哪一个会计期间。费用确认恰当与否直接关系到企业当期利润计算是否准确和合理。如果费用的确认期间不合理，就无法保证企业当期利润计算的准确性。费用的确认应遵循以下原则和标准：

（一）划分收益性支出与资本性支出原则

划分收益性支出与资本性支出原则，是指若一项支出的效益及于几个会计年度（或几个营业周期），该项支出应予以资本化，不能作为当期的费用；如果一项支出的效益只能及于一个会计期间（或营业周期）内，该项支出应确认为费用。这一原则为一项支出是否可以确认为费用，给出了属性上的判定原则。正确地区分收益性支出与资本性支出，保证了正确地计量资产的价值和正确地计算各会计期间的产品成本、期间费用及损益。

（二）配比原则

配比原则，是指费用确认应当与当期收入相配比，即为当期收入所发生的费用，应当确认为当期的费用。配比原则的基本含义在于，当收入已经实现时，为实现该收入所消耗的某些资产（如物料用品）或被出售商品以及提供的劳务（如专设的销售部门人员提供的劳务）的成本或费用，应当在确认该项收入的期间予以确认。如果收入要到未来期间实现，相应的成本或费用应递延分配于未来的实际受益期内。因此，费用的确认，要根据费用与收入的相关程度来确定其归属期。

（三）权责发生制原则

权责发生制原则规定了具体在什么时点上确认费用。企业会计制度规定，凡是当期已经发生或应当负担的费用，不论款项是否付出，都应作为当期的费用；凡是不属于当期的费用，即使款项已在当期支付，也不应当作为当期的费用。

划分收益性支出与资本性支出原则，是根据支出的属性特征为费用的确认提供了判定原则；配比原则为费用的归属期确认提供了判定原则；权责发生制则为确认费用的发生时点提供了判定原则。

（四）费用确认的标准

根据上述费用确认原则，在会计实务工作中，针对具体的费用项目，应遵循三个确认标准：

1. 按费用与收入的直接关系加以确认

凡是与本期收入有直接因果关系的耗费，就应当确认为该期间的费用。这种因果关系具体表现在两个方面：一是经济性质上的因果性，即应予以确认的费用与期间收入项目具有必然的因果关系，也就是有所得必有所费，不同收入的取得是由于发生了不同的费用。二是时间上的一致性，即应予以确认的费用与某项收入同时或结合起来加以确认，这一过程也就是收入与费用配比的过程。例如，如果企业销售出去的商品是直接与所产生的营业收入相联系的，那么，该项销售商品的成本就可以随同本期实现的销售收入而作为该期的费用。如果企业采用分期收款方式销售商品，应按合同约定的收款日期分期确认收入。在这种情况下，按商品全部销售成本与全部销售收入的比率，计算出本期应结转的营业成本，并与本期所确认的营业收入相配比。

2. 直接作为当期费用确认

在企业中，有些支出不能提供明确的未来经济利益，并且，如果对这些支出加以分摊也没有意义，这时，这些费用就应直接作为当期费用予以确认，如固定资产日常修理费等。这些费用虽然与跨期收入有联系，但由于不确定性因素，往往不能肯定地预计其收益所涉及的期间，因而就直接列作当期的费用。

3. 按系统、合理的分摊方式确认

如果费用的经济效益有望在若干个会计期间发生，并且只能大致和间接地确定其与收益的联系，该项费用就应当按照合理的分配程序和方法，被计算分摊确认为各相关期间的费用。如固定资产的折旧和无形资产的摊销都属于这一情况。

三、成本费用的核算

（一）生产成本的核算

视频资源

构成产品生产成本的各种费用主要包括直接材料、直接人工和制造费用。进行这些费用的核算，应设置“生产成本”和“制造费用”两个账户。应当在确认销售商品收入、提供劳务收入时，将已销售商品、已提供劳务的成本计入当期损益。

1. 生产成本

生产成本是指企业为生产产品、提供劳务等发生的可归属于产品成本、劳务成本等的费用。

企业应设置“生产成本”账户核算生产成本的确认和结转情况。企业发生的各项直接生产费用，借记“生产成本”账户，贷记“原材料”“库存现金”“银行存款”和“应付职工薪酬”等账户；企业生产的各种产品应负担的制造费用，借记“生产成本”账户，贷记“制造费用”账户；企业已经生产完成并已验收入库的产成品以及入库的自制半成品,应于月末借记“库存商品”等账户,贷记“生产成本”。“生产成本”账户期末借方余额,反映企业尚未加工完成的在产品成本。

2. 制造费用

制造费用是指企业生产车间为生产产品和提供劳务而发生的各项间接费用。

企业应设置“制造费用”账户核算制造费用的确认和结转情况。生产车间发生的机物料消耗,借记“制造费用”账户,贷记“原材料”等账户;发生的生产车间管理人员的工资等职工薪酬,借记“制造费用”账户,贷记“应付职工薪酬”账户;生产车间计提的固定资产折旧,借记“制造费用”账户,贷记“累计折旧”账户;生产车间支付的办公费、修理费、水电费等,借记“制造费用”账户,贷记“银行存款”等账户;将制造费用分配计入有关的成本核算对象,借记“生产成本”账户,贷记“制造费用”账户。在一般情况下,“制造费用”账户在期末应无余额。

视频资源

(二)营业成本的核算

营业成本包括主营业务成本和其他业务成本。

1. 主营业务成本

主营业务成本是指企业确认销售商品、提供劳务等经常性活动所发生的成本。

企业一般在确认销售商品、提供劳务等主营业务收入时,或在月末,将已销售商品、已提供劳务的成本结转入主营业务成本。

企业应设置“主营业务成本”账户核算主营业务成本的确认和结转情况。企业结转主营业务成本时,借记“主营业务成本”账户,贷记“库存商品”“劳务成本”账户。期末,应将“主营业务成本”账户余额结转入“本年利润”账户,借记“本年利润”账户,贷记“主营业务成本”账户。

2. 其他业务成本

其他业务成本是指企业确认的除主营业务活动以外的其他经营活动所发生的成本,包括销售材料的成本、出租固定资产的折旧额、出租无形资产的摊销额、出租包装物的成本或返销额等。

企业应设置“其他业务成本”账户核算其他业务成本的确认和结转情况。

企业发生或结转的其他业务成本,借记“其他业务成本”账户,贷记“原材料”“周转材料”“累计折旧”“累计摊销”等账户。期末,应将“其他业务成本”账户余额结转入“本年利润”账户,借记“本年利润”账户,贷记“其他业务成本”账户。

(三)税金及附加

税金及附加是指企业经营活动应负担的相关税费,包括消费税、城市维护建设税、资源税、教育费附加、房产税、车船税、土地使用税和印花税等。

企业应设置“税金及附加”账户核算企业经济活动相关税费的发生和结转情况。

企业按规定计算确定的消费税、城市维护建设税、资源税、教育费附加、房产税、车船税、土地使用税和印花税等税费,借记“税金及附加”账户,贷记“应交税费”等账户。期末,应将“税金及附加”账户余额结转入“本年利润”账户,借记“本年利润”账户,贷记“税金及附加”账户。

(四)期间费用的核算

期间费用是指企业日常活动发生的不能计入特定核算对象的成本,而应计入发生当期损益的费用,包括销售费用、管理费用和财务费用等。

1. 销售费用

销售费用是指企业在销售产品和材料、提供劳务过程中发生的各项费用,包括企业在销售商品过程中发生的包装费、保险费、展览费和广告费、商品维修费、预计产品质量保证损失、运输费、装卸费等费用，以及企业发生的为销售本企业商品而专设的销售机构的职工薪酬、业务费、折旧费、固定资产修理费等费用。

企业应设置“销售费用”账户核算销售费用的发生和结转情况。

企业在销售商品过程中发生的保险费、包装费、展览费和广告费、运输费、装卸费等费用，借记“销售费用”账户，贷记“库存现金”和“银行存款”等账户；企业发生的为销售本企业商品而专设的销售机构的职工薪酬、业务费等经营费用，借记“销售费用”账户，贷记“应付职工薪酬”“银行存款”和“累计折旧”等账户。期末，应将“销售费用”账户余额转入“本年利润”账户，借记“本年利润”账户，贷记“销售费用”账户。

【例 7-10】 甲公司用银行存款支付产品保险费 16 960 元，取得的增值税专用发票上注明的保险费为 16 000 元，增值税税额为 960 元。编制的会计分录为：

借：销售费用	16 000	
应交税费——应交增值税（进项税额）	960	
贷：银行存款		16 960

【例 7-11】 甲公司用银行存款支付产品广告费 29 680 元，取得的增值税专用发票上注明的广告费为 28 000 元，增值税税额为 1 680 元。编制的会计分录为：

借：销售费用	28 000	
应交税费——应交增值税（进项税额）	1 680	
贷：银行存款		29 680

【例 7-12】 甲公司用现金支付应由本公司负担的销售 A 产品的运输费 1 635 元，取得的增值税专用发票上注明的运输费为 1 500 元，增值税税额为 135 元。编制的会计分录为：

借：销售费用	1 500	
应交税费——应交增值税（进项税额）	135	
贷：库存现金		1 635

【例 7-13】 甲公司计算出本月应付给为销售本企业商品而专设销售机构的职工工资为 36 000 元。编制的会计分录为：

借：销售费用	36 000	
贷：应付职工薪酬		36 000

【例 7-14】 甲公司计算出专设销售机构使用房屋应提取的折旧 15 600 元。编制的会计分录为：

借：销售费用	15 600	
贷：累计折旧		15 600

【例 7-15】 月末，甲公司将“销售费用”账户余额转入“本年利润”账户。编制的会计分录为：

借：本年利润	97 100	
贷：销售费用		97 100

2. 管理费用

管理费用是指企业的行政管理部门为组织和管理生产经营活动所发生的各项费用，包括企业在筹建期间发生的开办费、应由企业统一负担的公司经费(包括行政管理部门职工薪酬、物料消耗、低值易耗品摊销、办公费和差旅费)、工会经费、董事会费、聘请中介机构费、咨询费、诉讼费、业务招待费、技术转让费、研究费用、排污费以及固定资产修理费用等。

企业应设置"管理费用"账户核算管理费用的发生和结转情况。

行政管理部门人员的职工薪酬,借记"管理费用"账户,贷记"应付职工薪酬"账户;行政管理部门计提的固定资产折旧,借记"管理费用"账户,贷记"累计折旧"账户;发生的办公费、业务招待费、聘请中介机构费、咨询费、诉讼费、技术转让费、研究费用等,借记"管理费用"账户,贷记"银行存款"和"研发支出"等账户。期末,应将"管理费用"账户的余额转入"本年利润"账户,借记"本年利润"账户,贷记"管理费用"账户。

【例 7-16】 甲公司用银行存款支付业务培训费 13 780 元,取得的增值税专用发票上注明的培训费为 13 000 元,增值税税额为 780 元。编制的会计分录为:

借:管理费用　　13 000
　应交税费——应交增值税(进项税额)　　780
　贷:银行存款　　13 780

【例 7-17】 甲公司因进行资产评估,用银行存款支付聘请中介机构费 15 900 元,取得的增值税专用发票上注明的中介费为 15 000 元,增值税税额为 900 元。编制的会计分录为:

借:管理费用　　15 000
　应交税费——应交增值税(进项税额)　　900
　贷:银行存款　　15 900

【例 7-18】 甲公司用现金支付业务招待费 4 134 元,取得的增值税专用发票上注明的招待费为 3 900 元,增值税税额为 234 元。编制的会计分录为:

借:管理费用　　3 900
　应交税费——应交增值税(进项税额)　　234
　贷:库存现金　　4 134

【例 7-19】 甲公司本月计提企业行政管理部门使用的固定资产折旧费 72 000 元。编制的会计分录为:

借:管理费用　　72 000
　贷:累计折旧　　72 000

【例 7-20】 甲公司本月分配企业管理人员工资 60 000 元。编制的会计分录为:

借:管理费用　　60 000
　贷:应付职工薪酬　　60 000

【例 7-21】 月末,甲公司将"管理费用"账户余额转入"本年利润"账户。编制的会计分录为:

借:本年利润　　163 900
　贷:管理费用　　163 900

3. 财务费用

财务费用是指企业为筹集生产经营所需资金而发生的筹资费用,包括利息支出(减利息收入)、汇兑损失以及相关的手续费、企业发生的现金折扣或收到的现金折扣等。

企业应设置“财务费用”账户核算财务费用的发生和结转情况。

企业发生的财务费用，借记“财务费用”账户，贷记“银行存款”“未确认融资费用”等账户；发生的应冲减财务费用的利息收入、汇兑差额、现金折扣，借记“银行存款”“应付账款”等账户，贷记“财务费用”账户。期末，应将“财务费用”账户余额转入“本年利润”账户，借记“本年利润”账户，贷记“财务费用”账户。

【例 7-22】　甲公司用银行存款支付借款利息 89 000 元。编制的会计分录为：

借：财务费用　　89 000

　　贷：银行存款　　89 000

【例 7-23】　甲公司用银行存款支付在银行办理业务的手续费 6 800 元。编制的会计分录为：

借：财务费用　　6 800

　　贷：银行存款　　6 800

【例 7-24】　甲公司接银行通知，本季度公司在银行的存款利息为 4 600 元。已划入公司的银行存款账户。编制的会计分录为：

借：银行存款　　4 600

　　贷：财务费用　　4 600

【例 7-25】　月末，甲公司将“财务费用”账户余额转入“本年利润”账户。编制的会计分录为：

借：本年利润　　91 200

　　贷：财务费用　　91 200

第三节　利　　润

视频资源

一、利润的构成

利润是指企业在一定会计期间的经营成果，包括收入减去费用后的净额、直接计入当期利润的利得和损失等。在利润表中，利润分为营业利润、利润总额、净利润和综合收益四个层次。相关计算公式如下：

（一）营业利润

营业利润＝营业收入－营业成本－税金及附加－销售费用－管理费用－研发费用
　　－财务费用＋其他收益＋投资收益（损失以“－”号填列）
　　＋净敞口套期收益（损失以“－”号填列）＋公允价值变动收益（损失以“－”号填列）
　　＋信用减值损失（损失以“－”号填列）＋资产减值损失（损失以“－”号填列）
　　＋资产处置收益（损失以“－”号填列）

其中，营业收入是指企业经营业务所确认的收入总额，包括主营业务收入和其他业务收入。营业成本是指企业经营业务所发生的实际成本总额，包括主营业务成本和其他业务成本。其他收益是指企业计入其他收益的政府补助等。投资收益(或损失)是指企业以各种方式对外投资取得的收益(或发生的损失)。公允价值变动收益(或损失)是指企业交易性金融资产等公允价值变动形成的应计入当期损益的利得(或损失)。资产减值损失是指计提各项资产减值准备所形成的损失。资产处置收益(或损失)是指企业出售划分为持有待售的非流动资产(金融工具、长期股权投资和投资性房地产除外)或处置组时确认的处置利得或损失,以及处置未划分为持有待售的固定资产、在建工程、生产性生物资产以及无形资产而产生的处置利得或损失,债务重组中因处置非流动资产产生的利得或损失和非货币性资产交换产生的利得或损失也包括在本项目内。

(二)利润总额

利润总额=营业利润+营业外收入-营业外支出

其中,营业外收入是指企业发生的与其日常活动无直接关系的各项利得;营业外支出是指企业发生的与其日常活动无直接关系的各项损失。

(三)净利润

净利润=利润总额-所得税费用

其中,所得税费用是指企业确认的应从当期利润总额中扣除的所得税费用。

(四)综合收益总额

综合收益总额=净利润+其他综合收益

综合收益是指企业在某一期间除与所有者以其所有者身份进行的交易之外的其他交易或事项所引起的所有者权益变动。综合收益总额项目反映净利润和其他综合收益扣除所得税影响后的净额相加后的合计金额。其中,其他综合收益,是指企业根据其他会计准则规定未在当期损益中确认的各项利得和损失。

二、营业外收支的核算

(一)营业外收入的核算

营业外收入是指企业发生的与其日常活动无直接关系的各项利得。营业外收入并不是企业经营资金耗费所产生的,不需要企业付出代价,实际上是经济利益的净流入,不可能也不需要与有关的费用进行配比。营业外收入主要包括非流动资产毁损报废利得、盘盈利得、债务重组利得、捐赠利得、与企业日常活动无关的政府补助等。

企业应通过“营业外收入”账户,核算营业外收入的取得及结转情况。该账户贷方登记企业确认的各项营业外收入,借方登记期末结转入本年利润的营业外收入。结转后该账户应无余额。

【例7-26】 某企业将固定资产报废清理的净收益8 000元转作营业外收入。会计分录如下:

借:固定资产清理 8 000

　　贷:营业外收入 8 000

(二)营业外支出的核算

营业外支出是指企业发生的与其日常活动无直接关系的各项损失,主要包括非流动资产毁损报废损失、盘亏损失、罚款支出、公益性捐赠支出等。

企业应通过“营业外支出”账户,核算营业外支出的发生及结转情况。该账户借方登记企业发生的各项营业外支出，贷方登记期末结转入本年利润的营业外支出。结转后该账户应无余额。

【例 7-27】　某企业将已经发生的原材料意外灾害损失 270 000 元转作营业外支出。会计分录如下：

借：营业外支出　270 000

　贷：待处理财产损溢　270 000

【例 7-28】　某企业用银行存款支付税款滞纳金 30 000 元。会计分录如下：

借：营业外支出　30 000

　贷：银行存款　30 000

【例 7-29】　某公司向地震灾区捐款 20 000 元，已通过银行账户汇往当地红十字会。会计分录如下：

借：营业外支出　20 000

　贷：银行存款　20 000

三、所得税费用的核算

所得税是根据企业应纳税所得额的一定比例上交的一种税金。企业在计算确定当期所得税以及递延所得税费用（或收益）的基础上，应将两者之和确认为利润表中的所得税费用（或收益）。

（一）应交所得税的计算

应交所得税，是指根据所得税法的要求，按一定期间的应纳税所得额和适用税率计算的当期应缴纳的所得税。其中，应纳税所得额是在企业税前会计利润（即利润总额）的基础上调整确定的，计算公式为：

应纳税所得额＝税前会计利润＋纳税调整增加额－纳税调整减少额

纳税调整增加额主要包括税法规定允许扣除项目中，企业已计入当期费用但超过税法规定扣除标准的金额（如超过税法规定标准的业务招待费支出），以及企业已计入当期损失但税法规定不允许扣除项目的金额（如税收滞纳金、罚款、罚金）。

纳税调整减少额主要包括按税法规定允许弥补的亏损和准予免税的项目，如前五年内的未弥补亏损和国债利息收入等。

企业当期应缴纳所得税的计算公式为：

应交所得税＝应纳税所得额×所得税税率

【例 7-30】　甲公司 2019 年度按企业会计准则计算的税前会计利润为 19 700 000 元，所得税税率为 25%。当年按税法核定的业务招待费为 2 000 000 元，甲公司全年实际发生业务招待费为 2 200 000 元；经查，甲公司当年营业外支出中有 100 000 元为税款滞纳罚金。假定甲公司全年无其他纳税调整因素。

甲公司当期应缴纳所得税的计算如下：

纳税调整数＝2 200 000－2 000 000＋100 000＝300 000（元）

应纳税所得额＝19 700 000＋300 000＝20 000 000（元）

应交所得税＝20 000 000×25%＝5 000 000（元）

（二）所得税费用的会计处理

所得税费用=当期所得税费用+递延所得税费用（-递延所得税收益）

当期所得税费用=当期应交所得税

递延所得税费用（或收益）=递延所得税负债增加数-递延所得税资产增加数

递延所得税负债=应纳税暂时性差异×适用税率

递延所得税资产=可抵扣暂时性差异×适用税率

暂时性差异，是指资产或负债的账面价值与其计税基础之间的差额。暂时性差异按照对未来期间应税金额的影响，分为应纳税暂时性差异和可抵扣暂时性差异。应纳税暂时性差异，是指在确定未来收回资产或清偿负债期间的应纳税所得额时，将导致产生应税金额的暂时性差异。资产的账面价值大于其计税基础或负债的账面价值小于其计税基础，会产生应纳税暂时性差异。可抵扣暂时性差异，是指在确定未来收回资产或清偿负债期间的应纳税所得额时，将导致产生可抵扣金额的暂时性差异。资产的账面价值小于其计税基础或负债的账面价值大于其计税基础，会产生可抵扣暂时性差异。可见，暂时性差异是通过分析比较资产、负债的账面价值与计税基础确定的。资产与负债的账面价值可以通过会计核算资料直接取得，而其计税基础则需要根据会计人员的职业判断，通过合理的分析和计算予以确定。

资产的计税基础，是指企业收回资产账面价值过程中，计算应纳税所得额时按照税法规定可以自应税经济利益中抵扣的金额，即该项资产在未来使用或最终处置时，税法允许作为成本或费用于所得税前列支的金额。负债的计税基础，是指负债的账面价值减去未来期间计算应纳税所得额时按照税法规定可予以抵扣的金额。短期借款、应付票据、应付账款等负债的确认和偿还，通常不会对当期损益和应纳税所得额产生影响，其计税基础即为账面价值。但在某些情况下，负债的确认可能会影响损益，并影响不同期间的应纳税所得额，使其计税基础与账面价值之间产生差额。

资产负债表日，企业应通过分析比较资产、负债的账面价值与计税基础，确定应纳税暂时性差异和可抵扣暂时性差异，进而根据适用税率，确认递延所得税资产、递延所得税负债及相应的递延所得税费用（或收益）。企业所得税核算应采用资产负债表债务法。企业应根据所得税准则的规定，对当期应交所得税加以调整计算后，据以确认应从当期利润总额中扣除的所得税费用。

【例 7-31】 接例 7-30，甲公司递延所得税负债年初数为 400 000 元，年末数为 500 000 元，递延所得税资产年初数为 250 000 元，年末数为 200 000 元。甲公司的会计处理如下：

甲公司所得税费用的计算如下：

递延所得税费用=（500 000-400 000）+（250 000-200 000）=150 000（元）

所得税费用=当期所得税费用+递延所得税费用=5 000 000+150 000=5 150 000（元）

甲公司会计分录如下：

借：所得税费用——当期所得税费用	5 000 000	
贷：应交税费——应交所得税		5 000 000
借：所得税费用——递延所得税费用	150 000	
贷：递延所得税负债		150 000

四、利润实现的核算

视频资源

企业应设置“本年利润”账户，用于核算企业当年实现的净利润或发生的净亏损。会计期末，企业应将收入类账户贷方余额转入该账户贷方登记，借记“主营业务收入”“其他业务收入”“营业外收入”等账户，贷记“本年利润”账户；将支出类账户借方余额转入该账户借方登记，借记“本年利润”账户，贷记“主营业务成本”“税金及附加”“其他业务成本”“销售费用”“管理费用”“财务费用”“资产减值损失”“营业外支出”“所得税费用”等账户。“公允价值变动损益”“投资收益”账户如为净收益，借记“公允价值变动损益”“投资收益”账户，贷记“本年利润”账户；如为净损失，借记“本年利润”账户，贷记“公允价值变动损益”“投资收益”账户。

年度终了，企业应将本年收入和支出相抵后结出的本年实现的净利润，转入“利润分配——未分配利润”账户，借记“本年利润”账户，贷记“利润分配——未分配利润”账户；如果为净亏损，借记“利润分配——未分配利润”账户，贷记“本年利润”账户。结转后，“本年利润”账户应无余额。

【例 7-32】 某公司 2019 年度各损益账户的余额如下：

“主营业务收入”余额（贷方）	5 000 万元
“其他业务收入”余额（贷方）	1 800 万元
“营业外收入”余额（贷方）	250 万元
“投资收益”余额（贷方）	700 万元
“主营业务成本”余额（借方）	3 500 万元
“税金及附加”余额（借方）	60 万元
“其他业务成本”余额（借方）	1 400 万元
“销售费用”余额（借方）	380 万元
“管理费用”余额（借方）	340 万元
“财务费用”余额（借方）	120 万元
“营业外支出”余额（借方）	200 万元
“资产减值损失”余额（借方）	150 万元
“公允价值变动损益”余额（借方）	100 万元
“所得税费用”余额（借方）	520 万元

2019 年的利润结转编制的会计分录如下：

（1）将实现的收入、利得转入本年利润时：

借：主营业务收入	50 000 000	
其他业务收入	18 000 000	
营业外收入	2 500 000	
投资收益	7 000 000	
贷：本年利润		77 500 000

（2）将发生的费用、损失转入本年利润时：

借：本年利润	67 700 000	

贷:主营业务成本	35 000 000
其他业务成本	14 000 000
税金及附加	600 000
销售费用	3 800 000
管理费用	3 400 000
财务费用	1 200 000
资产减值损失	1 500 000
公允价值变动损益	1 000 000
营业外支出	2 000 000
所得税费用	5 200 000

五、利润分配的核算

利润分配是指企业根据国家有关规定和企业章程、投资者协议等,对净利润进行的分配。

(一)利润分配的顺序

根据《中华人民共和国公司法》(2018 年 10 月 26 日第十三届全国人民代表大会常务委员会第六次会议修订)第 166 条规定,公司当年实现的净利润应当按照如下顺序分配:

1. 提取法定盈余公积

法定盈余公积按照税后利润 10% 的比例提取。公司的法定盈余公积累计额为公司注册资本的 50% 以上时,可以不再提取。

公司的法定盈余公积不足以弥补以前年度公司亏损的,在提取法定盈余公积之前,应当先用当年利润弥补亏损。

2. 提取任意公积金

公司从税后利润中提取法定盈余公积后,经股东会或者股东大会决议,还可以从税后利润中提取任意公积金。

3. 向投资者分配利润或股利

公司弥补亏损和提取公积金后所余税后利润,有限责任公司股东按照实缴的出资比例分取红利,但全体股东约定不按照出资比例分取红利的除外;股份有限公司按照股东持有的股份比例分配,但股份有限公司章程规定不按持股比例分配的除外。

股东会、股东大会或者董事会违反规定,在公司弥补亏损和提取法定公积金之前向股东分配利润的,股东必须将违反规定分配的利润退还公司。公司持有的本公司股份不得分配利润。

(二)利润分配的核算

企业应设置“利润分配”账户,核算企业利润的分配(或亏损的弥补)和历年分配(或弥补)后的余额。该账户应当分别“提取法定盈余公积”“提取任意盈余公积”“应付现金股利或利润”“转作股本的股利”“盈余公积补亏”和“未分配利润”等进行明细核算。

企业按规定提取的盈余公积,借记“利润分配——提取法定盈余公积、提取任意盈余公积”账户,贷记“盈余公积——法定盈余公积、任意盈余公积”账户;外商投资企业按规定提取的储备基金、企业发展基金、职工奖励及福利基金,借记“利润分配——提取储备基金、提取企业发展基金、提取职工奖励及福利基金”账户,贷记“盈余公积——储备基金、企业发展基金”“应付职工薪酬”等账户。

经股东大会或类似机构的决议，分配给股东或投资者的现金股利或利润，借记“利润分配——应付现金股利或利润”账户，贷记“应付股利”账户；经股东大会或类似机构决议，分配给股东的股票股利，应在办理增资手续后，借记“利润分配——转作股本的股利”账户，贷记“股本”账户；用盈余公积弥补亏损，借记“盈余公积——法定盈余公积或任意盈余公积”账户，贷记“利润分配——盈余公积补亏”账户。

年度终了，企业应将“本年利润”账户的余额和“利润分配”账户所属其他明细账户的余额一并转入“利润分配——未分配利润”账户。结转后，“利润分配”账户除“未分配利润”明细账户外，其他明细账户应无余额。“利润分配”账户年末余额，反映企业历年积存的未分配利润（或未弥补亏损）。

【例 7-33】 甲股份有限公司 2019 年实现净利润 1 000 000 元，按 10% 提取法定盈余公积；分配给普通股股东现金股利 200 000 元。甲股份有限公司的会计处理如下：

（1）结转本年利润时：

借：本年利润　　1 000 000
　贷：利润分配——未分配利润　　1 000 000

（2）提取法定盈余公积时：

借：利润分配——提取法定盈余公积　　100 000
　贷：盈余公积——法定盈余公积　　100 000

（3）分配现金股利时：

借：利润分配——应付现金股利或利润　　200 000
　贷：应付股利　　200 000

（4）结转利润分配账户中的各明细账户时：

借：利润分配——未分配利润　　300 000
　贷：利润分配——提取法定盈余公积　　100 000
　　　　　　——应付现金股利或利润　　200 000

【进一步学习指南】

本章主要介绍了利润表三要素（收入、费用和利润）的会计核算。读者应重点掌握不同形式收入与费用的确认条件和计量问题。所得税会计是企业以资产负债表及其附注为依据，结合相关账簿资料，分析计算各项资产、负债的计税基础，通过比较资产、负债的账面价值与其计税基础之间的差异（即暂时性差异），确认相应的递延所得税资产、递延所得税负债及利润表中所得税费用的处理程序和方法。需要进一步学习的，可以进一步阅读《企业会计准则第 18 号——所得税》《企业会计准则第 30 号——财务报表列报》。

【本章知识应用】

情景案例

上海大智慧股份有限公司（以下简称：大智慧）2012 年全年亏损 2. 8 亿元，2013 年前三季度预亏1.95亿元。2014年2月28日，大智慧披露的2013年年度报告显示，公司当年实现营业收入89 426万元，利润总额4 292万元。公司管理层解释第四季度业绩发生转折性变化的原因，主要是报告期内，随着新产品开发的完成以及服务能力的提升，公司销售收入出现较大幅度增长，从而实现扭亏为盈。中国证监会认为，大智慧可能通过提前确认收入、虚假确认收入等方式虚增2013年度利润。

现将相关收入的情况、大智慧管理层在听证与申辩材料中提出的理由、证监会的主要观点列示如下：

一、“可全额退款”的软件销售应何时确认收入

大智慧在提供金融资讯和数据服务前向客户收取全部款项，包括证券信息初始化费用和后继维护费用。公司收取的证券信息初始化费用，在客户获得授权（授权方式为PC软件或WEB软件开通及相应服务开始提供）时确认收入，后继维护运行费，按照约定的比例，在提供服务的期间内分期确认收入。大智慧根据每月符合收入确认条件的销售记录建立台账，合同总金额的60%作为初始化费用确认为当期收入，40%作为服务收入，根据服务期建立分期摊销表，按月确认收入。

2013年12月，大智慧针对售价在3.8万元以上的软件产品制定了包含“若在2014年3月31日前不满意，可全额退款”条款的营销政策。2013年12月3日至11日，此营销政策在大智慧官方网站上进行过公开宣传；后虽在大智慧管理层要求下“可全额退款”的条款被从网站上删除，但2013年12月全月，大智慧所有营销区域的销售人员在营销中，均向客户承诺“可全额退款”。在无法预计客户退款可能性的情况下，大智慧仍将所有销售认定为满足收入确认条件，并按收入确认方法确认为当期销售收入。由此导致大智慧2013年12月提前确认收入8 745万元，涉及的合同金额为13 844万元。

（一）大智慧管理层的观点

公司管理层认为公司未提前确认软件销售收入。主要理由如下：

1. 公司层面未制订“2014年3月31日前可全额退款”的销售政策。①大智慧与客户签订的合同不含该条款。2013年12月公司对发现的违规零星现象给予了及时制止，并对个别销售人员私下承诺可全额退款的行为给予了处罚。②含有“可全额退款”字样的宣传网页从未上传至公司官方网站。③大智慧2013年的绝大部分销售退款发生在2014年3月31日之后，且大智慧均与客户另行签署了《退款协议》。④2014年2月10日的相关诉讼案件庭审中，大智慧工作人员为了避免激化矛盾才对可全额退款事项予以认可，不能成为认定大智慧承认该销售政策存在的依据。

2. 网页宣传仅涉及退款条款，即便发布其内容也不完整。根据书面合同，客户有权退款的日期是5个工作日，故大智慧有权确认2013年12月份软件销售收入。

3. 即便大智慧在官方网站发布了截至2014年3月31日可无条件全额退款的活动提醒，但事实上绝大部分客户的退款发生在2014年3月31日之后，故不应认定大智慧提前确认收入8 745万元。

（二）证监会的观点

中国证监会认为，在无法预计客户退款可能性的情况下，大智慧仍将所有销售认定为满足收入确认条件，提前确认收入8 745万元，涉及的合同金额为13 844万元。主要理由如下：

1. 大智慧制订并宣传了“可全额退款”的销售政策。①2013 年 12 月大智慧官网曾公开宣传“可全额退款”的销售政策,有大智慧技术部门员工编写的程序代码及相关工作记录、大智慧客户提交的含有“可全额退款”内容的网页照片及客户笔录相互印证。②大智慧曾在其他场合公开宣传“可全额退款”的销售政策,有大智慧客户提供的“可全额退款”宣传海报照片为证。③“可全额退款”的销售政策涵盖大智慧的所有销售区域,且在该宣传语从大智慧网站撤除后的 2013 年 12 月之后仍继续执行,有大智慧销售人员、大智慧客户等笔录为证。

2. 大智慧期后大额退款的发生时间超过了合同约定的 5 个工作日,大智慧在实践中并未执行书面合同规定的退款条款,实质上构成了对书面合同条款的变更。

3. 由于该销售政策为大智慧新制订的营销政策,在无可依据的历史数据预估未来退款可能性的情况下,由此产生的收入应在退货期结束时,即 2014 年 3 月 31 日予以确认。

二、公司广告合同应在何时确认收入

2013 年 12 月 24 日,大智慧与北京阳光恒美广告有限公司(以下简称阳光恒美)签订《阳光恒美-大智慧合作合同》(以下简称《合作合同》),合同金额 400 万元。2013 年 12 月 31 日,大智慧根据该合同和开出的 300 万元发票确认了 283 万元的主营业务收入。审计机构将大智慧确认的收入按照服务时间 2013 年 9 月 1 日至 2014 年 12 月 31 日分摊后,调减了 189 万元到递延收入,在利润表中仍确认了 94 万元的收入。

阳光恒美为广告代理公司,《合作合同》仅为框架合同,需要有客户实际的广告投放需求才能执行,且会根据客户的具体需求再行与大智慧另行签订合同。2013 年 9 月至 12 月,阳光恒美并未代理客户向大智慧实际投放广告。

根据 2014 年 2 月 13 日公司财务部经理与大智慧员工的邮件,该经理让员工宋某制作了虚假的广告资源消耗排期表,由宋某给阳光恒美配合盖章确认。该排期表显示,2013 年 9 月至 12 月,阳光恒美已消耗大智慧广告资源 300 万元。

(一) 大智慧管理层的观点

管理层认为,只要大智慧在《合作合同》约定的期间为阳光恒美做了广告资源排期,即使阳光恒美没有实际发布或代理发布广告,阳光恒美也应当向大智慧支付费用。经阳光恒美盖章确认的排期表显示,2013 年 9 月至 12 月,阳光恒美已消耗大智慧广告资源 300 万元,由此足以证明大智慧实际履行了合同的约定。大智慧最终确认的 94 万元收入符合会计准则的相关规定。

(二) 证监会的观点

证监会认为,根据《合作合同》、阳光恒美相关工作人员询问笔录以及大智慧有关员工邮件,《合作合同》仅为框架合同,排期表系由大智慧提供,阳光恒美为配合大智慧的流程在该排期表上盖章,2013 年 9 月至 12 月未实际向大智慧投放广告。大智慧虚增了相关的广告收入 94 万元。

三、综合性的项目合作协议应如何确认收入

2013 年 11 月,大智慧子公司上海大智慧信息科技有限公司(以下简称大智慧信息科技)与天津渤海商品交易所股份有限公司(以下简称渤商所)签订合同,成为渤商所会员,一次性缴纳管理软件使用费 2 000 万元;同月,大智慧与渤商所签订项目合作协议,大智慧向渤商所提供相关产品及服务,向渤商所收取 2 000 万元。2013 年 12 月 9 日,大智慧信息科技汇款 2 000 万元给渤商所,次日渤商所即将该 2 000 万元转给大智慧,大智慧在收到并扣税后记入主营业务收入。

大智慧与渤商所项目合作协议的内容如下:一是大智慧为渤商所设计企业宣传片、培训视频；二是大智慧为渤商所打造《渤商所现货投资》栏目；三是大智慧为渤商所提供不超过3条指数的研究、编制、发布、维护工作；四是大智慧向渤商所提供3套DTS大智慧策略交易平台产品和225套大智慧金融终端产品。

（一）大智慧管理层的观点

管理层认为，按照《项目合作协议》的约定及执行情况，大智慧应当在2013年确认对渤商所的收入。

1. 大智慧仅需完成企业宣传片和培训视频的“设计”工作。

2.《渤商所现货投资》栏目在2013年已制作完成。2013年12月31日前有4期试播视频信息显示的时间是2014年2月份，系大智慧工作人员从公司服务器上调取和重新上传的时间，并非实际制作和创建、试播的时间。

3. 大智慧完成了指数“研发”工作，即应视为全面履行了合同义务，未能继续开展系渤商所单方面原因所致。

4. 2013年12月24日，大智慧为渤商所开通了225套软件产品和3套DTS软件产品的活动权限。2013年12月27日，大智慧向渤商所寄送了3套DTS设备。大智慧已于2013年履行交付软件产品和DTS设备的合同义务，渤商所的使用情况不影响大智慧按约定履行合同的事实。

（二）证监会的观点

证监会认为，没有证据证明大智慧已于2013年履行完《项目合作协议》约定的合同义务。2014年2月，在合同尚未履行完成的情况下，大智慧请渤商所配合提供项目合作验收确认书，并将验收日期倒签为2013年12月31日。大智慧与渤商所的项目合作合同实际未履行或未在2013年履行完成，由此虚增2013年收入1 568万元。

1. 协议约定宣传片的设计包括大型拍摄、三维制作、动画制作等，大智慧为渤商所制作的企业宣传片于2014年4月完成，培训视频没有制作。

2. 调查显示大智慧2013年12月只完成了2期试播，大智慧没有提供证据证明其在2013年12月已完成6期试播。

3. 渤商所与大智慧在指数开发这方面实际没有合作。

4. 大智慧2013年12月27日向渤商所寄送了3套DTS设备后一直未上门安装，且3套DTS和225套大智慧金额终端的账户名和密码是2014年3月12日才通过邮件发送给渤商所。

资料来源：中国证监会，行政处罚决定书〔2016〕88号。

请对照《企业会计准则——基本准则》和《企业会计准则第14号——收入》，围绕大智慧收入确认与计量的三个有争议问题进行讨论：

1. 公司2013年12月推出的包含“若在2014年3月31日前不满意，可全额退款”条款的营销政策，所对应的软件销售收入应在何时确认？公司的收入确认对2013年利润表产生什么影响？

2. 公司广告合同收入应在何时确认？公司根据框架协议确认收入对2013年利润表产生什么影响？

3. 综合性的项目合作协议应如何确认收入？

【思考题】

1. 收入与利得、费用与损失的区别如何?
2. 如何理解收入确认与计量的五个步骤?
3. 费用、支出和成本三者如何区分? 期间费用与生产费用有何不同?
4. 会计利润与经济利润二者之间的关系如何? 会计利润的具体构成如何?
5. 营业外收入和营业外支出包括哪些主要内容?
6. 利润分配的顺序如何? 如何进行会计处理?

【即测即评】

请扫描二维码,进行即测即评。

第八章　财务报表

【学习目标】

1. 理解财务报表的概念、理论基础。
2. 掌握财务报表的分类、编制要求。
3. 掌握财务报表的基本目标及意义。
4. 掌握会计要素、会计等式、会计计量属性及应用原则和财务报告框架。
5. 掌握主要财务报表的编制及审核。

视频资源

会计是一种反映企业经济业务和资金运动的商务语言,会计报告是这种语言对外表述的载体,是对会计信息处理的一个总结性成果。在会计整个账务处理过程中,无论是填制凭证还是登记账簿,均属于会计处理的中间环节,会计报表是将会计数据进行报告、披露的过程,是会计核算的最终环节,其目的是为广大的财务报告使用者提供企业财务状况、经营成果和现金流量等相关的会计信息,或反映企业管理层受托责任的履行情况,以帮助财务报告使用者做出理性的经济决策。

第一节　财务报表概述

视频资源

一、财务报表的理论基础

在现代会计理论的发展进程中,涉及财务报表关系的理论,主要有损益表观与资产负债表观两种观点。其中损益表观称为收入—费用观,源于20世纪30年代,那时的会计政策主要是关于收益的定义、确认和计量。收益是将来确认的收入与其相关的成本(包括诸如折旧等费用的主观分配)进行配比而得出的,损益表和资产负债表主要受控于收入确认和成本配比的会计规则。在此观点下,资产负债表就成为损益表的附表。资产负债表观也称为资产—负债观或资本维持观,在此观点下,收入和费用被认为仅是资产和负债变化的结果,即收入是资产的增加或负债的减少,费用是资产的减少或负债的增加,并要求收益的定性与定量都要服从资产负债表中对资产、负债的要求。在此观点下,损益表被认为是资产负债表的附表。

尽管过去有不少国家认同损益表观,但是随着经济的发展,更多国家的会计准则逐步采用资产负债表观，我国在 2006 年颁布的新企业会计准则也采用资产负债表观。根据上述表述，企业会计报表的理论基础是“资产＝负债+所有者权益”的会计恒等式，企业经营成果应该是资产负债变化的结果，构成所有者权益的重要组成部分——盈余公积和未分配利润。由此推论，在对外报表体系中，资产负债表是基础报表，其他报表是对资产负债表某一重要项目的详细解说，比如，利润表是对未分配利润的解释，现金流量表是对企业各会计期间现金项目（符合现金流量的概念，而非库存现金一项）变动的解释，而所有者权益变动表，则是对企业各会计期间所有者权益变动的进一步说明。

二、财务报表的分类

视频资源

为进一步理解财务报表的实质，须对财务报表进行分类。

（一）财务报表按其内容的分类

财务报表按其内容的分类属于财务报表的基本分类，主要包括资产负债表、利润表、现金流量表、所有者权益（或股东权益）变动表和报表附注。在我国，上述报表构成企业对外报表体系。①资产负债表是反映企业在某一特定日期财务状况的报表。②利润表是反映企业在一定会计期间经营成果的报表。③现金流量表是反映企业在一定会计期间现金和现金等价物（以下简称现金）流入和流出的报表。④所有者权益变动表主要反映构成所有者权益的各组成部分当期增减变动情况的财务报表。⑤财务报表附注是财务报表的重要组成部分，是对报表本身无法或难以充分表达的内容和项目所作的补充说明和详细解释。

（二）财务报表按服务对象的分类

财务报表按服务对象分类可以分为外部报表和内部报表。外部报表，亦称财务会计报表，是企业必须定期编制，且定期向上级政府、投资者及其他利益相关者报送或公布的财务报表。通常是定期规范化的财务报表。它要求有统一的报表格式、指标体系和编制时间等，资产负债表、利润表和现金流量表等均属于对外报表。

内部报表，亦称管理会计报表，是企业根据自身经营管理的需要而编制的，供企业管理人员使用的财务报表。一般不要求统一格式、统一指标体系，比如主要产品成本报表、责任会计报表等属于内部报表。

（三）财务报表按报表所提供会计信息的重要性分类

根据财务报表所提供会计信息的重要性分类，可以分为主表和附表。主表即主要财务报表，是指所提供的会计信息比较全面、完整，能基本满足各种信息需要者不同要求的财务报表。现行的主表主要有三张，即资产负债表、利润表和现金流量表。

附表即补充报表，是指对主表中不能或难以详细反映的一些重要信息所做补充说明的报表。

现行的附表主要有：所有者权益变动表、利润分配表和分部报表、应交增值税明细表和资产减值准备明细表。主表与有关附表之间存在着勾稽关系，主表反映企业的主要财务状况、经营成果和现金流量，附表则对主表进一步补充说明。

（四）财务报表按编制和报送时间的分类

财务报表按编制和报送的时间分类，可分为中期财务报表和年度财务报表。广义的中期财务报表包括月份、季度、半年期财务报表。狭义的中期财务报表仅指半年期财务报表。

年度财务报表是全面反映企业整个会计年度的经营成果、现金流量情况及年末财务状况的财务报表。企业每年年底必须编制并报送年度财务报表。

（五）财务报表按编报单位不同的分类

财务报表按编报单位不同分类，可以分为基层财务报表和汇总财务报表。基层财务报表是由独立核算的基层单位编制的财务报表，是用以反映本单位财务状况和经营成果的报表。汇总财务报表是指上级主管部门将本身的财务报表与其所属单位报送的基层财务报表进行简单汇总编制而成的财务报表。

（六）财务报表按编制主体不同的分类

财务报表按编制主体不同分类，可以分为个别报表和合并报表。其中，个别报表是指在以母公司和子公司组成的具有控股关系的企业集团中，由母公司和子公司各自为主体分别单独编制的报表，用以分别反映母公司和子公司本身各自的财务状况和经营成果。

合并报表是以母公司和子公司组成的企业集团为会计主体，以母公司和子公司单独编制的个别财务报表为基础，由母公司合并编制的综合反映企业集团经营成果、财务状况及资金变动情况的财务报表。

三、财务报表编制的意义

财务报表的编制是简单会计循环的最后一个步骤，也是会计核算方法体系中的重要内容。财务报表编制工作是在开设账户、填制凭证、复式记账、登记账簿、成本计算、财产清查等一系列会计方法后进行的，是对企业财务状况、经营业绩的一个总结性工作。

财务报表信息的一个重要特征是决策有用性，因此，根据财务报表服务对象的不同，财务报表编制的意义或作用在于：

（1）能够提供给企业内部管理者第一手的企业财务状况、成本水平、经营成果的信息，以帮助企业管理者做出理性的判断及未来经营决策，并提高管理水平。

（2）能够提供给企业的外部信息使用者，包括投资者、债权人、企业职工、税务部门人员以真实、全面的信息，帮助他们了解企业的财务状况、经营成果，以便做出理性的投资、借款、工作及税收等有关决策。

（3）能够提供给国家大量经济数据，以便为国家宏观经济管理决策的制定提供最有力的支持。

视频资源

四、报表的编制及列报的基本要求

根据2014年修订的企业会计准则，我国企业财务报表的编制及列报必须在以下前提下进行：

（一）企业处于持续经营状态

（1）由于企业会计报告日是在月末、季末或年末，通常会和报告期初的经营情况、条件有所差别，因此，为使企业在持续经营条件下编制及列报财务会计报表，要求企业管理人员（包括会计人员）必须在报表编制前评估企业的持续经营能力。若对持续经营能力产生重大怀疑的，应当在附注中披露导致对持续经营能力产生重大怀疑的影响因素及企业拟采取的改善措施。

（2）如果企业已经正式决定或被迫在当期或将在下一个会计期间进行清算或停止营业，上述迹象表明该企业已处于非持续经营状态，则企业会计人员应当采用其他基础编制财务报表，并在附注中声明财务报表未以持续经营为基础列报、披露的原因以及财务报表的编制基础。

（二）形成合理的重要性判断

根据重要性原则，某一报表项目重要与否，应根据项目的“性质”及项目涉及“金额”大小两个标准判断。即在判断某一报表项目性质的重要性时，应考虑该项目的性质是否属于企业日常活动等因素；判断项目金额大小的重要性，应通过该项目的单项金额占资产总额、负债总额、所有者权益总额、营业收入总额、净利润等直接相关项目金额的比重加以确定。

（三）正确判断营业周期

判断流动资产、流动负债时所称的一个正常营业周期，通常是指企业从购买用于加工的资产至实现现金或现金等价物的期间。

正常营业周期一般会短于一年，有的甚至在一年内有几个营业周期。但是，也存在正常营业周期长于一年的企业，如房地产开发企业开发用于出售的房地产、造船企业制造的用于对外出售的大型船只、酒厂生产数年成的酒品等，尽管上述成品往往超过一年才变现、出售或耗用，但根据2014年修订的企业会计准则，上述资产，仍被划分为流动资产。正常营业周期不能确定的，通常以1年（12个月）作为正常营业周期。

第二节 资产负债表

视频资源

资产负债表是以会计恒等式为理论基础，用于反映企业在一定日期（月末、季末和年末）企业财务状况的报表，因而也称为财务状况表。由于该报表反映的是资金运动中，某一时点的资产、负债、所有者权益的余额，因此也被称为静态报表。

中世纪的欧洲，很多庄园主将其庄园委托给别人管理，管理庄园的人为了反映其受托责任的履行情况，往往会定期编制受托责任报告，这种受托责任报告就是后来定期提供的财务报告的雏形。起源于英国的产业革命，一个直接的后果是机器被广泛地应用于生产过程，随之而来的问题是如何反映这部分资产。由于要反映在很多企业总资产中占较大比重的固定资产的情况，财务报表的内容变得复杂起来。

20世纪初的美国，大部分企业为了向银行融通短期资金，往往要向银行提供其所需要的会计信息，从而形成了今天美国仍较流行的、以流动性为基础编报的企业资产负债表，这种资产负债表要反映如下关系：流动资产-流动负债=营运资本。第二次世界大战以前，资产负债表是第一报表，利润表是第二报表。当时，企业股东、潜在投资者、债权人及其他有关方面为了解企业财力是否雄厚、偿债能力是否强，就需要对资产负债表提供的信息进行分析研究，以便做出投资或贷款的决策。美国会计原则的制定都是围绕资产负债表进行的。

第二次世界大战以后，由于市场竞争激烈，人们的注意力转向企业的获利能力。因此，利润表成为第一报表，资产负债表成为第二报表。直到20世纪七八十年代，企业的投资者、债权人、管理人员及其他有关方面，才又重新重视资产负债表的作用。他们认为，利润表传递信息有时会给人假象，甚至错觉。例如，利润表上的净收益，受通货膨胀的影响，并非完全是企业经营管理所有方才能获得的真正的效益。因此，投资者或债权人不能根据利润表做出恰当的投资、贷款及其他决策。反之,资产负债表可以反映企业的资产状况,即企业有无足够资金持续下去;可以反映企业的负债状况,即企业有无能力偿还债务;还可以反映企业偿还债务的资产变现能力,即企业的财务杠杆力量等。账务会计准则委员会(Financial Accounting Standards Board,FASB)从1978年发布第1号《财务会计概念说明书》开始,到1985年发布第6号《财务会计概念说明书》为止,一直强调资产负债表的重要作用。人们不仅将关注的重点放在资产负债表上,而且从资产负债表外转移到资产负债表内,即原来可在资产负债表外揭示的项目,现在要求在表内予以报告。

资产负债表是企业对外报表体系中的重要报表,提供企业资产结构、资金来源构成等信息,是报表使用者了解、分析企业偿债能力、营运能力、资本结构等信息的重要依据。

一、资产负债表的作用

(1) 可以详细地对外提供资产的总金额及其构成金额、分布状态等数据,及企业拥有或实质控制的经济资源的有效性等信息,报表使用者可利用上述信息,对企业资产结构进行分析,并对企业的资产质量做出理性判断。

(2) 将资产不同类别的金额与所有者权益、负债的分项金额进行对比,可以计算企业的长短期偿债能力,比如,“流动资产总额/流动负债总额”可计算出流动比率,“速动资产(流动资产中变现能力较强的货币资金、债权、交易性金融资产等)/流动负债”可以计算出速动比率,以评价企业的短期偿债能力。通过对企业债务规模、债务结构及与所有者权益的对比,可以对企业的长期偿债能力及举债能力(潜力)作出评价。

(3) 将其与相关的数据进行比较,以反映企业的营运能力,比如将企业赊销的销售额与应收账款的平均余额对比,可以计算出应收账款周转率;将企业销货成本与存货平均余额对比,计算出存货周转率,以反映企业资金的利用能力或营运能力。

(4) 通过对企业不同时期资产负债表的比较或同行业、同一时期的资产负债表数据进行比较,不仅可以从纵向的角度对企业财务状况的发展趋势作出判断,而且可以判断企业在同行业中的地位及竞争能力。

视频资源

二、资产负债表的基本格式

资产负债表的基本格式有两种:

其一是账户式,即将表格分隔成左右两边,其中左边是资产及分类项目。按照资产的流动性进行列示,将满足流动资产要求的项目列在上部,将流动资产以外的资产列在非流动性大项,并至少反映货币资金、以公允价值计量且其变动计入当期损益的金融资产(或交易性金融资产)、应收款项、预付款项、存货、合同资产、债权投资、长期股权投资、投资性房地产、固定资产、生物资产、无形资产等项目。右边是负债及所有者权益及其分类项目,为对应于资产的列示标准,负债亦按流动性排列,即将流动负债排列在上部,非流动负债及所有者权益项目列示在下部,并至少反映短期借款、应付及预收款项、合同负债、应交税费、应付职工薪酬、预计负债、长期借款、应付债券等负债项目及实收资本(或股本)、资本公积、盈余公积、未分配利润等权益项目。最后列示的是资产总计项目,负债与所有者权益的总计项目,以总额相等来实现会计等式的平衡。其格式列示如表8-1所示。

表 8-1　资产负债表

会企 01 表

编制单位：　　　　　　　　____年____月____日　　　　　　　　单位：元

资产	行次	期末余额	年初余额	负债和所有者权益（或股东权益）	行次	期末余额	年初余额
流动资产：				流动负债：			
货币资金				短期借款			
交易性金融资产				交易性金融负债			
衍生金融资产				衍生金融负债			
应收票据				应付票据			
应收账款				应付账款			
应收款项融资				预收款项			
预付款项				合同负债			
其他应收款				应付职工薪酬			
存货				应交税费			
合同资产				其他应付款			
持有待售资产				持有待售负债			
一年内到期的非流动资产				一年内到期的非流动负债			
其他流动资产				其他流动负债			
流动资产合计				流动负债合计			
非流动资产：				非流动负债：			
债权投资				长期借款			
其他债权投资				应付债券			
长期应收款				其中：优先股			
长期股权投资				永续债			
其他权益工具投资				租赁负债			
其他非流动金融资产				长期应付款			
投资性房地产				预计负债			
固定资产				递延收益			
在建工程				递延所得税负债			
生产性生物资产				其他非流动负债			
油气资产				非流动负债合计			
使用权资产				负债合计			
无形资产				所有者权益（或股东权益）：			

续表

资产	行次	期末余额	年初余额	负债和所有者权益（或股东权益）	行次	期末余额	年初余额
开发支出				实收资本(或股本)			
商誉				其他权益工具			
长期待摊费用				其中:优先股			
递延所得税资产				永续债			
其他非流动资产				资本公积			
非流动资产合计				减:库存股			
				其他综合收益			
				专项储备			
				盈余公积			
				未分配利润			
				所有者权益(或股东权益)合计			
资产总计				负债和所有者权益(或股东权益)总计			

账户式的优点在于符合会计恒等式的形式,便于报表使用者的理解及检验报表内部项目之间的内在联系。我国、美国及英联邦国家均采用上述格式。

其二是报告式,即将资产放在第一部分,负债与所有者权益项目列于其后,各项目未必按流动性进行排列。具体框架列示如表 8-2 所示。

表 8-2 资产负债表

会企 01 表

编制单位: ____年____月____日 单位:元

项目	行次	期末余额	年初余额
资产			
资产总计			
负债			

续表

项目	行次	期末余额	年初余额
负债合计			
所有者权益(或股东权益)			
所有者权益(或股东权益)合计			
负债和所有者权益(或股东权益)总计			

上述格式的资产负债报比较直观、简洁,一些大陆法系国家,如法国采用此种格式。

三、资产负债表的编制说明

(一)项目的列报

资产负债表中各项目的列报依据是会计总账、明细账相关的经济数据,不是简单地将账户余额数据摘抄。事实上,从企业账户余额过渡到有关项目,也是一个会计数据按管理的需要进一步加工整理的过程。在采用账户式格式的国家,一般要求将资产和负债项目按其流动性排序列示,即在资产、负债项目的列示中,按各项目流动性的强弱排列。比如,先排流动资产、流动负债,流动资产中流动性最强的货币资金排在最前,其次是交易性金融资产、衍生金融资产、应收票据、应收账款等;在流动负债中,短期借款排在前列。在非流动资产中,债权投资排列在前列;在非流动负债中,长期借款排在前列。项目按其流动性排列的原因与对企业短期偿债能力的重视有关。

一般地,将账户信息加工成资产负债表信息有以下几种方式:

1. 根据总账余额进行列报

对于交易性金融资产、长期应收款、长期股权投资、其他权益工具投资、投资性房地产、生产性生物资产、油气资产、商誉、长期待摊费用、递延所得税资产、其他非流动资产等项目均可直接按相应账户的余额填列。

有些项目则根据几个总账科目的余额计算填列。如货币资金项目,是用于列报在企业经营过程中处于货币形态的资产,包括:库存现金、银行存款及其他货币资金,因此货币资金项目的金额等于上述三个账户的期末借方余额的合计数。

2. 根据明细账的余额进行简单加计后填列

企业按最新修订的企业会计准则的要求,不仅应设置“应收账款”“应付账款”,而且还应设置“预收账款”“预付账款”等账户,但登记时为减少相应明细账数量,将部分业务交叉登记,导致上述账户的明细分类账可能出现反向余额的状况。依据实质重于形式的原则,在编制报表的过程中,应根据上述账户的明细分类账分析后填列,具体数据的计算方法列示如下:资产负债表中应收账款项目金额应根据“应收账款”明细账借方余额合计+“预收账款”明细账借方余额合计填列;应付账款项目金额应根据“应付账款”明细账贷方余额合计+“预付账款”明细账贷方余额合计填列;预收账款项目金额应根据“预收账款”明细账贷方余额合计+“应收账款”明细账贷方余额合计填列;预付账款项目金额应根据“预付账款”明细账借方余额合计+“应付账款”明细账借方余额合计填列。

3. 根据总账和明细账的余额分析填列

如长期借款项目,反映企业向银行或其他金融机构借入的期限在一年以上(不含一年)的各项借款,需要根据“长期借款”总账余额扣除“长期借款”账户所属的明细账中将在一年内到期且企业不能自主地将清偿义务展期的长期借款后的金额填列。

4. 根据有关账户余额减去其备抵账户余额后的净额填列

固定资产项目列报的是企业期末“固定资产”的账面价值和企业尚未清理完毕的“固定资产清理”净损益,应该依据企业“固定资产”账户的期末借方余额减去“累计折旧”及“固定资产减值准备”账户的期末贷方余额后的金额,以及“固定资产清理”账户的期末余额填列。

无形资产项目列报的是企业期末无形资产的净值,其金额等于企业“无形资产”账户的期末借方余额减去“累计摊销”账户的期末贷方余额后的金额,已计提减值准备的,还应扣减相应的减值准备。

5. 综合运用上述填列方法

存货项目是用于列报企业在生产经营过程中为生产消耗或出售而储存的货物资产,包括原材料、在产品、半成品、产成品、商品、包装物、低值易耗品、委托代销商品等,因此,需要根据“原材料”“在途物资”“生产成本”“库存商品”“包装物”“低值易耗品”“委托加工物资”等总账的期末借方余额的分析汇总数,减去“存货跌价准备”等账户期末余额后的净额填列。

(二)资产负债表编制的举例

假定,××股份有限公司,2019 年 6 月 30 日主要账户的余额如表 8-3 所示,其资产负债表如表 8-4 所示。

表 8-3 科目汇总表

科汇:1

编制单位:××股份有限公司 2019 年 6 月 30 日 单位:元

科目	借方余额	科目	贷方余额
库存现金	123 246.57	短期借款	0
银行存款	1 820 938 092.99	应付票据	0
其他货币资金	7 379 952.97	应付账款	467 367 656.32
交易性金融资产	0	合同负债	466 886 504.69
应收票据	547 864 453.74	应付职工薪酬	3 545 805.84
应收账款	317 403 399.93	应交税费	124 556 593.63
预付账款	93 317 999.34	应付利息	0
应收利息	0	应付股利	0
应收股利	0	其他应付款	387 600 446.52
其他应收款	12 888 136.38	长期借款	0
原材料	51 952 862.32	长期应付款	0

续表

科目	借方余额	科目	贷方余额
生产成本	369 299 061.91	递延收益	8 986 497.17
库存商品	167 870 026.25	股本	486 075 000.00
其他流动资产	621 083.27	资本公积	808 214 299.72
债权投资	0	盈余公积	164 141 505.49
其他债权投资	0	期初未分配利润	1 091 952 906.74
长期应收款	0	本年利润	141 750 621.24
长期股权投资	0		
投资性房地产	55 381.84		
固定资产	491 311 251.32		
累计折旧	-167 775 425.84		
在建工程	253 685 703.62		
无形资产	91 133 839.42		
长期待摊费用	102 594.16		
递延所得税资产	43 127 488.63		
其他非流动资产	49 778 688.54		
合计	4 151 077 837.36	合计	4 151 077 837.36

表 8-4 资产负债表

会企 01 表

编制单位:××股份有限公司　　2019 年 6 月 30 日　　单位:元

资产	期末余额	年初余额	负债和所有者权益（或股东权益）	期末余额	年初余额
流动资产:			流动负债:		
货币资金	1 828 441 292.53	1 607 279 666.23	短期借款		
交易性金融资产	0	0	交易性金融负债		
衍生金融资产			衍生金融负债		
应收票据	547 864 453.74	482 586 656.74	应付票据		
应收账款	317 403 399.93	304 050 823.06	应付账款	467 367 656.32	601 150 823.79
应收款项融资			预收款项		
预付款项	93 317 999.34	38 815 332.70	合同负债	466 886 504.69	312 379 242.33
其他应收款	12 888 136.38	10 965 572.94	应付职工薪酬	3 545 805.84	35 012 273.06
存货	589 121 950.48	553 742 421.12	应交税费	124 556 593.63	78 012 026.25

续表

资产	期末余额	年初余额	负债和所有者权益（或股东权益）	期末余额	年初余额
合同资产			其他应付款	387 600 446. 52	108 288 220. 37
持有待售资产			持有待售负债	0	0
一年内到期的非流动资产	0	0	一年内到期的非流动负债		
其他流动资产	621 083. 27	901 142. 39	其他流动负债		
流动资产合计	3 389 658 315. 67	2 998 341 615. 18	流动负债合计	1 449 957 007. 00	1 134 842 585. 80
非流动资产：			非流动负债：		
债权投资			长期借款		
其他债权投资			应付债券		
长期应收款			其中：优先股		
长期股权投资			永续债		
其他权益工具投资			租赁负债		
其他非流动金融资产			长期应付款		
投资性房地产	55 381. 84	57 499. 72	预计负债		
固定资产	323 535 825. 48	316 723 899. 97	递延收益	8 986 497. 17	9 587 830. 55
在建工程	253 685 703. 62	198 176 770. 24	递延所得税负债		
生产性生物资产			其他非流动负债		
油气资产			非流动负债合计	8 986 497. 17	9 587 830. 55
使用权资产			负债合计	1 458 943 504. 17	1 144 430 416. 35
无形资产	91 133 839. 42	91 101 072. 55	所有者权益（或股东权益）：		
开发支出			实收资本（或股本）	486 075 000. 00	320 000 000. 00
商誉			其他权益工具		
长期待摊费用	102 594. 16	408 035. 47	其中：优先股		
递延所得税资产	43 127 488. 63	5 567 435. 17	永续债		
其他非流动资产	49 778 688. 54	15 456 200. 00	资本公积	808 214 299. 72	905 307 699. 72
非流动资产合计	761 419 521. 69	627 490 913. 12	减：库存股	0	0
			其他综合收益	0	0
			专项储备		
			盈余公积	164 141 505. 49	164 141 505. 49

续表

资产	期末余额	年初余额	负债和所有者权益（或股东权益）	期末余额	年初余额
			未分配利润	1 233 703 527.98	1 091 952 906.74
			所有者权益（或股东权益）合计	2 692 134 333.19	2 481 402 111.95
资产总计	4 151 077 837.36	3 625 832 528.30	负债和所有者权益（或股东权益）总计	4 151 077 837.36	3 625 832 528.30

注：资产负债表中的年初余额来自上年年报的数据，原始资料略。期末余额是指报告期末的各项目的金额。

××股份有限公司当年的资产负债表的编制步骤如下：

（1）货币资金=库存现金+银行存款+其他货币资金=1 828 441 292.53（元）

（2）存货=原材料+生产成本+库存商品=589 121 950.48（元）

（3）固定资产=固定资产原值-累计折旧=491 311 251.32-167 775 425.84=323 535 825.48（元）

（4）期末未分配利润=期初未分配利润+本期利润-本期利润分配；因为本期没有利润分配，因此期末未分配利润为期初未分配利润与本期利润之和。

（5）其余报表项目与科目汇总表金额一致。

第三节　利　润　表

利润表又称为损益表，是指反映企业在一定会计期间的经营成果的会计报表。一定的会计期间是指一个月、一个季度、半年或一个会计年度；企业的经营成果是指企业的利润，包括所得税税前利润、税后利润等指标，以反映资金运动在一段时间内的最终经营业绩，因此利润表还被称为动态报表。

视频资源

美国在20世纪30年代末期重建证券市场后，其财务报表是以利润表为核心的。因为第二次世界大战后国内、国际市场发生了巨大变化，投资者和债权人已不仅根据企业的财务状况、偿债能力等做出投资和贷款的决策，他们的注意力已逐渐转移到企业经营业绩的好坏和获利能力的大小方面，他们会根据企业的财务成果做出投资和贷款的决策。

随着股份制公司的发展，投资者成为会计信息的主要使用者。会计由过去重视公司的偿债能力和管理人员的诚实性，转而重视与投资者有关的收益计量和分红问题。财务报告的重心由资产负债表转向了利润表，资产负债表被视为两期利润表的中间环节。这一时期绝大部分理论都是与如何精确计算收益有关的。这段时期成为会计理论发展史上一个重要阶段：真实收益计量阶段。直到20世纪50年代，收益都是企业会计的重心。

一、利润表的作用

由于利润表主要提供有关企业最终经营成果方面的信息，通过利润表，报表使用者不仅可以了解企业一定会计期间的收入实现情况，包括营业收入，还可了解企业由于对外投资实现的投资收益或损失，及企业交易性金融资产、交易性金融负债，以及采用公允价值模式计量的投资性房地产、衍生工具、套期保值业务中公允价值变动形成的应计入当期损益的利得或损失。当然也包括指定为以公允价值计量且其变动计入当期损益的金融资产或金融负债公允价值变动形成的应计入当期损益的利得或损失,而这部分损益是未实现的账面损益,与前述营业收入及投资收益有本质的区别。

由于利润表的理论基础是"收入-费用=利润"这一公式,因此除了上述的收入,利润表还反映一定会计期间的费用耗费情况,包括在同一期间内耗费的主营业务成本、销售费用、管理费用、财务费用、研发费用、营业外支出净额等,以最终反映企业生产经营活动的成果:税前利润、税后净利润的金额。由此可见,利润表的作用主要包括以下几点:

(1) 根据利润表的数据,可以对企业的盈利能力、资本保值与增值能力做出理性的判断。

(2) 根据不同时期的利润表的比较,可以判断企业盈利能力增减的趋势。

(3) 根据同行业企业利润表的比较,判断企业在同行业中的经营水平及能力。

(4) 将利润表中的信息与资产负债表中的信息对比,可以提供基本经营能力及业绩评价指标,如将赊销收入净额与应收账款平均余额进行比较,计算出应收账款周转率;将销货成本与存货平均余额进行比较,计算出存货周转率;将净利润与资产总额进行比较,计算出资产收益率等。

(5) 利润表还提供了阶段性的收入与费用相配比的指标体系。比如,将营业收入与营业成本、税金及附加,及其他主要期间费用相配比,分项列示企业在一定会计期间因销售商品、提供劳务、对外投资等所取得的各种收入以及与各种收入相对应的费用、损失并将收入与费用、损失加以对比结出当期的净利润。利润表衡量企业在特定会计期间所取得的成果,以及为取得这些成果所付出的代价,为考核经营效益和效果提供数据。

视频资源

二、利润表的内容与结构

正是由于上述因素,利润表通常应该反映以下几方面的内容:

(1) 构成营业收入的因素:包括主营业务收入、其他业务收入、投资收益、公允价值变动损益。

(2) 构成营业成本费用的因素:包括营业成本、销售费用、管理费用、研发费用、财务费用等减项。

(3) 构成非经营收支的因素:补贴收入、营业外收支等项目。

(4) 税前利润及税后利润。

利润表一般有表首、正表两部分。其中,表首说明报表名称、编制单位、编制日期、报表编号、货币名称、计量单位等;正表是利润表的主体。

三、利润表的格式

利润表正表的格式一般有两种:其一是单步式;其二是多步式。

(一) 单步式利润表

单步式利润表是将一定期间所有收入列示在先而将所有费用列示在后,运用全部收入减去所有费用得出期间的净损益。单步式报表格式可以如表 8-5 所示。

表8-5　利　润　表

编制单位：　　　　　____年____月　　　　　单位：元

项目	行次	本期金额	上年金额
一、收入			
主营业务收入			
其他业务收入			
营业外收入			
投资收益			
公允价值变动收益			
……			
收入合计			
二、费用			
主营业务成本			
其他业务成本			
营业外支出			
管理费用			
销售费用			
财务费用			
……			
三、利润总额（亏损总额以"-"号填列）			
减：所得税费用			
四、净利润（净亏损以"-"号填列）			

单步式利润表的优点在于简单明了，但缺点是对于利润形成内容的详细构成反映不足。

（二）多步式利润表

多步式利润表是通过对当期的收入、费用、支出项目按其性质加以归类，按利润形成的不同内容列示一些中间性利润指标，如营业利润、利润总额、净利润、综合收益，以分步骤地计算出期间的净损益。

根据最新修订的企业会计准则，我国企业利润表采用多步式格式，列示金额的栏目通常分为"本期金额"和"本期累计"两栏。"本期金额"栏反映各项目的本期实际发生数。在编制中期和年度财务会计报告时，"本期累计"被上年金额所替代，填列上年同期累计实际发生数。具体结构列示如表8-6所示。

表8-6 利润表

会企02表

编制单位： ____年____月 单位:元

项目	行次	本期金额	上年金额
一、营业收入			
减:营业成本			
税金及附加			
销售费用			
管理费用			
研发费用			
财务费用			
其中:利息费用			
利息收入			
加:其他收益			
投资收益(损失以"-"号填列)			
其中:对联营企业和合营企业的投资收益			
以摊余成本计量的金融资产终止确认收益(损失以"-"号填列)			
净敞口套期收益(损失以"-"号填列)			
公允价值变动收益(损失以"-"号填列)			
信用减值损失(损失以"-"号填列)			
资产减值损失(损失以"-"号填列)			
资产处置收益(损失以"-"号填列)			
二、营业利润(亏损以"-"号填列)			
加:营业外收入			
减:营业外支出			
三、利润总额(亏损总额以"-"号填列)			
减:所得税费用			
四、净利润(净亏损以"-"号填列)			
五、其他综合收益的税后净额			
六、综合收益总额			
七、每股收益			
(一)基本每股收益			
(二)稀释每股收益			

多步式利润表的优点在于:便于对企业利润形成的内容进行分析,了解盈利的主要因素,或亏损的主要原因,并使管理更具有针对性。

四、利润表有关项目的编制说明

(1) 营业收入项目。用于列示企业主要经营业务和其他业务所确认的收入总额。

(2) 成本费用项目。其中:营业成本项目,用于反映企业主要经营业务和其他业务发生的实际成本总额。

税金及附加项目,反映企业经营业务应负担的消费税、城市维护建设税、资源税、教育费附加、房产税、车船税、土地增值税、印花税等。

销售费用项目,反映企业在销售商品过程中发生的包装费、广告费等以及为销售该企业商品而专设的销售机构所发生的职工薪酬、业务费等费用。

管理费用项目,反映企业为组织和管理生产经营发生的管理费用。

研发费用项目,反映企业进行研究与开发过程中发生的费用化支出,以及计入管理费用的自行开发无形资产的摊销。

财务费用项目,反映企业筹集生产经营所需资金等而发生的筹资费用,包括应予费用化的利息支出、按照企业会计准则确认的应冲减财务费用的利息收入。

(3) 与对外投资有关而产生的已实现的损益及采用公允价值计量而产生的账面损益项目。

公允价值变动收益项目,用于反映企业交易性金融资产、交易性金融负债、采用公允价值模式计量的投资性房地产等公允价值变动形成的应计入当期损益的利得或损失。

投资收益项目,反映企业以各种方式对外投资所取得的收益。其中,对联营企业和合营企业的投资收益项目,反映采用权益法核算的对联营企业和合营企业投资在被投资单位实现的净损益中应享有的份额(不包括处置投资形成的收益)。

资产减值损失项目,反映企业各项资产发生的减值损失。

(4) 非经常性项目的损益。营业外收入、营业外支出项目,反映企业发生的与其日常活动无直接关系的各项利得和损失。

(5) 所得税费用项目,反映企业确认的应从当期利润总额中扣除的所得税费用。

(6) 基本每股收益和稀释每股收益项目,反映计算的基本每股收益和稀释每股收益金额。

五、利润表的编制及举例

(一) 利润表的编制要点

(1) 根据试算平衡表或科目汇总表中损益类账户的发生额合计数,计算并填列利润表的各项目。

(2) 审查利润表的完整性及正确性,包括表头部分的填制是否齐全、各项目的填列是否正确、各种利润的计算是否正确。

(3) 审查有关人员是否已签字盖章,最后加盖企业公章。

(二) 举例说明

续表 8-3、表 8-4,××股份有限公司,2019 年 6 月 30 日所有损益类账户的余额见表 8-7。

表 8-7 科目汇总表

科汇:2

编制单位:××股份有限公司 2019 年 6 月 30 日 单位:元

会计科目	行次	借方发生额合计	贷方发生额合计
主营业务收入		2 021 505 234.31	2 021 505 234.31
其他业务收入		20 353 500.61	20 353 500.61
营业外收入		7 625 679.34	7 625 679.34
投资收益		0	0
主营业务成本		866 671 617.36	866 671 617.36
其他业务成本		3 145 048.07	3 145 048.07
销售费用		685 276 001.79	685 276 001.79
管理费用		134 555 448.62	134 555 448.62
财务费用		-22 215 329.31	-22 215 329.31
资产减值损失		763 908.32	763 908.32
公允价值变动收益		0	0
营业外支出		1 095 697.61	1 095 697.61
所得税费用		54 981 399.61	54 981 399.61

编制利润表见表 8-8。

表 8-8 利 润 表

会企 02 表

编制单位: 2019 年 6 月 单位:元

项目	行次	本期金额	上年金额
一、营业收入		2 041 858 734.92	略
减:营业成本		869 816 665.43	
税金及附加		21 435 000.95	
销售费用		685 276 001.79	
管理费用		134 555 448.62	
研发费用			
财务费用		-22 215 329.31	
其中:利息费用			
利息收入			
加:其他收益			
投资收益(损失以"-"号填列)		0	
其中:对联营企业和合营企业的投资收益		0	
以摊余成本计量的金融资产终止确认收益(损失以"-"号填列)		0	

续表

项目	行次	本期金额	上年金额
净敞口套期收益(损失以"-"号填列)			
公允价值变动收益(损失以"-"号填列)		0	
信用减值损失(损失以"-"号填列)			
资产减值损失(损失以"-"号填列)		-763 908.32	
资产处置收益(损失以"-"号填列)			
二、营业利润(亏损以"-"号填列)		352 227 039.12	
加:营业外收入		7 625 679.34	
减:营业外支出		1 095 697.61	
三、利润总额(亏损总额以"-"号填列)		358 757 020.85	
减:所得税费用		54 981 399.61	
四、净利润(净亏损以"-"号填列)		303 775 621.24	
五、其他综合收益的税后净额			
六、综合收益总额			
七、每股收益			
(一)基本每股收益			
(二)稀释每股收益			

注:由于年内企业会计利润不等于应纳税所得额,最后计算出的所得税费用为54 981 399.61元。

第四节　所有者权益变动表

视频资源

所有者权益变动表是反映构成所有者权益的各组成部分当期的增减变动情况的报表。所有者权益变动表构成企业对外报表的重要组成部分,被列为会计报表第四表。

一、所有者权益变动表的作用及格式

所有者权益增减变动表全面反映了企业的股东权益在年度内的变化情况,以便于会计信息使用者深入分析企业所有者权益的增减变化情况、企业管理层受托责任履行的情况,并进而对企业的资本保值增值情况做出理性的判断,有助于财务会计报告使用者作出经济决策。由于全面收益亦可以在所用者权益的本期增减变动下予以列示,因此,利用所有者权益(股东权益)变动表这一张表可以达到简单方便、体现重要性两个目的。所有者权益变动表与资产负债表、利润表三者的同时列报以及相关项目的勾稽关系,能够向报表使用者提供比较全面的企业财务状况及变动信息。

所有者权益变动表包括表首、正表两部分。其中,表首说明报表名称、编制单位、编制日期、报表编号、货币名称、计量单位等。

正表是所有者权益变动表的主体，具体说明所有者权益变动表的各项内容，包括股本（实收资本）、其他权益工具、资本公积、其他综合收益、专项储备、盈余公积、未分配利润等。每个项目中，又分为上年年末余额、本年年初余额、本年增减变动金额、本年年末余额四小项，每个小项中，又分别具体情况列示其不同内容。

所有者权益变动表各项目应根据“股本”“其他权益工具”“资本公积”“其他综合收益”“专项储备”“盈余公积”“未分配利润”等账户的发生额分析填列。

二、所有者权益变动表的编制

（一）所有者权益变动表的编制内容

所有者权益变动表至少应当单独列示反映下列信息项目：

（1）综合收益总额。

（2）会计政策变更和前期会计差错更正的累积影响金额。

（3）所有者投入资本和向所有者分配利润等。

（4）按规定提取盈余公积。

（5）所有者权益各组成部分的期初、期末余额及其调节情况。

（二）所有者权益变动表的编制步骤

（1）在本期金额中，根据“实收资本（或股本）”“其他权益工具”“资本公积”“其他综合收益”“专项储备”“盈余公积”“利润分配——未分配利润”账户的上年年末余额，填写上年年末余额的本年金额栏。若企业有库存股，则其金额应从所有者权益合计中予以减除。

（2）按准则要求加减由于会计政策变更和前期会计差错累积影响金额后得出本年年初的所有者权益及其分项的余额，且要求在可行的情况下对会计政策变更的影响进行追溯调整。

（3）计算并填制由于综合收益总额的增减对所有者权益各分项金额的影响。

（4）计算并填制所有者投入和减少资本，包括所有者投入的普通股，其他权益工具持有者投入资本，股份支付计入股东权益的金额等对所有者权益各分项金额的影响。

（5）计算并填制由于利润分配，包括提取盈余公积、对股东的分配等对所有者权益各分项金额的影响。

（6）计算并填制由于股东权益内部结转，包括资本公积转增股本、盈余公积转增股本或弥补亏损等，对所有者权益各分项金额的影响。

（7）计算并取得本期期末所有者权益各分项金额，各个期末的所有者权益及各分项金额必须与该期末的资产负债表相应金额保持一致。

（8）上年同期金额栏目的填制计算方法同（1）~（8）。

由于所有者权益变动表的编制涉及许多中级财务会计的内容，在本书内不做展开。

（三）所有者权益变动表的编制举例

仍以上述公司数据为例，具体数据请参考 2019 年 6 月 30 日的资产负债表，并假设该企业 2019 年 1—6 月，共有所有者投入资本 68 981 600.00 元，其中：记入实收资本的有 4 050 000.00 元，记入资本公积的有 64 931 600.00 元；以资本公积转增股本的形式对所有者（或股东）分配的利润有 162 025 000.00 元，则该企业半年度的所有者权益变动表见表 8-9。

表 8-9 所有者权益变动表

会企 04 表

编制单位： 2019 年度(1—6) 单位：元

项目	行次	本年金额											上年金额										
		实收资本（或股本）	其他权益工具			资本公积	减：库存股	其他综合收益	专项储备	盈余公积	未分配利润	所有者权益合计	实收资本（或股本）	其他权益工具			资本公积	减：库存股	其他综合收益	专项储备	盈余公积	未分配利润	所有者权益合计
			优先股	永续债	其他									优先股	永续债	其他							
一、上年年末余额		320 000 000. 00				905 307 699. 72				164 141 505. 49	1 091 952 906. 74	2 481 402 111. 95											
加：会计政策变更																							
前期差错更正																							
其他																							
二、本年年初余额		320 000 000. 00				905 307 699. 72				164 141 505. 49	1 091 952 906. 74	2 481 402 111. 95											
三、本年增减变动金额（减少以“-”号填列）		166 075 000. 00				-97 093 400. 00				0	141 750 621. 24	210 732 221. 24											
（一）综合收益总额											303 775 621. 24	303 775 621. 24											
（二）所有者投入和减少资本		4 050 000. 00				64 931 600. 00						68 981 600. 00											

续表

项目	行次	本年金额 实收资本（或股本）	本年金额 其他权益工具 优先股	本年金额 其他权益工具 永续债	本年金额 其他权益工具 其他	本年金额 资本公积	本年金额 减：库存股	本年金额 其他综合收益	本年金额 专项储备	本年金额 盈余公积	本年金额 未分配利润	本年金额 所有者权益合计	上年金额 实收资本（或股本）	上年金额 其他权益工具 优先股	上年金额 其他权益工具 永续债	上年金额 其他权益工具 其他	上年金额 资本公积	上年金额 减：库存股	上年金额 其他综合收益	上年金额 专项储备	上年金额 盈余公积	上年金额 未分配利润	上年金额 所有者权益合计
1. 所有者投入的普通股		4 050 000. 00				64 931 600. 00						68 981 600. 00											
2. 其他权益工具持有者投入资本																							
3. 股份支付计入所有者权益的金额																							
4. 其他																							
（三）利润分配											−162 025 000. 00	−162 025 000. 00											
1. 提取盈余公积																							
2. 对所有者（或股东）的分配											−162 025 000. 00	−162 025 000. 00											
3. 其他																							
（四）所有者权益内部结转		162 025 000. 00				−162 025 000. 00						0											

续表

项目	行次	本年金额											上年金额										
		实收资本（或股本）	其他权益工具			资本公积	减：库存股	其他综合收益	专项储备	盈余公积	未分配利润	所有者权益合计	实收资本（或股本）	其他权益工具			资本公积	减：库存股	其他综合收益	专项储备	盈余公积	未分配利润	所有者权益合计
			优先股	永续债	其他									优先股	永续债	其他							
1. 资本公积转增资本（或股本）		162 025 000.00				−162 025 000.00						0											
2. 盈余公积转增资本（或股本）																							
3. 盈余公积弥补亏损																							
4. 设定受益计划变动结转留存收益																							
5. 其他综合收益结转留存收益																							
6. 其他																							
四、本年年末余额		486 075 000.00				808 214 299.72				164 141 505.49	1 233 703 527.98	2 692 134 333.19											

第五节 现金流量表

视频资源

现金流量表是反映企业在一定会计期间现金和现金等价物流入、流出金额的报表。根据资产负债表观,现金流量表应该是对资产负债表中现金及现金等价物项目增减变动的详细说明。现金流量表以现金及现金等价物为基础,将企业经济活动分为经营活动、投资活动和筹资活动,并按照收付实现制的原则进行编制。

在会计实务中,早在1862年英国一些公司就开始编报资金表,将资金表作为评价企业不同时期的资产负债表项目变动的手段,以此来说明企业财务变动的原因。1863年,美国部分公司也开始编报资金表,到21世纪初,资金表已有了多种类型,如汇总现金变动计算书、汇总流动资产计算书、汇总营运资本计算书和汇总全部财务活动报告书。

随着资金概念进一步广义化,在此基础上形成了具有多种解释的"财务状况变动表"。自21世纪70年代中期以来,不少西方国家出现持续的通货膨胀,许多公司经历了严重的资金紧缺问题。有些企业虽然有利润,但时时因偿债能力不足受到清算、破产的威胁。因此无论是企业内部管理当局还是外部投资者、债权人,都十分重视与决策相关的现金流量信息,而不是营运资本信息。于是会计实务为满足会计报表用户对现金流量的要求,编制以现金为基础的财务状况变动表的公司逐年增加。现金流量表是由财务状况变动表演变而来,它取代财务状况变动表,是会计适应社会经济环境变化的结果。

现金流量表所指的"现金",不同于"库存现金"账户规范的内容,包括企业库存现金以及可以随时用于支付的存款,主要可以理解为企业银行存款及符合条件的其他货币资金。现金流量表所指的现金等价物,指企业持有的期限短、流动性强、易于转换为已知金额现金、价值变动风险很小的投资。所谓的期限短,一般是指这部分的资金从购买日起3个月内到期。因此,现金等价物通常包括3个月内到期的债券投资等。由于权益性投资变现的金额通常不确定,因而在实际操作中,权益性投资,比如长期股权投资,不属于现金等价物。企业应当根据具体情况,确定现金等价物的范围,一经确定不得随意变更。

现金流量通常是指现金和现金等价物的流入和流出。企业从银行提取现金、用现金购买短期到期的国库券等现金和现金等价物之间的转换不会增加流量,故不属于现金流量。

一、现金流量表的作用

(一)了解企业现金流状况

现金流量表在以资产负债表观为主导的整个报表体系中,是对资产负债表相关金额增、减量指标的一种深入说明的表格,是资产负债表信息及利润表信息的补充。它能够说明企业一定期间内现金流入和流出。现金流量表将现金流量划分为经营活动、投资活动和筹资活动所产生的现金流量,并按照流入现金和流出现金项目分别反映。

(二)正确评价企业支付能力

现金流量表能够说明企业支付股利及偿债能力。因为,企业的现金流量在一定程度上表明了企业具有一定的现金支付能力。良好的现金流是企业偿还债务、支付股东股利的保证。传统的财务分析认为资产是偿债能力的保证,而现实生活中很少有企业会通过变卖资产去偿还债务。一方面,变卖资产受到变现速度的影响;另一方面,变卖资产会影响到企业的正常经营活动。

(三)正确评价企业盈利质量

现金流量表可以用来分析企业净利润与企业现金流量不同的原因,进而正确评价企业盈利质量。企业净利润是一个评价企业业绩的常用指标,但是,由于权责发生制会计使得企业的净利润并不能与收付实现制的现金流量相对应,所以使用现金流量表说明其中的不同及其内在原因。高质量盈利需要以充足的现金流为保证,因为它反映了企业能将应计利润及时转化为现金。相反,企业利润偏离现金流程度越大,其盈利质量越缺乏可靠的保证,仍然可能会面临财务危机,甚至面临破产或被兼并。因而,对企业一定时期的收益与现金流量的差异进行分析有助于正确评价企业盈利质量。

(四)制定合理的投资与信贷决策

现金流量表可以用来预测企业未来现金流量、分析企业投资和理财活动对经营成果和财务状况的影响。现金流量表能够通过提供不涉及现金的投资和筹资活动信息,反映企业与现金有关的投资和筹资活动外的信息,使会计报表使用者或阅读者能够全面了解理财活动对经营成果和财务状况的影响,以便制定出合理的投资与信贷决策。

二、现金流量表格式

现金流量表格式分为一般企业、商业银行、保险公司、证券公司等企业类型予以规定。企业应当根据其经营活动的性质,确定本企业适用的现金流量表格式。

一般企业的现金流量表的格式列示如表 8-10 所示。

表 8-10　现金流量表

会企 03 表

编制单位:　　　　____年____月　　　　单位:元

项目	行次	本年金额	上年金额
一、经营活动产生的现金流量:			
销售商品、提供劳务收到的现金			
收到的税费返还			
收到其他与经营活动有关的现金			
经营活动现金流入小计			
购买商品、接受劳务支付的现金			
支付给职工以及为职工支付的现金			
支付的各项税费			
支付其他与经营活动有关的现金			
经营活动现金流出小计			
经营活动产生的现金流量净额			

续表

项目	行次	本年金额	上年金额
二、投资活动产生的现金流量:			
收回投资收到的现金			
取得投资收益收到的现金			
处置固定资产、无形资产和其他长期资产收回的现金净额			
处置子公司及其他营业单位收到的现金净额			
收到其他与投资活动有关的现金			
投资活动现金流入小计			
购建固定资产、无形资产和其他长期资产支付的现金			
投资支付的现金			
取得子公司及其他营业单位支付的现金净额			
支付其他与投资活动有关的现金			
投资活动现金流出小计			
投资活动产生的现金流量净额			
三、筹资活动产生的现金流量:			
吸收投资收到的现金			
取得借款收到的现金			
收到其他与筹资活动有关的现金			
筹资活动现金流入小计			
偿还债务支付的现金			
分配股利、利润或偿付利息支付的现金			
支付其他与筹资活动有关的现金			
筹资活动现金流出小计			
筹资活动产生的现金流量净额			
四、汇率变动对现金及现金等价物的影响			
五、现金及现金等价物净增加额			
加:年初现金及现金等价物余额			
六、年末现金及现金等价物余额			
补充资料	行次	本年金额	上年金额
1. 将净利润调节为经营活动现金流量:			
净利润			
加:资产减值准备			

补充资料	行次	本年金额	上年金额
信用损失准备			
固定资产折旧、油气资产折耗、生产性生物资产折旧			
无形资产摊销			
长期待摊费用摊销			
处置固定资产、无形资产和其他长期资产的损失（收益以“-”号填列）			
固定资产报废损失（收益以“-”号填列）			
净敞口套期损失			
公允价值变动损失（收益以“-”号填列）			
财务费用（收益以“-”号填列）			
投资损失（收益以“-”号填列）			
递延所得税资产减少（增加以“-”号填列）			
递延所得税负债增加（减少以“-”号填列）			
存货的减少（增加以“-”号填列）			
经营性应收项目的减少（增加以“-”号填列）			
经营性应付项目的增加（减少以“-”号填列）			
其他			
经营活动产生的现金流量净额			
2. 不涉及现金收支的重大投资和筹资活动：			
债务转为资本			
一年内到期的可转换公司债券			
融资租入固定资产			
3. 现金及现金等价物净变动情况：			
现金的期末余额			
减：现金的年初余额			
加：现金等价物的期末余额			
减：现金等价物的年初余额			
现金及现金等价物净增加额			

三、现金流量表的编制及说明

视频资源

（一）内容及构成

现金流量表的构成主要有三个部分：经营活动产生的现金流量；投资活动产生

的现金流量;筹资活动产生的现金流量。

其中:经营活动产生的现金流量通常是由决定净利润的企业经营活动所产生的现金流量,包括销售商品及提供劳务所获得的现金流入以及购买原材料、其他材料及费用支出等所造成的现金流出。上述数据可来自利润表。

投资活动产生的现金流量通常涉及长期资产、长期负债业务所产生的现金流量,包括长期借款形成的现金流入,购进或处置长期投资或其他长期资产所产生的现金流量。上述数据可来自非流动资产项目。

筹资活动产生的现金流量是由于企业负债、所有者权益变动业务所产生的现金流量,包括从债权人处获得的现金流入,或由于债务人还款而获得的现金流入,从所有者投资所获得的现金流入,或归还债务等所产生的现金流出。

(二)现金流量表的编制方法

现金流量表的编制方法,现金流量表的编制方法主要是针对经营活动的现金流量来说的。编制经营活动现金流量的方法有两种:一种是直接法;另一种是间接法。

直接法是通过对现金收入和现金支出的总括分类,反映来自企业经营活动的现金流量。采用直接法编制经营活动的现金流量时,有关企业现金收入和现金支出的资料可以从企业会计记录直接获得,也可以在利润表中主营业务收入、其他业务收入、主营业务成本、其他业务成本、销售费用等数据的基础上,通过调整与经营活动各项目有关的增减变动而获得。

间接法是通过将企业非现金交易、过去或者未来经营活动产生的现金收入或支出的递延或应计项目,以及与投资或筹资现金流量相关的收益或费用项目对净损益的影响进行调整来反映企业经营活动所形成的现金流量。间接法以利润表上的净利润为起点,通过调整某些相关项目后得出经营产生的现金流量。

直接法的优点主要是显示了经营活动现金流量的流入、流出金额的具体内容,与间接法相比较,它更能全面地反映企业一定时期的现金收支;间接法的优点则主要是通过对企业净利润与现金净流量的差异的揭示,有助于分析影响现金流量与企业净利润差异的原因,从而可以分析企业净利润的质量。因此,我国颁布的《企业会计准则第31号——现金流量表》一方面要求企业按直接法编制现金流量表,另一方面又要求在现金流量表“补充资料”中提供按间接法将净利润调节为经营活动现金流量的相应的资料,兼顾了两种方法的优点。

(三)方法运用及举例说明

假设某会计师事务所成立于2019年11月30日,企业最初的注册资本为152 000元,并存入银行。经过12月份的经营,12月末编制的主要会计报表(简表)如表8-11~表8-13所示。

表8-11 利润表(简表)

编制单位:××事务所 2019年12月 单位:元

主营业务收入	150 000
经营费用:	
工资	50 000
物料费用	10 000
租金费用	80 800

续表

其他费用	2 000
经营费用总额	142 800
税前净利润	7 200
所得税(25%)	1 800
税后净利润	5 400

表 8-12　资产负债表(简表)

编制单位:××事务所　2019 年 12 月 31 日　单位:元

资产		负债与所有者权益	
库存现金	2 000	短期借款	40 000
银行存款	100 000	应付账款	7 800
预付账款	10 000	应交税费	1 800
应收账款	15 000	负债总额	49 600
长期股权投资	20 000	实收资本	152 000
固定资产	60 000	税后净利润	5 400
资产总额	207 000	负债与所有者权益	207 000

表 8-13　所有者权益变动表(简表)

编制单位:××事务所　2019 年 12 月 31 日　单位:元

2019 年 11 月 30 日　所有者权益	152 000
加:本月净利润	5 400
本月增加所有者权益	5 400
2019 年 12 月 31 日　所有者权益	157 400

则该事务所当年的现金流量表的编制步骤如下:

(1) 确定现金的变化。从企业资产负债表中可以看出 2019 年年末企业符合现金及现金等价物概念的现金余额为:2 000+100 000=102 000(元),而年初金额为 0 元,则 2019 年度现金及现金等价物增量为 102 000 元。

(2) 确定经营活动产生的现金流量。应收账款余额增加 15 000 元,来自赊销的增加,即现金及现金等价物的收入小于按权责发生制计算的收入的金额,因此增加应收账款的金额应该会导致现金及现金等价物流入减少。

应付账款余额增加 7 800 元,来自赊购的增加,即现金及现金等价物的付出小于按权责发生制计算的付出的金额,因此必须在将净利润转换为经营活动所产生的现金流量时加回去。

预付账款的增量 10 000 元,来自现金及现金等价物的付出,因此应该导致现金及现金等价物的流出。

(3) 确定投资活动产生的现金流量。长期股权投资的余额增量20 000元,固定资产的余额增量60 000元,均来自用现金及现金等价物的付出,因而导致现金及现金等价物的流出。

(4) 确定筹资活动产生的现金流量。短期借款账户余额的增量40 000元,及实收资本账户的增量152 000元导致现金及现金等价物的流入。

按直接法编制的现金流量表简表见表8-14和表8-15。

表8-14 现金流量表

会企03表

编制单位:××事务所 2019年度 单位:元

项目	行次	本年金额	上年金额
一、经营活动产生的现金流量:			
销售商品、提供劳务收到的现金		135 000	
收到的税费返还			
收到其他与经营活动有关的现金		7 800	
经营活动现金流入小计		142 800	
购买商品、接受劳务支付的现金		(92 800)	
支付给职工以及为职工支付的现金		(50 000)	
支付的各项税费			
支付其他与经营活动有关的现金		(10 000)	
经营活动现金流出小计		(152 800)	
经营活动产生的现金流量净额		(10 000)	
二、投资活动产生的现金流量:			
收到其他与投资活动有关的现金			
投资活动现金流入小计			
购建固定资产、无形资产和其他长期资产支付的现金		(60 000)	
投资支付的现金		(20 000)	
取得子公司及其他营业单位支付的现金净额			
支付其他与投资活动有关的现金			
投资活动现金流出小计		(80 000)	
投资活动产生的现金流量净额		(80 000)	
三、筹资活动产生的现金流量:			
吸收投资收到的现金			
取得借款收到的现金		40 000	
收到其他与筹资活动有关的现金		152 000	
筹资活动现金流入小计		192 000	
筹资活动现金流出小计			

续表

项目	行次	本年金额	上年金额
筹资活动产生的现金流量净额		192 000	
四、汇率变动对现金及现金等价物的影响		0	
五、现金及现金等价物净增加额		102 000	
加:年初现金及现金等价物余额		0	
六、年末现金及现金等价物余额		102 000	

注:在直接法下:经营活动现金流入小计=150 000-15 000+7 800=142 800(元)

经营活动现金流出小计=50 000+92 800+10 000=152 800(元)

在间接法下:经营活动现金流量小计=5 400+1 800+(-15 000)+(-10 000)+7 800=-10 000(元)

表中括号内的数据表示负数。

表 8-15　补充资料(简表)

单位:元

补充资料	行次	本年金额	上年金额
1. 将净利润调节为经营活动现金流量:			
净利润		7 200	
加:资产减值准备			
存货的减少(增加以"-"号填列)			
经营性应收项目的减少(增加以"-"号填列)		(25 000)	
经营性应付项目的增加(减少以"-"号填列)		7 800	
其他			
经营活动产生的现金流量净额		(10 000)	
2. 不涉及现金收支的重大投资和筹资活动:			
3. 现金及现金等价物净变动情况:			
现金的期末余额		102 000	
减:现金的年初余额		0	
加:现金等价物的期末余额		0	
减:现金等价物的年初余额		0	
现金及现金等价物净增加额		102 000	

第六节　报表附注

附注是指对会计报表中列示项目所作的进一步说明,以及对未能在这些报表中列示项目的说明等,附注是财务报表的重要组成部分。为使报表使用者全面地了解财务报表的内容,企业应当按照规定披露附注相关信息。

一、附注披露的内容及要求

视频资源

(1) 企业的基本情况。一般包括:企业注册地、组织形式和总部地址;企业的业务性质和主要经营活动;若是集团公司,则包括其母公司以及集团最终母公司的名称,财务报告的批准报出者和财务报告批准报出日。按照有关法律、行政法规等规定,企业所有者或其他方面有权对报出的财务报告进行修改的,应披露这一事实。

(2) 财务报表的编制基础。企业应当说明其持续经营情况。

(3) 遵循企业会计准则的声明。即企业应当明确说明编制的财务报表符合企业会计准则的要求,真实、完整地反映了企业的财务状况、经营成果和现金流量。

(4) 重要会计政策和会计估计。企业应当披露重要的会计政策和会计估计。重要性的判断,主要依据其性质的重要与否或涉及金额的大小。对于认定不重要的会计政策和会计估计可以不披露。在披露重要会计政策和会计估计时,还须披露重要会计政策的确定依据和财务报表项目的计量基础,以及会计估计中所应用的关键假设和不确定因素。

企业至少应当披露的重要会计政策包括存货、长期股权投资、投资性房地产、固定资产、生物资产、无形资产、非货币性资产交换、资产减值、职工薪酬、企业年金基金、股份支付、债务重组、或有事项、收入、建造合同、政府补助、借款费用、所得税、外币折算、企业合并、租赁、金融工具确认和计量、金融资产转移、套期保值、石油天然气开采、合并财务报表、每股收益、分部报告、金融工具列报等。

(5) 会计政策和会计估计变更以及差错更正的说明。企业应当按照《企业会计准则第28号——会计政策、会计估计变更和差错更正》及其应用指南的规定进行披露。

(6) 重要报表项目的说明。企业对重要报表项目的明细说明,应当按照资产负债表、利润表、现金流量表、所有者权益变动表的顺序以及报表项目列示的顺序,采用文字和数字描述相结合进行披露,并与报表项目相互参照。

在具体操作中,附注的基本内容由企业会计准则进行规范,表达形式根据需要,至于具体内容有多少,各企业根据需要进行表述,但原则是满足充分披露的要求。

(7) 或有和承诺事项、资产负债表日后非调整事项、关联方及其交易等。

(8) 有助于财务报表使用者评价企业管理的事项。

二、附注披露的举例

以中国联合网络通信股份有限公司(600050)2019半年度报告为例,其财务报告附注包括以下几个内容。

(1) 公司简介包括:中国联合网络通信股份有限公司简介、本财务报表报出时间,共2项。

(2) 财务报表编制基础:本集团自2018年1月1日起执行了财政部2017年度修订的《企业会计准则第14号——收入》和《企业会计准则第22号——金融工具确认和计量》等新金融工具准则,并自2019年1月1日起执行了财政部2018年度修订的《企业会计准则第21号——租赁》。

(3) 重要会计政策与会计估计:包括34项对应用会计政策的关键判断、会计估计判断作出了说明。

（4）对税项进行说明。

（5）对合并财务报表主要项目注释，涉及 55 条注释。

（6）合并范围的变更。

（7）在其他主体中的权益。

（8）金融工具及其风险。

（9）公允价值的披露。

（10）关联方关系及交易。

（11）承诺事项。

（12）股份支付。

（13）资产负债表日后事项。

（14）分部信息。

（15）公司个别财务报表主要项目注释。

（16）非经常性损益明细表。

（17）计算净资产收益率及每股收益。

从上述举例中可以说明，该企业作为报表注释事项一共 17 个大项，近百个小项，注释的形式，主要采用文字的形式，但如有需要，还采用表格的方式，运用数据进行详尽的解释。

比如，在第 3 部分，重要会计政策与会计估计中，对于折旧方法是如此解释的：

本集团固定资产的折旧预计使用寿命内以资产的入账价值减去预计净残值后的金额按直线法计提。本集团定期对预计使用寿命和预计净残值进行评估，以确保折旧方法及折旧率与固定资产预计经济利益实现模式一致。

通过关于财务报表理论含义理解的分析，我们可以看到，由于对财务报表本质认识存在的差异，最基本的是资产负债表观及损益表观，并由此形成了不同的会计报表的结构体系。通过关于资产负债表观下的财务报表理解、编制及分析，我们可以学习到，财务报表对整个会计信息系统的意义及编制的要求，并为报表分析章节打下扎实的基础。

【进一步学习指南】

财务报表体系的建立是随着管理的需要而不断发展与完善的，当会计分类为财务会计与管理会计时，财务报表分为对外报表体系（财务会计报表体系）与对内报表体系（管理会计报表体系），当权责发生制下的静态会计信息不能满足报表使用者理性决策的需要时，反映现金流量动态状况的现金流量表就应运而生。2007 年施行的企业会计准则下的所有者权益变动表替代原先利润分配表，成为独立的对外报表，构成我国对外会计报表体系的重要组成部分。由此可见，对于财务报表的研究也是一个不断深入发展的过程。掌握财务报表的基本理论和编制具有很好的现实意义。

对于财务报表问题的进一步研究，空间很大，可涉及会计基础理论、财务会计、管理会计、审计等多个领域，感兴趣的读者可以进一步阅读相关文献。

【本章知识应用】

情景案例

ABC公司是一家于2019年1月1日成立的制造业企业，至2019年12月31日，需要编制年度报表，公司的会计主管小强，已编制了简易会计报表（见表8-16和表8-17），且是用未调整、未结账以前的数据编制的财务报表，并希望用上述报表作为向银行贷款的证明文件（假定，该企业除增值税、所得税以外税收均获减免）。你是东方会计师事务所的具有独立执业资格的注册会计师，小强向你求助，希望你能出具审计报告，可是你审核后却发现以下的问题：

（1）该企业有一笔其他应付款20 000元是由于对方企业原因，确定不需偿还，小强未记账。

（2）销售部门领用办公用品2 200元，小强记入管理费用。

（3）本月应计提的应付借款利息28 000元尚未计提。

（4）本月对外提供修理服务获得270 000元，但尚未收到款项，小强未记账。

（5）本月应摊销的、应由销售部门承担的长期待摊费用30 000元，也未予以摊销。

表8-16 资产负债表

编制单位：ABC公司　　2019年12月31日　　单位：元

资产	期末数	负债与所有者权益	期末数
流动资产：		流动负债：	
货币资金	2 571 000	短期借款	
交易性金融资产		应付票据	
应收票据	363 000	应付账款	50 000
应收账款	2 030 000	预收账款	450 000
减：坏账准备		其他应付款	40 000
应收账款净值	2 030 000	应付职工薪酬	600 000
预付账款		应交税费	679 151
其他应收款	1 000 000	应付利润	10 000
存货	178 700	应付利息	15 000
待处理流动资产净损失		一年内到期的长期负债	
其他流动资产		其他流动负债	
流动资产合计	6 142 700	流动负债合计	1 844 151
长期投资：		长期负债：	
长期股权投资		长期借款	3 000 000
固定资产：		应付债券	
固定资产原值	6 051 000	长期应付款	
减：累计折旧	40 000	其他长期负债	

续表

资产	期末数	负债与所有者权益	期末数
固定资产净值	6 011 000	负债合计	4 844 151
在建工程		所有者权益：	
待处理固定资产净损失		实收资本	5 000 000
固定资产合计	6 011 000	资本公积	2 000 000
无形资产及其他资产：		盈余公积	92 932.35
无形资产		未分配利润	516 616.65
长期待摊费用	300 000	所有者权益合计	7 609 549
无形资产及其他资产合计			
资产合计	12 453 700	负债及所有者权益合计	12 453 700

表 8-17 利 润 表

编制单位:ABC 公司　　　　2019 年 12 月　　　　单位:元

项目	本月数	本年累计
一、营业收入	2 980 000	
减:营业成本	1 708 100	
税金及附加		
销售费用		
管理费用	332 200	
财务费用		
加:公允价值变动收益(损失以"-"号填列)		
投资收益(损失以"-"号填列)		
资产减值损失	15 000	
二、营业利润	924 700	
加:营业外收入		
减:营业外支出		
三、利润总额	924 700	
减:所得税费用	305 151	
四、净利润	619 549	

要求：

1. 根据以上发现的问题判断小强提供的报表中是否存在问题,并具体说明。
2. 你如何帮助他进行会计账务处理？
3. 你如何帮助他编制合格的资产负债表及利润表？

【思考题】

1. 什么是资产负债表观?
2. 什么是损益表观?
3. 2007 年起施行的企业会计准则的报表体系的构建是基于什么理论,有何积极的意义?
4. 资产负债表的编制原理及特点是什么?
5. 利润表的编制原理及特点是什么?
6. 所有者权益变动表的编制依据是什么? 有何意义?
7. 报表之间的勾稽关系是什么? 资产负债表、利润表、现金流量表的内在联系有哪些?
8. 报表附注的积极意义有哪些?
9. 报表附注的主要内容应包括哪些部分?
10. 报表附注是否越多越好?

【即测即评】

请扫描二维码,进行即测即评。

第九章　财务报表分析

【学习目标】

1. 理解财务报表分析的意义。
2. 掌握财务报表分析的主要内容。
3. 掌握财务报表的一般分析方法。
4. 掌握基本财务比率的含义及计算方法。
5. 掌握杜邦分析、沃尔比重评分法等对公司财务进行综合评价的方法。

财务报表是企业经营活动的缩影,是传递会计信息的工具。要使财务报表与其他工具一样,能对那些有能力并且愿意用心去研究的使用者有直接的帮助,成为其制定决策的有用工具,就需要对财务报表进行整理分析。财务报表中那些枯燥无味的数据,其背后都隐含着极其丰富的经营管理信息,包括企业高层管理者或董事会过去正确或错误决策的结果、企业未来兴衰存亡趋势等。对财务报表进行必要分析,可以帮助信息使用者减少对未来决策的风险,以提高决策的准确程度。

第一节　财务报表分析概述

视频资源

财务报表分析是以财务报表及其他相关资料为依据和起点,采用专门方法,对公司的财务状况、经营能力进行分析,帮助公司投资者、债权人及管理者等会计信息使用者综合评价公司过去的经营业绩,衡量目前的财务状况,预测未来的发展趋势的一种科学方法。通过财务报表分析可以将大量的报表数据转换成对特定决策有用的信息,以减少决策的不确定性。

一、财务报表分析的意义

财务报表分析的主体包括投资者、债权人、公司管理者、公司员工以及潜在投资者和债权人等,综合评价过去、分析现状、预测未来是所有分析主体的共同需求。但是,不同的分析主体有其不同的决策,对信息也有不同的需求。

(一)有利于投资者做出正确的投资决策

投资者对公司所关心的情况主要有两方面:一是预期投资收益;二是预期投资风险,即投资收益的波动。通过财务报表分析,投资者能够了解公司的盈利能力;了解公司的资本结构和偿债能力；了解公司目前是否存在财务风险，据此做出正确的投资决策。

（二）有助于债权人做出正确的信贷或信用决策

债权人所关心的主要是公司的偿债能力。如金融机构通过财务报表分析，判断长、短期贷款是否存在不能如期收回的风险，或者是否应向公司索取抵押品等。供货商通过分析财务报表，判断是否应向其提供商业信用等。

（三）为管理者改善公司内部管理提供决策依据

公司管理者需要了解公司的财务结构、各类资产的使用效率及盈利情况等方面的信息。通过将报表中有关数据与计划指标、历史水平，以及行业平均水平相比较，可以充分了解公司目前管理现状及存在的问题，以便采取有效措施改进。

此外，在财务报表分析过程中得出的各项财务指标还可以为政府部门宏观调控、税收征管提供重要依据。

二、财务报表分析的主要内容

从各类信息使用者的决策角度看，对公司财务报表分析包括以下几个方面的主要内容。

（一）资本结构与偿债能力分析

一个公司的生存和发展能力的基础是否牢固，主要看其资本结构与偿债能力。公司从不同的渠道获取经济资源，在资产负债表上体现为三大部分，即流动负债、非流动负债和股东权益。资本结构是指三部分各自所占的比例。这些比例的大小体现出公司的资本结构是否合理，它直接反映公司经济实力的充实性和经济基础的稳定性。如果资本结构合理，意味着公司的经济基础比较牢固，财务风险比较低，有较强的偿债能力，这是公司得以长期生存和发展的根本保证；反之，如果资本结构不合理，将导致偿债能力低下，公司忙于清偿债务，经营与发展则处于不稳定状态并难以抵御风险。因此，偿债能力是对公司财务状况的基本分析。在财务报表分析主体中，债权人侧重于资本结构和偿债能力的分析。通过偿债能力分析，可使债权人更加清楚地认识到债务风险是否存在或风险程度的高低，并就债权人贷款的方向做出正确决策。

（二）资产结构与营运能力分析

公司取得的经济资源以不同的形态分别投放到各类资产上，如流动资产、固定资产、无形资产、投资及其他非流动资产等。这些资产在供应、生产和销售等环节所占用的比例，存在着相对稳定和协调的数量关系。如流动资产与总资产之比、存货与流动资产之比、固定资产与总资产之比等。这些比例关系被称为公司的资产结构。对资产结构的分析，有利于对公司资金的合理分配与资产结构的优化，有利于把握公司生产经营特点和发展方向。对资产结构的分析也反映公司资产的营运能力。公司的各种资产能否充分有效地使用，其周转速度的快慢以及为公司带来收益的大小，都直接反映着公司的盈利水平。在财务报表分析主体中，公司管理者侧重于资产结构和营运能力的分析，这将有利于公司管理者不断适应市场变化，对重大问题做出正确的决策。

（三）盈利能力分析

盈利能力是公司在一定时期内赚取利润的能力，是公司生产经营的根本目的之所在。盈利能力较强的公司与较弱的公司相比具有更大的活力和更好的发展趋势，因此，公司的经营业绩好坏可通过盈利能力加以反映和衡量。尽管公司的投资人、债权人及管理者都非常关心公司的盈利能力，但盈利能力的强弱对公司的投资人更为重要。对于资信情况相近的几家公司，投资人更愿意将资金投入盈利能力强的公司。一般而言,在财务报表分析主体中,投资人更重视对盈利能力的分析。

(四)成长发展能力分析

公司的投资人、债权人及管理者不仅关心公司当期的盈利能力,更关心公司稳定经营、长远发展的趋势。如果公司经营不利或经济形势不利,可能出现各年发展不稳定,利润忽高忽低的状况。如果公司为了达到短期利益最大化而采用掠夺式经营,如采用比较短期的经营策略,减少对未来发展的投入,就会削弱公司的长远发展能力,从而使公司经营不稳定、发展能力下降,最终必然影响所有者、债权人及管理者的长远利益。因此,这部分利益关系人出于对自身经济利益的关注,需要了解有关公司成长发展能力状况的信息。

三、财务报表分析的基本方法

视频资源

公司的财务报表是遵循会计规范编制的,具有较强的专业性和高度概括性,直接阅读需要具备较强的专业知识,而且未经"加工"的财务报表数据往往不能鲜明、深刻地揭示公司的财务状况。因此,需要利用专门的技术方法才能从财务报告中"精炼出"更多决策相关信息。财务报表分析的基本方法包括:

(一)比较分析法

比较分析法是对两个或几个有关的可比数据进行比较,以数量差异揭示和评价公司财务状况的一种分析方法。由于选择的比较对象不同,可以形成三种不同的比较形式:①与计划或预算比较。将本期实际完成的财务指标与其计划或预算指标做比较,说明该指标的计划执行情况或完成程度。②与本公司历史水平比较。将本期实际数值与上年相同项目数值或本公司历史最好水平项目数值比较。通过这种纵向比较,可以了解财务指标的发展、变化情况,有助于合理评价公司现状。③与同行业平均水平比较。将本公司的主要财务指标与该公司所在行业的平均水平或竞争对手的水平进行比较,通过这种横向比较,可以发现公司与同类公司之间存在的差异,查找原因,有针对性地提出改进措施。

(二)比率分析法

比率分析法是将财务报告中具有内在联系的数据加以对比,通过比率来揭示和评价公司财务状况的一种分析方法。常用的比率指标有三类:

1. 结构比率

这是某项经济指标的某个组成部分与其总体之间的比率,反映部分与总体的关系,如资产负债率。利用结构比率可以考察总体中某个部分的形成或安排是否合理,以便协调各项财务活动。其计算公式为:

结构比率=某个组成部分数额/总体数额

2. 效率比率

这是经济活动中所费与所得的比率,以反映投入与产出的关系,如净资产收益率、营业利润率、资本收益率等。利用效率比率可以比较、考核公司的经营成果,评价其经济效益,从不同角度评价公司的获利能力。

3. 相关比率

这是以某项经济指标和与其有关但又不同的经济指标进行对比所得的比率,以反映有关经济活动的相互关系,如流动比率、产权比率等。利用相关比率可以判断公司的偿债能力及考察有联系的相关业务安排得是否合理,以保障公司营运活动能够顺畅进行。

视频资源

(三)因素分析法

因素分析法是依据指标与其影响因素之间的关系,从数量上确定各因素对指标影响程度的一种分析方法。具体来说,是指在财务指标变动受多因素影响时,假定其他各因素都无变化,并从数量上测定各变化因素变动对分析指标的影响程度,从而顺序确定某一个因素单独变化情况的方法。该方法便于抓主要矛盾,可以更有说服力地评价公司财务状况。因素分析法根据其分析特点可分为连环替代法和差额计算法。

1. 连环替代法

连环替代法包括以下五个基本步骤:

(1)确定分析指标与其影响因素之间的关系。为了确定分析指标与其影响因素之间的关系,通常将经济指标在计算公式的基础上进行分解或扩展,从而得出各影响因素与分析指标之间的关系式。例如,对于总资产报酬率指标,要确定它与影响因素之间的关系,可按以下方式进行分解:

总资产报酬率=息税前利润÷平均资产总额
=营业收入÷平均资产总额×息税前利润÷营业收入
=总资产周转率×销售利润率

(2)根据分析指标的报告期数值与基期数值列出两个关系式,确定分析对象。例如:

基期总资产报酬率=基期资产周转率×基期销售利润率
实际总资产报酬率=实际资产周转率×实际销售利润率
分析对象=实际总资产报酬率-基期总资产报酬率

(3)连环顺序替代,计算替代结果。即以基期指标体系为计算基础,用实际指标体系中的每一个因素的实际数顺序地替代其相应的基期数,每次替代一个因素,替代后的因素被保留下来,并计算结果。

(4)比较各因素的替代结果,确定各因素对分析指标的影响程度。

(5)检验分析结果。将各因素对分析指标的影响额相加,其代数和应等于分析对象。

2. 差额计算法

差额计算法是连环替代法的一种简化形式,二者间的区别在于差额计算法可直接利用各影响因素的实际数与基期数的差额,在其他因素不变的假定条件下,计算各因素对分析指标的影响程度。

(四)趋势分析法

趋势分析法是根据公司连续数期会计报表资料的各个项目数据进行比较,以求出金额和百分比增减变动的方向和幅度,揭示当期财务状况增减变化,预测公司未来发展趋势的一种分析方法。

趋势分析可以做成统计图表,如曲线图、柱形图、饼状图等,以观察其变化趋势,也可以采用比较财务报表的方法进行。趋势分析法与比较分析的区别在于,只可以选择公司以前各期数据进行比较,通过观察财务数据连续若干时期的变化,认识过去的变化规律,预测未来的发展趋势。

四、财务报表分析前的准备工作

分析财务报表是一项专业性很强的工作。在分析财务报表之前,至少应做好以下三个方面的准备工作:

(一)认真阅读审计报告

为了使财务报表能客观真实地反映一个企业的财务状况和经营成果,应加强对企业的外部监督。注册会计师审计准则要求注册会计师在接受上市公司委托后,对公司财务报告实施必要的审计程序,对财务报表实施总体性复核,并按照《中国注册会计师审计准则第 1501 号——审计报告》的要求,以经过核实的审计证据为依据,形成审计意见,出具审计报告。审计报告就是审计人员对被审财务报告发表审计意见的书面文件。审计意见一般分为无保留意见、保留意见、否定意见和无法表示意见四种,相应地形成四种类型的审计报告,分别称为无保留意见审计报告、保留意见审计报告、否定意见审计报告和无法表示意见审计报告。信息使用者在分析财务报表前首先要阅读审计报告,要看注册会计师的具体审计意见,对所要分析的财务报表的真实性、合法性有一个总体把握。

(二)充分阅读相关信息资料

为了能够对公司的财务状况做出合理的分析和评价,必须充分阅读能够佐证、解释财务报表的其他相关资料,这些信息资料对于分析公司的财务报表是十分有用的。需要指出的是,阅读这些信息资料是一项专业性很强的工作,需要有一定的会计学、经济学和管理学等学科的专业知识。对于这方面比较欠缺的人士,可以委托相关专业人士进行财务分析。

(三)合理选择分析比较的参照标准

分析离不开比较,而比较必须有相应的参照标准。当我们运用一些专门方法对某一企业的财务报表进行分析时,总要计算一些财务指标,并对这些指标进行比较。比较可以是横向的,也可以是纵向的。横向比较需要选择类似的企业作为参照标准,一般选择行业平均水平或某一竞争对手的指标值。纵向比较需要选择本企业可比时期作为参照标准,通常选择上一时期或历史最好时期的指标值。

第二节 财务报表一般性分析

本节主要针对财务报告中的资产负债表、利润表和现金流量表所提供的会计信息,对公司资产、权益的结构,利润的稳定性,现金流量的形成等方面进行一般性分析说明。

视频资源

一、资产、权益的结构分析

资产负债表是一张内涵信息十分丰富的重要会计报表。表中列示的各项数据可以反映公司资产的运营状态及质量、权益资本的结构等财务状况。下面将以 FYBL 股份有限公司 2019 年 12 月 31 日的资产负债表(见表 9-1)为例进行分析说明。

表 9-1　资产负债表

会企 01 表

编制单位:FYBL 股份有限公司　　2019 年 12 月 31 日　　单位:元

资产	期末余额	年初余额	负债和所有者权益（或股东权益）	期末余额	年初余额
流动资产:			流动负债:		
货币资金	288 829 838	302 341 302	短期借款	1 276 407 907	681 781 156
交易性金融资产	0	987 430	交易性金融负债	792 700	0
衍生金融资产	0	0	衍生金融负债	0	0
应收票据	487 360 413	587 746 565	应付票据	520 131 380	219 166 371
应收账款	535 016 971	540 696 458	应付账款	136 138 390	235 871 703
应收款项融资	0	0	预收款项	105 647 907	98 629 500
预付款项	65 726 810	45 844 788	合同负债	0	0
其他应收款	3 306 332 379	2 150 337 698	应付职工薪酬	80 319 430	64 659 535
存货	512 920 408	495 286 543	应交税费	2 427 499	17 006 558
合同资产			其他应付款	2 290 537 349	1 025 639 539
持有待售资产	280 000 000	280 000 000	持有待售负债		
一年内到期的非流动资产	21 522	520 328	一年内到期的非流动负债	365 000 000	406 000 000
其他流动资产	17 427 226	24 826 845	其他流动负债	309 723 880	1 232 722 314
流动资产合计	5 493 635 567	4 428 587 957	流动负债合计	5 087 126 442	3 981 476 676
非流动资产:			非流动负债:		
债权投资	0	0	长期借款	613 000 000	483 000 000
其他债权投资	0	0	应付债券	399 558 199	399 528 764
长期应收款	334 613 133	0	其中:优先股	0	0
长期股权投资	4 637 450 277	3 740 294 907	永续债	0	0
其他权益工具投资	0	0	租赁负债	0	0
其他非流动金融资产	0	0	长期应付款	0	0
投资性房地产	0	0	预计负债	0	0
固定资产	827 753 250	922 730 228	递延收益	11 549 125	13 089 008
在建工程	8 837 194	42 418 537	递延所得税负债	27 228 265	19 083 818
生产性生物资产	0	0	其他非流动负债	0	0
油气资产	0	0	非流动负债合计	1 051 335 589	914 701 590
使用权资产	0	0	负债合计	6 138 462 031	4 896 178 266
无形资产	65 704 625	69 577 385	股东权益:		

续表

资产	期末余额	年初余额	负债和所有者权益（或股东权益）	期末余额	年初余额
开发支出	0	0	股本	2 002 986 332	2 002 986 332
商誉	48 490 007	48 490 007	其他权益工具	0	0
长期待摊费用	8 768 246	9 286 872	其中:优先股	0	0
递延所得税资产	12 170 405	9 043 295	永续债	0	0
其他非流动资产	0	0	资本公积	184 346 882	184 346 882
非流动资产合计	5 943 787 137	4 841 841 231	减:库存股	0	0
			其他综合收益	0	0
			专项储备	0	0
			盈余公积	1 102 137 808	909 517 516
			未分配利润	2 009 489 651	1 277 400 192
			股东权益合计	5 298 960 673	4 374 250 922
资产总计	11 437 422 704	9 270 429 188	负债和股东权益总计	11 437 422 704	9 270 429 188

FYBL 股份有限公司为一般制造企业。根据公司资产负债表中显示的两年数据可以看到（见表 9–2）:①2018 年流动资产与非流动资产占总资产的结构比例分别为 48% 和 52% 左右,公司资产运用符合生产经营要求,资产结构比较合理;②2019 年流动资产结构比例为 48% 左右,流动负债结构比例为 44. 48%,流动比率较低,这说明公司的流动资金在满足公司日常生产经营需要后可能难以偿还到期的流动负债,企业的短期偿债能力较弱;③2019 年负债占股东权益结构比例为 115. 84%,与 2018 年的 111. 93% 相比有所提高,且两年都超过 100%,说明企业借款经营的程度较高,长期偿债能力较弱,不属于稳健性财务结构;④2019 年股东权益结构比例为 46. 33% 与 2018 年 47. 18% 相比略微下降,但仍处于较高的比重,说明公司自主资金比较充裕,负债成本相对较低,财务风险较小。资产负债表中的各类资产项目构成是比较复杂的,可以进一步做详细分析。

表 9–2 FYBL 股份有限公司资产负债表的结构

项目	2018 年比重（%）	2019 年比重（%）	项目	2018 年比重（%）	2019 年比重（%）
流动资产	47. 77	48. 03	流动负债	42. 95	44. 48
非流动资产	52. 23	51. 97	非流动负债	9. 87	9. 19
			股东权益	47. 18	46. 33
资产	100. 00	100. 00	负债及股东权益	100. 00	100. 00

（一）资产项目结构分析

从资产负债表中可以看到 FYBL 股份有限公司总资产规模已由 2018 年的 92. 70 亿元增加到 2019 年的 114. 37 亿元,资产增幅为 23. 38%。其流动资产、固定资产、无形资产等均已发生变化,可以从各项资产结构变化做进一步分析,看其资产结构变化是否合理,如表 9–3 所示。

表 9-3　各类资产结构及差异

项目	2018 年比重(%)	2019 年比重(%)	差异(%)
流动资产	47.77	48.03	0.26
长期股权投资	40.35	40.55	0.20
固定资产	9.95	7.24	-2.71
在建工程	0.46	0.08	-0.38
无形资产	0.75	0.57	-0.18

表 9-3 表明,在该公司的全部资产中,两年中各类资产构成比例均有小幅变动。其中流动资产和长期股权投资的比重有所上升,总计上升 0.46%,固定资产和无形资产的比重有所下降,总计下降 2.89%。其中,流动资产结构变化主要是由于本期其他应收款的增加,固定资产比重与 2018 年相比下降了 2.71%。从资产负债表的项目可以看出,2019 年公司固定资产减少 9 497.7 万元,在建工程减少 3 358.1 万元,这其中包括公司变卖大量的厂房及设备,说明公司的固定资产投资能力有所下降,这不利于增加公司的获利能力。根据企业性质看固定资产结构比例也是比较低的。随着公司规模和多元化经营业务的发展,固定资产更新改造任务可能还将进一步扩大,但要注意固定资产结构变化。如果在其他因素都不变的情况下,固定资产结构比例过大将不利于企业充分调动资金,会造成资金循环缓慢,现金流转受阻,从而增加财务风险。2019 年公司无形资产与 2018 年相比减少了 387.3 万元,无形资产结构比例有所下降,说明公司减少了研发投资,降低了技术创新的投入。

流动资产是公司日常经营的重要资产。2019 年流动资产已由 2018 年的 44.29 亿元增加到 54.94 亿元,增幅为 24.05%。流动资产占总资产的结构比例也由 2018 年的 47.77% 提高到 48.03%,增加了 0.26%。有必要进一步分析流动资产构成要素的变化,如表 9-4 所示。

表 9-4　流动资产结构及差异

项目	2018 年比重(%)	2019 年比重(%)	差异(%)
货币资金	3.26	2.53	-0.73
交易性金融资产	0.01	0	-0.01
应收票据	6.34	4.26	-2.08
应收账款	5.83	4.68	-1.15
预付款项	0.49	0.57	0.08
其他应收款	23.20	28.91	5.71
存货	5.34	4.48	-0.86
流动资产占总资产	47.77	48.03	0.26

表 9-4 表明,2019 年 FYBL 股份有限公司流动资产中的预付款项所占比重有所上升,货币资金、交易性金融资产、应收票据、应收账款、存货则均有所下降,尤其是应收票据、应收账款下降幅度较大。这说明公司加大了收款力度,降低了应收款项坏账的风险。其他应收款有较大幅度的增长,公司应加强其他应收款的管理并及时进行账务处理,减少坏账损失。货币资金比重下降且

比重较低,同时交易性金融资产减少,存货账面价值增加,说明公司将有价证券售出变现,用于补充资金购买存货等。

(二) 权益项目结构分析

与资产项目类似,资产负债表权益项目也是极为重要的。它不仅说明公司资产的来源,也反映公司的资本结构及财务风险,如表 9-5 所示。

表 9-5 权益主要变化项目的结构及差异

项目	2018 年比重(%)	2019 年比重(%)	差异(%)
短期借款	7.35	11.16	3.81
应付票据	2.36	4.55	2.19
应付账款	2.54	1.19	-1.35
预收款项	1.06	0.92	-0.14
应交税费	0.18	0.02	-0.16
一年内到期的非流动负债	4.38	3.19	-1.19
长期借款	5.21	5.36	0.15
负债合计	52.82	53.67	0.85
股本	21.61	17.51	-4.10
资本公积	1.99	1.61	-0.38
盈余公积	9.81	9.64	-0.17
未分配利润	13.78	17.57	3.79
股东权益合计	47.19	46.33	-0.86
负债及股东权益总计	100	100	—

由 2018 年、2019 年 FYBL 股份有限公司资产负债表中权益项目的结构变化,可以分析得出以下信息:

(1) 2019 年与 2018 年相比,流动负债增长了 11 亿元,其所占权益结构比例由 2018 年的 42.95%增长到44.48%。其中,应付账款、预收款项、应交税费所占权益结构比例有所下降,而短期借款、应付票据等项目均有所增加,加大了公司的短期偿债压力。

(2) 2019 年公司长期借款与 2018 年相比增长了 1.3 亿元,权益结构比例上升了 0.15%,加大了公司的借款压力。从总体上看,因为长期借款结构比例较小,公司长期偿债风险不大。

(3) 2019 年股东权益占权益结构比例为 46.33%,与 2018 年相比下调 0.86%,这主要是因公司增加借款而调整了权益结构,使其更趋于合理。2019 年公司股东权益总额为 52.99 亿元,与 2018 年相比增加 9.25 亿元,这主要是 2019 年的净收益带来的变化。其中盈余公积增加了 1.93 亿元,但由于 2019 年总权益增加使其比重下降了 0.17%;未分配利润增加了 7.32 亿元,比 2018 年提高了 3.79%。而这些应归功于公司本年度经营产生了较好的效益,使公司自有资本有了较大幅度的增长。

视频资源

二、利润的稳定性分析

利润是企业本期的经营成果,其总量在资产负债表中已经披露。作为决策的依据,这个已经完成的经营成果能提供哪些预测信息呢?信息使用者可以通过关注利润的形成,通过对利润表的结构分析,预测其在未来能否持续、稳定增长。

从 FYBL 股份有限公司 2019 年的利润表(表 9-6)可以看出,公司的利润水平在增长。但是这种增长能否稳定、持续?需要进一步分析。

表 9-6　利　润　表

会企 02 表

编制单位:FYBL 股份有限公司　　2019 年　　单位:元

项目	本期金额	上期金额
一、营业收入	4 356 833 675	3 900 191 607
减:营业成本	3 718 593 740	3 318 627 222
税金及附加	16 758 612	14 015 927
销售费用	129 059 507	123 222 484
管理费用	296 159 906	271 694 180
研发费用	0	0
财务费用	177 810 487	177 831 341
其中:利息费用		
利息收入		
加:其他收益	0	0
投资收益(损失以“-”号填列)	1 891 332 225	1 406 523 815
其中:对联营企业和合营企业的投资收益	26 533 210	22 777 564
以摊余成本计量的金融资产终止确认收益(损失以“-”号填列)		
公允价值变动收益(损失以“-”号填列)	-1 780 130	646 730
信用减值损失(损失以“-”号填列)	0	0
资产减值损失(损失以“-”号填列)	-9 239 739	-13 006 758
资产处置收益(损失以“-”号填列)	0	0
二、营业利润(亏损以“-”号填列)	1 898 763 779	1 388 964 240
加:营业外收入	18 372 751	26 611 105
减:营业外支出	1 711 426	30 879 780
三、利润总额(亏损总额以“-”号填列)	1 915 425 104	1 384 695 565
减:所得税费用	-10 777 813	33 535 179
四、净利润(净亏损以“-”号填列)	1 926 202 917	1 351 160 386
五、每股收益:	(略)	(略)

续表

项目	本期金额	上期金额
（一）基本每股收益		
（二）稀释每股收益		

（一）营业利润项目分析

一般而言，公司的经营活动应该是其利润总额的主要来源，营业利润在利润总额中所占比重大，说明该公司的利润形成具有稳定性，并可能持久；反之，则公司的利润就不具有稳定性，也不可能持久。FYBL股份有限公司2019年营业利润比2018年增长了36.70%（见表9-7）。从利润构成项目变动分析。应主要归功于：①开拓市场增加了营业收入，2019年的营业收入较2018年增长了11.71%；②2019年投资取得成效，其投资收益较2018年增长了34.47%。另外，从表9-6中可知开拓市场增加了销售费用；从资产负债表中可知FYBL股份有限公司2019年短期借款以及长期借款都增加了，而财务费用却相对减少，这可能是由于使用外币借款，汇率的变动使得汇兑损益增加所致；管理费用虽然也有所上升，但与经营业务量扩大相比，其开支的增长幅度还是得到了有效的控制；资产质量上升，资产减值损失下降；由于出售了交易性金融资产，公允价值变动收益有大幅度减少。在对期间费用进行分析时，还要注意费用增减变化是否受到经营业务和会计政策的影响，同时还要警惕公司是否存在为避税而片面提高费用的现象。在两年的利润数据变动中，可以看出营业利润是构成利润总额的主体部分，这预示了企业利润具有稳定性、持续性。

表9-7 利润主要构成项目增减变动

项目	增减变动（%）	增减变动（元）
营业收入	11.71	456 642 068
减：营业成本	12.05	399 966 518
税金及附加	19.57	2 742 685
销售费用	4.74	5 837 023
管理费用	9.00	24 465 726
财务费用	-0.01	-20 854
加：公允价值变动收益	-375.25	-2 426 860
投资收益	34.47	484 808 410
资产减值损失	28.96	3 767 019
营业利润	36.70	509 799 539
加：营业外收入	-30.96	-8 238 354
减：营业外支出	-94.46	-29 168 354
利润总额	38.33	530 729 539
减：所得税费用	-132.14	-44 312 992
净利润	42.56	575 042 531

（二）利润总额项目分析

利润总额是公司当期盈利的总规模，它不仅反映公司的营业利润、投资收益，而且反映公司非营业业务引起的利得和损失。表 9-7 中的数据表明，该公司 2019 年与 2018 年相比，利润总额增长 38.33%，这其中营业利润增长 36.70%，说明公司利润增长有其良好的稳定性。利润总额的增长幅度高于营业利润是因为该公司在 2019 年产生了非营业利润，虽然 2019 年非营业业务的利得和损失都减少，但非营业业务损失的减少幅度大大高于非营业业务收入减少的幅度，因此 2019 年非营业利润总额增加。值得注意的是，非营业业务毕竟不是公司持续收益的主要来源，在利润分析时应更加关注营业利润的大小及构成，以保证公司利润的稳定性、持续性。

（三）净利润项目分析

净利润是公司最终获得的经营成果。FYBL 股份有限公司 2019 年的净利润为 19.26 亿元，比 2018 年增长了 5.75 亿元，增长率为 42.56%。公司的净利润增长幅度大于利润总额的增长幅度，是由于应纳税所得额的调整，使 2019 年的所得税费用大幅度减少。

三、现金流量的形成分析

在现实生活中现金是影响公司财务状况的主要因素，甚至是决定其未来发展的关键。然而，由于“权责发生制”与“收付实现制”的差异，公司的利润与现金是两个不同的概念。有些公司可能是有利润而无现金，而有些公司则可能是有现金而无利润。那些有利润而无现金的公司往往会因现金短缺、无力付息还本而破产，而那些有现金无利润或利润很低的公司，由于有现金付息还本，往往不会破产。

公司现金流量的形成与企业的经营、投资和筹资活动相关。现金流量表中的现金流量也是由经营活动现金流量、投资活动现金流量和筹资活动现金流量三部分构成。由于篇幅所限，这里根据形成现金流量可能具有的八种结构进行一般性分析，如表 9-8 所示。

表 9-8　不同的现金流量结构

三种活动 \ 类型	1	2	3	4	5	6	7	8
经营活动	+	+	+	+	−	−	−	−
投资活动	+	+	−	−	+	+	−	−
筹资活动	+	−	+	−	+	−	+	−

第一种情况，各种活动现金流量均为正值，最终为现金净流量增加，说明企业经营状况、投资状况和融资状况均处于良好的状态。但是此时应寻求新的投资机会，否则会造成资金的浪费。

第二种情况，经营活动和投资活动的现金流量均为正值，这表明公司两项经营业务运转良好，均产生了新现金流量的净增加值。筹资活动的现金流量为负值，说明公司可能是进入了偿还期，但是财务状况仍比较安全。

第三种情况，经营活动和筹资活动的现金流量均为正值，投资活动的现金流量为负值。表明公司可能处于扩大再生产时期，正通过各种筹资进行再投资。但应该注意分析各项投资的回报率。

第四种情况，经营活动的现金流量为正值，筹资活动和投资活动的现金流量均为负值。这种情况表明,虽然公司的经营状况良好,但可能一方面需要继续投资,另一方面需要偿还债务。此时公司应该密切关注经营状况的变化,防止因经营失策而导致财务状况的急剧恶化。

第五种情况,经营活动的现金流量为负值,筹资活动和投资活动的现金流量均为正值。在这种情况下,如果公司处于成长期,可能是由于人力、物力、财力的利用率相对较低,或者是由于投入大量资金用于开拓市场,而使这一时期的经营活动现金流量出现了净减少额;如果单纯依靠筹资活动来维持经营活动需要的资金,尽管可能受惠于投资,但是公司的财务状况已不容乐观了。

第六种情况,经营活动和筹资活动的现金流量均为负值,而投资活动的现金流量为正值。这种情况表明,公司经营活动已不稳定,而且面临着偿债的压力。公司可能因市场饱和、销售量下降,而大幅度地收回投资。此时公司可能处于衰退时期。

第七种情况,经营活动和投资活动的现金流量均为负值,而筹资活动的现金流量为正值。这种情况表明,公司完全依靠筹资来维持经营活动和进行投资活动,资金成本增加,可能面临着较大的财务风险。

第八种情况,经营活动、投资活动和筹资活动的现金流量均为负值。此种情况表明,公司的财务状况已发出了危险的信号。

值得说明的是,无论出现哪种结果都不能轻易地下论断,还需要与公司所处的发展时期和发展战略相联系,才能得出相应的结论。

对现金流量的构成分析,仍以 FYBL 公司为例予以说明。

表 9-9 现金流量表

会企 03 表

编制单位:FYBL 股份有限公司 2019 年 单位:元

项目	2019 年	2018 年
一、经营活动产生的现金流量:		
销售商品、提供劳务收到的现金	14 075 118 462.00	12 351 390 007.00
收到的税费返还	193 404 407.00	107 599 207.00
收到其他与经营活动有关的现金	78 789 941.00	71 490 020.00
经营活动现金流入小计	14 347 312 810.00	12 530 479 234.00
购买商品、接受劳务支付的现金	8 222 829 903.00	7 125 052 583.00
支付给职工以及为职工支付的现金	1 690 056 107.00	1 432 271 383.00
支付的各项税费	1 178 630 566.00	1 053 689 365.00
支付其他与经营活动有关的现金	101 794 486.00	81 088 555.00
经营活动现金流出小计	11 193 311 062.00	9 692 101 886.00
经营活动产生的现金流量净额	3 154 001 748.00	2 838 377 348.00
二、投资活动产生的现金流量:		
取得投资收益收到的现金	—	—
处置固定资产、无形资产和其他长期资产收回的现金净额	71 853 407.00	237 768 088.00
处置子公司及其他营业单位收到的现金净额	—	—

续表

项目	2019 年	2018 年
收到其他与投资活动有关的现金	92 546 000.00	210 757 796.00
投资活动现金流入小计	164 399 407.00	448 525 884.00
购建固定资产、无形资产和其他长期资产支付的现金	2 799 744 194.00	1 886 735 359.00
投资活动现金流出小计	2 799 744 194.00	1 886 735 359.00
投资活动产生的现金流量净额	-2 635 344 787.00	-1 438 209 475.00
三、筹资活动产生的现金流量：		
吸收投资收到的现金	3 675 000.00	—
其中：子公司吸收少数股东投资收到的现金	3 675 000.00	—
取得借款收到的现金	6 709 234 523.00	4 542 619 031.00
收到其他与筹资活动有关的现金	300 000 000.00	1 200 000 000.00
筹资活动现金流入小计	7 012 909 523.00	5 742 619 031.00
偿还债务支付的现金	6 254 909 672.00	5 921 463 731.00
分配股利、利润或偿付利息支付的现金	1 247 214 694.00	1 210 002 857.00
支付其他与筹资活动有关的现金	13 627 266.00	6 684 000.00
筹资活动现金流出小计	7 515 751 632.00	7 138 150 588.00
筹资活动产生的现金流量净额	-502 842 109.00	-1 395 531 557.00
四、汇率变动对现金及现金等价物的影响	-8 411 501.00	—
五、现金及现金等价物净增加额	7 403 351.00	4 636 316.00
加：年初现金及现金等价物余额	491 921 580.00	487 285 264.00
六、年末现金及现金等价物余额	499 324 931.00	491 921 580.00

根据表 9-9，FYBL 公司 2018 年和 2019 年经营活动现金净流量均大于 0，投资活动现金净流量均小于 0，表明企业具有持续的投资机会；筹资活动现金净流量均小于 0，说明企业分配股利、偿还借款所支出的现金流大于企业筹资流入的现金流，这是典型的第四种现金流量结构。值得注意的是，企业尽管投资活动现金净流量和筹资活动现金净流量均为负值，但是企业的现金及现金等价物仍然在持续增加，其原因是企业每年的经营活动现金净流入量大于投资和筹资活动的现金净流出量，体现企业具有良好的创造现金能力。值得指出的是，企业每年支出的股利超过 10 亿元，说明企业具有良好的回报股东意识。

第三节　公司财务能力分析

对财务报表结构上的分析还不能使信息使用者对公司财务状况有深入了解，尚需要结合一些其他的分析方法，比如计算各种财务比率等。而这样，便可以进一步反映公司的偿债能力、营运能力和盈利能力,以实现对公司财务能力的综合评价。

一、偿债能力分析

视频资源

偿债能力是公司偿还到期债务(包括本息)的能力。偿债能力是公司生存发展的基础,是投资者、债权人以及其他利益相关者关注的首要问题。分析公司偿债能力可以从短期偿债能力和长期偿债能力两个方面进行。

(一) 短期偿债能力

短期偿债能力是指公司以流动资产对流动负债及时足额偿还的保障程度,是衡量公司当前财务能力,特别是流动资产变现能力的重要标志。短期偿债能力的强弱,对公司管理者意味着公司承受财务风险能力的大小;对投资者意味着公司投资机会的多少;对债权人意味着本金与利息能否按期收回;对供应商意味着公司履行合同能力的强弱。衡量公司短期偿债能力的指标主要有流动比率、速动比率和现金比率等。

1. 流动比率

流动比率是公司的流动资产与流动负债的比率,它表示每一元流动负债有多少流动资产作为偿还的保证。该指标反映公司可在短期内转变为现金的流动资产偿还到期流动负债的能力,是衡量公司短期偿债能力最常用的量度。其计算公式为:

流动比率=流动资产÷流动负债

【例 9-1】 根据表 9-1 中的数据计算 FYBL 股份有限公司 2018 年、2019 年的流动比率为:

2018 年流动比率:4 428 587 957÷3 981 476 676=1.11

2019 年流动比率:5 493 635 567÷5 087 126 442=1.08

计算结果表明,FYBL 股份有限公司 2019 年每 1 元流动负债有 1.08 元的流动资产作为偿还的保证。2019 年的流动比率与 2018 年相比有微小下降,其主要是因为增加了短期借款等,所以增加了流动负债且流动负债的增加超过了流动资产的增加,降低了流动比率。此时还可以通过会计报表的附注了解各项流动资产的变现能力,看各项流动资产是否均能顺利转换成现金用于偿债,以提前规避可能出现的财务风险。

一般情况下,流动比率越高,反映公司短期偿付能力越强,债权人的权益越有保障。但这个比率也不能过高,比率过高则表明公司流动资金占用较多,会影响资金使用效率和公司的筹资成本,进而影响公司的获利能力,畸高的流动比率可能意味着不良的经营表现。比如在经济衰退期间,公司销售业绩萎缩,因此无须流动负债融资,此时流动比率可能会上升到很高的水平,而在繁荣时期可能会发生相反的情况。究竟应保持多高水平的比率,主要视公司对待风险与收益的态度予以确定,不同的公司以及同一公司不同时期的评价标准是不同的。按照西方的长期经验,一般认为流动比率为 2 比较适宜,表明公司财务状况稳定可靠,除了日常生产经营的流动资金需要外,还有足够的财力偿付到期的短期债务。

2. 速动比率

速动比率又称为酸性测试比率,是公司的速动资产与流动负债的比率。流动资产剔除了存货等变现能力较弱且不稳定的资产,其剩余资产为速动资产。但有些公司(比如沃尔玛等巨型零售连锁企业)存货可以迅速地转换为现金,这些公司的存货可以包括在速动比率中。速动比率较流动比率能够更加准确、可靠地评价公司资产的流动性及偿还短期债务的能力。其计算公式为:

速动比率=(流动资产-存货)÷流动负债

【例 9-2】 根据表 9-1 中的数据计算 FYBL 股份有限公司 2018 年、2019 年的速动比率：

2018 年速动比率：(4 428 587 957-495 286 543)÷3 981 476 676=0.99

2019 年速动比率：(5 493 635 567-512 920 408)÷5 087 126 442=0.98

计算结果表明,FYBL 股份有限公司 2019 年年末每 1 元流动负债有 0.98 元的速动资产作为偿还的保证,2019 年的速动比率与 2018 年相比相差不多,公司短期偿债能力还是较好的。

西方公司传统经验认为,速动比率为 1 时是安全边际。如果速动比率小于 1,会使公司面临着偿债风险;如果速动比率大于 1,尽管债务偿还的安全性很高,但却会因公司现金及应收账款资金占用过多而增加公司的机会成本。该公司 2019 年速动比率与 2018 年相比有所下降,这预示着公司已经注意调整流动资产的结构。值得注意的是,速动资产中的应收账款、预付款项等资产的流动性及变现能力有时也可能较差,这将影响速动比率所反映的偿债能力的可靠性。所以,当公司的存货流转顺畅、变现能力强,即使速动比率较低,只要流动比率较高,公司仍然有望偿还到期的债务及本息。

3. 现金比率

现金比率是公司现金类资产与流动负债的比率。现金类资产包括公司拥有的货币资金和随时可以变现的现金等价物,是速动资产扣除应收款项后的余额。现金比率是在速动比率的基础上的进一步分析,可以反映公司直接偿付流动负债的能力。其计算公式为：

现金比率=现金类资产÷流动负债

【例 9-3】 根据表 9-1 中的数据计算 FYBL 股份有限公司 2018 年、2019 年的现金比率：

2018 年现金比率：(302 341 302+987 430)÷3 981 476 676=0.08

2019 年现金比率：288 829 838÷5 087 126 442=0.06

计算结果表明,FYBL 股份有限公司 2018 年、2019 年的现金比率是比较低的,都低于 10%。说明该公司现金类资产得到了有效运用,资金使用效率较高。由于现金类资产的获利能力不强,通常在持续经营情况下,公司不必保留过多的现金类资产。如果现金比率过高,就意味着公司流动资产未能得到合理运用,而且过多的现金类资产也会导致公司机会成本的增加。

(二) 长期偿债能力

长期偿债能力是公司偿还长期债务的保障程度。长期债务是指偿还期在 1 年或者超过 1 年的一个营业周期以上的负债,包括长期借款、应付债券、长期应付款等。这些债务一般金额大、利息高,偿还债务会给公司带来一定的财务压力。公司长期偿债能力首先取决于公司资本结构。资本结构是指公司各种长期筹资来源的构成和比例关系。长期筹资来源主要是权益资本和长期债务,而权益资本就是承担长期债务的基础。其次,长期偿债能力与公司的获利能力密切相关,一般来说公司的获利能力越强,长期偿债能力越强;反之,则越弱。

1. 资产负债率

资产负债率是公司全部负债总额与全部资产总额的比率,它表明在公司总资产中,债权人提供资金的比重及公司资产对债权人权益的保证程度。其计算公式为：

资产负债率=(负债总额÷资产总额)×100%

【例 9-4】 根据表 9-1 中的数据计算 FYBL 股份有限公司 2018 年、2019 年的资产负债率：

2018 年资产负债率：(4 896 178 266÷9 270 429 188)×100% =52.82%

2019 年资产负债率:(6 138 462 031÷11 437 422 704)×100% =53.67%

计算结果表明,FYBL 股份有限公司 2019 年的资产负债率比 2018 年有所提高,公司有近 50% 的权益资本为偿还长期债务提供保证,其长期偿债能力较强。这样的资产负债率有助于增强债权人对公司出借资金的信心。

资产负债率是衡量公司负债水平及风险程度的重要标志。其比率较小表明公司的偿债能力较强;比率较大表明公司所有者是在利用较少的自有资金投资而形成较多的生产经营资产。在扩大生产经营规模时,如果经营状况良好,可以利用财务杠杆作用得到较多的投资利润。但是,资产负债率过大,则表明公司的债务负担过重,公司资金实力不强,不仅对债权人不利,公司也有可能濒临倒闭。一般认为,资产负债率的适宜水平在 40% ~60%。对于经营风险比较高的公司,为减少财务风险应选择较低的资产负债率;对于经营风险比较低的公司,为增加股东收益可以选择比较高的资产负债率。

2. 产权比率

产权比率也称为资本负债率,是负债总额与所有者权益总额之间的比率,是公司财务结构稳健与否的重要标志。与资产负债率相比,产权比率侧重于揭示财务结构的稳健程度以及自有资金对债务风险的承受能力。其计算公式为:

产权比率=(负债总额÷所有者权益总额)×100%

【例 9-5】 根据表 9-1 中的数据计算 FYBL 股份有限公司 2018 年、2019 年的产权比率:

2018 年产权比率:(4 896 178 266÷4 374 250 922)×100% =111.93%

2019 年产权比率:(6 138 462 031÷5 298 960 673)×100% =115.84%

计算结果表明,FYBL 股份有限公司 2019 年产权比率较 2018 年上升近 4 个百分点,且都超过 100%。该公司的长期偿债能力略微下滑,债权人权益的保障程度较低及自有资金对债务风险的承受能力有所下降。

产权比率反映公司所有者权益对债权人权益的保障程度。该比率越高,表明公司的长期偿债能力越弱,债权人权益的保证程度越低。该公司 2019 年产权比率较年初上升了近 4 个百分点,说明债权人投入的资金受到所有者权益的保障程度有一定程度的降低,增加了债权人的投资风险。从另一个角度看,产权比率高,虽然充分发挥了负债的财务杠杆效应,但公司承担的风险较大。所以,公司在评价产权比率适度与否时,应从提高获利能力与增强偿债能力两个方面综合分析,即保障债务偿还安全的前提下尽可能提高产权比率。

3. 权益乘数

权益乘数是资产与所有者权益之比,表示公司资产为所有者权益的多少倍。权益乘数越大,表明所有者投入的资本在资产总额中所占比重越小,企业负债的程度越高;反之,该比率越小,表明所有者投入的资本在资产总额中所占比重越大,企业负债的程度越低,债权人权益受保护的程度越高。将其称为权益乘数,是因为该指标是资产权益率的倒数。所有者权益除以资产为资产权益率,资产除以所有者权益就称为权益乘数。其计算公式为:

权益乘数=平均资产总额÷平均所有者权益总额

【例 9-6】 根据表 9-1 中的数据计算 FYBL 股份有限公司 2019 年的权益乘数:

2019 年权益乘数=[(11 437 422 704+9 270 429 188)/2]

÷[(5 298 960 673+4 374 250 922)/2]=2.141

计算结果表明，FYBL 股份有限公司 2019 年权益乘数为 2.141，结合 2018 年与 2019 年资产负债率变化，说明该公司 2019 年权益乘数有所提高。公司的负债程度在提高，所有者投入资本在资产总额中的比重在减少，但仍在合理的范围之中。

视频资源

二、营运能力分析

营运能力即资产运用效率，是指公司运用现有资源的有效性和充分性。有效性是指资产使用的效果，是一种产出的概念；充分性是指资产使用的程度，是一种投入的概念。营运能力体现公司管理者经营管理资产、合理运用资金的能力。对营运能力进行分析，就是对公司经营状况、管理效率和发展潜力进行分析。不同的信息使用者衡量与分析公司资产营运能力的目的各不相同。营运能力分析，将有助于股东判断公司财务安全性及资产的收益能力，以进行相应的投资决策；将有助于债权人判明其债权的物质保障程度或其安全性，从而进行相应的信用决策；将有助于管理者发现闲置资产和利用不充分的资产，从而处理闲置资产以节约资金，或提高资产利用效率以改善经营业绩。

公司的营运能力可以通过各种资产的周转率来反映。周转率高，说明资产使用效率高；周转率低，说明资产使用效率差。周转率可以通过各类资产及总资产分别计算，以从不同角度反映资产的使用效率，综合说明公司的营运能力。

（一）总资产周转率

总资产周转率是指公司一定时期的营业收入与平均资产总额的比率，它反映公司全部资产在一定时期内创造多少周转额的情况。其计算公式为：

总资产周转率＝营业收入÷平均资产总额

式中：平均资产总额＝（年初资产总额＋年末资产总额）÷2。

总资产周转率又称全部资产周转率或周转次数。总资产周转率的高低，取决于营业收入和资产总额两个因素。增加收入或减少资产，都可以提高总资产周转率。这一比率越高，说明公司利用全部资产从事经营、投资等活动的效益越好；反之，比率越低，则意味着公司全部资产的使用效率越低，由此还会降低公司的偿债能力和获利能力。

【例 9-7】　根据表 9-1 及表 9-6 中的数据计算 FYBL 股份有限公司 2019 年总资产周转率：

总资产周转率＝4 356 833 675÷[（11 437 422 704＋9 270 429 188）÷2]＝0.421

计算结果表明，FYBL 股份有限公司 2019 年每 1 元总资产可产生 0.421 元的营业收入。相关使用者应该结合同行业平均水平及本公司历史水平，评价本公司总资产的运用效率。

（二）流动资产周转率

流动资产周转率是公司一定时期的营业收入与流动资产平均余额的比率，反映公司流动资产运用效率。流动资产周转率可以通过流动资产周转次数和周转天数两项指标反映。

流动资产周转次数＝营业收入÷平均流动资产

式中：平均流动资产＝（年初流动资产＋年末流动资产）÷2。

流动资产周转天数＝计算期天数÷流动资产周转次数

流动资产周转率表明公司流动资产从货币开始，经过供产销各阶段后又重新转化为货币资金的速度。流动资产周转天数表明流动资产周转一次所需要的时间。流动资产周转率高，即周转次数多、周转天数少，说明公司流动资产的运用效率好。流动资产周转率高也使公司的偿债能力和盈利能力均得以增强。

【例9-8】 根据表9-1及表9-6中的数据计算FYBL股份有限公司2019年的流动资产周转率：

流动资产周转次数=4 356 833 675÷[(4 428 587 957+5 493 635 567)÷2]=0.88(次)

流动资产周转天数=360÷0.88=409(天)

计算结果表明，FYBL股份有限公司2019年的流动资产周转0.88次，在生产经营各阶段周转一次大约占用409天。还应结合本公司历史水平、同行业平均水平，对流动资产周转情况做比较分析，结合应收账款、存货等重要流动资产做进一步分析，方能得出准确结论。

(三) 应收账款周转率

应收账款周转率是指公司一定时期的赊销收入净额与应收账款平均余额的比率。该指标用来反映公司赊销业务变现速度。其计算公式为：

应收账款周转次数=赊销收入净额÷平均应收账款

式中：平均应收账款=(年初应收账款+年末应收账款)÷2。

应收账款周转天数=360÷应收账款周转次数

一定期间内，公司的应收账款周转次数越多，表明公司应收账款回收速度越快，其应收账款的管理效率越高，资产流动性越强，短期偿债能力越强。同时，较高的应收账款周转率可以有效地减少坏账损失和收款费用，从而增加公司流动资产的收益能力。应收账款周转率降低可能是由于企业的销售客户遇到了财务困难，推迟了货款支付，也可能是企业为了提升销售额，放宽了信用销售条件，使得销售人员得以向信用资质较差的客户销售货物。这两种情况都可能影响应收账款的可回收性，并可能在未来产生大额的坏账损失。

【例9-9】 FYBL股份有限公司2019年赊销净额为12 655 966 865元，根据表9-1及表9-6中的数据计算FYBL股份有限公司2019年的应收账款周转率：

应收账款周转次数=12 655 966 865÷[(540 696 458+535 016 971)÷2]=23.53(次)

应收账款周转天数=360÷23.53=15(天)

计算结果表明，FYBL股份有限公司2019年的应收账款周转23.53次，应收账款占用时间平均为15天。可以结合公司以前年度应收账款周转率指标做比较分析，进一步说明该公司2019年度应收款项的管理情况。

(四) 存货周转率

存货周转率是主营业务成本与平均存货的比率，它是衡量和评价公司购入存货、投入生产、销售收回等环节管理状况的综合性指标。其计算公式为：

存货周转次数=营业成本÷平均存货

式中：平均存货=(年初存货+年末存货)÷2。

存货周转天数=360÷存货周转次数

一般来讲，存货周转速度越快，存货的占用水平越低，流动性越强，存货转换为现金的速度越快。提高存货周转率就是提高公司的变现能力。

【例9-10】 根据表9-1及表9-6中的数据计算FYBL股份有限公司2019年的存货周转率：

2019 年存货周转次数=3 718 593 740÷[(495 286 543+512 920 408)÷2]=7.38(次)

存货周转天数=360÷7.38=49(天)

计算结果表明,FYBL 股份有限公司 2019 年的存货周转 7 余次,近 50 天周转一次。仅从当年的存货周转率指标不能得出准确的结论,还应结合本公司前期水平及同业平均水平进一步比较分析。

在计算分析存货周转率指标时还应注意:①应尽可能结合存货的批量因素、季节性变化因素等情况对指标加以理解;②对存货的结构以及影响存货周转率的重要指标进行分析,通过计算原材料周转率、在产品周转率或某种存货的周转率,从不同角度、环节上找出存货管理中存在的问题;③存货周转过快,有可能会因为存货储备不足而影响生产或销售业务的进一步发展,特别是那些供应较紧张的存货。

视频资源

三、盈利能力分析

盈利能力是指公司获取利润的能力,是公司内外利益相关者关注的核心问题。公司投资人将在公司盈利能力增强带动股价上升时,获取更多的收益;公司的债权人可以从盈利中收取本金和利息;公司的管理者借助盈利能力分析可以发现经营管理中的不足,及时采取措施,提高管理效率和经营业绩。

(一) 营业利润率

营业利润率是公司的净利润与营业收入净额的比率,反映营业收入的收益水平。其计算公式为:

营业利润率=(净利润÷营业收入)×100%

营业利润率是反映公司获利的一项重要指标。这项指标越高说明公司从营业收入中获取利润的能力越强。影响该指标的因素很多,如商品的质量、成本、价格、销售量、期间费用、税金等,分析时应结合这些指标的具体情况综合加以评价。

【例 9-11】 根据表 9-6 中的数据计算 FYBL 股份有限公司 2018 年、2019 年的营业利润率:

2018 年营业利润率=(1 351 160 386÷3 900 191 607)×100%=34.64%

2019 年营业利润率=(1 926 202 917÷4 356 833 675)×100%=44.21%

计算结果表明,该公司营业利润率 2019 年比 2018 年提高了近 10 个百分点,说明公司从营业收入中获利的能力有显著提高。

(二) 总资产净利率

总资产净利率是公司实现的净利润与平均资产总额的比率。它反映公司全部资产获取利润的能力,同时也说明公司总资产的利用效果。其计算公式为:

总资产净利率=(净利润÷平均资产总额)×100%

式中:平均资产总额=(期初资产总额+期末资产总额)÷2。

总资产净利率指标越高,表明资产的利用效率越高,说明公司在增加收入和节约资金使用等方面取得了良好的效果,否则相反。

【例 9-12】 根据表 9-1 及表 9-6 中的数据计算 FYBL 股份有限公司 2019 年的总资产净利率:

总资产净利率=1 926 202 917÷[(9 270 429 188+11 437 422 704)÷2]×100%=18.60%

总资产净利率是一个综合指标,净利润的多少与公司资产的多少、资产的结构、经营管理水平有密切的关系。为了正确评价公司经济效益的高低,挖掘提高利润水平的潜力,可以将该项指标与本公司前期、计划、本行业平均水平和本行业内先进公司进行对比,分析形成差异的原因。

(三)净资产收益率

净资产收益率亦称所有者权益报酬率,是净利润与所有者权益的比率,以反映公司所有者对其投资部分的获利能力。其计算公式为:

净资产收益率=(净利润÷所有者权益平均余额)×100%

式中:所有者权益平均余额=(期初所有者权益余额+期末所有者权益余额)÷2。

【例 9-13】 根据表 9-1 及表 9-6 中的数据计算 FYBL 股份有限公司 2019 年的净资产收益率:

净资产收益率=1 926 202 917÷[(4 374 250 922+5 298 960 673)÷2]×100%=39.83%

净资产收益率是备受所有者关注的指标,是所有者考核其投入资本的保值增值程度的基本方式。净资产收益率越高,说明公司为所有者权益带来的收益越高。该指标不仅反映公司效益,同时也反映公司的管理水平。在我国,该指标是上市公司必须公开披露的重要信息之一,也是决定上市公司能否配股等再融资的重要依据。

(四)资本收益率

资本收益率是公司实现的净利润与公司股本的比率。它反映所有者投入资本的获利能力。其计算公式为:

资本收益率=(净利润÷股本)×100%

【例 9-14】 根据表 9-1 及表 9-6 中的数据计算 FYBL 股份有限公司 2018 年、2019 年的资本收益率:

2018 年资本收益率=(1 351 160 386÷2 002 986 332)×100%=67.46%

2019 年资本收益率=(1 926 202 917÷2 002 986 332)×100%=96.17%

计算结果表明,该公司 2019 年度的资本收益率比 2018 年提高了近 30 个百分点,这是一个好的趋势。资本收益率指标越高,表明公司资本获利能力越强,对股份制公司而言,意味着股票升值。影响这项指标的因素包括净利润和公司负债经营的规模。在不明显增加财务风险的条件下,负债经营规模的大小会直接影响该指标的高低,因此分析时应考虑周全。

(五)每股收益

每股收益是上市公司净收益与发行在外普通股股数的比率。它反映某会计年度内上市公司普通股获得的收益,用于评价普通股持有者获得报酬的程度。每股收益是评价上市公司盈利能力的基本和核心指标,它决定了股东的收益数量,还是确定公司股票价格的主要参考指标。该指标具有引导投资、增加市场评价功能、简化财务指标体系的作用。其计算公式为:

每股收益=(净利润-优先股股利)÷发行在外普通股股数

【例 9-15】 假定 FYBL 股份有限公司 2018 年、2019 年流通在外的普通股股票为 1 001 493 166 股,根据表 9-6 中的数据计算 FYBL 股份有限公司 2018 年、2019 年的每股收益。

2018 年每股收益=1 351 160 386÷1 001 493 166=1.35(元)

2019 年每股收益=1 926 202 917÷1 001 493 166=1.92(元)

计算结果表明,该公司每股收益由 2018 年的 1.35 元提高到 2019 年的 1.92 元,说明公司股本收益能力在提高。股本收益能力的提高说明上市公司权益资本中普通股的获利水平在提高。

股本收益能力的提高可能影响到股票的价格,投资者应予以关注。

上述各种财务比率从不同角度揭示公司的财务能力。在运用财务比率分析时还应注意:

(1) 确定科学的比率标准。比率分析时需要以标准做参照,而比率标准取决于诸多因素,而且不同行业的比率标准值差别也较大。如速动比率,商业企业的合理速动比率明显低于其他行业,但食品、饭店行业的却明显高于其他行业。因此,具体公司应参考本行业标准、本公司的历史数据,并要充分考虑目前的具体情况来合理确定有关比率的标准。

(2) 加强财务比率的"综合"分析能力。每个财务比率只是从某侧面反映公司的财务状况,将其财务比率综合分析,方能对公司总体财务状况做出准确评价。

视频资源

四、综合分析

综合分析就是将公司财务活动看作一个大系统,对系统内相互依存、相互作用的各种因素进行综合分析,从而对公司的经营状况、财务状况以及现金流量的优劣做出准确的评价和判断。常用的综合分析方法有:杜邦分析法、财务综合评分法(沃尔比重评分法)等。

(一) 杜邦分析法

杜邦分析法又称杜邦财务分析体系,简称杜邦体系。该方法是利用几个具有较高综合性的财务比率之间的内在联系,对公司财务状况及经济效益进行综合分析和评价。杜邦财务分析体系以净资产收益率为龙头,以总资产净利率为核心,对主要财务指标间的内在联系进行层层分解、分析,重点揭示公司获利能力及前因后果。因最初是由美国杜邦公司成功应用而得名。杜邦分析体系中主要财务指标及分解如下:

1. 净资产收益率

净资产收益率=总资产净利率×权益乘数

净资产收益率是综合性最强的财务指标,是杜邦分析体系中的核心。净资产收益率取决于总资产净利率的高低和权益乘数的大小。

2. 总资产净利率

总资产净利率=营业利润率×总资产周转率

式中:营业利润率=净利润÷营业收入×100%,总资产周转率=营业收入÷资产平均总额。

总资产净利率反映公司经营活动的效率,其高低取决于公司销售的获利能力和总资产的周转能力。提高总资产净利率不仅要求公司面向市场、加强销售,而且要求公司努力提高资产运营效率,加速资产的周转。

3. 权益乘数

权益乘数=资产总额÷所有者权益
=资产总额÷(资产总额-负债总额)
=1÷(1-资产负债率)

权益乘数反映了公司资本结构的合理性,公司资本结构状况对净资产利润率有着直接的影响。

4. 有关指标的进一步分解

营业利润率、总资产周转率及权益乘数还可以进一步用资产负债表及利润表中的有关项目表示。

以 FYBL 股份有限公司为例绘制 2019 年的杜邦分析体系，如图 9-1 所示。

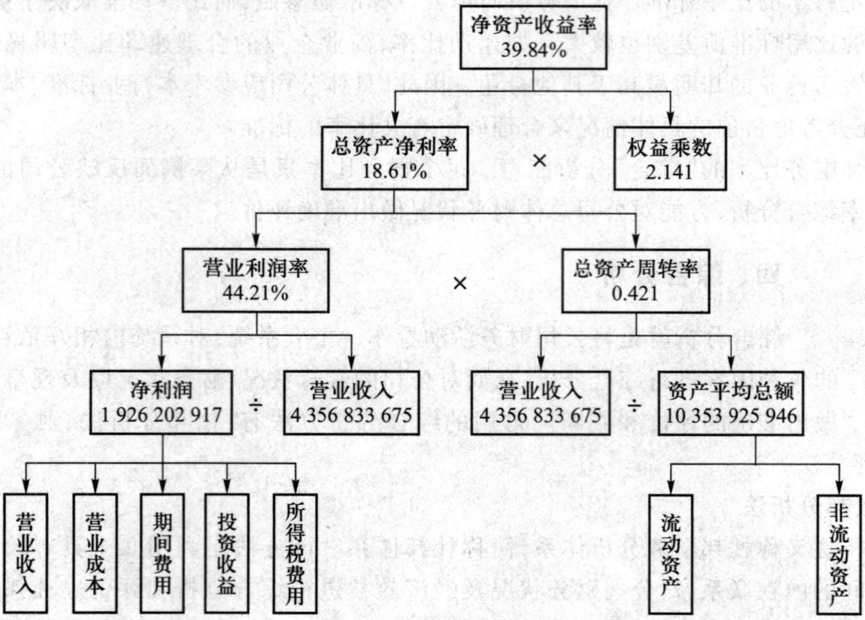

图 9-1 杜邦分析体系

通过指标分解可以看出，FYBL 股份有限公司 2019 年净资产收益率为 39. 84%，是由总资产净利率与权益乘数两个因素共同作用的结果。

（1）总资产净利率是一个重要的综合性较强的财务指标，由杜邦分析体系可知，总资产净利率是营业利润率和总资产周转率的乘积。所以，总资产净利率既反映公司营业业务的获利能力，也反映公司的资产管理水平。该公司 2019 年营业利润率 44. 21%，较 2018 年提高了 9. 57%。营业利润率的提高主要通过两个主要途径：一是开拓市场扩大销售；二是降低成本费用，即“开源节流”。据 FYBL 股份有限公司 2018 年有关数据显示，2019 年总资产周转率为 0. 421，与 2018 年相比也有一定程度的提高，说明该公司资产使用趋于合理，流动资产与非流动资产安排比较恰当，公司运用资产赚取利润的能力在增强。

（2）权益乘数反映了公司筹资情况，即公司资金来源结构如何。它主要是受资产负债率指标的影响。该指标越大，表示公司负债程度越高，财务风险程度越高。这个指标同时反映财务杠杆对利润水平的影响。FYBL 股份有限公司 2019 年权益乘数为 2. 141，较 2018 年的 2. 119 略有提高。权益乘数的提高一方面表明该公司具有一定的融资能力，如果在收益好的年份，它可使股东潜在报酬增加，但股东要承担因负债增加带来的风险；另一方面也说明了公司的偿债能力面临着压力。该公司的经营者则应审时度势，全面考虑，在制定借入资本决策时，必须充分估计预期的利润和增加的风险，在二者之间进行权衡，从而做出正确决策。

从杜邦分析体系图可看到，公司获利能力的驱动器有三个发动机：营业利润率、资产周转率和权益乘数。而营业利润率取决于公司的经营管理；资产周转率取决于投资管理；权益乘数取决于筹资政策。通过对这三个比率的分析，就可以将净资产收益率这一综合指标发生升降变化的原因具体化，比只用一项指标更能说明问题。

从杜邦分析体系图还可以进一步分析成本费用是否合理，可以分析各项费用对利润的影响程度。找出降低成本费用的途径，加强成本费用控制。杜邦分析对利息费用分析更为重视，因为利息费用与权益乘数存在着密切的关系。如果利息费用高，就应该考虑公司的权益乘数或负债比率是否合理，也就是公司资本结构是否合理，若不合理，就会影响所有者的利益。

从杜邦分析体系图还可以分析流动资产和长期资产的结构状况是否合理。一般来说，流动资产直接体现公司的偿债能力和变现能力，而长期资产则体现公司的经营规模、发展潜力，两者之间要有一个合理的比率关系。如果公司流动资产过多，或固定资产过多，都会影响公司资产的周转速度，从而影响资产的利用效果。

通过杜邦分析体系自上而下或自下而上的分析，可以看到净资产收益率与公司的资金来源结构、销售状况、成本费用控制、资产管理密切相关，各种因素相互制约、相互影响，构成一个有机系统。杜邦分析体系提供的上述财务信息，较好地解释了指标变动的原因和趋势，这为进一步采取具体措施指明了方向，而且为决策者优化经营结构和理财结构，提高公司偿债能力和经营效益提供了基本思路，即提高净资产收益率的根本途径在于扩大销售、改善经营结构、优化资源配置、优化资本结构、加速资金周转、节约成本费用开支等。在具体应用杜邦分析法时，可进行纵向比较和横向比较。同时应注意这一方法是对财务比率进行分解的方法。它既可由净资产收益率的分解来说明问题，也可通过分解其他财务指标（如总资产净利率）来说明问题。总之，杜邦分析法和其他财务分析方法一样，关键不在于指标的计算而在于对指标的理解和运用。

（二）沃尔比重评分法

在进行财务分析时，对计算出的财务比率，有时不好判断其偏高还是偏低。与本公司历史水平比较，也只能看出自身的变化，难以评价在市场竞争中的优势地位。为弥补这些缺陷，财务状况综合评价的先驱之一亚历山大·沃尔提出信用能力指数的概念，选择若干个财务比率构成财务评价指标体系，通过计算综合财务指数对公司财务状况的评分，进而实现对公司财务状况的综合评价。具体操作步骤为：

（1）选择典型的财务指标，构成一组指标体系。

目前，我国评价公司财务状况的指标体系主要以财政部等四部委于 1999 年 6 月 1 日发布的《国有资本金效绩评价规则》和 2002 年 2 月 22 日发布的《企业效绩评价操作细则（修订）》为基础，并结合反映公司偿债、营运及盈利能力等的财务指标。在选择时须注意：①避免同时选择指标相关性过高的指标。例如，将应收账款周转率、存货周转率、流动资产周转率、总资产周转率同时选入是不恰当的。②指标体系中的各项指标具有“同方向性”，通常尽量选择正向指标。如果必须选入某项逆向指标，则应通过变换，使其变为正向指标。

（2）根据各项财务指标的重要程度确定其权数。计算综合财务指数时，需要根据各项指标重要程度确定其权数。指标重要，其权数就大；反之，其权数就小。可以参照财政部规定的各项指标权数。指标权数之和应为 100。

（3）确定各项财务指标的标准比率。财务指标标准比率是各项指标在本公司现实条件下的最理想的数值，即最优值。通常可以选择同行业平均水平、本公司历史平均水平以及国际通用标准数。

（4）计算公司在一定时期各项财务指标的实际比率。

（5）计算各项财务指标的个别指数。

（6）以个别指数为基数，以该项指标的重要程度为权数，计算综合财务指数。

$$综合财务指数=\sum(财务指标个别指数\times该项指标的权数)$$

下面利用沃尔比重评分法对 FYBL 股份有限公司 2019 年的财务状况进行综合评价，如表 9-10 所示。

表 9-10 综合财务指数计算表

指标	权数 ①	标准比率 ②	公司实际比率 ③	个别指数 ④=③÷②	综合财务指数 ⑤=④×①
净资产收益率	25	15%	39.84%	2.66	66.5
总资产净利率	13	10%	18.61%	1.86	24.18
总资产周转率	9	1.2	0.42	0.35	3.15
流动资产周转率	9	3	0.88	0.29	2.61
资产负债率	12	45%	53.67%	0.84	10.08
流动比率	8	2	1.08	0.54	4.32
营业增长率	12	10%	11.71%	1.171	14.052
资本积累率	12	5%	21.14%	4.228	50.736
合计	100	—	—	—	175.628

注：由于资产负债率为逆向指标，在计算该指标得分时先将其进行倒数变换，实际值变换为 1.86，标准值变换为 2.22，该项指标个别指数=1.86/2.22=0.84，综合财务指数=0.84×12=10.08。

一般而言，综合财务指数如果为 100 或接近 100，表明公司财务状况基本符合标准要求；如果与 100 有较大差距，表明财务状况已偏离标准要求。FYBL 股份有限公司 2019 年的综合指数显著高于 100 分，表明该公司综合财务状况不符合标准要求。

【进一步学习指南】

财务报表分析是以财务报表及其他资料为依据和起点，采用专门方法，综合评价公司过去的经营业绩，衡量目前的财务状况，预测未来的发展趋势。财务报表分析的内容相当丰富。本章仅从外部会计信息使用者的角度阐述了财务报表分析的主要内容，介绍了财务报表分析的基本方法。随着我国证券市场的发展壮大以及企业经营的规模化和复杂化，社会各界对企业财务报告的信息需求也将逐渐深化，通过对企业财务状况、经营成果变动情况做因素分析、做本量利分析等，都可能会得出更有利于决策的信息。有兴趣的同学可阅读一些关于财务报表分析的专著及资料进一步深入学习。

【本章知识应用】

情景案例

杭州海康威视数字技术股份有限公司（002415）是一家专业从事安防视频监控产品研发、生产和销售的高科技企业。其产品包括硬盘录像机(DVR)、视音频编解码卡等数据存储及处理设备,以及监控摄像机、监控球机、视频服务器(DVS)等视音频信息采集处理设备。公司是国内视频监控行业的龙头企业,销售规模连续数年居于国内全行业第一位,2007年销售收入增长率在全球安防行业50强的视频监控专业企业中排名第一位。

海康威视自2010年上市以来,发展迅猛。持续快速发展的海康威视,已获得了行业内外的普遍认可。公司连续五年(2007—2011年)以中国安防第一位的身份入选A&S"全球安防50强";2011年名列IMS全球视频监控企业第4位,2012年名列IMS全球视频监控企业第1位,DVR企业第1位;连年入选"国家重点软件企业""中国软件收入前百家企业"。

下面列示了海康威视2016—2018年的三个年度资产负债表(见表9-11)、利润表(见表9-12)、现金流量表(见表9-13)。

表9-11 资产负债表

会企01表

编制单位:海康威视　　2016—2018年度　　单位:元

项目	2018年	2017年	2016年
货币资金	19 192 461 228.22	12 304 090 713.99	10 249 118 159.19
交易性金融资产	0.00	0.00	5 284 890.86
应收票据	121 404 793.77	345 651 612.11	221 542 747.41
应收账款	15 204 519 161.71	12 505 683 317.78	10 128 753 520.42
应收款项融资	228 210 299.95	0.00	0.00
预付款项	132 344 929.55	94 545 948.67	8 256 040.04
其他应收款	522 987 955.34	712 142 493.72	417 963 245.46
存货	168 885 723.93	376 776 045.69	566 168 466.17
其他流动资产	93 661 315.14	3 296 055 941.42	3 889 519 711.57
流动资产合计	35 664 475 407.61	29 634 946 073.38	25 486 606 781.12
其他债权投资	0.00	287 456 813.00	283 221 700.00
长期应收款	0.00	0.00	72 153 363.60
长期股权投资	4 361 147 395.90	3 367 076 734.95	1 714 688 703.42
其他非流动金融资产	290 956 813.00	0.00	0.00
固定资产	2 844 176 300.34	1 757 777 870.77	1 720 579 461.05
在建工程	65 156 482.70	914 859 063.00	248 447 641.34
无形资产	197 147 608.73	154 604 755.69	131 566 733.76
递延所得税资产	221 779 547.02	200 147 031.89	177 568 964.27
其他非流动资产	14 601 579.55	16 925 712.83	10 782 858.00
非流动资产合计	7 994 965 727.24	6 698 847 982.13	4 359 009 425.44
资产总计	43 659 441 134.85	36 333 794 055.51	29 845 616 206.56
交易性金融负债	0.00	0.00	58 858 697.43

续表

项目	2018 年	2017 年	2016 年
应付账款	356 787 605.91	286 629 255.35	138 851 152.86
预收款项	204 337 524.21	216 747 866.68	233 831 105.17
应付职工薪酬	1 272 626 004.95	946 587 240.01	811 701 475.85
应交税费	987 057 652.70	1 219 102 007.88	998 754 860.91
其他应付款	2 529 600 057.31	800 458 183.20	807 967 612.11
一年内到期的非流动负债	3 172 727 888.37	33 614 018.51	0.00
其他流动负债	364 984 759.94	744 583 627.22	300 177 750.17
流动负债合计	8 888 121 493.39	4 247 722 198.85	3 350 142 654.50
应付债券	0.00	3 120 920 000.00	2 954 449 528.77
预计负债	52 956 535.09	43 024 784.70	28 799 848.84
递延收益	186 747 708.01	62 903 600.00	0.00
非流动负债合计	239 704 243.10	3 226 848 384.70	2 983 249 377.61
负债合计	9 127 825 736.49	7 474 570 583.55	6 333 392 032.11
股本	9 227 270 473.00	9 228 865 114.00	6 102 706 885.00
资本公积	1 883 262 407.46	1 742 755 331.51	955 687 875.52
减:库存股	364 984 759.94	744 583 627.22	300 177 750.17
其他综合收益	-2 178 538.52	0.00	0.00
盈余公积	4 460 712 358.45	3 483 742 918.53	2 615 437 822.15
未分配利润	19 327 533 457.91	15 148 443 735.14	14 138 569 341.95
所有者权益合计	34 531 615 398.36	28 859 223 471.96	23 512 224 174.45
负债和所有者权益总计	43 659 441 134.85	36 333 794 055.51	29 845 616 206.56

表 9-12 利 润 表

会企 02 表

编制单位:海康威视 2016—2018 年度 单位:元

项目	2018 年	2017 年	2016 年
一、营业收入	9 137 644 216.56	19 167 979 291.38	17 165 449 311.27
减:营业成本	2 610 963 590.76	6 100 951 920.79	5 967 138 876.83
税金及附金	122 576 976.71	258 550 741.27	222 640 567.03
销售费用	1 238 887 252.96	1 987 923 082.04	1 923 037 271.14
管理费用	274 520 392.25	2 907 178 112.56	2 331 920 426.33
研发费用	1 529 377 718.18	0.00	0.00
财务费用	-8 819 870.56	-187 143 169.54	-67 337 491.29

续表

项目	2018 年	2017 年	2016 年
加:其他收益	766 533 199.09	1 435 381 243.67	0.00
投资收益	68 579 010.57	34 502 356.33	57 191 401.59
其中:对联营企业和合营企业的投资收益	1 630 985.74	−2 525 266.42	0.00
公允价值变动收益	0.00	53 573 806.57	−53 573 806.57
资产减值损失	−280 443 036.30	−107 602 826.75	−151 838 196.39
资产处置收益	3 744 349.94	2 755 085.52	0.00
二、营业利润	3 928 551 679.56	9 519 128 269.60	6 639 829 059.86
加:营业外收入	40 362 676.29	50 858 016.62	1 372 223 454.12
减:营业外支出	856 317.26	1 489 124.20	7 973 687.35
三、利润总额	3 968 058 038.59	9 568 497 162.02	8 004 078 826.63
减:所得税费用	548 124 895.23	885 446 198.25	800 310 646.06
四、净利润	3 419 933 143.36	8 683 050 963.77	7 203 768 180.57

表 9-13 现金流量表

会企 03 表

编制单位:海康威视 2016—2018 年度 单位:元

项目	2018 年	2017 年	2016 年
一、经营活动产生的现金流量:			
销售商品、提供劳务收到的现金	22 847 371 972.05	19 722 915 694.68	18 882 254 702.72
收到的税费返还	1 651 607 032.63	1 439 270 404.56	1 284 036 478.69
收到其他与经营活动有关的现金	796 433 730.94	339 663 486.81	322 630 474.75
经营活动现金流入小计	25 295 412 735.62	21 501 849 586.05	20 488 921 656.16
购买商品、接受劳务支付的现金	7 541 359 566.51	7 025 548 254.61	7 375 020 750.77
支付给职工以及为职工支付的现金	3 610 460 282.38	2 598 154 101.03	1 998 015 491.73
支付的各项税费	3 556 689 194.01	2 868 678 724.73	2 349 110 778.76
支付其他与经营活动有关的现金	2 871 618 240.21	1 742 871 959.31	2 003 975 502.85
经营活动现金流出小计	17 580 127 283.11	14 235 253 039.68	13 726 122 524.11

续表

项目	2018 年	2017 年	2016 年
经营活动产生的现金流量净额	7 715 285 452. 51	7 266 596 546. 37	6 762 799 132. 05
二、投资活动产生的现金流量:			
收回投资收到的现金	4 350 005 971. 53	5 279 892 396. 70	3 871 026 616. 63
取得投资收益收到的现金	97 039 236. 04	34 474 342. 25	49 164 784. 96
处置固定资产、无形资产和其他长期资产收回的现金净额	13 852 133. 88	18 569 173. 19	3 129 852. 68
收到其他与投资活动有关的现金	15 536 557 642. 39	8 014 628 629. 24	3 389 327 585. 78
投资活动现金流入小计	19 997 454 983. 84	13 347 564 541. 38	7 312 648 840. 05
购建固定资产、无形资产和其他长期资产支付的现金	604 984 875. 82	612 742 341. 37	255 328 076. 51
投资支付的现金	2 131 183 014. 00	6 280 754 974. 91	6 996 128 459. 52
支付其他与投资活动有关的现金	15 385 247 510. 53	8 280 364 802. 77	3 403 968 158. 86
投资活动现金流出小计	18 121 415 400. 35	15 173 862 119. 05	10 655 424 694. 89
投资活动产生的现金流量净额	1 876 039 583. 49	−1 826 297 577. 67	−3 342 775 854. 84
三、筹资活动产生的现金流量:			
取得借款收到的现金	700 000 000. 00	300 000 000. 00	2 903 120 000. 00
收到其他与筹资活动有关的现金	4 988 766 432. 46	2 415 734 336. 55	1 334 260 247. 19
筹资活动现金流入小计	5 688 766 432. 46	2 715 734 336. 55	4 237 380 247. 19
偿还债务支付的现金	700 000 000. 00	300 000 000. 00	597 065 694. 74
分配股利、利润或偿付利息支付的现金	4 640 094 529. 94	3 734 122 697. 15	2 898 933 448. 56
支付其他与筹资活动有关的现金	3 422 541 181. 42	1 855 669 510. 90	654 145 840. 87
筹资活动现金流出小计	8 762 635 711. 36	5 889 792 208. 05	4 150 144 984. 17
筹资活动产生的现金流量净额	−3 073 869 278. 90	−3 174 057 871. 50	87 235 263. 02
四、汇率变动对现金及现金等价物的影响	177 395 997. 38	−208 127 567. 22	190 636 781. 99

续表

项目	2018 年	2017 年	2016 年
五、现金及现金等价物净增加额	6 694 851 754.48	2 058 113 529.98	3 697 895 322.22
加:年初现金及现金等价物余额	12 304 082 533.11	10 245 969 003.13	6 548 073 680.91
六、年末现金及现金等价物余额	18 998 934 287.59	12 304 082 533.11	10 245 969 003.13

注:2019 年 4 月 30 日,财政部正式发布《关于修订印发 2019 年度一般企业财务报表格式的通知》(财会〔2019〕6 号),针对 2019 年 1 月 1 日起分阶段实施的新租赁准则等情况,对一般财务报表格式进行修订。本案例根据新财务报表格式,对海康威视 2016—2018 年的相关数据作了一定的调整,无相关数据的项目以零呈现或不呈现。

要求:

1. 解读分析海康威视的资产负债表。
2. 解读分析海康威视的利润表。
3. 解读分析海康威视的现金流量表。
4. 如果你是一名财务顾问,请解读分析海康威视 2016—2018 年度披露的财务报表,判断海康威视是否具有长期投资价值。

【思考题】

1. 财务报表分析有何意义?
2. 财务报表分析的基本方法有哪几类?
3. 如何进行财务报表一般性分析,应掌握哪些方法和技巧?
4. 评价公司偿债能力的指标有哪些?如何计算?
5. 评价公司获利能力的指标有哪些?如何计算?
6. 评价公司营运能力的指标有哪些?如何计算?
7. 杜邦分析方法涉及哪些财务比率?这些比率之间的关系如何?
8. 在杜邦分析方法中,净资产收益率与哪些因素有密切的关系?为什么?
9. 试述沃尔比重评分法的基本原理和方法。
10. 诊断财务危机的主要财务指标有哪些?

【即测即评】

请扫描二维码,进行即测即评。

主要参考文献

1. 中华人民共和国财政部．企业会计准则(2019 年版)．上海:立信会计出版社,2019.

2. 中华人民共和国财政部．企业会计准则应用指南(2019 年版)．上海:立信会计出版社,2019.

3. 罗金明,祝锡萍．新编会计学．2 版．杭州:浙江大学出版社,2011.

4. 财政部会计资格评价中心．初级会计实务．北京:经济科学出版社,2018.

5. 财政部会计资格评价中心．中级会计实务．北京:经济科学出版社,2019.

6. 陈引,于沛,胡素华．会计学．北京:科学出版社,2016.

7. 刘永泽,陈文铭．会计学．5 版．大连:东北财经大学出版社,2016.

8. 赵惠芳．会计学．4 版．北京:高等教育出版社,2016.

9. 中国注册会计师协会．会计．北京:中国财政经济出版社,2018.

10. [美]罗伯特·N. 安东尼,大卫·F. 霍金斯,肯尼斯·A. 麦钱特．会计学:教程与案例．王立彦,杜美杰,译．北京:机械工业出版社,2007.

11. 王秀丽,李相志．财务会计概论．2 版．北京:北京大学出版社,2016.

12. 刘永泽,陈立军．中级财务会计．5 版．大连:东北财经大学出版社,2016.

13. 周晓苏．会计学．2 版．北京:清华大学出版社,2013.

14. 单喆敏．上市公司财务报表分析．上海:上海财经大学出版社,2004.

15. 郭泽光．财务报告分析．北京:高等教育出版社,2007.

16. 张新民,钱爱民．财务报表分析．4 版．北京:中国人民大学出版社,2017.

高等学校工商管理类专业会计、财务管理类课程教材

高等学校会计学专业系列教材

会计学基础（第四版）	刘 峰 等
会计学基础（第三版）	唐国平
会计学基础	朱小平 程昔武
会计学原理+学习指导书	杜兴强
基础会计学（第二版）	沃 健 赵敏
基础会计学	孟祥霞 程 洋
基础会计（第二版）	姚荣辉
财务会计（第三版）+习题集	陈信元
中级财务会计学+学习指导书	杜兴强
高级财务会计学	戴德明
成本会计（第二版）	罗 飞
管理会计（第三版）	毛付根
成本管理会计（第二版）	孟 焰 刘俊勇
审计学（第四版）	朱荣恩
审计学	舒利庆
审计与鉴证服务	刘明辉
税法	王红云 陈 红
会计信息系统（第三版）	艾文国 等
会计信息系统	张瑞君
会计信息系统（第四版）	杨宝刚 王新玲
会计理论	陈良华 等
企业会计模拟实验（第二版）	杨淑君 等
Excel 会计与财务管理——理论、方案暨模型（第二版）	桂良军

高等学校财务管理专业系列教材

财务学原理（第二版）	熊 剑 杨荣彦
高级财务管理（第二版）	左和平 李雨青
国际财务管理	谢志华

税务筹划(第六版)	盖 地
税收筹划	经庭如 阮宜胜
财务分析(第二版)	谢志华
财务报表分析(第三版)	张新民 王秀丽
财务报告分析	郭泽光
公司理财(第二版)	赵振全 等
成本管理	陈汉文
投资学(第二版)	金德环
证券投资学(第二版)	丁忠明
证券投资学(第二版)学习指南	丁忠明
证券投资综合实验教程(第二版)	丁忠明
证券投资学(第三版)	任淮秀
企业融资理论与实务	汤炎非 谢达理
资产评估(第三版)	汪海粟

教学支持说明

建设立体化精品教材，向高校师生提供整体教学解决方案和教学资源，是高等教育出版社“服务教育”的重要方式。为支持相应课程教学，我们专门为本书研发了配套教学课件及相关教学资源，并向采用本书作为教材的教师免费提供。

为保证该课件及相关教学资源仅为教师获得，烦请授课教师清晰填写如下开课证明并拍照后，发送至邮箱：jingguan@ pub. hep. cn，也可通过 QQ 群 329885562 进行索取。

咨询电话：010-58581020，编辑电话：010-58556264。

证　　明

兹证明＿＿＿＿＿＿＿＿＿＿大学＿＿＿＿＿＿＿＿＿＿学院/系第＿＿＿＿学年开设的＿＿＿＿＿＿＿＿＿＿课程，采用高等教育出版社出版的《＿＿＿＿＿＿》（主编）作为本课程教材，授课教师为＿＿＿＿，学生＿＿＿＿个班，共＿＿＿＿人。授课教师需要与本书配套的课件及相关资源用于教学使用。

授课教师联系电话：＿＿＿＿＿＿＿＿＿＿　E-mail：＿＿＿＿＿＿＿＿＿＿

学院/系主任：＿＿＿＿＿＿＿＿＿＿（签字）

（学院/系办公室盖章）

20＿＿年＿＿月＿＿日